V&R unipress

Gesellschaftskritische Literatur –
Texte, Autoren und Debatten

Band 9

Herausgegeben von
Monika Wolting und Paweł Piszczatowski

Paul Martin Langner / Anna Majkiewicz /
Agata Mirecka (Hg.)

Wiederholung im Theater

Zur deutschsprachigen Gegenwartsdramatik und ihrer Inszenierung

V&R unipress

Bibliografische Information der Deutschen Nationalbibliothek
Die Deutsche Nationalbibliothek verzeichnet diese Publikation in der Deutschen Nationalbibliografie; detaillierte bibliografische Daten sind im Internet über https://dnb.de abrufbar.

Gedruckt mit finanzieller Unterstützung der Jan-Długosz-Universität Częstochowa und der Pädagogischen Universität Kraków.

Umschlagabbildung: Przenikanie 3 [Durchdringen 3], 75 x 75 cm, oil on canvas, 2017, © Tomasz Wojtysek, www.wojtysek.pl
Druck und Bindung: CPI books GmbH, Birkstraße 10, D-25917 Leck
Printed in the EU.

Vandenhoeck & Ruprecht Verlage | www.vandenhoeck-ruprecht-verlage.com

ISSN 2629-0510
ISBN 978-3-8471-1234-1

Inhalt

Vorwort 7

I Prinzip der Wiederholung

Paul Martin Langner (Kraków)
Wiederholungen als künstlerisches Strukturelement. Zum Verhältnis von Wiederholungen und Singularität 11

II Post/postdramatisches Rhizom

Carola Hilmes (Frankfurt am Main)
Auf den zweiten Blick: Wiederholungen im Theater heute 27

Monika Wąsik-Linder (Łódź)
Der rhizomatische Weg zur Wahrheit. Wiederholung als Theaterregel bei Christoph Schlingensief 51

Anna Majkiewicz (Częstochowa)
Elfriede Jelineks „Prinzessinnendramen" auf der polnischen Bühne – im Spagat zwischen Innovation und Repetition 61

III (Un)beständig

Marta Famula (Paderborn)
Das Unveränderliche und die Wiederholung. Die Rolle der Kontingenz in Max Frischs letztem Drama „Triptychon" 79

Hans-Christian Stillmark (Potsdam)
Skizze für eine theatralische Theorie der Wiederholung. Brechts und Müllers Lehrstücke sowie Sarah Kanes Endspiel „4.48 Psychosis" 93

Joanna Gospodarczyk (Kraków)
Wiederholung als Mimesis und ihre Hinterfragung im Theaterstück „Angriffe auf Anne" von Martin Crimp 107

IV Geschichtliche Re/Konstruktionen

Julia Lind (Mainz)
Literarische Zeitmodelle: Wiederholung als dramatische Strategie 121

Micha Braun (Leipzig)
Bloß Attrappen und Ruinen. Medien zur Wiederholung von Geschichte im installativen Werk Robert Kuśmirowskis 133

Anna Cholewa-Purgał (Częstochowa)
Repetition in the theatre: Margaret Atwood's play "The Penelopiad" (2007) as a dramatic re-enactment of her dialogue with myth 149

V Punktuelle Wiederholung

Agata Mirecka (Kraków)
Qualität der rhetorischen Figur der Wiederholung in Roland Schimmelpfennigs Drama 183

Sebastian Dusza (Kraków)
Linguistische Ansatzpunkte der Wiederholung im Text des Mikrodramas „Ramses" von Wolfgang Bauer 193

VI Variationen

Joanna Warońska (Częstochowa)
Thomas Bernhard auf polnischen Bühnen 215

Anna Kowalewska (Wrocław)
Die Geschichte von Kaspar wiederholt 233

Magdalena Idzi (Kraków)
Wiederholung der existenziellen Motive in Schimmelpfennigs „Trilogie der Tiere" als Spiel mit Sinn bzw. Unsinn des menschlichen Lebens. Eine rezeptionsästhetische Perspektive 241

Elżbieta Hurnik (Częstochowa)
Rückkehr zu Herbert Berger 251

Verzeichnis der AutorInnen 263

Vorwort

Nahezu in allen Bereichen der Welt und des Universums lassen sich Wiederholungen wahrnehmen, in astronomischen, geologischen, meteorologischen, biologischen, soziologischen oder anthropologischen Phänomenen treten sie auf. Ein solch grundlegendes Strukturmuster beeinflusst Wahrnehmungsmöglichkeiten, psychologische Reaktionen und Verhalten der Lebewesen bis hin zu den Pflanzen. Sogar in die mathematischen Erklärungen von Fraktalen lassen sich Wiederholungen im Mikro- wie Makrobereich wahrnehmen. Für jede diese Erscheinungen mag es unterschiedliche Erklärungen geben, phänomenologisch aber sind es jeweils wiederkehrende Strukturen, Rhythmen, Formen oder Klänge. Dieser Tatsache eingedenk, konzentriert sich der vorliegende Band auf Wiederholungen im deutschsprachigen Drama oder in Anwendungen im zeitgenössischen Theater. In zahlreichen Fallstudien zu einzelnen Autorinnen und Autoren oder ihren Werken, zu Werkstatt-Prinzipien suchen die Beiträge Phänomene der Wiederholung in Texten und Aufführungsprinzipien des Gegenwartstheaters und dessen Texten und deren Bedeutungspotentiale herauszuarbeiten. Dabei weist bereits eine Übersicht der hier auftretenden Namen von Autorinnen und Autoren (Jelinek, Trolle, Schlingensief, Crimp, Schimmelpfennig, Kuśmirowski, die Mitglieder des Rimini-Protokolls u. a.) auf die Vielfalt eben jener Grundsätze der Wiederholung. Insofern spiegelt das Drama und mit ihm das Theater dieses grundlegende Strukturelement im künstlerischen Bereich wider. Dabei werden auch Differenzen dieser Phänomene der Wiederholung deutlich und die Beiträge dieses Bandes führen in die produktive Spannung zwischen der Realisation von Text auf dem Theater mit Blick auf das Drama ein.

Die InitiatorInnen des Bandes danken den Reihenherausgebern für die Aufnahme des Bandes in die Reihe „Gesellschaftskritische Literatur – Texte, Autoren und Debatten“ und dem Verlag für die geduldige Zusammenarbeit.

Für die Vorbereitung des Bandes wurde dann als visuelle Ergänzung das eindrucksvolle Gemälde von Tomasz Wojtysek gefunden, dessen Sujet direkt zum Thema der Wiederholung führt: zwei sich gegenseitig beschallende Grammophone, die als Reproduktionsmedien von immer gleichbleibenden Schallplatten als Wiedergabegerät einer festgefügten Klang-Struktur bildlich in Szene setzen. Hier fallen Assoziationen von Übertönen, Wiederkehr von Rhythmen, Stimmungen und Atmosphären ein, die sich in ironisch-gebrochener Weise auch in den Beiträgen des Bandes wiederfinden. Die HerausgeberInnen danken dem Künstler herzlich für die Abdruckerlaubnis des Titelbildes.

Paul Martin Langner, Anna Majkiewicz und Agata Mirecka
Kraków-Częstochowa, im August 2020

I Prinzip der Wiederholung

Paul Martin Langner (Kraków)

Wiederholungen als künstlerisches Strukturelement. Zum Verhältnis von Wiederholungen und Singularität

Wer über Wiederholungen spricht, setzt Differenz voraus. Als Wiederholung wird die erneute Wiedergabe einer formgleichen oder formähnlichen Struktur bzw. inhaltliche Replik in unmittelbarem oder mittelbarem Abstand während des Verlaufs eines Musikstückes, eines Filmes oder des Leseprozesses eines literarischen Textes bezeichnet. Auch beim Anblick von Gemälden, ja selbst bei Skulpturen können wiederauftretende malerische Formen oder räumliche Strukturen die Wahrnehmung des Betrachters leiten. Das Anliegen des folgenden Beitrages ist es, die Bedingungen von Phänomenen, die sich wiederholen, und Ereignissen, die als Einzelphänomen zu betrachten sind, zu analysieren und das Verhältnis zwischen beiden zu diskutieren. Dabei beschränkt sich der Beitrag allgemein auf Wiederholungen im künstlerischen Bereich.

Wiederholungen als künstlerische Ausdrucksformen wirken maßgeblich auf die Wahrnehmung der Zuhörer, Leser oder Betrachter.[1] Dabei können Wiederholungen unterschiedliche Wirkungen bei den Rezipienten hervorrufen. Neben Rhythmisieren und Dynamisierungen von Darstellungen stehen Formen, die die Betonung eines Elements herausarbeiten, Gliederungen bewirken, Monotonisierungen provozieren und anderes mehr. Als sicher kann gelten und wird wohl von den meisten Lesern akzeptiert, dass sich wiederholende Phänomene oder Effekte in der Bildenden Kunst anderen Gesetzmäßigkeiten als z. B. in der Literatur, ebenso wäre ein Unterschied zwischen Erscheinungen der Musik und dem Theater zu konstatieren. Die Wahrnehmung in der Bildenden Kunst rekurriert auf eine simultane Perzeption, während u. a. Musik oder Literatur sich sukzessiv dem Rezipienten erschließen, wobei bei musikalischen Parallelgängen auch simultane Strukturen in einer Komposition oder Improvisation erklingen können,

1 Müller-Wille, Klaus: Theorie als Performanz. Einleitende Bemerkungen zum Versuch das Singuläre noch einmal zu denken. In: Wunsch – Maschine – Wiederholung. Hrsg. von Klaus Müller-Wille/Detlef Roth/Hörg Wiesel. Freiburg/Br.: Rombach Verlag 2002, S. 11–30; Brinkmann, Henning: Wiederholung als Gestaltung in der Sprache und als Wiederverwendung von Sprache. In: Wirkendes Wort 33, 1983, S. 71–93; Peter Pütz: Wiederholung als ästhetisches Prinzip. Bielefeld: Aisthesis Verlag 2004.

wenn z.B. in einer Komposition ein Motiv zeitgleich in mehreren Stimmen auftritt.[2] Ähnlich vereint der Film sukzessive und simultane Wahrnehmungsformen, er kann sowohl durch gleichzeitige Prozesse aufgebaut sein als sich auch in seiner Narration Schritt für Schritt entfalten. Damit spielt bei diesen Wirkungsformen von Wiederholungen nicht vorrangig die Frage eine Rolle, ob die Repetitionen direkt aufeinander folgen oder neben einander bestehen, oder nach einiger Verzögerung wiederkehren. Im literarischen Text stellt selbst die unmittelbare Wiederholung stets eine zeitlich und räumlich versetzte Struktur her, die durch die Sukzession ihrer Narration in Distanz zur Ausgangsstruktur stehen muss.

Die Wiederholung bedarf weiterhin einer überschaubaren Struktur, die nach einer Zwischenzeit oder nach einem räumlichen Abstand (beim sukzessiven Leseprozess) in einem Werk und Text erneut auftritt. In der Musik kann die Wiederholung unterschiedliche Funktionen erfüllen. Neben der Tonwiederholung (Repetition), wird mit *da capo* die Wiederholung von Melodieteilen eines Musikstückes oder Satzes bezeichnet, während mit dem Begriff Reprise in der Sonatenhauptsatzform das wiederholende, verändernde Aufgreifen eines Teils von einem Tonsatz gemeint ist.[3] Zudem können in der mehrstimmigen Musik Sequenzen parallel gespielt und damit synchron wiederholt werden (Motive oder Melodien können z.B. in mehreren Stimmen auftreten, etwa beim mehrstimmigen Kanon) oder durch gleichzeitig sprechende Stimmen im Drama der Gegenwart können vergleichbare Erscheinungen erzeugt werden. Der Film vereint mehrere dieser Strukturen, ohne diese Strukturen hier eingehender zu beschreiben.

Die durch die Wiederholung eingearbeiteten räumlichen und zeitlichen Differenzen sind erkennbare Momente der Sukzession, denn nur durch sukzessive Prozesse können diese Formen von Wiederholungen hergestellt werden, simultane Wiederholungen unterliegen mehreren Vermittlungsprozessen.

I

Im verbreiteten Verständnis erscheinen Wiederholungen als abhängige Momente eines zunächst singulären Ereignisses. Dieser Gedanke liegt nah, denn das erste Auftreten einer Struktur, die später in einer künstlerischen Form wieder-

2 Als Hör-Beispiel wäre für diesen Gedanken die Komposition von Philipp Glass „Mad rush“ anzuführen, die mit dicht aufeinander folgenden Wiederholungen und Wiederholungen auf eine weitere Distanz arbeitet.

3 Vgl. Leopold, Silke: Die Musik des Generalbaßzeitalters. In: Handbuch der Musik. Hrsg. von Hermann Danuser. Bd. 11. Musikalische Interpretation. Laaber: Laaber-Verlag 1992, S. 217–270, hier S. 249–251.

holt wird, muss für den Rezipienten an dieser Stelle wie andere Elemente wie ein singuläres Motiv oder eine singuläre Struktur erscheinen. Erst die später formulierte Wiederholung reiht die zuerst gehörte, gesehene oder gelesene Struktur in eine Reihe mit ihren Wiederholungen. Der singuläre Akt wird im Bewusstsein – ganz gemäß unseren neuzeitlichen Vorstellungen von Individuen – als Grundlage oder Antrieb gewertet. Es stellt sich jedoch die Frage, ob dieses Abhängigkeitsverhältnis stets angenommen werden muss, ja, ob ggfs. das Verhältnis in anderer Weise gedacht werden muss. Diesen Gedanken will der nachfolgende Beitrag diskutieren.

Eine Wiederholung ist als Wiederholung nur zu erkennen, wenn sie strukturell so aufgebaut ist, dass der Rezipient mit seinen Wahrnehmungsmöglichkeiten und seiner Erinnerungsfähigkeit die Aussicht hat, sie mit einer vorhergehenden Sequenz zu identifizieren oder zu vergleichen. Die Wiederholung als das wiederkehrende Gleiche oder zumindest erkennbar Ähnliche aufzufassen, bildet die zeitliche und möglicher Weise räumliche Voraussetzung dafür, über eine Distanz einzelner Intervalle die Wiederholungen zu erfassen.

Würden gestalterische Momente eines Kunstwerkes in ihren formalen Strukturen so weitgehend verändert werden, dass eine Wiedererkennbarkeit dieser Sequenz nicht möglich wäre, würde im Rezeptionsprozess dieser Sequenz zu einer unidentifizierbaren Mitteilungen führen. Die künstlerische Äußerung erschiene undifferenziert und ihr Eindruck bliebe diffus.

Ein weiteres Moment für den Charakter von Wiederholungen im künstlerischen Bereich ist wichtig zu betonen. Jede Wiederholung interagiert trotz formaler Gleichheit oder Ähnlichkeit in der Struktur mit der sie jeweils umgebenden Textsituation, die sich mit den unmittelbar zuvor oder danach gesagten Sachverhalten verbinden würden und damit – zumindest in literarischen Texten – jeweils mit neuen Aspekten oder Facetten von Bedeutungen aufgefüllt werden. Dadurch kann selbst bei einer *wörtlichen* Wiederholung durch den Kontext, in dem die Wiederholung eingepasst ist, eine veränderte Bedeutung entstehen. D. h. nicht nur aus sich heraus schafft die Wiederholung eine Aussage, sondern auch durch die Interaktion mit den wiederholten Aussagen, Wendungen, Worten im jeweils entstehenden, künstlerischen, musikalischen oder literarischen Kontext wandelt sich ihre Bedeutung. Dieser Aspekt wird später Voraussetzung für das besondere Verhältnis von Wiederholung und Singularität, auf das einzugehen sein wird.

Das alles weist daraufhin, die formalen, inhaltlichen, intertextuellen und funktionalen Aspekte die Wiederholung als kulturelle Leistung zu begreifen. Wiederholungen herzustellen, das Gleiche noch einmal zu produzieren und es als Bestandteil eines Ganzen zu integrieren und verständlich zu machen, ist eine fundamentale Eigenschaft insbesondere Bildender Kunst, Musik und Literatur.

Dabei ist deutlich geworden, dass Wiederholungen Differenzen zur Identität schaffen.

Entgegen dieses Ergebnisses muss jedoch auch auf eine Form aufmerksam gemacht werden, die gerade dieses Verhältnis in Frage zu stellen scheint. Denn Wiederholungen können auch zu Singularitäten mutieren. Keine Wiederholung ist aufgrund ihrer Position eine Replik per se, sondern wird stets durch ihre Bezugnahme auf eine zuvor gegebene Singularität ihre Funktion im künstlerischen Zusammenhang ausgestalten können. Würde jedoch die Veränderung einer sich wiederholenden Struktur zu groß, würde die entsprechende Sequenz durch die zeitliche, räumliche, strukturelle Verschiebung zu einer singulären Erscheinung.

Hier seien als Beispiele die beiden letzten Violinsonaten, op. 105 und 121, von Robert Schumann genannt. Sie sind eindrucksvolle Beispiele der romantischen Musik, in denen formale Strukturen wiederholt werden, die rhythmisch artikuliert sind, jedoch als wiederkehrende Momente nicht mehr klanglich oder melodiös eingebunden werden können. Die dadurch entstehenden „sprunghaften" Verläufe, die auf den Hörer zuweilen *flatterhaft* wirken, erscheinen ihm oft nicht nachvollziehbar, da die in den Formeln eingeschriebenen Wiederholungen nur unzureichend markiert zu sein scheinen, und dadurch beim Hörer diesen nervösen Eindruck hervorrufen.

Einzubeziehen ist noch ein weiterer Aspekt. Wiederholungen sind stets auch Nachahmungen der Realität resp. der Natur in Form von Imitationen. Das sich daraus ergebende Problem der Mimesis führt aus dem Themenkreis hinaus, soll aber dennoch zumindest angedeutet werden. Die erwähnte, fundamentale Fragestellung der Mimesis gilt letztlich nur bedingt für Bildende Kunst oder Literatur. Selbst wenn Teile der Bildenden Kunst im Aufgreifen und Wiederholen realistischer Elemente auf die Realität Bezug zu nehmen scheinen, entsteht im Prozess der künstlerischen Produktion oder ihrer Rezeption ein Werk, das sich nicht in der Abspieglung der Welt oder Realität erfüllt. Vielmehr reagiert jedes künstlerische Werk auf die Welt in einer spezifischen Weise, indem es der Welt einen eigenen Entwurf entgegenhält. Die in ein künstlerisches Werk eingearbeiteten Elemente sind aber eben keine Abbilder der Realität. Ein signifikantes Beispiel ist das berühmte Gemälde von Rene Margritte „La trahison des images" (1929), dem er unter dem *Abbild* einer Pfeife den Schriftzug hinzusetzt „Ceci n'est pas une pipe" und damit deutlich macht, wie präzise die Moderne auf das Wechselverhältnis der Kunst mit der Realität repliziert und mit dem dazugehörigen Anspruch, eine eigene Realität zu schaffen, der Reproduktion in der Bildenden Kunst eine entschiedene Absage erteilt. Gerade in der Moderne folgt die Bildende Kunst nicht dem Ehrgeiz, Wirklichkeit ab- oder nachzubilden.

Nicht erst in der Moderne wird Bildende Kunst nicht als Nachahmung (Wiederholung als *Imitation*) der Realität angesehen, gleichgültig, ob es sich um religiöse Motive,[4] Stilleben[5] oder Portraits mit symbolisierendem Beiwerk[6] handelt, Kunst geht stets über die Reproduktion der vorgefundenen Realität hinaus und nimmt in Anspruch, eigene Entwürfe möglicher Realitäten zu schaffen. Dabei wird als besondere Form der Wiederholung auch der *Variation* gedacht. In diesem Zusammenhang ist die Musik von großer Bedeutung, deren Gestaltung häufig von Wiederholungen[7] geprägt ist. Der Begriff der Variation umschließt Repliken, die von geringen Abweichungen reproduzieren aber auch völlig veränderte formale Wiederkehr schaffen, die noch eben identifizierbare Momente enthalten, die jedoch mit einem gewissen Wandel die Wiederholung mit neuen Spannungen und Bedeutungen aufladen.

Besonders wichtig scheint es zu sein, zu verstehen, dass Wiederholungen auch funktionale Bedeutung in Handlungsabläufen übernehmen können. Für diese Aspekte scheinen spezifische Erscheinungen aus dem religiösen Bereich besonders aussagekräftig. Für biblische Berichte hat David H. Richter das Phänomen diskutiert, dass in den Texten der Bibel Passagen wiederholt erzählt werden, die inhaltlich sogar voneinander differieren können. Für diese Erscheinung beschreibt er drei Möglichkeiten: zum Ersten ist gegeben, dass es eine lebensweltliche Erfahrung gibt, die nicht ausschließt, dass Ereignisse dupliziert ge-

4 Als Beispiel sei das Gemälde von Mathis Neithart Gothart gen. Grünewald auf einem Seitenflügel des Isenheimer Altars erwähnt, der „Die Versuchung des Heiligen Antonius“ (um 1512–1516) zeigt.

5 Obwohl für die Entstehung des Stillebens „als eine Konsequenz des niederländischen Naturalismus“ gesehen wurde, gibt es auch ganz andere Erklärungsmodelle. Charles Sterling hat in seinem Werk von 1952 darauf verwiesen, die Ursprünge des Stillebens in den kunsttheoretischen Reflexionen der italienischen Renaissance vermutet. Ein weiterer Erklärungsversuch entwickelt das Stilleben aus dem Interesse an emblematischen und allegorischen Vorstellungen. Vgl. Stilleben in Europa. Hrsg. von Gerhard Langemeyer/Hans-Albert Peters. Münster/Baden-Baden: Aschendorff 1979/80, S. 14. Die zweiten und dritten Erklärungsmodelle weisen darauf hin, dass es sich bei Stilleben eher um Deutungsversuche der Realität in der Malerei und weniger um eine Reproduktion der Wirklichkeit handelt. Auch bei den Warenreproduktionen in den Darstellungen von Suppendosen von Andy Warhol geht nicht um die mimetische Widerspiegelung der Realität, sondern um die Interpretation lebensweltlicher Kontexte.

6 Als Beispiel sei das Gemälde von Hans Holbein d. J. Bildnis der französischen Gesandten Jean de Dinteville und Georges de Selve aus dem Jahr 1533 genannt, das nicht nur eine Repräsentation der Gelehrsamkeit und Weltkenntnis zum Ausdruck bringt, sondern durch eine verzogene Darstellung eines Totenschädels auch auf die Vergeblichkeit und Endlichkeit menschlicher Bemühungen um Erkenntnis verweist. – Wie weit diese Verarbeitung von Realität geht, zeigen auch die Repliken Picassos von den Gemälden von Velazquez.

7 Eines der markantesten Beispiele für die Verwendung von Wiederholungen und Variationen dürfte im Bolero von Maurice Ravel zu sehen sein. Darüber hinaus stellt in der Musik das Prinzip der Fuge ein komplexes Verfahren von Wiederholung und Veränderung dar. Auch die ältere Form der Pasqualina gehört in die Gruppe der wiederholenden Musikgenres. Hinzuweisen wäre zudem auf die bindende Funktion des Refrains in Liedern, auch sie deuten auf wiederkehrende Formen in der Musik. Sie können zudem noch durch performative Bedeutung soziale, gruppendynamische und gestalterische Funktionen übernehmen.

schehen können. Zum Zweiten weist er daraufhin, dass es einen überlieferungsgeschichtlichen Zusammenhang geben könne, nach dem die Textredakteure die überlieferten, aber teilweise abweichenden Fassungen kannten und sich nicht entscheiden konnten, welche der Versionen die Wahrhaftigste sei. Eine weitere Möglichkeit der Erklärung sieht Richter darin, dass die wiederkehrenden Berichte eines Ereignisses in der Bibel darauf hindeuten können, dass mit den divergierenden Fassungen unterschiedliche, verborgene Aspekte des Geschehens beleuchtet werden sollen.[8] Die Wiederholung macht demnach deutlich, dass das beschriebene Geschehen derart komplex ist, dass es ratsam scheint, durch wiederholte Darstellung darauf aufmerksam zu machen und anzuregen, die verborgenen Aussagen in ihrer Komplexität und in ihren Beziehungen genau zu bedenken.

Neben diesen Möglichkeiten für das Verständnis von Wiederholungen in biblischen Berichten erscheinen Wiederholungen auch im Zusammenhang mit der Liturgie. In Wiederholungen ritueller Handlungen entsteht die Vergegenwärtigung religiöser oder transzendenter Gewissheiten. Peter Pütz hat überzeugend dargelegt, dass die Weihnachtsbotschaft „*Heute ist* Euch der Heiland geboren" ein vergangenes Geschehen in die unmittelbare Gegenwart transferiert, wie es in weit stärkerem Maße während der Transsubstantiation der Eucharistie geschieht. Der Einsetzungstext ist ein Bericht vergangener Geschehnisse aus jener Nacht vor dem Passahfest, in der Jesus verraten wurde. „Accipite, comedite, hoc est corpus meum." (Matt. 26,26) Die direkte, zitierte Rede Jesus: „Nehmt und esst, das *ist* mein Leib" bildet mit dem verwendeten Präsens die augenblickliche Gegenwart des Herren während der Eucharistie.[9] Mit dem Tempuswechsel vollzieht sich zugleich die Wandlung von Brot und Wein, unmittelbar tritt dieser Moment ins Bewusstsein der Gläubigen und führt zur Anteilnahme am Heiligen Mahl und der Gegenwart des Herrn.

Hierfür kann vorab geltend gemacht werden, dass sprachlich-dichterische Wiederholungen nicht mit Formen der Selbstähnlichkeit von Naturprozessen vergleichbar sind. Vielmehr muss für die künstlerische Arbeit z.B. am Text das Moment der Konstruktivität hervorgehoben werden. Der Konstruktionscharakter künstlerischer Arbeiten und dichterischer Texte hebt sie aus dem Rahmen naturgegebener oder technischer Seriellität heraus.[10] Die Regelhaftigkeit in der Lyrik u.a. in den metrischen Gesetzen des Gedichts sind ein bezeichnendes

8 Richter, David H.: Genre, Repetition, Temporal Order: some aspects of biblical narratology. In: A companion to narrative theory. Hrsg. von James Phelan. Malden/Oxford/Carlton: Bleckwell 2005, S. 285–298, hier 290ff.

9 Pütz, Wiederholung. 2004, S. 22f.

10 Abweichend dazu: Pütz, Wiederholung. 2004, S. 28f.

Moment dieser Konstruktivität.[11] Gustav Freytags Abhandlung über den Aufbau des klassischen Dramas wäre ein anderes Beispiel für die Regelhaftigkeit literarischer Texte.[12] Dabei können Wiederholungen, wie in der metrischen Anlage, in klanglichen, phonetischen, rhetorischen Mitteln und tektonischen Aspekten im Binnenaufbau eines Textes, auftreten. Zugleich können künstlerische Texte auch durch intertextuelle Bezüge, Bezugnahmen, Entgegnungen von bereits zuvor veröffentlichten Texten Wiederholungen produzieren.[13] Sowohl die Binnenstrukturen, in denen sich Wiederholungen zeigen können, als auch die Vernetzung eines Textes im *intertextuellen Universum*, die im Wiederaufgreifen von Momenten, Motiven, Figuren fassbar wird, sind konstitutiv für künstlerische Texte.[14] Formen dieser Neu- und Überarbeitungen klassifiziert Genette mit dem Begriff der *Palimpseste*, die er umfänglich dokumentiert.[15]

Eine formale Aufzählung in einem narrativen Text bedeutet in der Regel die Unterbrechung des linearen Erzählstranges in einer beschriebenen Handlung. Solange eine Aufzählung ausgeführt wird, wird die Handlungsführung in der Erzählten Zeit ausgesetzt, es sei denn, sie verbindet Handlungselemente mit der Aufzählung. Daher stellen Aufzählung besondere Formen der Wiederholung dar. Aufzählungen gehören zu den wiederholenden Verfahren in literarischen Texten. Sie stellen in epischen Texten formale Verfahren dar, mit denen gleiche oder ähnlich gestaltete Elemente aneinandergereiht werden. Betrachtet man eine Aufzählung aus der Perspektive der Rhetorik, so erinnert sie an ein additives Verfahren, das einer *Accumulatio* ähnelt. Die aneinander gereihten Elemente einer *Accumulatio* können syndetisch oder asyndetisch verknüpft sein. Dabei können Aufzählungen zusätzlich durch klangliche und metrische Entsprechungen rhythmisch gestaltet sein, wie es zuweilen in Volksliedern, Abzählreimen oder als Stilelemente in kurzen Erzählungen auftreten. Durch die rhythmische Gestaltung wird der Eindruck des additiven Charakters einer Aufzählung intensiviert.

Bei inhaltlichen Wiederholungen kann sich eben gerade in der Passage die Aufzählung erfüllen, eine Handlung wird dann immanent fortgeführt. Als Bei-

11 Ausgehend von dem Buch der teutschen Poeterey von Martin Opitz (1624) über die stark normativen Dichtungslehren seiner barocken Nachfolger bis zu den deskriptiven Lehrbüchern der Gegenwart (Kaiser, Breuer u. a.) stehen kaum zählbare Versuche der Deutung von Reim und Metrum für lyrische Strukturen zur Verfügung.

12 Vgl. Freytag, Gustav: Die Technik des Dramas. Leipzig: Hirzel 1863.

13 Vgl. Pütz, Wiederholung. 2004, S. 31.

14 Pütz zieht noch einen Vergleich zwischen der Wiederholung und dem spielerischen Charakter im Umgang mit künstlerischem Material, dafür zählt er dieser Form die Zweckfreiheit des Spiels, seine teleologische Ungebundenheit, soziale Komponenten und dessen Regelhaftigkeit auf. Diesem Vergleich soll hier nicht gefolgt werden. Vgl. Pütz, Wiederholung. 2004.

15 Genette, Gérard: Palimpseste. Die Literatur auf zweiter Stufe. Übers. von Dieter Hornig. Frankfurt/M.: Suhrkamp 2015.

spiel kann der Aufmarsch der Gefolgsleute von Etzel in der 22. Aventiure im Nibelungenlied gelten. Formal wiederholt sich der *Blick* des Erzählers auf eine Gruppe von Rittern, die sich seinem Standort nähern, aber mit jeder Wiederholung beschreibt er weitere Details dieser Gruppen, so dass der Eindruck entsteht, als bewege sich der Zug der Ritter visuell auf ihn zu.[16]

In der didaktischen Literatur des Spätmittelalters sowie in heraldischen Preisreden und Nekrologen des 14./15. Jahrhunderts treten Wiederholungen auch als Aufzählungen auf, die als geographische Kataloge[17] erscheinen, um einerseits die Bildung des jeweiligen Schriftstellers unter Beweis zu stellen, zugleich aber auch Machtbereiche der Fürsten umschrieben, die in dem jeweiligen Text zum Thema werden. In der Gegenwartsliteratur zeichnen sich Romane und Erzählungen der sog. Popliteratur durch Warenkataloge aus, die aber eben auch keine Reproduktion der Warenwelt vornehmen, sondern neben dem Anspruch einer Realitätskonstruktion Interpretationen der Konsumwelt enthalten.[18]

Die dekonstruktive Kraft von Wiederholungen, die aus postmoderner Sicht als Text komponiert wurden, belegt Raoul Schrott in seinen Büchern über die Antike.[19] Das Singuläre wird hier seiner ursprünglichen Aussage entkleidet und fügt sich einer völlig veränderten Neukontextualisierung ein. Aus einem Gewebe von Zitaten, Pastiches und Umarbeitungen entsteht ein neuer kultureller Text.

Bei allen aufgezählten Verfahren wird eine wesentliche Relation der Wiederholung erkennbar, ihr Verhältnis zur Zeit. Einerseits können sich Wiederholungen nur im Fortschreiten der Zeit, also diachron, ereignen, obwohl es auch synchron Verfahren gibt, wie in der Musik, darauf wurde oben hingewiesen. Andererseits strukturiert die Wiederholung die Zeit, sie kann als Wiederaufnahme und Vergegenwärtigung von Vergangenem und bereits Geschehenem dienen und

---

16 Langner, Martin-M.: Annäherung ans Fremde durch sprachliche Bilder. Die Region Polen und ihre Ritter in Dichtungen des Hochmittelalters. Berlin: Weidler 2018, S. 47–49; Langner, Paul Martin: Eingeschriebene Performanz: Narratologische Strukturen zur Darstellung von Bewegung in mittelalterlichen Texten. In: Anwendungsorientierte Darstellungen zur Germanistik. Modelle und Strukturen. Hrsg. von Aleksandra Bednarowska u. a. Berlin: Weidler 2013, S. 223–241.

17 Geographische Kataloge wurde, wie Visser belegt, bereits in der griechischen oral poetry, z. B. der Illias, genutzt und wurde darüber in die mittelalterliche Literatur übernommen. Vgl. Visser, Edzard: Formale Typologien im Schiffskatalog der Illias. Befunde und Konsequenzen. In: Neue Wege der Epenforschung. Hrsg. von Hildegard L.C. Tristram. Tübingen: Günter Narr Verlag 1998, S. 25–44, hier S. 39–42. Zur mittelalterlichen Literatur s.a. Spicker, Johannes: Geographische Kataloge bei Boppe. Eine Anregung. In: Zeitschrift für deutsche Philologie 119: Sonderheft: Neue Wege zur mittelalterlichen Sangspruchdichtung. Hrsg. von Horst Brunner/Helmut Tervooren. Berlin: Erich Schmidt 2000, S. 208–221.

18 Vgl. Baßler, Moritz: Der deutsche Pop-Roman. Die neuen Archivisten. München: Beck 2002, S. 141–142, u. ö.; hier auch als Archive bezeichnet.

19 Z. B. Schrott, Raoul: Die Musen, München: Deutscher Taschenbuchverlag 2000.

wahrgenommen werden. Durch Wiederholungen können Rhythmen und Binnenstrukturen geschaffen werden, die einem Werk maßgeblich Form schenken.

Nimmt ein Rezipient eine Struktur wahr, die im Laufe der Zeit wiederholt wird, so ist mit der ersten Erwähnung dieser Struktur, des Motivs, der sprachlichen Prägung die Wiederholung nicht gegeben. Ein Satz, ein Muster, eine Geste, eine Handlung stehen zunächst für sich, sind singulär. Jedes steht für sich eingebunden in die Vielfalt der Beziehungen während dieser ersten Nennung und Realisation.[20] Diese Beziehungen des Erstmaligen[21] relativieren sich, wenn eine Struktur oder ein Satz im Verlauf der Handlung oder eines Werkes wiederholt wird. Nun steht diese Passage nicht mehr für ein einmaliges Ereignis, sondern bildet gleichsam über sich hinaus noch eine weiterweisende, intratextuelle Struktur innerhalb des künstlerischen Werkes oder Textes aus. Die Erfahrung der Wiederkehr des zuvor Gehörten, Gesehenen, Gezeigten führt in der Regel zunächst zu einer Irritation, um dann von Seiten des Rezipienten eine zuordnende Bewertung als repetierte Sequenz zu erlangen. Das Element entkleidet sich seiner Einmaligkeit und wird zum Strukturmuster in der Vielheit, in der Wiederholung.

Dieser erste Teil des Beitrages hat Erscheinungsformen und charakteristische Strukturelemente der Wiederholungen aufgeführt und hat damit zeigen können, auf welche vielschichtige Weise Wiederholungen sowohl mit der mit ihr korrespondierenden Singularität, mit den jeweils neuentstehenden Kontexten und mit der Gesamtstruktur eines Kunstwerkes interagieren.

II

Im zweiten Teil dieses Beitrages sei noch einmal ein Blick auf das Verhältnis zwischen der Wiederholung und dem Singulären geworfen und es wird auf die Möglichkeit einer anders gearteten Denkstruktur hingewiesen. In den bekannten Erklärungsmustern von Wiederholungen wird davon ausgegangen, dass eine Singularität in Wiederholungen ihre Repliken findet. Jedoch setzt dieses Erklärungsmuster eine Singularität (als der vorausgehenden Position) voraus, der Wiederholungen (als der entsprechend nachgeordnete Positionen) folgen und formuliert damit ein Abhängigkeitsverhältnis der Wiederholung(-en) von einer Singularität.

20 Ich beziehe mich hier ausdrücklich auf literarische Texte, denn in der Musik hat die Wiederholung in einer Fülle von Konstruktionsprinzipien andere Bedeutungen und Funktionen. Es sei nur an die an Bauformen wie die Fuge oder Passacaglia erinnert, Refrains, ornamentalen Schmuck, die Wiederholung in der Sonatenhauptsatzform etc. erinnert.

21 Nach Aristoteles ist aber das in der Kunst Geschaffene bereits Wiedergabe einer in der Realität gestalteten Idee, also Mimesis, und insofern bildet das „Einmalige“ in der Kunst einen wiederholenden Bezug zur Wirklichkeit. Vgl. Pütz, Wiederholung. 2004, S. 7f.

Bei der vorstehenden Skizze zu dem Begriff der Wiederholung sind sukzessive und simultane Situationen für die Repetition einer Sequenz beschrieben worden. Das Wiederholte gibt in den wiederkehrenden Formen durch die Repetition der Zeit einen Rhythmus. Beschreibbar wäre diese Form gleichmäßiger Wiederholungen auch wie ein *weißes Rauschen*, das klanglich präsent, aber kaum strukturiert erscheint. Stellt man sich diese fortlaufende Reproduktion gleichbleibender Muster vor, die zeitlich versetzt und parallel zueinander verlaufen, so kann nicht ausgeschlossen werden, dass sich nach gegebener Zeit ein Punkt entsteht, in dem sich aus den verschiedenen Mustern *in einem Moment* ein identifizierbarer Klang oder eine Erscheinung heraushöbe, die sich als Singularität im *weißen Rauschen* artikuliert, und damit wie eine Störung erschiene.

Experimente mit einem Strom dissonanter Klänge, in die ein harmonischer Akkord einbricht, zeigen, wie der harmonische Klang letztlich *schrill* gegenüber dem *Grundrauschen* der Dissonanzen klingt.[22]

Der hier verwendete Begriff der Störung ist der Systemtheorie entnommen[23] und fragt nach der Kraft einer Störung zur Destabilisierung eines Systems, resp. nach der Kraft, durch die sich ein System trotz einer Störung erhalten oder regenerieren kann.[24] Oftmals hängt deshalb dem Begriff Störung ein destabilisierendes Moment an. Doch bereits vor einigen Jahren konnte Carsten Gansel darstellen, dass Störungen auch dazu dienen können, „eingeschliffene Denk- und Verhältnisdispositionen aufzubrechen und Neuerungen in Gang zu bringen"[25], weshalb er dezidiert darauf bestand, in Störungen auch ein positives Potential, insbesondere für die Literatur auszumachen.

Unter dieser Voraussetzung kann das Singuläre durchaus als eine Störung hinsichtlich der generellen Struktur sich wiederholender Vorgänge betrachtet werden. Störungen bedeuten demnach Grenzüberschreitungen, die eine Entwicklung tangieren oder unterbrechen können. Sie sind Berührungseffekte von verschiedenen Strömungen innerhalb einer differenzierten Entwicklung. Deut-

22 Als Beispiel sei auf das Streichquartett des amerikanischen Komponisten Georges Crumb Blank Angels (1970) verwiesen, der in einem komplexen, z. T. dissonanten Klangfeld als Reminiszenz ein Motiv aus dem Streichquartett Nr. 14 d-Moll (D 810) von Franz Schubert Der Tod und das Mädchen im Pianissimo erklingen lässt. Dieses harmonische Motiv wirkt wie ein störender Fremdkörper in dieser Komposition.

23 Gansel, Carsten: Störungen im Raum – Raum der Störungen. Vorbemerkungen. In: Störungen im Raum – Raum der Störungen. Hrsg. von Carsten Gansel/Paweł Zimniak: Heidelberg: Winter 2012, S. 9–13.

24 In der Psychologie und Psychiatrie werden mit dem Begriff Störungen Krisenphasen in der Adoleszenz bezeichnet, in der biologischen Forschung bedeutet dieser Begriff eine äußere Einflussnahme auf einen Lebensraum und die damit verbundenen Faktoren, die das Leben oder Überleben der jeweiligen Art beeinflussen. Im Umweltschutz sind es Fragen, inwieweit schwerwiegende Unfälle, Harrisburg, Boehringer, Soveto Auswirkungen für den Lebensraum der Menschen und die Konsequenzen für die Natur haben. Zu den Unfällen s. a. u. Anm. 26.

25 Gansel, Störung. 2012, S. 32.

licher, Störungen in diesem Sinne, wie dieser Begriff hier durchgespielt wird, treten wie Zäsuren im Strom von Wiederholungen auf. Das Einmalige oder singuläre Strukturen ragen also aus dem *Meer der Wiederholungen* heraus. Das Deutungsmuster der Wiederholungen wird hierbei grundlegend neu positioniert. Das zuvor konstatierte Abhängigkeitsverhältnis der Wiederholungen vom Singulären schlägt um in ein Abhängigkeitsverhältnis des Singulären von den Wiederholungen. Damit wird aber erkennbar, dass das Einzelne, das Besondere- zumindest im künstlerischen Bereich - eine Ausnahmestellung gegenüber der in sich gleichbleibenden Ströme von Wiederholungen einnimmt. Noch entscheidender aber ist, dass das Einmalige damit nicht mehr als Ausgangspunkt der Wiederholung auftritt, sondern die Wiederholungen als eine Art *Grundrauschen* oder *weißes Rauschen* vorab existiert, aus dem durch asynchrone Verläufe, Überlagerungen, Akkumulationen oder Indifferenzen einzelner Sequenzen sich singuläre Ereignisse aufbauen und als einmalige Erscheinungen generiert werden. Aus dem Fluss der Wiederholungen erwächst in diesem Modell ein singuläres Phänomen.

Damit wäre das Singuläre nicht mehr der Ausgangsunkt für sich wiederholende Repliken, sondern eine Erscheinung, die sich aus einem *Meer* von Grundrauschen als einmaliges Phänomen hervorhebt und danach wiederum in die unidentifizierbare und diffuse Struktur des Grundrauschens zurücksinken würde.

Aus dem Strom der Wiederholungen in der Zeit hebt sich demnach das Einzelne heraus - wird von den Umständen und Kontexten geprägt und bildet sich als *individuelle Originalität* und damit als Singularität heraus. Unter dieser Perspektive wären Wiederholungen die primären Strukturen, die die Singularitäten erst entstehen lassen.

Dieses skizzierte Verständnis von einer veränderten Abhängigkeit der Singularität von der Wiederholung ist in einer historisch-gesellschaftlichen Phase hypertrophen Individualität-Vorstellungen irritierend, stellt aber zugleich nicht nur eine theoretische Variante oder Denkmöglichkeit dar, sondern gibt Anregungen unterschiedliche Phänomene kultureller Entwicklungen unter dieser veränderten Perspektive neu ins Auge zu fassen. Abschließend sollen einige wenige Beispiele die mögliche Tragweite dieses Denkmusters andeuten.

Paul Virilo hat in einem Gespräch darauf verwiesen, dass technische Neuerungen zugleich auch ihre ereignishaften *Sensationen* miterfunden haben. Mit der Eisenbahn ist auch die Eisenbahnkatastrophe aufgetreten, mit dem Flugzeug der Absturz, mit der Autobahn die Massenkarambolage. Dem regelmäßigen, technologischen Ablauf, der wie Wiederholungen erscheint, wird durch einzelne Ereignisse ein abruptes Ende gesetzt. Erst aus dem Unfall, der sich durch diese dramatischen Ereignisse als singuläre Störungen bildet, erkennt Virilo den Aspekt der *Identität des Objekts*, nämlich durch das Verhältnis zum Tod.[26] Zugleich weist er daraufhin, dass das menschliche Bewusstsein aus der Fülle von Eindrücken, die u. a. auch durch Störungen, wie dem Anhalten eines Autos an einer roten Ampel, einen kontinuierlichen Vorgang, der sich durch Wiederholungen auszeichnet, konstruiert, nämlich die Vorstellung, dass die Autos fahren.[27]

Auch für die Lernfähigkeit künstlicher Intelligenz werden die *Missgeschicke* zu Wegweisern, aus denen die Computerprogramme *lernen.* Diese häufiger beschriebenen Lernprozeduren computergestützter, künstlicher Intelligenzen beruhen auf der Auswertung der Programme von sequentiellen Prozessen, die Gleichheiten und Differenzen von Resultaten berechnen und es den Programmen der KI möglich machen, den Algorithmus des Computers an eine höhere Wahrscheinlichkeit anzugleichen, d. h. die Feineinstellungen und ihre eigenen Möglichkeiten zu verbessern. Hinter diesem Ausdruck der *Auswertung* verbirgt sich die Wiederholung von *Lernerfahrungen* mit leicht abweichenden Ergebnissen, die wiederholt simuliert werden, um dem jeweiligen Programm Möglichkeiten des *Lernens* zu geben.[28]

Ein weiteres Phänomen könnte mit diesem Denkmuster eine Erklärung finden. Vielfach lassen sich parallele Entwicklungen im Bereich der Technologie, aber auch der Kultur nachweisen, die unabhängig voneinander in verschiedenen Regionen der Welt zeitgleich stattfinden und zu ähnlichen oder gleichen Ergebnissen führen, wobei einzelne Leistungen stärkere Publizität finden können als andere, d. h. sich durchsetzen können. Auch hierbei könnten die wiederkehrenden Sequenzen zu Auslösern gleicher oder vergleichbarer, technologischer oder kreativer Ergebnisse werden.

Staus könnten auf gleiche Weise verstanden werden. Die gleichbleibende, sich wiederholende Fortbewegung von Autos in einer Richtung, erfährt wiederkehrendes Aufschaukeln von Verdichtungen (die z. B. durch die ungleichmäßige Geschwindigkeit einzelner Fahrzeuge oder Berührungen von Fahrzeugen während der Fortbewegung), die retardieren lassen, bis die Bewegung des Verkehrsstroms zum Erliegen kommt. Das singuläre Ereignis bestände dann im Stau, der unterschiedlich lang und von unterschiedlicher Dauer sein kann. Ähnliche Staubildungen kennt jeder Fußgänger während der Haupteinkaufszeiten in verschiedenen Malls oder auch auf dem Bürgersteig. Oftmals spricht man dann von *Engpässen.*

---

26 Technik und Fragmentierung. Paul Virilo im Gespräch mit Sylvére Lotringer. In: Aisthesis. Wahrnehmung heute oder Perspektiven einer anderen Ästhetik. Leipzig: Reclam 1992, 4. Aufl., S. 72–82, hier S. 74.

27 Ebd., S. 75.

28 Hartnett, Kevin: Durch eigenständiges Lernen zur Meisterschaft. In: Spektrum der Wissenschaft Kompakt. Künstliche Intelligenz 2018, 6, S. 47–48; sowie Wolfangel, Eva: Wo hat sie das nur gelernt? In: Spektrum der Wissenschaft Kompakt. Künstliche Intelligenz 2018, 6, S. 60–65.

Die im künstlerischen Bereich oft diskutierte *Abhängigkeit* von gleichen Motiven bei unterschiedlichen Malern, die durchaus zeitgleich in Gemälden auftreten können, ohne dass die Künstler miteinander verkehren oder verkehrten, könnte ebenfalls durch diesen Prozess der Parallelentwicklungen erklärt werden. Musikalisch treten spezifische Wendung zeitgleich bei unterschiedlichen Komponisten auf, so auch in der Literatur.

Diese Beispiele sollen lediglich andeuten, dass die Möglichkeit besteht, ein grundsätzlich anderes Paradigma zu entdecken und die Priorität der Singularität zu relativieren zugunsten einer Betonung der Wiederholung

Literaturverzeichnis

Baßler, Moritz: Der deutsche Pop-Roman. Die neuen Archivisten. München: Beck 2002.

Benjamin, Walter: Kunstwerk im Zeitalter seiner technischen Reproduzierbarkeit. Drei Studien zur Kultursoziologie. Frankfurt/M.: Suhrkamp 1977.

Brinkmann, Henning: Wiederholung als Gestaltung in der Sprache und als Wiederverwendung von Sprache. In: Wirkendes Wort 33, 1983, S. 71–93.

Dasselbe noch einmal: Die Ästhetik der Wiederholung. Hrsg. von Carola Hilmes/Dietrich Manthy. Wiesbaden: Springer Fachmedien 1998.

Freytag, Gustav: Die Technik des Dramas. Leipzig: Hirzel 1863.

Gansel, Carsten: Vorbemerkungen. In: Störungen im Raum – Raum der Störungen. Hrsg. von Carsten Gansel/Paweł Zimniak,. Heidelberg: Winter 2012, S. 9–13.

Genette, Gérard: Palimpseste. Die Literatur auf zweiter Stufe. Übers. von Dieter Hornig. Frankfurt/M.: Suhrkamp 2015, 7. Aufl.

Hartnett, Kevin: Durch eigenständiges Lernen zur Meisterschaft. In: Spektrum der Wissenschaft Kompakt. Künstliche Intelligenz 2018, 6, S. 47–48.

Kelleter, Frank: Populäre Serialität. Narration – Evolution – Distinktion. Zum seriellen Erzählen seit dem 19. Jahrhundert. Bielefeld: transcript 2012.

Lach, Robert: Das Konstruktionsprinzip der Wiederholung in Musik, Sprache und Literatur. Wien: Hölder, Pichler, Tempsky 1925.

Langner, Paul Martin: Eingeschriebene Performanz: Narratologische Strukturen zur Darstellung von Bewegung in mittelalterlichen Texten. In: Anwendungsorientierte Darstellungen zur Germanistik. Modelle und Strukturen. Hrsg. von Aleksandra Bednarowska u. a. Berlin: Weidler 2013, S. 223–241.

Langner, Martin-M.: Annäherung ans Fremde durch sprachliche Bilder. Die Region Polen und ihre Ritter in Dichtungen des Hochmittelalters. Berlin: Weidler 2018.

Müller-Wille, Klaus: Theorie als Performanz. Einleitende Bemerkungen zum Versuch das Singuläre noch einmal zu denken. In: Wunsch – Maschine – Wiederholung. Hrsg. von Klaus Müller-Wille/Detlef Roth/Jörg Wiesel. Freiburg/Br.: Rombach 2002, S. 11–30.

Otto, Stephan: Die Wiederholung und die Bilder. Zur Philosophie des Erinnerungsbewusstseins. Hamburg: Meiner 2007.

Paradoxien der Wiederholung. Hrsg. von Robert André/Christoph Dempmann. Heidelberg: Winter 2003.

Pütz, Peter: Wiederholung als ästhetisches Prinzip. Bielefeld: Aisthesis 2004.

Richter, David H.: Genre, Repetition, Temporal Order: some aspects of biblical narratology. In: A companion to narrative theory. Hrsg. von James Phelan. Malden/Oxford/Carlton: Bleckwell 2005, S. 285–298.

Schrott, Raoul: Die Musen. München: Deutscher Taschenbuchverlag 2000.

Spicker, Johannes: Geographische Kataloge bei Boppe. Eine Anregung. In: Zeitschrift für deutsche Philologie 119: Sonderheft: Neue Wege zur mittelalterlichen Sangspruchdichtung. Hrsg. von Horst Brunner/Helmut Tervooren. Berlin: Erich Schmidt 2000, S. 208–221.

Stilleben in Europa. Hrsg. von Gerhard Langemeyer/Hans-Albert Peters. Münster/Baden-Baden: Aschendorff 1979/80.

Szegedy-Maszák, Mihály: Forms of repetition in music and literature. In: Yearbook of comperativ and general literature 32, 1983, S. 39–49.

Technik und Fragmentierung. Paul Virilo im Gespräch mit Sylvére Lotringer. In: Aisthesis. Wahrnehmung heute oder Perspektiven einer anderen Ästhetik. Leipzig: Reclam 1992, 4. Aufl., S. 72–82.

Visser, Edzard: Formale Typologien im Schiffskatalog der Illias. Befunde und Konsequenzen. In: Neue Wege der Epenforschung. Hrsg. von Hildegard L.C. Tristram. Tübingen: Günter Narr Verlag 1998, S. 25–44.

Wege, Sophia: Wahrnehmung – Wiederholung – Vertikalität. Zur Theorie und Praxis der kognitiven Literaturwissenschaft. Bielefeld: Aisthesis 2013.

Wolfangel, Eva: Wo hat sie das nur gelernt? In: Spektrum der Wissenschaft Kompakt. Künstliche Intelligenz 2018, H. 6, S. 60–65.

II Post/postdramatisches Rhizom

Carola Hilmes (Frankfurt am Main)

Auf den zweiten Blick: Wiederholungen im Theater heute

Wir leben in Zeiten des post-postdramatischen Theaters,[1] aber die Diskussionen um Werktreue oder Regietheater sind immer noch nicht verstummt; das betrifft vor allem die Laien, also das Gros der Zuschauer. Neuere Forschungen beschäftigen sich mit dem „Drama des Prekären" (2011), das die Ethik in Theater und Performance behandelt. Die Geschichte und die alten Texte sind ebenso Thema wie regionale, globale oder auch interkulturelle Aspekte. Es ist alles zugleich da: Simultaneität, Medienkombination und Autoreferentialität sind wichtig. Es herrscht eine allgemeine Verunsicherung,[2] denn man muss mit allem rechnen – vor allem auf der Bühne. Wiederholung im Theater das meint Reenactment, die Wiederholung von Stoffen und Motiven, die variierende Wiederholung von Inszenierungspraktiken und nicht zuletzt die Wiederholung der Wirklichkeit, denn Theater ist Traumspiel und Spiegel der Realität, eine Illusions- und Zeitmaschine.

„There is joy in repetition", singt Prince und Heiner Goebbels greift diesen Song auf, sampelt ihn mit klassischer Musik und eigenen Kompositionen. Sein Musiktheaterstück „Die Wiederholung" (1995) ist von Kierkegaards gleichnamigem Essay inspiriert, verwendet aber auch Dialoge aus Alain Robbe-Grillets Film „Letztes Jahr in Marienbad" (1961). „*Die Wiederholung* ist ein intellektuelles

1 Vgl. Englhart, Andreas: Das Theater der Gegenwart. München: C. H. Beck 2013. Englhart bezeichnet das Theater nach der Jahrtausendwende als postironisch.

2 „Felicia Zellers neues Stück ‚Zweite allgemeine Verunsicherung' bietet […] gar keine Figuren, sondern nur auf unterschiedliche Schauplätze verteilten Text. Mal ist von einem roten Teppich und Preisverleihung die Rede, mal von den Bottroper Power-Tagen, mal bewegt man sich im Hotel, mal im Hinterzimmer. Darin lässt Zeller Schauspieler, Vortragsreisende und andere im Licht Stehende ein Leben simulieren, das sich selbst erschöpft: Immer derselbe Trott, Wiederholung reiht sich an Wiederholung und höchstens erste Male besitzen noch Ereignischarakter." Sojitrawalla, Shirin: Hölle, Hölle, Hölle! ‚Zweite allgemeine Verunsicherung'. Johanna Wehners Uraufführung von Felicia Zellers neuem Stück in Frankfurt setzt auf Albernheit und Atmosphäre. In: Nachtkritik.de vom 19.02.2019. <http://www.nachtkritik.de/index.php?option=com_content&view=article&id=12160:zweite-allgemeine-verunsicherung-johanna-wehners-urauffuehrung-von-felicia-zellers-zweite-allgemeine-verunsicherung-setzt-auf-albernheit-und-atmosphaere&catid=38:die-nachtkritik-k&Itemid=40> (Zugriff am 21.02.2019).

Stück, mit Klang, Licht und Geste zwar kunstvoll ins Sinnliche überführt, aber durchaus mit Gewicht auf dem Text",[3] schreibt Hanno Erler in der Frankfurter Allgemeinen Zeitung anlässlich der Premiere in Frankfurt am Main. Wiederholung ist ein tückisches Strukturelement, denn selbst die ewige Wiederkehr des Gleichen ist zeitliche Variation. Wiederholen heißt verschieben: in ein anderes Medium, in einen anderen Kontext, auf eine andere Ebene. Transformation und Reflexion führen zur Innovation, so lässt Wiederholung Neues entstehen. Das Theater arbeitet mit diesen Elementen seit alters her, in jüngster Zeit aber wird dieses Verfahren eigens herausgestellt und übt so die Wahrnehmung des Zuschauers ein: Wir konzentrieren uns nicht so sehr auf die erzählte Geschichte als vielmehr auf die Art und Weise ihrer Darstellung, d.h. unsere Aufmerksamkeit ist verschoben vom *was* auf das *wie*.

Im Folgenden möchte ich einige Schlaglichter auf dieses facettenreiche Thema werfen. Dabei werde ich mich weniger an der dramatischen Literatur orientieren als an der jeweiligen Aufführungspraxis und an den verschiedenen Inszenierungsstilen, denn die unterschiedlichen Modi der Wiederholung sind erkenntnisleitend, um den Raum des Gegenwartstheaters punktuell auszuleuchten.

1 Wiederholung als Nachahmung der Wirklichkeit

Theater holt die Realität auf die Bühne und erzählt einschlägige Geschichten. Mimesis als Kopie bzw. künstlerisch transformierte Wirklichkeit gilt als Grundbestand aller Kunst. Für den Nachahmungstrieb bietet das Theater ein besonders geeignetes Terrain. Wiederholung der Realität auf der Bühne führt zu neuen Spielformen und Konzepten. Eine ganz spezifisch ausgeprägte Form des Dokumentartheaters hat das Künstlerkollektiv Rimini Protokoll entwickelt. Dieses 2000 von Helgard Haug, Stefan Kaegi und Daniel Wetzel gegründete Autoren-Regie-Team bezieht sich nicht auf fertige Dramentexte, sie recherchieren selbst und sammeln Material, das dann weiter verarbeitet wird. Gespielt wird mit Laien, *Experten des Alltags*, die ihr Wissen und ihre persönlichen Erfahrungen in das Stück einbringen. „Das ist die Chance, die wir mit unserem Theater haben, an Menschen ganz nah ran zu zoomen und ihnen eine Stimme zu geben", sagt Stefan Kaegi in einem Interview im „Freitag" (7.4.2009).

> „Mit unserer Arbeit wollen wir die Möglichkeiten des Theaters weiterentwickeln, die uns ungewöhnliche Sichtweisen auf unsere Wirklichkeit ermöglichen. Uns interessiert weniger die Kritik an den Zuständen als vielmehr die Zustände selbst. Wir sehen uns

3 Erler, Hanno: Im Reich der Sinne. Heiner Goebbels' Musiktheaterstück „Die Wiederholung." In: Frankfurter Allgemeine Zeitung vom 10.4.1995. <http://www.heinergoebbels.com/en/archive/texts/reviews/read/503> (Zugriff am 20.02.2019).

> eher als Forscher denn als Politiker und begreifen Theater als Tool, um die Welt zu verstehen. Wir wollen gesellschaftliche Zustände sichtbar machen, kritisieren kann sie dann jeder selbst."[4]

Mit diesem dokumentarischen Theater neuen Zuschnitts – der Begriff Laientheater ist missverständlich, besser passt der Begriff Recherchetheater – erkundet Rimini Protokoll „die Theatralität des Alltags" und erweitert dabei auch die Spielmöglichkeiten des Theaters. Mit „Call Cutta" (2005) realisieren sie das weltweit erste Mobiltelefon-Theater, „The world's first Mobile Phone Theatre" (so die Ankündigung). Geboten wird eine, „[a]us einem indischen Call-Centre ferngesteuerte Tour durch Kalkutta und Berlin. „Call Cutta" erforscht, was passiert, wenn die transatlantische Unterhaltung nicht dem Verkauf, sondern der Verführung durch den eigenen städtischen Dschungel dient",[5] heißt es auf der Webside der Gruppe, die reichhaltiges Material zu ihren Stücken bietet. Erprobt werden also neue Interaktionsformen mit den Zuschauern – die *Theatergänger* spielen wirklich mit – und immer wieder verlässt Rimini Protokoll den Raum des Theaters. In „Cargo Sofia" (2006) sitzen die Zuschauer in einem LKW, ein mobiles Theaterprojekt, das die Außenwelt zur Bühne macht.

> „Wenn der Laster mit den beiden bulgarischen Profi-Truckern von der Essener Zeche Zollverein loszuckelt, ist die verglaste Wand noch geschlossen. Ein Videofilm gaukelt eine Reise quer durch Europa vor. Stückgut per Truck. Bis nach Italien soll die zweiwöchige Fahrt über zahlreiche Autobahnen gehen."[6]

Auf beunruhigende Weise vermischen sich in dieser theatralen Inszenierung Illusion und Realität. Die Zuschauer sind teilnehmende Beobachter; ein Ausstieg aus dem umfunktionierten LKW ist nicht jederzeit möglich. Eine andere Variante, die Wirklichkeit zur Bühne zu machen, präsentierte Rimini Protokoll 2009, als sie kurzerhand eine Aktionärsversammlung der Daimler Benz AG im Internationale Kongresszentrum Berlin zum Theaterstück erklären; tatsächlich handelt es sich um eine sehr aufwendige Inszenierung, die nach dem Prinzip eines Ready Mades funktioniert. Ein neueres Stück des Theater-Kollektivs ist eine Auseinandersetzung mit Hitlers „Mein Kampf", das im Sommer 2015 in Weimar Premiere hatte, also kurz bevor das Urheberrecht mit einer Sperrfrist von 70 Jahren abgelaufen war. Helgard Haug geht es darum, „sich vorher eine Hal-

4 Das Leben auf die Bühne stellen. Stefan Kaegi im Gespräch mit Ulrike Linzer. In: Der Freitag (online) vom 7.4.2009. <http://www.rimini-protokoll.de/website/de/article_4069.html> (Zugriff am 20.02.2016).

5 Rimini Protokoll: Call Cutta. <http://www.rimini-protokoll.de/website/de/project_143.html> (Zugriff am 20.02.2016).

6 Rimini Protokoll: Cargo Sofia. <http://www.rimini-protokoll.de/website/de/project_108.html #article_1880.html> (Zugriff am 20.02.2016).

tung zu erarbeiten“,[7] wie sie in einem Interview auf Arte erklärt. Das Stück ist ähnlich angelegt wie das 2007 preisgekrönte Stück „Karl Marx: Das Kapital. Erster Band“. Aber wie geht man mit einer Hetzschrift um? Für Hubert Spiegel, der an Taboris Drama „Mein Kampf“ (1987) erinnert, stößt Rimini Protokoll mit dieser Inszenierung an die Grenzen ihrer dokumentarischen Methode.[8] Unabhängig von seiner ästhetischen Wertung trifft Hubert Spiegel von der Frankfurter Allgemeinen Zeitung damit die Intention des Regieteams, das mit seinem Theater stets ein Risiko eingeht. „Adolf Hitlers: Mein Kampf“ gibt dem Buch eine Bühne, das steht der beabsichtigten Diskussion und Dekonstruktion entgegen. Haug und Wetzel wissen um dieses Dilemma.[9]

2 Wiederholung mythologischer Stoffe als Aktualisierung

Die Aneignung und Bearbeitung von aus der Tradition bekannter Stoffe und Motive ist eine gängige Praxis.[10] Viele Schriftsteller sehen darin eine besondere Herausforderung, aber nicht alle wollen einen Mythos zu Ende bringen.[11] Für Dea Loher, die neben Elfriede Jelinek bekannteste deutschsprachige Dramatikerin, war „Manhattan Medea“ (1999) eine Auftragsarbeit des Steirischen Herbst, die Inszenierung durch ihren damaligen Ehemann (Ernst W. Binder) wurde von der Presse nicht gelobt. In ihrer Version werden Medea und Jason zu Flüchtlingen vom Balkan – eine anhaltend aktuelle Thematik – und außerdem fügt Loher der antiken Vorlage zwei Personen hinzu: Deaf Daisy, ein tauber Transvestiten, der das Geschehen mit witzigen Kommentaren begleitet und sich als schillernde Bühnenfigur gut macht, und außerdem einen gewissen Velasquez; dieser Türsteher aus der 5th Avenue, ist eine sperrige Figur, denn der Freizeitmaler im Stil

7 Gespräch mit Helgard Haug zu ‚Adolf Hitler: Mein Kampf, Band 1 & 2‘. In: arte-Journal vom 11.09.2015. <http://www.rimini-protokoll.de/website/de/project_6854.html> (Zugriff am 20.02.2016). Nicht alle Projekte der Gruppe werden von allen Mitgliedern realisiert; ‚Das Kapital‘ und ‚Mein Kampf‘ haben Helgard Haug und Daniel Wetzel inszeniert.

8 Spiegel, Hubert: Wir spielen heute mal Provokation. Historiker-Experten und betroffene Laien: Das Theaterkollektiv Rimini Protokoll führt ‚Mein Kampf‘ beim Weimarer Kunstfest auf. Und stößt an die Grenzen seiner dokumentarischen Methode. In: FAZ.net vom 05.09.2015. <http://www.faz.net/aktuell/feuilleton/buehne-und-konzert/mein-kampf-von-rimini-protokoll-in-weimar-13785895.html> (Zugriff am 20.02.2016).

9 Vgl. Hitler-Theaterprojekt: Um ein Flüchtlingsheim anzuzünden, muss man nicht ‚Mein Kampf‘ lesen. Anke Dürr im Gespräch mit Helgard Haug und Daniel Wetzel. In: Spiegel-online vom 08.01.2016. <http://www.spiegel.de/kultur/gesellschaft/mein-kampf-im-theater-so-reagieren-die-zuschauer-a-1070968.html>(Zugriff am 20.02.2016).

10 Auf die Inszenierung der *alten* Stücke kann ich hier nicht eingehen; das ist u. a. der Differenz zwischen einer textbasierten Germanistik und einer aufführungsorientierten Theaterwissenschaft geschuldet.

11 Vgl. Blumenberg, Hans: Die Arbeit am Mythos. Frankfurt/M.: Suhrkamp 1979.

des spanischen Barock sinniert über Original und Kopie, stellt also eine Reflexionsfigur dar. Die Geschichte von Liebe und Rache, von Gefährdungen, Anfeindungen und vom Kampf ums Überleben in einer westlichen Metropole greift ein Drama unserer Zeit auf. Aus dem König Kreon wird in New York ein Sweat-Shop-Boss, ein Kapitalist im Rollstuhl in der Tradition des Brecht'schen Theaters. Dea Loher will die großen Fragen auf die Bühne zurückholen: Gewalt, Schuld, Verrat, Freiheit - aber nicht als Sozialreportage, sondern als Tragödie.[12] Dafür liefert Medea eine gute Vorlage, denn die Ausweglosigkeit der antiken Heldin, die als Kindsmörderin in die Geschichte eingegangen ist, verleiht der Figur Kontur und lässt ihr trotz des schrecklichen Geschehens ihre Würde. In ihrer aktualisierenden Bearbeitung setzt Dea Loher auf die Künstlichkeit der Bühne (Theatralität) und auf die Macht der Sprache.[13]

Bereits in den 1980er Jahren hatte sich Heiner Müller mit diesem mythologischen Stoff auseinandergesetzt. Seine Bearbeitung reduziert den Stoff zum einen auf die zentrale Auseinandersetzung zwischen Medea und Jason („Medeamaterial") und kontextualisiert ihn zum anderen („Verkommenes Ufer"; „Landschaft mit Argonauten"). Dadurch wird uns paradoxerweise die Geschichte zugleich fremd gemacht und ganz nahe heran gerückt; in seiner Autobiografie „Krieg ohne Schlacht" (1999) nimmt Müller ein Zitat aus dem „Medeamaterial" als Motto auf.[14] Die Frage nach seinem eigenen Selbstverständnis wird so in eine europäische Traditionslinie seit der Antike gerückt und seine Theaterstücke richten diese Frage eindringlich an die Zuschauer.[15] Anders als bei Dea Loher, die sich viele Anregungen zu ihren Dramen aus dem Kleingedruckten der Zeitung holt, finden sich bei Müller immer wieder antike oder literarische Figuren - Philoktet, Ödipus, Prometheus und Ajax, aber auch Macbeth und Hamlet -, die er als Ausgangsmaterial für seine Stücke nimmt, in denen oft ein post-apokalyptisches Szenario aufgerufen wird. Mit dieser Arbeitsweise spielt Müller dem postdramatischen Theater in die Hände. Es geht ihm darum, die Grenzen des Theaters auszuloten. Die Bühne wird so zum Labor, um die wirklichen Verhältnisse zu erforschen, und zu diesem Zweck werden auch die älteren

12 Vgl. Loher, Dea: Nicht Harmonisierung, sondern Dissonanz. Juliane Kuhn im Gespräch mit Dea Loher. In: Dea Loher und das Schauspiel Hannover. Hrsg. von Jens Groß/Ulrich Khuon. Hannover: Niedersächsisches Staatstheater 1998, S. 18–22, hier S. 21f.

13 Vgl. Hilmes, Carola: Keine falsche Einfühlung - Dea Lohers ‚Manhattan Medea'. In: Literatur für Leser 28, 2005, S. 263–279 (= Sonderheft zur Antike-Rezeption in der deutschsprachigen Literatur des 20. Jahrhunderts).

14 „Soll ich von mir reden Ich wer/von wem ist die Rede wenn/von mir die Rede geht Ich wer ist das". Müller, Heiner: Krieg ohne Schlacht. Leben in zwei Diktaturen. Köln: Kiepenheuer und Witsch 1999, S. 9.

15 Vgl. Hilmes, Carola: Wiederkehr und Verwandlung. Medea-Rezeption im 20. Jahrhundert. In: Dies.: Skandalgeschichten. Aspekte einer Frauenliteraturgeschichte. Königstein/Ts.: Ulrike Helmer Verlag 2004, S. 165–183.

dramatischen Stoffe in Dienst genommen und für das Theater heute sozusagen „repariert",[16] d.h. auf eine künstlerische Weise zusammen geflickt. In einer zertrümmerten Welt wird für Heiner Müller Wiederholung folglich zur Reparatur. Heilsam ist das nicht.

3 Reenactment: Nachstellen von Geschichte als Vitalisierung

Es gibt viele Möglichkeiten des Umgangs mit Vergangenheit: Erinnern und gedenken, verdrängen und vergessen oder schlicht ignorieren. Große Ereignisse der Geschichte an historischen Orten nachzustellen, ist ein beliebtes Hobby unter Laiendarstellern. Die professionelle Auseinandersetzung mit Historie auf der Bühne ist nicht ganz so harmlos. Für Heiner Müller war das Geschichtsdrama eine Geisterbeschwörung, die Rückkehr der Toten, der er mit einer stoischen Haltung gegenüber trat. Sein letztes Stück „Germania 3 Gespenster am toten Mann" (1995), fünf Monate nach seinem Tod in Bochum aufgeführt, ist eine bizarre Bilanz des 20. Jahrhunderts. Selten war ein Blick zurück so desaströs, so düster und chaotisch. Die Ähnlichkeit von mythologischer, literarischer und historischer Erinnerung bei ihrer Transformation auf die Bühne wird mit Blick auf Heiner Müllers Werk besonders deutlich. Sie liegt in ihrer sprachlichen Verfasstheit, mithin in ihrer künstlerischen Konstruktion begründet.

Geschichtsschreibung auf dem Theater operiert seit neuestem mit dem Begriff Reenactment; in der bildenden Kunst und in der Performance wird dieser Begriff schon länger verwendet.[17] Erika Fischer-Lichte erläutert ihn in ihrem Aufsatz „Die Wiederholung als Ereignis" als „verkörperte Vergegenwärtigungen vergangener Ereignisse, die hier und jetzt vollzogen werden", und die „ein spezifisches Verhältnis zur Vergangenheit herstellen und damit zugleich ein je besonderes Verständnis von Geschichte implizieren".[18] In der Theatergeschichte gibt es dafür viele Beispiele; Fischer-Lichte beginnt mit den geistlichen Spielen im 15. und 16. Jahrhundert. Eine prominente Position im Gegenwartstheater nimmt

16 Vgl. Episches Theater und postheroisches Management. Heiner Müller im Gespräch mit Alexander Kluge (gesendet am 18.03.1996). <https://kluge.library.cornell.edu/de/conversations/mueller/film/106/segment/1844> (Zugriff am 21.02.2016).

17 Vgl. History will Repeat itself: Strategies of Re-enactment. Ausstellung KW Berlin. Hrsg. Anke Arns/Gaby Horn für Hartware MedienKunstVerein und KW Institute for Contemporary Art, Revolver – Archiv für aktuelle Kunst, Frankfurt am Main 2007.

18 Fischer-Lichte, Erika: Die Wiederholung als Ereignis. Reenactment als Aneignung von Geschichte. In: Theater als Zeitmaschine. Zur performativen Praxis des Reenactments. Theater- und kulturwissenschaftliche Perspektiven. Hrsg. von Jens Roselt/Ulf Otto, Bielefeld 2012, S. 13–52, hier S. 13.

Milo Rau ein, der das Reenactment zu seinem Markenzeichen macht.[19] Seine Erinnerung ist bezogen auf Zeitgeschichte. Der Schweizer Regisseur und Autor ist seit „Breiviks Erklärung" (mit Sasha Ö. Soydan, 2012) und seiner Nachstellung der Verurteilung von Pussy-Riot (2013) einer breiteren Öffentlichkeit bekannt geworden. Mit den Reenactments beschwört er in seiner theatralen Praxis die „seltsame Kraft der Wiederholung",[20] ihre vermeintliche Authentizität aber ist trügerisch, denn die Re-Konstruktion der Realität unterliegt unausweichlich einer ästhetischen Haltung, wie Milo Rau bereits 2004 in einem Beitrag zu Rimini Protokoll herausstellt.[21] Die derzeitigen Strategien, die gegenwärtige oder auch die vergangene Realität auf die Bühne zu bringen, überschneiden sich zuweilen. Das liegt in der Sache und in der Theatertradition begründet. Wiederholung in ihren unterschiedlichen Facetten erweist sich dabei als ein Schlüsselphänomen.

4 Wiederkehr des Politischen und Ethischen auf dem Theater – eine Zwischenbilanz

Im Theater der Welt ins Gesicht sehen und das ästhetische Spiel mit theatralen Mitteln, das sind die zwei Grundtendenzen auf deutschsprachigen Bühnen. Wir haben es also mit einer Wiederkehr des Politischen in Zeiten der Postmoderne zu tun.[22] Bei einem Dramatiker wie Heiner Müller ist das ganz offensichtlich, auch die Arbeiten Milo Raus und des Künstlerkollektivs Rimini Protokoll stellen ihr soziales Engagement – heute heißt das eher unterkühlt *politisches Statement* – offen aus, denn sie greifen aktuelle wirtschaftliche und gesellschaftliche Probleme auf, die dann auf der Bühne vorgeführt und so diskutiert werden. Das Theater muss sich an der Realität messen lassen. Auch René Pollesch und Kathrin

19 „Der eigentliche ‚Sinn' dieses seltsamen Formats, das sich ‚Reenactment' nennt, ist […] vielleicht schlicht und einfach folgender: Den alten avantgardistischen Traum – die Kunst mit dem Leben zu versöhnen – völlig ernst genommen und das ‚Leben' mit seinen Konvulsionen, seiner destruktiven Ziellosigkeit, seinem stupiden Materialismus und seiner unauflösbaren Vieldeutigkeit in einer reductio ad absurdum ins Zentrum aller künstlerischen Überlegungen gestellt zu haben." Rau, Milo: Die seltsame Kraft der Wiederholung. Zur Ästhetik des Reenactments. In: Theater als Zeitmaschine. 2012, S. 71–78, hier S. 77.

20 Ebd.

21 Vgl. Rau, Milo: Wir alle sind Spezialisten. Rimini Protokoll und die Rekonstruktion der Wirklichkeit. In: Neue Zürcher Zeitung vom 17.02.2004. <http://www.nzz.ch/article9EC0P-1.215360> (Zugriff am 21.02.2016).

22 Eine „Repolitisierung des Theaters in den neunziger Jahren" wird auch diagnostiziert in: Gilcher-Holtey, Ingrid: Einleitung. In: Politisches Theater nach 1968. Regie, Dramatik und Organisation. Hrsg. von Dorothea Kraus/Franziska Schößler. Frankfurt/M./New York: Campus 2006, S. 7–19, S. 10.

Röggla entdecken die Wirklichkeit fürs zeitgenössische Theater neu.[23] „Das Theater ist nicht die Dienerin der Dichtung, sondern der Gesellschaft", erklärt Helgard Haug von Rimini Protokoll, und Stefan Kaegi unterstreicht dieses Brechtzitat mit dem Statement: „Wir benutzen Theater als *Guckloch* von Menschen zu Menschen."[24]

Eine eigene Form des Recherchetheaters betreibt Kathrin Röggla, deren dialogisch angelegte Texte sich gut für die Bühne eignen, wo das performative Element buchstäblich ausgespielt werden kann. Ihre kritische Haltung und ihre pessimistisch grundierte Zeitdiagnose schreibt sich in die Theatertradition von Heiner Müller ein und führt den Katastrophendiskurs fort; etwa mit der Stimme Kassandras in „die alarmbereiten" (2010), sieben Erzählungen, die auch als Hörspiel (2009) realisiert wurden und für das Theater noch zu entdecken sind. Röggla ist eine subversive Autorin,[25] weil ihr politisches Engagement mit hochartifiziellen Mitteln arbeitet. Bereits in „wir schlafen nicht" (2004), einer kritischen Auseinandersetzung mit der sog. New Economy, deren Vertretern und ihren Lebensweisen, hält Röggla dem Publikum den Spiegel vor: ausschnitthaft, montiert und durch die indirekte Rede notorisch distanziert. Wie vage und disparat das schon im Titel angesprochene Wir – in anderen Titeln bleibt es implizit – auch sein mag, so arbeitet die Autorin damit doch auf eine Haltung hin. Kalina Kupczyńska klassifiziert diese Position als „Poetik der Nachhaltigkeit."[26]

Von einer „Wiederkehr der Ethik" spricht Katharina Pewny in ihrem Buch „Das Drama des Prekären" (2011), in dem sie die „Wahrnehmung des Ungesicherten" zur zentralen Analysekategorie macht und auf das Heikle und Schwierige abzielt.[27] In einem solchen *posttraumatischen Theater* findet auch Dea Loher ihren Ort. Hatte sie sich anfangs ausdrücklich mit politischen Themen auseinander gesetzt – das markanteste Beispiel ist „Leviathan" (1993), ein Stück, in dem sie, angeregt durch Gerhard Richters Bilder der toten Terroristen in Stammheim, die Geschichte der RAF-Mitglieder erzählt, bevor sie in den Un-

23 Vgl. Ökonomie im Theater der Gegenwart. Ästhetik, Produktion, Institution. Hrsg. von Franziska Schößler/Christine Bähr. Bielefeld 2009.

24 Vgl. Rimini Protokoll. <http://www.rimini-protokoll.de/website/media/poetikdozentur/presse/Rimini_Protokoll_Poetik.pdf> (Zugriff am 22.02.2016).

25 Anlässlich der Poetikdozentur von Röggla an der Universität Essen im Dezember 2014 schreibt Ernst, Thomas: ‚aber vollständige entwarnung wird nicht gegeben.' Eine Einführung in das Werk von Kathrin Röggla. Campus Essen, 01.12.2014. <http://www.thomasernst.net/roeggla-poet.pdf> (Zugriff am 22.02.2016).

26 Kupczyńska, Kalina: Nachhaltigkeit in der Literatur. Kathrin Rögglas poetologisches Programm. In: Österreichische Gegenwartsliteratur. Hrsg. von Hermann Korte. München: edition Text und Kritik 2015 (= Text + Kritik Sonderband), S. 208–216. In den Gesprächen mit Kalina Kupczynska (Universität Lodz) hat dieser Vortrag seine Struktur gewonnen; deshalb gilt ihr mein besonderer Dank.

27 Vgl. Pewny, Katharina: Das Drama des Prekären. Über die Wiederkehr der Ethik in Theater und Performance. Bielefeld: transcript 2011.

tergrund abgleiten –, wendet sich Loher in ihren späteren Stücken stärker den zwischenmenschlichen Beziehungen zu. Sie politisiert das Private und den Alltag;[28] damit bringt sie nicht die kleinen Tragödien auf die Bühne, sondern sie zeigt, wie die Körper geschunden werden, Menschen in Panik geraten oder auch in völlig ausweglose Situationen gestellt werden, die den Wunsch nach Glück lediglich in der Negation präsent halten. Das fordert den Schauspielern viel ab, was etwa die Inszenierung von „Das Leben auf der Praça Roosevelt" (2004) am Thalia Theater in Hamburg zeigt. Pewny analysiert die traumatisierten, vermeintlich ganz normalen Menschen am Beispiel von Dea Lohers Stück „Das letzte Feuer" (2008) und dem Kurzdrama „Die Schere" (2001), das ganz auf die familiäre Situation von Vater, Mutter und Kind fokussiert ist; die Stücke wurden von Andreas Kriegenburg inszeniert.[29] Beide verbindet eine lange, produktive Zusammenarbeit.

5 Wiederholung als Transfer: Romane auf der Bühne

Die Innovationen im Theater in den letzten Jahrzehnten hatten auch Auswirkungen auf die Arbeit der Dramatiker und ihre Texte. Spätestens seit Heiner Müllers Bühnenstücken wurde die konventionelle Form des Dramas, die Sprecherrollen markiert und auf ein Bühnengeschehen abzielt, in Zweifel gezogen. Gleichwohl bleiben Spieltexte, wie es heute neutral heißt, für das Theater wichtig;[30] Hans-Peter Bayerdörfer spricht sogar von einer Rückkehr der Erzähldramatik. In diesem Zusammenhang auffällig und wichtig sind die vielen Bearbeitungen von Romanen (und Filmen) für die Bühne,[31] die einem Bedürfnis nach großen Erzählungen, den *grand recits*, entsprechen. Eine Abwehr gegen Theaterexperimente ist das nicht.

Ganz unvermutet wird jemand eines Morgens aus dem Bett geholt und verhaftet. Danach gerät sein Leben aus den Fugen, denn er sieht sich an eine un-

28 Die Parole „Das Private ist politisch", die von der Studentenbewegung 1968 ausgegeben wurde, hat sich zu Beginn des 21. Jahrhunderts verändert zur Formel vom „Ende des Privaten", d. h. heute werden alle Lebensbereiche schonungslos auf die Bühne gebracht und dort mit unterschiedlichen theatralen Mitteln zur Schau und so zur Diskussion gestellt; dahinter steckt zweifellos ein moralisch-politischer Impuls.

29 Vgl. Börgerding, Michael: ‚I'm Just Blue': Der Regisseur Andreas Kriegenburg und seine Auseinandersetzung mit den Texten der Dramatikerin Dea Loher. In: Monatshefte 99, 2007, 3, S. 333–345.

30 Bayerdörfer, Hans-Peter: Erzähldramatik: Spieltexte jenseits der Gattungsgrenzen. In: Junge Stücke. Theatertexte junger Autorinnen und Autoren im Gegenwartstheater. Hrsg. von Andreas Englhart/Artur Pelka. Bielefeld: transcript 2014, S. 29–64, hier S. 33f.

31 Vgl. John von Düffels Adaption von Thomas Manns „Buddenbrooks" für das Thalia Theater in Hamburg 2005, es folgten weitere Bühnenbearbeitung von Romanen: „Der Schimmelreiter" (2008), „Herz der Finsternis" (2009) und „Anna Karenina" (2012).

bestimmte juristische Bürokratie ausgeliefert. Diesen Prozess kennen wir alle. Andreas Kriegenburg hat ihn im Herbst 2008 fürs Theater adaptiert und erntete dafür großes Lob, u. a. weil er die komische Seite von Kafka herausstellte. Eine „groteske Clownerie“[32] – die an Buster Keaton erinnert. Neben dem furiosen Spiel der Schauspieler beeindruckend, die Drehbühne: ein Auge, die Zuschauer sitzen sozusagen im Kopf des Protagonisten, dessen Leben sich auf der Bühne abspielt, eine Wahn- und Angstphantasie. Die Drehbühne gehört zu den wichtigen Gestaltungsmitteln des Regisseurs. Die Hauptfigur des Romans erscheint auf der Bühne vervielfacht, so wird aus Josef K. ein beliebiger Jedermann. Diese Entindividualisierung demonstriert außerdem eine zersplitterte Identität.[33] Die acht Schauspieler – vier Männer, vier Frauen – wechseln ständig die Rollen, was die entpsychologisierte Lektüre des Romans unterstreicht. Sie wechseln auch zwischen chorischem und personalem Sprechen, was zu einer eigenwilligen Mischung aus Handlungs- und Erzähltheater führt und eine surreale, kafkaeske Welt evoziert. Die Schuldfrage wird nicht gelöst: „Es war die Ästhetik mit der Andreas Kriegenburg überzeugte und verblüffte.“[34]

Die Übertragung eines Romans auf die Bühne macht aus dem Regisseur einen zweiten Autor.[35] Diese Transformationsleistung setzt Andreas Kriegenburg fort mit seiner jüngsten Produktion für das Deutsche Theater in Berlin. Mit „Ein Käfig ging einen Vogel suchen“ (2016) werden frühe Prosatexte Kafkas – Ausschnitte aus „Der Bau“, „Blumfeld ein älterer Junggeselle“, „Schakale und Araber“, „Ein altes Blatt“ – dramatisiert. Wieder arbeitet Kriegenburg mit acht Schauspielern – die uniform gekleideten männlichen Figuren immer in Maske – und neben (etwas forcierten) aktualisierenden Bezügen auf eine vermeintliche Bedrohung durch das Fremde, das schon Kafka in Form des Anderen, des Nomaden oder eines Tieres darstellt, wird auch in dieser Inszenierung das Komische, Slapstickhafte betont.[36] Kriegenburg hat vier kleinbürgerlich eingerichtete

32 Meiborg, Mounia: Der Prozess – Andreas Kriegenburg vervielfältigt und verzaubert Franz Kafkas Josef K. Doppelgänger in der Endlosschleife. In: Nachtkritik.de vom 25.09.2008. <http://www.nachtkritik.de/index.php?option=com_content&view=article&id=1776:der-prozess-andreas-kriegenburg-vervielfaeltigt-und-verzaubert-franz-kafkas-josef-k&catid=99:muenchner-kammerspiele&Itemid=100190> (Zugriff am 23.02.2016).

33 Bayerdörfer, Peter: Wie viele Körper braucht Herr K.? In: Derra Dance Research 2, 2010, S. 28–37 (= Denkfiguren. Performatives zwischen Bewegen, Schreiben und Erfinden. Für Claudia Jeschke. Hrsg. v. Nicole Haitzinger u. Karin Fenböck).

34 Banitzki, Wolf: Willkommen in Kafkas Universum. In: Theaterkritiken München. <http://theaterkritiken.com/component/content/article/40-theaterbereich/verwaltung/84-der-prozess> (Zugriff am 23.02.2016).

35 Tiedtke, Marion: Das Spiel im Spiel. Der Regisseur Andreas Kriegenburg. In: Die Künste der Bühne. Positionen des zeitgenössischen Theaters. Hrsg. von Marion Tiedtke/Philipp Schulte. Berlin: Theater der Zeit 2011, S. 110–121.

36 Wahl, Christine: Quintett der Spießbürger. Ein Kafka-Abend von Andreas Kriegenburg am Deutschen Theater. In: Der Tagesspiegel vom 14.02.2016. <http://www.tagesspiegel.de/kul

Junggesellenzimmer in- und übereinander gestapelt und visualisiert mit diesem Bühnenbild die Wiederholung als Strukturelement und Verfahren. Hierin stimmen Kafkas literarische Weltenwürfe mit Kriegenburgs Inszenierung überein.

> „Kafkas Welt hat sich in der Wiederholung wie in einem Ausnahmezustand eingerichtet, und man könnte sagen: Was sie prägt, ist eine Art sekundärer Existenz; was sie auszeichnet, ist nie etwas Erstes und Frisches, sondern stets ein geborgtes Geschehen, ein Geschehen aus zweiter Hand, ein Geschehen mit doppeltem Boden.“[37]

Die Vision der Welt als Ausnahmezustand und die Absage an Authentizität, die Joseph Vogl hier hervorhebt, erklären sowohl die Aktualität Kafkas als auch seine Attraktivität für das Theater. Kriegenburg, in Personalunion Regisseur, Bühnenbildner und zweiter Autor, bringt nicht nur die Prosatexte auf die Bühne, sondern eröffnet bzw. popularisiert damit auch einen neuen Zugang zu Kafka, der das Ernste mit dem Lachen zu verbinden wusste.

6 Spiel im Spiel: wiederholte Spiegelungen

An dieser Stelle möchte ich einen Blick in die jüngere Geschichte des Theaters werfen. Innovationen fallen ja nicht vom Himmel, auch nicht aus dem Schnürboden. Mimesis und Spiel im Spiel sind traditionelle Elemente der Bühne. Wiederholung als Nachahmung der Wirklichkeit und die Selbstbezüglichkeit gehören zum Grundbestand des Theaters. Zwei Beispiele aus der deutschsprachigen Literatur der zweiten Hälfte des 20. Jahrhunderts. „Die Verfolgung und Ermordung Jean Paul Marats dargestellt durch die Schauspielgruppe des Hospizes zu Charenton unter Anleitung des Herrn de Sade“ (1964) von Peter Weiss nennt den Inszenierungscharakter des Dramas bereits im Titel.

> „Die Rahmenhandlung des Stücks spielt im Jahre 1808 in Charenton, wo der Marquis de Sade, Patient der dortigen Irrenanstalt, gemeinsam mit den Insassen der Heilanstalt im hauseigenen Badesaal ein Theaterstück aufführt, das thematisch um die Französische Revolution kreist. Dabei wird er von dem Anstaltsdirektor Coulmier, der sich immer dann einmischt, wenn er die Staatsautorität gefährdet sieht, überwacht. Der eigentliche Kern des Stückes im Stück erzählt von der historischen Begebenheit des Mordes an Jean Paul Marat: Der radikale Revolutionär, der aufgrund einer psychosomatischen Hauterkrankung die Badewanne immer nur für wenige Zeit verlassen kann, wird im Jahr

tur/ein-kafka-abend-von-andreas-kriegenburg-am-deutschen-theater-quintett-der-spiessbuerger/12961922.html> (Zugriff am 23.02.2016).

37 Joseph Vogl, zitiert nach: ‚Ein Käfig ging einen Vogel suchen‘ von Franz Kafka. Programmheft des DT Berlin 2016, S. 6.

1793 von der Girondistin Charlotte Corday, die aus Caen angereist ist, erstochen, um dem Blutvergießen der Revolution ein Ende zu bereiten."[38]

Peter Weiss dramatisiert hier einen historischen Stoff und lässt ihn an einem ungewöhnlichen Ort aufführen. Die verrückt gewordene Revolution wird in die Psychiatrie verlegt, die sich als Mischung aus Gefängnis und Theater präsentiert. Während die Rahmenhandlung die Einheit von Ort und Zeit berücksichtigt, sind die Spiel-im-Spiel-Szenen montiert. Peter Brooks Inszenierung dieses Stück, die Elemente des Epischen Theaters mit Artauds Theater der Grausamkeit mischt, erlangte nicht zuletzt durch die Verfilmung große Popularität (mittlerweile ist der Film auf you.tube abrufbar).

Peter Weiss ist ein gutes Beispiel dafür, dass sich politisches Engagement mit künstlerischen Mitteln erfolgreich verbindet. Aufschlussreich ist außerdem, dass dieser Dramatiker ein politisch engagiertes Dokumentartheater (Agit-Prop) mit einer auf Künstlichkeit setzenden Inszenierungspraxis und innovativen Spielformen auf irritierende Weise kombiniert, was sein Stück „Viet Nam Diskurs" belegt. Bei der Uraufführung 1968 in der Regie von Harry Buckwitz in Frankfurt kam es zu einem Theaterskandal. Anders als „Die Ermittlung" (1965), eine dramatische Aufarbeitung der Auschwitz-Prozesse, war der „Viet Nam Diskurs" nicht nur im Titel ambitioniert und sperrig; der ausführliche Titel lautet: „Diskurs über die Vorgeschichte und den Verlauf des lang andauernden Befreiungskrieges in Viet Nam als Beispiel für die Notwendigkeit des bewaffneten Kampfes der Unterdrückten gegen ihre Unterdrücker sowie über die Versuche der Vereinigten Staaten von Amerika die Grundlagen der Revolution zu vernichten".

Zum Thema Wiederholung darf ein Autor nicht fehlen: Thomas Bernhard, bei dem es heißt: „Im Grunde ist alles, was wir sagen, zitiert."[39] Im Hinblick auf seinen Wiederholungsstil, der seine Prosa wie seine Dramen kennzeichnet, möchte ich für den Aspekt der Selbstbezüglichkeit das Theaterstück „Minetti" (1976) hervorheben; es wurde uraufgeführt unter der Regie von Claus Peymann in Stuttgart mit dem Schauspieler Bernhard Minetti in der Titelrolle. Für den Autor war das Stück eine Abrechnung mit der klassischen Literatur und eine Hommage an Minetti, einen großen Darsteller Shakespeare'scher Dramenhelden. Bernhards Minetti, also der Schauspieler im Stück, ist in der norddeutschen

38 Schüller, Liane: Die Verfolgung und Ermordung Jean Paul Marats. In: Kindlers Literatur Lexikon-online. <http://kll-aktuell.cedion.de> (Zugriff am 4.10.2019).

39 Vgl. Marquardt, Eva: Wortwörtlich. Formen der Wiederholung im Werk Thomas Bernhards. In: Dasselbe noch einmal: Die Ästhetik der Wiederholung. Hrsg. von Carola Hilmes/Dietrich Mathy. Opladen/Wiesbaden: Westdeutscher Verlag 1998, S. 229–243. Vgl. ferner Schlicht, Corinna: Wiederholen gegen die Sinnlosigkeit. Strategien der Selbstvergewisserung bei Thomas Bernhard. In: Wiederholen/Wiederholung. Hrsg. von Rolf Parr. Heidelberg: Synchron 2015, S. 357–372.

Provinz auf der verzweifelten Suche nach einem Engagement als King Lear, ein trauriger alter Mann.[40] Mit dem eigenen Selbstverständnis des Schauspielers (gesehen durch die Brille von Thomas Bernhard) wird hier auch das Theater auf den Prüfstand gestellt.[41] Kein Spiel im Spiel, sondern das Spiel als Spiel, eine radikale Infragestellung der Schauspielkunst und des Theatersystems, wie sich im Bernhard'schen Übertreibungsstil formulieren ließe.

Im Gegenwartstheater wird die Selbstbezüglichkeit theatralen Spiels auf vielfältige Weise ausgestellt: durch den Einsatz von Medien wie Bildschirme und Videos, durch Musik oder eine auffällige Geräuschkulisse oder auch durch Verdopplungen der Personen, Räume oder Szenen; in schlichterer Ausprägung durch Spiegel. Gelegentlich wird die Medialität regelrecht demonstriert, etwa durch Kameraleute auf der Bühne.[42] An der Volksbühne in Berlin praktiziert Frank Castorf nicht nur Medienhäufung, sondern er bringt auch unterschiedliche Stücke zusammen und problematisiert so den Theaterbetrieb; etwa in seiner Produktion „KEAN ou Désordre et Génie Comédie en cinq actes par Alexandre Dumas et DIE HAMLETMASCHINE par Heiner Müller" (2008). „Es geht um den großen englischen Shakespeare-Schauspieler Edmund Kean, also um Theatermacher hier und heute. Zeit: etwa 1830 bis in die Gegenwart."[43] Genregrenzen und unterschiedliche Wissensbereiche werden dabei von Castorf überschritten. Autoren, Titel und Schauspieler werden im Produktionstitel genannt, der in französischer Sprache verfasst alles etwas auf Abstand hält; angestammte Hierarchien (Autor, Regisseur, Schauspieler) werden so durcheinander gebracht, genauer gesagt: nivelliert. Im Januar 2016 vermengte Castorf Hebbels „Judith" (1840) mit anderen Texten, z. B. mit Jean Baudrillards „Die Stadt und der Hass" (2000) und mit Antonin Artauds „Heliogabal oder Der Anarchist auf dem Thron" (dt. 1972). Auf diese Weise kommentieren, oder sollte man lieber sagen: attackieren sich die Stücke gegenseitig. Vom Zuschauer ist Durchhaltevermögen gefragt; die Aufführungsdauer war 5 Stunden. Castorf als Stückezertrümmerer

40 Klüger, Ruth: Ein alter Mann ist stets ein König Lear – Alte Menschen in der Dichtung. Wiener Vorlesungen, Vortrag am 21. Mai 2003. Wien 2004, S. 34f.

41 In Thomas Bernhards Theaterstück „Ritter, Dene, Voss" (1986) spielen die im Titel genannten Schauspieler nicht die eigene Rolle, d. h. die Selbstthematisierung des Theaters ist weniger explizit als in Minetti.

42 Bei Castorfs Inszenierung von Wagners „Ring des Nibelungen" in Bayreuth 2013 waren die Kameraleute die stummen Helden auf der Bühne; für die Oper ein Novum, für das Publikum damals ein Ärgernis, heute schon Kult; vgl. für einen ähnlichen Wechsel in der Rezeption die Neuenfels-Inszenierung des „Lohengrin" 2010 in Bayreuth, die das Geschehen in ein Labor verlegt und den Chor als überdimensionierte Ratten kostümiert.

43 Merck, Nikolaus: Sexy über den Kamm gescheert. Kean – Frank Castorf versetzt Alexandre Dumas mit Heiner Müllers Bla bla. In: Nachtkritik.de vom 06. 11. 2008. <http://www.nachtkritik.de/index.php?option=com_content&view=article&id=1990> (Zugriff am 24. 02. 2016).

blieb seinem Image treu;[44] es war nach über 20 Jahren seine Abschiedsvorstellung an der Berliner Volksbühne.

7 Sampeln und recyceln, zitieren und wieder verwenden

An dieser Stelle möchte ich einige allgemeinere Überlegungen einschalten: Wiederholung ist eine besondere Form der Bezugnahme; die Referenzialität auf die Wirklichkeit ist nur eine, wenn auch bevorzugte Möglichkeit. Zitate sind wörtliche Wiederholungen, die von einem in einen anderen Zusammenhang übertragen werden, was ihren Bedeutungsgehalt ausweitet. Dadurch entsteht Mehrwert und davon profitiert auch das Theater.[45] Hier werden nicht nur die altbekannten Stücke immer wieder neu aufgeführt, sondern die Theatermacher greifen zu neuen Medien und Methoden, erschließen sich andere Stoffe und Wissensbereiche. Wiederholung selbst als automatische, quasi blinde Reproduktion ist, genau genommen, Variation, denn man steigt nicht *einmal* in denselben Fluss, weil selbst die Identität radikalen Zweifeln unterworfen ist. Wenn nichts Bestand hat, wird alles möglich: *Anything goes.* Für das Theater allerdings ist das keine ethische Maxime, sondern erkenntnistheoretische Voraussetzung theatraler Experimente, die im binnengeschützten Raum, der wie auch immer erweiterten Bühne Erkundungen zur Aufführung bringen, d.h. durchexerzieren und vorzeigen und reflektieren. (Im Begriff der Performance sind genau diese unterschiedlichen Aspekte enthalten.) Informierte bzw. geübte Zuschauer/innen können das wissen und wissen auch, damit umzugehen. Sie können die Produktionsgesten verstehend wiederholen oder ablehnen, sich begeistern, ärgern oder schlicht verweigern. Das ist der schlimmste Fall. Vorwürfe gegen ein ironisch selbstverliebtes Theater, das beliebig ist und nervig, sind keineswegs verstummt. Zugleich ist derzeit eine starke Tendenz zum interventionistischen Theater zu beobachten, das einen ausgeprägt intellektuellen (und d.h. dezidiert ethisch- kritischen) Anspruch vertritt. Alles eine Frage der Mischung und Gewichtung.

„[D]ie zeitgenössischen Verflechtungen zwischen theoretischen Diskursen und theatralen Praktiken sind ebenso vielfältig wie die wissenschaftlichen Per-

44 Dass beim Sampling von Texten neben den Aspekten ästhetischer Wertung auch Urheberrechtsfragen eine Rolle spielen können, kam an dem im Auftrag der Brecht-Erben veranlassten juristischen Verbot von Castorfs „Baal"-Inszenierung (2015 am Residenztheater München) zum Tragen.

45 Die von Julia Kristeva lancierte erweiterte Intertextualitätsthese bildet den theoretischen Hintergrund für die allgemeine Zitationspraxis im Gegenwartstheater, das die Stücke durch Zitate von Foucault, Derrida oder Lacan, von Agamben, Latour u. a. anreichert und durch eine ausgeprägte Selbstreferentialität gekennzeichnet ist.

spektiven darauf."[46] Hat das mit dem gemeinsamen *Ursprung* von *theoria* und *theatron* zu tun? Für Adam Czirak sind Theorie und Theater *falsche Freunde*, denn die theoretischen Impulse bringen die Sinnbildung in Gang, die dann im weiteren Spiel in Gefahr gebracht und dementiert wird.[47] In dieser unversöhnlichen Spannung liegt das produktive Potential von Theorie-Theater.[48] Die Übersetzung wissenschaftlicher Diskurse auf die Bühne eröffnet einen *Denkraum*, in dem aktuelle Fragen, seien sie politisch, ökonomisch, gesellschaftlich oder das eigene Selbstverständnis betreffend, in einer erkenntniskritischen Absicht aufgeworfen und vorgeführt werden. *Enacting Theory.* Damit wird ein ambitionierter didaktischer Anspruch erhoben;[49] Theater als „Sehhilfe und Denkschule" nennt das Martina Leeker.[50] Es geht also um eine differenzierende Erweiterung theatralen Spiels und einen sinnlich vermittelten Erkenntnisgewinn – und eine weitere Facette von Wiederholung.

8 Re-entry: Auratisierung aktueller Theater-Labels

René Pollesch ist der wohl bekannteste Vertreter einer Übertragung von Theorie in theatrale Praxis. Seine Inszenierungen weisen eine strukturelle Nähe zu ganz unterschiedlichen Diskursen auf,[51] darunter auch die feministische Theorie, wie sich in seinen Stücken „Sex. Nach Mae West" (2001) oder auch „Die Welt zu Gast bei reichen Eltern" (2007) sehen lässt.[52] Schon die Titel weisen auf das Verfahren

46 Theorie und Theater. Zum Verhältnis von wissenschaftlichem Diskurs und theatraler Praxis. Hrsg. von Astrid Hackel/Mascha Vollhardt. Wiesbaden: Springer 2014, S. 1.

47 Vgl. Czirak, Adam: Falsche Freunde. Von der Unversöhnbarkeit von Theater und Theorie. In: Theorie und Theater. 2014, S. 7–35, hier S. 32.

48 An dieser Stelle möchte ich Martina Leeker von der Leuphania Universität Lüneburg danken für ihre Unterstützung zum Verständnis von Theorie-Theater, die sie auch durch eigene Produktionen hat anschaulich werden lassen. Vgl. Kontakthof 2.0 – Embodiment of Remix und TheorieTheater. <http://projects.digital-cultures.net/dcrl-experiments-interventions/environments-und-infrastrukturen/kontakthof/> (Zugriff am 25.02.2016).

49 „Das ambivalente politische (Nicht-)Subjekt", auf das sich Mascha Vollhardt bezieht (vgl. in: Theorie und Theater. 2014, S. 83), stellt allerdings einen äußerst problematischen Bezugspunkt dar. Wer ist eigentlich der Adressat solcher Theorie und Theater verbindender Performances und was ist von ihm zu erwarten?

50 Leeker, Martina: Kleine Typologie der zeitgenössischen Verbindungen von Theorie und Theater (März 2015). <http://projects.digital-cultures.net/dcrl-experiments-interventions/organisationen/borkman-t/typologie-verbindungen/> (Zugriff am 25.02.2016).

51 Vgl. Bergmann, Franziska: Enacting Theory. Zur theatralen Rezeption humanwissenschaftlicher Diskurs bei René Pollesch am Beispiel von ‚Das purpurne Muttermal'. In: Theorie und Theater. 2014, S. 53–67.

52 Vgl. Vollhardt, Mascha: (Feministische) Theorie und Alltag. Theorie als theatrale Praxis in ‚Sex. Nach Mae West' und ‚Die Welt zu Gast bei reichen Eltern'. In: Theorie und Theater. 2014, S. 69–84.

entstellender Zitation, die Wiederholung bekannter Situationen in einem nun transformierten und theatral reflektierten Zusammenhang. Hart am Kalauer vorbei ist der Klamauk doch bitter ernst. Alles eine Frage der Einstellung. „Jackson Pollesch" (2011, TR-Warszawa) lässt uns weinen und lachen. Sein Stück „Liebe zum Nochniedagewesenen" (2011 im Akademietheater Wien) war eine überaus unterhaltsame Revue. Pollesch bedient sich gleichbleibender, erwartbarer Formen, deshalb droht sein Inszenierungsstil in Routinen zu verlaufen.[53] Immer dieselbe Masche: „Ich schau dir in die Augen, gesellschaftlicher Verblendungszusammenhang!" (2010 an der Volksbühne Berlin) oder „Je t'adorno" (2014 vom Schauspiel Frankfurt gespielt im Bockenheimer Depot, in unmittelbarer Nähe des alten Campus der Goethe-Universität) – eine etwas müde Liaison, die auch den *genius loci* bemüht. Diskurstheater impliziert eine Abkehr von narrativ dramatischen Formen – mal mehr, mal weniger. Pollesch gilt als umstritten,[54] aber – und das ist für unser Thema der Wiederholung aufschlussreich – er hat sich einen Namen gemacht.

Die postdramatische Selbstthematisierung des Theaters, seiner unterschiedlichen Bühnenmittel und Agenten nötigt die Zuschauer zur Reflexion. Im „Schauspielertheater" von René Pollesch kommt es zu einer „zunächst paradox erscheinenden Erzeugung von Präsenz *durch* Wiederholung".[55] Fokussiert auf die feinen Unterschiede, die der Wiederholung als einem zeitlichen Phänomen eignen, entfaltet sie ihr subversives Potential. Das hatte bereits Gilles Deleuze in seiner Schrift „Differenz und Wiederholung" (frz. 1968, dt. 1992) dargelegt.

> „An eine solch subversive, paradoxale Dialektik von intensivem Ereignis und Wiederholung, Augenblick und Vergänglichkeit, Körper und diskursivem Sinn, Identifikation und Distanz, Wirkung und Gegenwirkung scheint insbesondere Polleschs postdramatische ‚Schauspielertheater' als Baustein für eine theaterwissenschaftliche Theorie des Wiederholens anschlussfähig zu sein."[56]

Parodistische Elemente und eine ausgeprägte Zitationspraxis sind dabei wichtige wiederkehrende Merkmale. Ihnen eignet eine Kraft, die aber auch affirmativ wirken kann. Dass die einmal in Anschlag gebrachte Dialektik auch in diese Richtung funktioniert, bekräftigt Bertschik mit Verweis auf die „bildkünstleri-

53 Vgl. Eke, Norbert Otto: Störsignale. René Pollesch im „Prater". In: Ökonomie im Theater. 2009, S. 175–91, hier S. 178.

54 Vgl. Assheuer, Thomas: ‚Schmeiß Dein Ego weg.' Die Theatersaison beginnt – an der Berliner Volksbühne mit einem Mann, der polarisiert: René Pollesch. Sein Inszenierungsstil, heißt es, gefährde das Bild vom Menschen. Ein Porträt. In: Die Zeit vom 27.09.2014; <http://www.zeit.de/2014/38/rene-pollesch-berliner-volksbuehne> (Zugriff am 25.02.2016).

55 Bertschick, Julia: Präsenz durch Wiederholung: René Pollesch. In: Wiederholen/Wiederholung. 2015, S. 403–415, hier S. 405.

56 Ebd., S. 407.

schen Pop-Art-Beispiel[e] von Andy Warhols Serigraphien",[57] die sie mit Roland Barthes („Die Kunst, diese alte Sache"; 1980) liest: Die seriell reproduzierten, bunt aufgepeppten Stars (Marylin, Liz, Elvis) erscheinen als seelenlos und zugleich wird durch die vielfache Reproduktion ihrer Porträts „ihre ewige Identität"[58] umgekehrt. In analoger Weise bestätigt das von Pollesch ausgegebene „Schauspielertheater" den Autor und Regisseur als Star mit einer entsprechenden Aura: Es entsteht die Marke René Pollesch. Wir haben es also mit einer gewissen Remythisierung zu tun oder, mit Luhmann gesprochen: mit einer Wiedereinführung eines theatralen Schöpfergottes in den postmodernen Diskurs. Und der behält in seinen Stücken stets das letzte Wort. Ein Loop.

9 Statt einer Zusammenfassung: Jelineks Bühnentexte

Orientiert am Phänomen der Wiederholung habe ich unterschiedliche Gesichtspunkte und Begriffe angeboten zur Analyse und Strukturierung des Themenfeldes. Die Stücke und ihre Aufführungen dienten dabei zur Illustration; eine Interpretation war das aber noch nicht. Andere Akzentuierungen sind möglich, auch Übertragungen und Zusammenführungen. Das aktuelle Erzähltheater etwa kommt, in spezifischer Umwertung des Epischen Theaters von Brecht, ohne klare Botschaft oder dezidierte Belehrung aus, ist also ein Bühnenexperiment ganz eigener Art. Hans-Thies Lehmann, der Erfinder des Begriffs vom postdramatischen Theater, spricht sich nachdrücklich für eine literarische Analyse des Sprachmaterials aus, denn eine Verabsolutierung des Performativen führt zu einer zerstörerischen Verflachung des Gegenwartstheaters.[59] Neuerlich werden vor allem das kritische Potential des Theaters hervorgehoben und dessen unterschiedliche Aspekte diskutiert.[60]

„Ich will seicht sein",[61] erklärte Elfriede Jelinek 1983 in „Theater heute". Da stand sie ganz am Anfang ihrer Karriere. „Irgendwas kommt in meinen Stücken immer beredt zum Ausdruck, aber wer beredet da was und wie?",[62] fragt sie in ihrer Dankesrede zur Verleihung des Mühlheimer Dramatikerpreises 2011 für ihr

57 Ebd., S. 413.
58 Vgl. ebd.
59 Vgl. Lehmann, Hans-Thies: Dramaturgie der Wörter. Postdramatische Poetiken bei Jelinek und anderen. Vortrag Universität Wien, 21.01.2016. <http://fpjelinek.univie.ac.at/veranstaltungen/fakultaetsvortrag-h-t-lehmann-2016/> (Zugriff am 26.02.2016).
60 Vgl. den 13. Kongress der Gesellschaft für Theaterwissenschaft in Frankfurt/M. und Gießen im November 2016 mit dem Titel „Theater als Kritik". <http://www.theater-als-kritik.de/> (Zugriff am 04.11.2016).
61 Elfriede Jelinek hat viele Texte auf ihre Homepage gestellt. <http://www.elfriedejelinek.com/> (Zugriff am 26.02.2016).
62 Jelinek, Elfriede: Fremd bin ich. <http://www.elfriedejelinek.com/> (Zugriff am 26.02.2016).

Stück „Winterreise“ (inszeniert von den Kammerspielen München). Elfriede Jelineks Bühnentexte sind bestens geeignet, die von mir vorgeschlagenen Gesichtspunkte zur Analyse des Gegenwartstheaters noch einmal revue-passieren zu lassen. In ihrem Stück „Wolken.Heim“ (1988) verzichtet Jelinek erstmals auf die für das Drama übliche Einteilung in Sprecherrollen; seitdem liefert sie für das Theater sog. Textflächen, die dann von den Regisseuren für die jeweilige Inszenierung zurecht gemacht werden müssen. Durch diese Nivellierung der literarischen Genregrenzen willigt Jelinek in das Regietheater ein und wie jede demonstrative Kapitulation ist es ein Danaer-Geschenk. Zu Beginn ihres „Sportstücks“ (1998) heißt es: „Die Autorin gibt nicht viele Anweisungen, das hat sie inzwischen gelernt. Machen Sie was sie wollen.“[63] Das Stück kritisiert die Auswirkungen des Sports und die biotechnische Zurichtung der Körper (Drogenkonsum und Bodybuilding). Mit der Figur Elfi Elektra, einem *alter ego* der Autorin, stellt Jelinek die eigene Rolle aus – auch das ist eine Form des Re-entry und der Selbstreflexion im Theater.

Die Nobelpreisträgerin vertritt eine dezidiert kritische Position; durchgängig in ihrem Werk ist ihr feministisches Engagement. Das zeigen etwa das Stück „Raststätte oder Sie machens alle“ (1994) und die „Prinzessinnendramen I–V“ (2002). Das politische Potential ihrer Texte wird von Jelinek meist intertextuell und intermedial verstärkt. „Ulrike Maria Stuart“ (2006) ist eine Auseinandersetzung mit Schillers Drama (vor allem mit dessen *Sprechwut*) und zugleich eine Überblendung bzw. Überschreibung mit zwei Frauen der RAF, mit Ulrike Meinhof und Gudrun Ensslin.[64] Dass Jelinek gründlich für ihre Bühnentexte recherchiert, steht außer Frage. Mit „Rechnitz (Der Würgeengel)“, 2008 an den Kammerspielen in München uraufgeführt unter der Regie von Jossi Wieler, sprechen ausschließlich Boten über ein unglaubliches historisches Ereignis, das bis heute nicht restlos aufgeklärt ist.

> „In der Nacht zum 25. März 1945 feiert Gräfin Margit von Batthyány, eine Thyssen-Enkelin, auf ihrem Schloss in Rechnitz an der österreichisch-ungarischen Grenze ein Fest mit SS-Offizieren, Gestapo-Führern und einheimischen Nazi-Kollaborateuren.

63 Jelinek, Elfriede: Ein Sportstück. Reinbek bei Hamburg: Rowohlt 1998, S. 7. Eingangs heißt es weiter: „Das einzige, was unbedingt sein muss, ist: griechische Chöre.“ Aber wie ist das im Gegenwartstheater zu realisieren? Es folgen weitere detaillierte Anweisungen der Autorin. „Am 23.1.1998 hatte ‚Ein Sportstück‘ in der Inszenierung von Einar Schleef am Burgtheater in Wien Premiere. Schleef, dessen Theaterarbeit seit zwei Jahrzehnten die Wiederentdeckung und Neuformulierung der Figur des Chores im Sprechtheater erforschte, und Jelinek, deren 180 Seiten starker Theatertext dem Chor gewidmet war, um ihn auf eine neue und unerwartete Weise als Figur der Gegenwart zu behaupten, ergänzten einander kongenial.“ Haß, Ulrike/ Kosler, Hans Christian/ Doll, Anette: Elfriede Jelinek. In: Kritisches Lexikon der deutschsprachigen Gegenwartsliteratur-online. <www.munzinger.de>; Zugriff am 26.02.2016).

64 Vgl. Gutjahr, Ortrud (Hrsg.): Ulrike Maria Stuart. Würzburg 2007.

Gegen Mitternacht werden an die 200 jüdische Zwangsarbeiter zusammengetrieben und von einer Schar Angetrunkener erschossen.“[65]

Soweit die Fakten. Luis Buñuels Film „Der Würgeengel“ (1962) liefert die Folie für dieses Horrorszenario. Mimesis ist Jelineks Theater nicht, sie zeigt eine entstellte Wirklichkeit, die deren Strukturen grell in den Vordergrund rücken. Neben tagesaktuellen Themen werden auch historische und mythologische Stoffe verarbeitet und zwar in der für Jelinek charakteristischen Schreibweise, die Ereignisse nicht einfach wiederholt, sondern sprachlich amalgamiert und so entlarvt.

Dazu abschließend ein kleines, wenig beachtetes Stück: „FaustIn and out. Ein Sekundärdrama zu ‚Urfaust‘“ (2012), es geht um die Gretchentragödie. Sie wurde in Frankfurt von zwei Schauspielerinnen in bunten Dirndln verkörpert; der 80-seitige Textblock von Jelinek wurde auf ca. eine Stunde gekürzt und mit schmissiger Musik versetzt. „Ein herrlich böser Kommentar zu Männerwirtschaft, Goethe & Co.“, urteilt „Theater der Zeit“.[66] Aus gegebenem Anlass erinnert Jelinek auch an Nathascha Kampusch.[67] Und wie so oft bei Jelinek bleibt einem immer wieder das Lachen im Halse stecken. Nein, leichte Kost ist das Gegenwartstheater nicht, obwohl es sich gelegentlich so verkleidet. Wer Popularität will, schön bunt und notorisch gut gelaunt, dem empfehle ich andere Segmente eines breit aufgestellten Kulturbetriebs.

Literaturverzeichnis

13. Kongress der Gesellschaft für Theaterwissenschaft in Frankfurt am Main und Gießen im November 2016 „Theater als Kritik“. <http://www.theater-als-kritik.de/> (Zugriff am 04.11.2016).

Assheuer, Thomas: ‚Schmeiß Dein Ego weg‘. Die Theatersaison beginnt – an der Berliner Volksbühne mit einem Mann, der polarisiert: René Pollesch. Sein Inszenierungsstil, heißt es, gefährde das Bild vom Menschen. Ein Porträt. In: Die Zeit vom 27.09.2014. <http://www.zeit.de/2014/38/rene-pollesch-berliner-volksbuehne> (Zugriff am 25.02.2016).

Banitzki, Wolf: Willkommen in Kafkas Universum. In: Theaterkritiken München. <http://theaterkritiken.com/component/content/article/40-theaterbereich/verwaltung/84-der-prozess> (Zugriff am 23.02.2016).

65 Jelinek, Elfriede: Rechnitz (Der Würgeengel). Klappentext. <http://www.rowohlt-theaterverlag.de/stueck/Rechnitz_br_Der_Wuergeengel.2739427.html> (Zugriff am 26.02.2016).

66 Vgl. die Pressestimmen. <https://www.schauspielfrankfurt.de/spielplan/archiv/f-j/faustin-and-out/> (Zugriff am 26.02.2016).

67 Jelinek war dem Entführungsopfer Nathascha Kampus bereits in ihrer „Winterreise“ (2011) begegnet.

Bayerdörfer, Hans-Peter: Erzähldramatik. Spieltexte jenseits der Gattungsgrenzen. In: Junge Stücke. Theatertexte junger Autorinnen und Autoren im Gegenwartstheater. Hrsg. von Andreas Englhart/Artur Pelka. Bielefeld: transcript 2014, S. 29–64.

Bayerdörfer, Hans-Peter: Wie viele Körper braucht Herr K.? In: Denkfiguren – Performatives zwischen Bewegung, Schreiben und Erfinden. Hrsg. von Nicole Haitzinger/ Karin Fenböck. München: epodium Verlag 2010, S. 28–37 (Derra Dance Research. 2).

Bergmann, Franziska: Enacting Theory. Zur theatralen Rezeption humanwissenschaftlicher Diskurs bei René Pollesch am Beispiel von ‚Das purpurne Muttermal'. In: Theorie und Theater. Zum Verhältnis von wissenschaftlichem Diskurs und theatraler Praxis. Hrsg. von Astrid Hackel/Mascha Vollhardt. Wiesbaden: Springer 2014, S. 53–67.

Bertschick, Julia: Präsenz durch Wiederholung: René Pollesch. In: Wiederholen/Wiederholung. Hrsg. von Bernd Bastert/Carla Dauven-van Kippenberg/Rolf Parr/Jörg Wesche. Heidelberg: Synchron 2015, S. 403–415.

Blumenberg, Hans: Die Arbeit am Mythos. Frankfurt/M.: Suhrkamp 1979.

Börgerding, Michael: ‚I'm Just Blue': Der Regisseur Andreas Kriegenburg und seine Auseinandersetzung mit den Texten der Dramatikerin Dea Loher. In: Monatshefte 99, 2007, 3, S. 333–345.

Czirak, Adam: Falsche Freunde. Von der Unversöhnbarkeit von Theater und Theorie. In: Theorie und Theater. Zum Verhältnis von wissenschaftlichem Diskurs und theatraler Praxis. Hrsg. von Astrid Hackel/Mascha Vollhardt. Wiesbaden: Springer 2014, S. 7–35.

Das Leben auf die Bühne stellen. Stefan Kaegi im Gespräch mit Ulrike Linzer. In: Der Freitag (online) vom 07.04.2009. <http://www.rimini-protokoll.de/website/de/article_4069.html> (Zugriff am 20.02.2016).

Einführung in das Werk von Kathrin Röggla. Campus Essen, 01.12.2014. <http://www.thomasernst.net/roeggla-poet.pdf> (Zugriff am 22.02.2016).

‚Ein Käfig ging einen Vogel suchen' von Franz Kafka. Programmheft des DT Berlin 2016.

Eke, Norbert Otto: Störsignale. René Pollesch im ‚Prater'. In: Ökonomie des Theaters. Ästhetik, Produktion, Institution. Hrsg. von Franziska Schößler/Christine Bähr. Bielefeld: transcript 2009, S. 175–191.

Englhart, Andreas: Das Theater der Gegenwart. München: Beck 2013.

Episches Theater und postheroisches Management. Heiner Müller im Gespräch mit Alexander Kluge (gesendet am 18.03.1996). <https://kluge.library.cornell.edu/de/conversations/mueller/film/106/segment/1844> (Zugriff am 21.02.2016).

Erler, Hanno: Im Reich der Sinne. Heiner Goebbels' Musiktheaterstück ‚Die Wiederholung.' In: Frankfurter Allgemeine Zeitung vom 10.04.1995. <http://www.heinergoebbels.com/en/archive/texts/reviews/read/503> (Zugriff am 20.02.2016).

Ernst, Thomas: ‚aber vollständige entwarnung wird nicht gegeben.' Eine Einführung in das Werk von Kathrin Röggla. Campus Essen, 01.12.2014. <http://www.thomasernst.net/roeggla-poet.pdf> (Zugriff am 22.02.2016).

Fischer-Lichte, Erika: Die Wiederholung als Ereignis. Reenactment als Aneignung von Geschichte. In: Theater als Zeitmaschine. Zur performativen Praxis des Reenactments. Theater- und kulturwissenschaftliche Perspektiven. Hrsg. von Jens Roselt/Ulf Otto. Bielefeld: transcript 2012, S. 13–52.

Gespräch mit Helgard Haug zu Adolf Hitlers ‚Mein Kampf', Band 1&2'. In: arte-Journal vom 11.09.2015. <http://www.rimini-protokoll.de/website/de/project_6854.html> (Zugriff am 20.02.2016).

Gilcher-Holtey, Ingrid: Einleitung. In: Politisches Theater nach 1968. Regie, Dramatik und Organisation. Hrsg. von Dorothea Kraus/Franziska Schößler. Frankfurt/M./New York: Campus 2006, S. 7–19.

Haß, Ulrike/Hans Christian Kosler/Anette Doll: Elfriede Jelinek. In: Kritisches Lexikon der deutschsprachigen Gegenwartsliteratur-online. <www.munzinger.de> (Zugriff am 26. 2. 2016).

Hilmes, Carola: Keine falsche Einfühlung – Dea Lohers „Manhattan Medea". In: Literatur für Leser 28, 2005, S. 263–279 (= Sonderheft zur Antike-Rezeption in der deutschsprachigen Literatur des 20. Jahrhunderts).

Hilmes, Carola: Wiederkehr und Verwandlung. Medea-Rezeption im 20. Jahrhundert. In: Skandalgeschichten. Aspekte einer Frauenliteraturgeschichte. Hrsg. von Carola Hilmes. Königstein/Ts.: Ulrike Helmer Verlag 2004, S. 165–183.

History will Repeat itself: Strategies of Re-enactment. Ausstellung KW Berlin. Hrsg. Anke Arns/Gaby Horn für Hartware MedienKunstVerein und KW Institute for Contemporary Art, Revolver – Archiv für aktuelle Kunst, Frankfurt am Main 2007.

Hitler-Theaterprojekt: Um ein Flüchtlingsheim anzuzünden, muss man nicht ‚Mein Kampf' lesen. Anke Dürr im Gespräch mit Helgard Haug und Daniel Wetzel. In: Spiegel-online vom 08. 01. 2016. <http://www.spiegel.de/kultur/gesellschaft/mein-kampf-im-theater-so-reagieren-die-zuschauer-a-1070968.html> (Zugriff am 20. 02. 2016).

Jelinek, Elfriede: Ein Sportstück. Reinbek bei Hamburg: Rowohlt 1998.

Jelinek, Elfriede: Fremd bin ich. <http://www.elfriedejelinek.com/> (Zugriff am 26. 02. 2016).

Jelinek, Elfriede: Rechnitz (Der Würgeengel). Klappentext. <http://www.rowohlt-theater verlag.de/stueck/Rechnitz_br_Der_Wuergeengel.2739427.html> (Zugriff am 26. 02. 2016).

Klüger, Ruth: Ein alter Mann ist stets ein König Lear – Alte Menschen in der Dichtung. In: Wiener Vorlesungen, Vortrag 21. Mai 2003. Wien: Picus Verlag 2004.

Kontakthof 2.0 – Embodiment of Remix und TheorieTheater. <http://projects.digital-cultures.net/dcrl-experiments-interventions/environments-und-infrastrukturen/kontakthof/> (Zugriff am 25. 02. 2016).

Kupczyńska, Kalina: Nachhaltigkeit in der Literatur. Kathrin Rögglas poetologisches Programm. In: Österreichische Gegenwartsliteratur. Hrsg. von Hermann Korte. München: edition Text und Kritik 2015 (= Text + Kritik Sonderband), S. 208–216.

Leeker, Martina: Kleine Typologie der zeitgenössischen Verbindungen von Theorie und Theater (März 2015). <http://projects.digital-cultures.net/dcrl-experiments-interventions/organisationen/borkman-t/typologie-verbindungen/> (Zugriff am 25. 02. 2016).

Lehmann, Hans-Thies: Dramaturgie der Wörter. Postdramatische Poetiken bei Jelinek und anderen. Vortrag Universität Wien, 21. 01. 2016. <http://fpjelinek.univie.ac.at/veranstaltungen/fakultaetsvortrag-h-t-lehmann-2016/> (Zugriff am 26. 02. 2016).

Loher, Dea: Nicht Harmonisierung, sondern Dissonanz. Juliane Kuhn im Gespräch mit Dea Loher. In: Dea Loher und das Schauspiel Hannover. Hrsg. von Jens Groß/Ulrich Khuon. Hannover: Niedersächsisches Staatstheater 1998, S. 18–22.

Marquardt, Eva: Wortwörtlich. Formen der Wiederholung im Werk Thomas Bernhards. In: Dasselbe noch einmal: Die Ästhetik der Wiederholung. Hrsg. von Carola Hilmes/Dietrich Mathy. Opladen/Wiesbaden: Westdeutscher Verlag 1998, S. 229–243.

Meiborg, Mounia: Der Prozess – Andreas Kriegenburg vervielfältigt und verzaubert Franz Kafkas Josef K. Doppelgänger in der Endlosschleife. In: Nachtkritik.de vom 25. 09. 2008. <http://www.nachtkritik.de/index.php?option=com_content&view=article&id=1776:

der-prozess-andreas-kriegenburg-vervielfaeltigt-und-verzaubert-franz-kafkas-josef-k&catid=99:muenchner-kammerspiele&Itemid=100190> (Zugriff am 23.02.2016).

Merck, Nikolaus: Sexy über den Kamm gescheert. Kean – Frank Castorf versetzt Alexandre Dumas mit Heiner Müllers Bla bla. In: Nachtkritik.de vom 06.11.2008. <http://www.nachtkritik.de/index.php?option=com_content&view=article&id=1990> (Zugriff am 24.02.2016).

Müller, Heiner: Krieg ohne Schlacht. Leben in zwei Diktaturen. Köln: Kiepenheuer und Witsch 1999.

Nachtkritik.de vom 19.02.2016. <http://www.nachtkritik.de/index.php?option=com_content&view=article&id=12160:zweite-allgemeine-verunsicherung-johanna-wehners-uraufHuehrung-von-felicia-zellers-zweite-allgemeine-verunsicherung-setzt-auf-albernheit-und-atmosphaere&catid=38:die-nachtkritik-k&Itemid=40> (Zugriff am 21.02.2016).

Ökonomie im Theater der Gegenwart. Ästhetik, Produktion, Institution. Hrsg. von Franziska Schößler/Christine Bähr. Bielefeld: transcript 2009.

Pewny, Katharina: Das Drama des Prekären. Über die Wiederkehr der Ethik in Theater und Performance. Bielefeld: transcript 2011.

Politisches Theater nach 1968. Regie, Dramatik und Organisation. Hrsg. von Ingrid Gilcher-Holtey/Dorothea Kraus/Franziska Schößler. Frankfurt/M./New York: Campus 2006.

Pressestimmen. <https://www.schauspielfrankfurt.de/spielplan/archiv/f-j/faustin-and-out/> (Zugriff am 26.02.2016).

Rau, Milo: Die seltsame Kraft der Wiederholung. Zur Ästhetik des Reenactments. In: Theater als Zeitmaschine. Zur performativen Praxis des Reenactments. Theater- und kulturwissenschaftliche Perspektiven. Hrsg. von Jens Roselt/Ulf Otto. Bielefeld: transcript 2012, S. 71–78.

Rau, Milo: Wir alle sind Spezialisten. Rimini Protokoll und die Rekonstruktion der Wirklichkeit. In: Neue Zürcher Zeitung vom 17.02.2004. <http://www.nzz.ch/article9EC0P-1.215360> (Zugriff am 21.02.2016).

Rimini Protokoll. <http://www.rimini-protokoll.de/website/media/poetikdozentur/presse/Rimini_Protokoll_Poetik.pdf> (Zugriff am 22.02.2016).

Rimini Protokoll: Call Cutta. <http://www.rimini-protokoll.de/website/de/project_143.html> (Zugriff am 20.02.2016).

Rimini Protokoll: Cargo Sofia. <http://www.rimini-protokoll.de/website/de/project_108.html#article_1880.html> (Zugriff am 20.02.2016).

Schlicht, Corinna: Wiederholen gegen die Sinnlosigkeit. Strategien der Selbstvergewisserung bei Thomas Bernhard. In: Wiederholen/Wiederholung. Hrsg. von Bernd Bastert/Carla Dauven-van Kippenberg/Rolf Parr/Jörg Wesche. Heidelberg: Synchron 2015, S. 357–372.

Schüller, Liane: Die Verfolgung und Ermordung Jean Paul Marats. In: Kindlers Literatur Lexikon-online; <http://kll-aktuell.cedion.de> (Zugriff am 20.02.2016).

Spiegel, Hubert: Wir spielen heute mal Provokation. Historiker-Experten und betroffene Laien: Das Theaterkollektiv Rimini Protokoll führt ‚Mein Kampf' beim Weimarer Kunstfest auf. Und stößt an die Grenzen seiner dokumentarischen Methode. In: FAZ.net vom 5.9.2015. <http://www.faz.net/aktuell/feuilleton/buehne-und-konzert/mein-kampf-von-rimini-protokoll-in-weimar-13785895.html> (Zugriff am 20.02.2016).

Theorie und Theater. Zum Verhältnis von wissenschaftlichem Diskurs und theatraler Praxis. Hrsg. von Astrid Hackel/Mascha Vollhardt. Wiesbaden: Springer 2014.

Tiedtke, Monika: Das Spiel im Spiel. Der Regisseur Andreas Kriegenburg. In: Die Künste der Bühne. Positionen des zeitgenössischen Theaters. Hrsg. von Marion Tiedtke/Philipp Schulte. Berlin: Theater der Zeit 2011, S. 110–121.

Ulrike Maria Stuart. Hrsg. von Ortrud Gutjahr. Würzburg: Königshaus und Neumann 2007.

Vollhardt, Mascha: (Feministische) Theorie und Alltag. Theorie als theatrale Praxis in ‚Sex. Nach Mae West' und ‚Die Welt zu Gast bei reichen Eltern'. In: Theorie und Theater. Zum Verhältnis von wissenschaftlichem Diskurs und theatraler Praxis. Hrsg. von Astrid Hackel /Mascha Vollhardt. Wiesbaden: Springer 2014, S. 69–84.

Wahl, Christine: Quintett der Spießbürger. Ein Kafka-Abend von Andreas Kriegenburg am Deutschen Theater. In: Der Tagesspiegel vom 14. 2. 2016. <http://www.tagesspiegel.de /kultur/ein-kafka-abend-von-andreas-kriegenburg-am-deutschen-theater-quintett-der-spiessbuerger/12961922.html> (Zugriff am 23. 02. 2016).

Monika Wąsik-Linder (Łódź)

Der rhizomatische Weg zur Wahrheit. Wiederholung als Theaterregel bei Christoph Schlingensief

Der Versuch, beschreibende Kategorien zu finden, die die Eigenart von Christoph Schlingensiefs Werken vollständig charakterisieren, ist im Grunde zum Scheitern verdammt. Der Regisseur hat keine Anweisungen gegeben, wie man seine Hieroglyphen auf der Bühne entschlüsseln kann und dabei heftig gegen Versuche, seine Arbeit zu interpretieren, polemisiert. Ein charakteristisches Merkmal seiner Arbeit ist die chaotische Vielfalt und Zufälligkeit von ständig neu interpretierten Elementen, die Teil anderer Werke, Künste und Genres sind. Es sei jedoch daran erinnert, dass Schlingensief nicht nur ein „talentierter Eklektiker“[1] oder ein kreativer Plagiateur ist, sondern vor allem ein Krümmelsammler, der davon überzeugt ist, dass es „in der Anhäufung von Schwachsinn mehr Wahrheit liegt, als in der Anhäufung von Wahrheit.“[2] Schlingensief gibt der Realität einen Sinn, indem er in ihrer ständigen und chaotischen Wiederholung in verschiedenen, manchmal widersprüchlichen Konfigurationen die beste Strategie für die Suche nach Wahrheiten über die Welt sieht.

Alexander Kluge hat dazu erklärt, dass man die künstlerische Methode Schlingensiefs am einfachsten als einen Versuch beschreiben kann, auf verschiedene Ausdrucksformen zurückzugreifen, um neues künstlerisches Material zu gewinnen. Kluge weist erstens darauf hin, dass der Regisseur „in seiner Arbeit ein neues, grenzüberschreitendes Medium nutzt, das Elemente des Theaters und Antitheaters entlehnt und sie mit Film, Video und Musik verbindet.“[3] Diese Entlehnungen, die eigentlich eine Bedingung zur Entstehung seiner Arbeiten sind, werden als sich überlappende Zitate genutzt, „die das umfassen, was

1 Christoph Schlingensief – Ein Gesamtkünstler? Gespräch mit Claus Philipp, Christian Reder Franziska Schößler, Teresa Kovacs. In: Ein Gesamtkünstler. Christoph Schlingensief. Hrsg. von Pia Janke/Terese Kovacs. Wien: Praesens 2011, S. 135.

2 Dürr, Anke/ Kronsbein, Joachim: Losrasen für Deutschland. Interview mit Christoph Schlingensief. In: Der Spiegel vom 09.03.1998. <http://www.spiegel.de/spiegel/print/d-7833781.html> (Zugriff am 18.09.2015).

3 Kluge, Alexander: Przedmowa. In: Christoph Schlingensief. Sztuka bez granic. Übers. von Anna Reichel. Warszawa: Znak 2011, S. 10.

akustisch und das, was optisch ist", wodurch Schlingensief „mit ihrer Hilfe eine irritierende Unklarheit und chaotische Gleichzeitigkeit erreicht."[4] Man soll nicht vergessen, dass der unaufhörlich Dekonstruktionen von Medien, Themen, Texten und Kultur ausführende Regisseur nicht nur fremde Werke, sondern auch eigenes Material dekonstruiert. Anders gesagt, gilt die Dekonstruktion eines anderen Mediums oder Textes oder aber ständige Infragestellung des aus ihren Resten gebauten Werks als Grundlage der Konstruktion jeglicher Aussage, als ob sein Autor es vor der Gefahr seiner Erkennung und Identifizierung schützen möchte. Kluge formuliert noch eine andere Bemerkung, die allerdings im Falle der Arbeiten Schlingensiefs eigentlich selbstverständlich ist, und zwar, dass „es keine Grenzen zwischen den Kunstgenres gibt."[5] Er schlussfolgert entsprechend: „Sind die Arbeiten Schlingensiefs Installationen, Opern, Serien von Nummern, totale Kunstwerke, Arbeitswahrheiten über die Wirklichkeit, Theater, Pause oder Handlung in der Backstage? Sie sind alle Interventionen, Aufzeichnungen, Transliterationen, Fortsetzungen."[6]

Besonders interessant an dieser Feststellung ist ein gewisses Verschweigen, das aus der Aussage des Autors herauszuhören ist. Es ist nicht die Absicht Kluges, eine *Typologie* der Werke zu formulieren, führt er doch keine tatsächliche Unterscheidung der künstlerischen Aussagen Schlingensiefs durch. Kluge weist vielmehr auf eine Tatsache von viel grundlegenderer Bedeutung hin, und zwar, dass sie alle gleichzeitig Interventionen, Aufzeichnungen, Transliterationen und Fortsetzungen sind. Eine distinktive Eigenschaft der Projekte von Schlingensief ist nämlich eine rhizomatische Bildhaftigkeit. Der aus der Konzeption von Gilles Deleuze und Félix Guattari hergeleitete Begriff des Rhizomatischen scheint am besten die Ideen des Sampelns und Zitierens wiederzugeben, welche die Struktur der Projekte Schlingensiefs bestimmen.

Bei Deleuze und Guattari wird die Welt betrachtet als „nicht zentriertes, nicht hierarchisches und nicht signifikantes System ohne General, organisierendes Gedächtnis und Zentralautomat; es ist einzig und allein durch die Zirkulation der Zustände definiert."[7] Im so verstandenen System enthält sie eine unendliche Zahl von Welten. Man kann sich zwischen ihnen in jede Richtung bewegen und ziellos zwischen aufeinanderfolgenden Ebenen des verstreuten Raums wechseln. Was zählt, ist nicht das Ziel, sondern die Reise selbst, auf der wir ständig die Welt in ihren neuen Szenarien interpretieren müssen. Es sind eben die „chaotischen

4 Nissen-Rizvani, Karin: Autorenregie. Theater und Texte von Sabine Harbeke, Armin Petras, Fritz Kater, Christoph Schlingensief und René Pollesch. Bielefeld: transcript 2011, S. 178.

5 Kluge, Przedmowa. 2011, S. 10.

6 Ebd.

7 Deleuze, Gilles/Guattari, Felix: Rhizom. Übers. von Dagmar Berger u.a. Berlin: Merve Verlag 1977, S. 35.

Mannigfaltigkeiten“[8] der Welt, die nicht nur eine neue Version der bekannten Realität enthüllen, sondern auch die endlosen Möglichkeiten ihres Lesens aufzeigen. Dieses rhizomatische System, das ein neues Kunstsystem, aber auch eine Form des politischen Diskurses ist, zwingt zum kritischen Denken.

Ein ähnlich endloser Prozess ist der Sinn von Schlingensiefs Arbeit:

> „Jede Arbeit wäre ohne die vorige nicht möglich gewesen. Gerade heute, wo jede Vergangenheit ausrangiert wird oder jeder Stammbaum gefälscht wird, sammele ich alles und hoffe auf weitere Transformationen, feindliche Übernahmen. Mir war immer suspekt, wenn in der Kunst etwas für fertig erklärt wird, der Rahmen drum kommt und die Arbeit für beendet erklärt wird. Für mich ist nichts beendet.“[9]

Statt einer linear geführten Geschichte entwickelt sich vor dem Zuschauer eine aus den miteinander verbundenen unterschiedlichen Ordnungen gewobene Geschichte, die mit Fäden und Bildern verflochten ist, die miteinander nichts zu tun haben und meistens als Gegensätze nebeneinandergestellt werden. Die vielsprachige Aussage Schlingensiefs – vielsprachige nicht nur, weil sie sich der Sprache mehrerer Medien bedient – erinnert an ein Rhizom (wie in der Theorie von Deleuze und Guattari), an dem man zwar klettern kann, aber ohne zu hoffen, dass man ein Zentrum findet oder eine vom Autor beabsichtigte Bedeutung erreicht.

Die Metapher des Rhizoms, auf die sich der Autor so gerne berufen hat, erlangt auch deswegen eine besondere Bedeutung in seinem Schaffen, weil sie in gewissem Sinne biographisch motiviert zu sein scheint. Eben aus der Biographie des Autors leitet Georg Seeßlen die Konzeption der *nomadischen Kunst* her, die laut dem Kritiker eine angemessene Fassung der Projekte Schlingensiefs darstellt. Für Seeßlen ist die *nomadische Kunst* ein Produkt des sich zwischen verschiedenen Räumen oder eher verschiedenen, dem Künstler fremden Welten bewegenden Subjekts, das sich in ihnen nicht niederlassen, sondern in ihnen einen Aufruhr verursachen und sie gleich danach verlassen will, um neue zu finden. Die Wiederspiegelung einer solchen Strategie sollte die Haltung Schlingensiefs sein, die nicht nur das Prinzip der Montage von gegensätzlichen Elementen erklärt, sondern auch eine biographische Beobachtung ist, die ermöglicht, einen Umriss der Rezeptionsgeschichte seiner Werke darzustellen.

Einen Durchbruch für Schlingensiefs künstlerischen Zugang zum Theater, hat die Begegnung mit dem Dramenwerk von Elfriede Jelinek bewirkt. Das 2003 im

8 Vgl. Vogl, Joseph: Gilles Deleuze. In: Ästhetik und Kunstphilosophie. Von der Antike bis zur Gegenwart in Einzeldarstellungen. Hrsg. von Julian Nida-Rümelin/Monika Batzler. Stuttgart: Kröner 1998, S. 199.

9 Kleindienst, Jürgen: ‚Für mich ist nichts beendet.‘ Interview mit Christoph Schlingensief. In: Leipziger Volkszeitung vom 04.06.2006. <http://www.schlingensief.com/weblog/?p=114> (Zugriff am 6.12.2014).

Burgtheater inszenierte „Bambiland“ war der erste *fremde* Text, an dem er gearbeitet hat und die erste Aufführung, die alles andere als Theater war – wie Peter Kümmel in seiner Rezension geschrieben hat.[10] Eben die Konfrontation mit dem Text von Jelinek hat ein gewisses „multimediales Labyrinth von semiotischen Ausschweifungen“[11] bei ihm angeregt. Die Autorin hat selbst ein Treffen mit Schlingensief in der Überzeugung darüber angeregt, dass dieser „umhauende Künstler“ „den Text als eine Werkzeugkiste nutzen und seine eigenen Grundsätze darin hineinwerfen wird.“[12] Schlingensief hat tatsächlich „das Amalgam aus Medienberichten zum Irak“[13] bei Jelinek durch freies Recycling und Montage von Bildern und Lauten gelesen. Er hat in der Aufführung nur verkümmerte Fragmente des dramatischen Textes gelassen, die ihm lediglich als ein Gerüst für den Bau einer eigenen Geschichte gedient haben. Als ein Gerüst oder eher ein Vorwand, denn – wie Jelinek kommentiert hat – Schlingensief hat als ihr „Assistent des Verschwindens“ vom Originaltext nur eine Handvoll Sätze übriggelassen:

> „Was ich weiß, ist, daß er meine Texte direkt nicht gebraucht hat, nicht einmal in der *Bambiland*-Uraufführung. Er hätte dasselbe Stück auch ohne einen einzigen Satz von mir, mit ganz anderen Sätzen, egal von wem, genauso realisiert. Davon bin ich überzeugt. Meine Sätze, die wenigen, die er verwendet hat, sind aber auf andre Weise wirksam geworden als Theatertexte, die von einem Regisseur realisiert werden. Sie haben etwas zugelassen, was aber („zulassen“, schon das Wort kann bedeuten, daß der Stier sich auf die Kuh stürzt, oder daß etwas erlaubt wird) gleichzeitig, in diesem Prozess, gezeigt hat, daß es sich dabei um etwas anderes handelt. Man weiß aber nicht, was handelt und was das Andere ist, um das es sich handeln könnte. Ich kann nur von außen herumsprechen, als würde man ein Stück Brot von den Rändern her aufessen, indem man ringsherum abbeißt, bis es weg ist.“[14]

10 „Schlingensiefs jüngere Bühnenproduktion steht unter dem Begriff Geheimnis. Er will *unlesbar* sein. Seine Aufführungen wollen mit vielem zu tun haben, mit dem terroristischen Anschlag und dem Begräbnis, der Geburt und der Operation, der Prozession und dem Abendmahl, der Orgie und der Folter. Aber mit einem wollen sie nichts zu tun haben: mit Aufsagen und Ansagen, mit Verabredungen, mit *Theater.*“ Kümmel, Peter: Nicht schuldig! Christoph Schlingensief überrollt Elfriede Jelineks ‚Bambiland‘ an der Wiener Burg. In: Die Zeit vom 17.12.2003. <http://www.zeit.de/2003/52/Bambi-Land> (Zugriff am 3.04.2019).

11 Koerner, Morgan: Sztuka medialna. Intermedialna satyra i parodia w ‚Bambiland‘ Elfriede Jelinek w reżyserii Christopha Schlingensiefa. In: Schlingensief, Christoph:. Sztuka bez granic. Übers. von Anna Reichel. Hrsg. von Tara Forrest/Anna Teresa Scheer. Warszawa: Znak 2011, S. 225.

12 Röttger, Kati: Bilder-Schlachten im Bambiland. Zur Politik des Sehens im Theater. In: Theater und Bild. Inszenierungen des Sehens. Hrsg. von Kati Röttger/AlexanderJackob. Bielefeld: transcript 2009, S. 63.

13 Lücke, Bärbel: Zu Bambiland und Babel. Essay, in: Elfriede Jelinek, Bambiland. Babel. Zwei Theaterstücke. Hamburg: Rowohlt Buchverlag 2004, S. 230.

14 Jelinek, Elfriede: Schlingensief. <https://www.elfriedejelinek.com/fschlings.htm> (Zugriff am 3.04.2019).

In „Bambiland“ hat Schlingensief Rezitationen einiger Sätze aus dem Drama mit Projektionen, einer inszenierten Fernseh-Show und improvisierten Auftritten von Schauspielern sowohl auf als auch neben der Bühne verflochten. Auf diese Weise hat der Regisseur einen Chaos-Effekt von Bedeutungen erzielt, der für Zuschauer, die an die passive Rezeption einer linearen Botschaft gewöhnt waren, unlesbar war. Schlingensief hat bewusst dagegengewirkt, dass der Zuschauer sich nur mit einem einzelnen Medium beschäftigen konnte, er hat Bilder übereinandergeschichtet, um Verwirrung und Misstrauen gegenüber den Wahrnehmungscodes hervorzurufen. In den auf beiden Seiten der Bühne sowie auf der Drehbühne gestellten Fernsehern hat er (während der ganzen Aufführung) eine Videoaufnahme, in der die Nachtbombardierung von Bagdad dokumentiert wurde, sowie einen während des Kriegs in Vietnam gemachten Film ausgestrahlt, der eine Aufnahme aus einem Operationssaal war. Ferner wurde auf die Bühnenvorhänge Schlingensiefs Film „Atta in Bambiland“ projiziert, der während des Zuziehens und Zurückschiebens der Vorhänge auf allen Elementen des Bühnenbildes sowie auf den Körpern der Schauspieler sichtbar war, wodurch eine Hyperprojektion entstand, die den ganzen Spielraum umfasste und – was am wichtigsten ist – die Bewegung von Bildern verdoppelte.

Ein Schlüsselpunkt für die weiteren Inszenierungen Schlingensiefs war die neue Erfahrung des Raumes. Und das sowohl im Sinne der physikalischen Räumlichkeit der Bühne als auch der Verräumlichung ihrer sensuellen Erfahrung. Eben die Hyperprojektion hat Schlingensief davon überzeugt, dass man die Bewegung eines Bildes vervielfachen kann, um dadurch einen neuen Charakter von Flüssigkeit zu erlangen. Der Begriff der Flüssigkeit bezieht sich selbstverständlich bei Schlingensief auf einen breiteren Zusammenhang. Einen gewissen Einfluss auf seine Konzeption der Flüssigkeit haben die Ideen der Gruppe Fluxus ausgeübt. In den Werken Schlingensiefs bestimmt die Kategorie der Flüssigkeit nicht nur den Grundsatz des Stromes von Bildern, Motiven und Fabeln, sondern sie bezieht sich auf das Phänomen des Zitats, darunter des Selbstzitats von inszenatorischen Gesten des Regisseurs. Diese Flüssigkeit manifestiert sich vor allem dann, wenn Schlingensief sogar ostentativ mit Wiederholung spielt. Viele musische Motive (insbesondere Fragmente der Werke von Wagner) sowie Bilder, die aus früheren Aufführungen zitiert werden, kehren in neuen Zusammenhängen zurück, wie ein immer wieder ausgerissenes und in ein neues Album eingeklebtes Foto. Diese Tendenz war während der Vorbereitung der Inszenierung „Bambiland“ sehr deutlich erkennbar, als der Regisseur gezwungen war, gleichzeitig an drei Projekten zu arbeiten. Dadurch hat sich in „Bambiland“ auch „Atta Atta“ widerspiegelt und das knapp ein Jahr nach der Erstaufführung des Dramas von Jelinek entstandene „Attabambi-Pornoladen“ ist ein Konglomerat von den beiden früheren Aufführungen. Diese demonstrative Geste des Einklebens und Wiederholens wird besonders deutlich in Operninszenierungen–

(insbesondere in „Parsifal“[15]) – und der gigantischen Theater- und Filminstallation „Der Animatograph“. Die Bedingung der Möglichkeit von „Der Animatograph“ war jedoch die ständige Wiederholung der aufgenommenen Version des Projekts, die seiner nächsten Aufführung jeweils vorausging.

Die Aktion bestand aus fünf Installationen, die über einen Zeitraum von etwa zwei Jahren in Reykjavik, Wien, zweimal in Berlin und in Namibia vorbereitet und präsentiert wurden.[16] Auf einer rotierenden Bühne baute der Regisseur den „Gesamtorganismus“[17], der alle Medien vereinte. Dieser Organismus, der dank der sich drehenden Bühne in Bewegung gesetzt wurde, ermöglichte dem Betrachter die Bühnenwelt zu betreten und die Aussparungen zu sehen, die für einen stationären Betrachter normalerweise unsichtbar sind. Die Installation war also ein Raum uneingeschränkter Bewegung des Zuschauers, der buchstäblich in die auf der Drehbühne festgelegte Struktur eindrang und den Mechanismus des Animatographen durch seine Anwesenheit aktivierte:

> „Diese Lebensmaschine, der Animatograph, ist eine Drehbühnenkonstruktion, bestehend aus herkömmlichen Bauteilen und Requisiten. Sie bietet dem Publikum nicht mehr nur frontale Ansicht, sie bietet Einlass. Die Bühne ist begehbar. Holz und Leinwände, die den Bühnenraum teilen, Sperrmüll-Mobiliar und Scheiben bieten zahlreiche Flächen für Projektionen, die auf die Bühne geworfen werden. Die Projektionen bestehen zumeist aus Filmen, die während der Vorbereitungszeit am Ort des jeweiligen Animatographen und in seiner Umgebung gedreht werden.“[18]

Um den Mechanismus des Animatographen zu sehen, musste das Publikum zuerst durch das Labyrinth der Kellerflure gehen und dabei die Räume erkunden, auf deren Wänden Filme und Fotos projiziert waren. Nur im dritten Raum existierte das Drehgebäude, bestehend aus zusammengeklebten Räumen, unabhängig vom Rest. Mit jeder weiteren Aufführung wuchs der Animatograph, der für Schlingensief ein Resultat seines Wunsches war, die universelle Geschichte der Menschheit zu filmen – seine aufgezeichnete Reflexion sollte auf einem sechzehn Meter langen Animatographen dargestellt werden, der auf jeder Seite

15 Schließlich ist Schlingensief so weit gegangen, dass er im Rahmen von „MeaCulpa“ den ganzen ersten Akt von Parsifal gespielt hat.

16 Alle Teile des Projektes: Der Animatograph Island Edition – House of Obsession (Klink & Bank, Reykjavik, Mai-Juni 2005). Der Animatograph Deutschland Edition – Odins Parsipark (Stiftung Schloss Neuhardenberg, August 2005), Der Animatograph Afrika Edition – The African Twintowers (Oktober 2005), Area 7 – Matthäusexpedition (Burgtheater Wien, Februar-März 2006), Kaprow City (Volksbühne Berlin im Jahr 2006 und 2007).

17 Horst van der, Jörg: Der Animatograph. Eine ‚Lebensmaschine‘ von Christoph Schlingensief. <http://www.schlingensief.com/projekt.php?id=t052&article=theorie3> (Zugriff am 09.12.2014).

18 Horst van der, Jörg: ‚Auf dass die kreisenden Gedanken endlich einen Grund finden!‘ Eine Schlingendsiefsexpedition in den Animatograph. In: Ein Gesamtkünstler. Christoph Schlingensief. 2011, S. 204.

von einer Leinwand umgeben war. Die Projektionen selbst erweiterten sich ebenfalls und präsentierten „ständig gesammelte Action-, Film-, Foto- und Akustikdokumente, um die Bilder der vorhergehenden Stationen zu bereichern.“[19] Schlingensief sammelte Material, das dem Betrachter einen endlosen Bildraum eröffnen sollte. Während der letzten Ausgabe des Projekts (Kaprow City) wurden nicht nur die zuvor vorbereiteten Mehrschichtprojektionen dem Publikum gezeigt, sondern auch das während der Installation aufgezeichnete Bild wurde fortlaufend montiert. Die Zuschauer und Teilnehmer von Kaprow City sahen nicht nur „die Projektion der Projektion der Projektion,“[20] die frühere Installationen dokumentierten, sondern konnten sich auch als die Helden des Films sehen, der gezeigt wurde. Schlingensief spielte die Originalaufnahme jedoch nicht vor ihren Augen ab, die Bilder wurden so montiert, dass eine lineare Rekonstruktion der gefilmten Situation unmöglich war. Bei Schlingensief vollzog der Betrachter (wie bei Kaprow[21]) die einfachsten Handlungen – er betrat den Raum des Animatographen und inszenierte sich selbst, indem er selber seinen Weg durch die Räume wählte, wodurch er zu jeder Zeit nicht nur Beobachter und Interpret der Bilder, sondern auch Projektionsfläche für deren Darstellungen war. Schließlich gab der Betrachter nicht nur den Impuls, die Maschine zu starten – er war das Subjekt, das die Realität interpretierte und die Wahrheit suchte.[22]

Schließlich ist Schlingensief so weit gegangen, dass er im Rahmen von „MeaCulpa“ den ganzen ersten Akt von Parsifal gespielt hat. Man kann also sagen, dass Wiederholungen in den Inszenierungen Schlingensiefs auf mehreren Ebenen auftreten. Schlingensief zitiert in seinen Inszenierungen Fragmente von Kulturtexten (Literatur, Film, Malerei, Musik, usw.) manchmal sogar wortwörtlich, an anderen Stellen macht er Anspielungen; die zitierten Fragmente wiederholt er mehrmals im Rahmen einer Inszenierung; schließlich wiederholt er ausgewählte Zitate in seinen weiteren Arbeiten, wobei er sie in neuen Zusammenhängen platziert. Dieselbe Strategie verwendet er im Falle von Mikrofrag-

19 Ebd.

20 Schaub, Mirjam: Sich in den Weltzusammenhang hineindrehen. Schlingensiefs Animatograph, mit Aristoteles und Hegel gelesen. In: Ein Gesamtkünstler. Christoph Schlingensief. 2011, S. 188.

21 Allan Kaprow, 18 Happenings in 6 Parts.

22 Der Animatograph entwickelte ein Raum-Zeit-Konzept, dem Parsifal untergeordnet war. Fragmente von Wagners Oper kehrten vor allem in Odins Parsipark zurück, als Schlingensief Bezüge zwischen dem Mythos des Grals und dem Mythos von Ragnarök herstellte- indem er germanische und nordische Mythologie verband, ließ er Götter und Helden aufeinandertreffen. In den Filmen Odin and Fiskur sowie Edda on Fire, die beide mythische Welten kommentierten, wurden wiederholt Fragmente von Leni Riefenstahls Triumph des Willens zeigt; in Odins Parsipark und Area 7 wurde jeweils der Film Hasenverwesung gezeigt, der schon an der Premiere von Parsifal aufgeführt worden war und Arbeiten von Dieter Roth und Joseph Beuys zitiert.

menten von Aufführungen, z. B. von Lauten – nicht den ganzen Musikstücken, sondern einzelnen Lauten, wie Naturgeräuschen. Auf eine ähnliche Weise (d. h. sowohl im Rahmen einer als auch mehrerer Inszenierungen) werden auch Bilder aus der Popkultur, Aufnahmen von Fernsehsendungen, Nachrichten, Gesprächen mit Politikern, Pressemitteilungen, Filmdokumenten, Reportagen, usw. wiederholt. Manchmal (wie im Falle der Wiederholung des ganzen Aktes aus „Parsifal" im Rahmen von „MeaCulpa") gibt Schlingensief ganze Abschnitte seiner früheren Arbeiten innerhalb einer Aufführung wieder. Es werden auch rein technische Lösungen wiederholt: die Art der Raumgestaltung und das Bühnenbild, die Verwendung einer Drehbühne und Projektion. Außerdem kehrt Schlingensief immer wieder zu denselben Themen und Figuren zurück und er komponiert sich selbst in seine eigenen Arbeiten hinein – er ist Schauspieler und Protagonist seiner Inszenierungen.

Vielleicht sollte man diese Wiederholungen als eine Variation des Wagnerischen Leitmotivs ansehen. Man sollte sich aber dann die Frage stellen, inwieweit und für wen dies lesbar ist. Eine solche Absicht kann natürlich vor allem für einen Zuschauer Bedeutung haben, der Erfahrung mit mehreren Arbeiten Schlingensiefs hat. Viel treffender scheint eine Auslegung der Wiederholungsstrategie Schlingensiefs unter dem Gesichtspunkt der Philosophie von Deleuze und seiner Konzeption der differenziellen Wiederholungen zu sein. Laut Deleuze wurde der Begriff der Wiederholung in der Philosophie des Westens nicht richtig erkannt. Die Erfassung des Begriffs der Wiederholung wurde reduziert – für die Metaphysik bedeutet Wiederholung einfach ständige Vervielfältigung desselben ohne Berücksichtigung der Unterschiede. Wie Bogdan Banasiak bemerkt hat, ist eine so definierte Wiederholung:

> „[...] etwas Unbegründetes, Zufälliges, Irrationelles oder sogar Sinnloses. [...] Das Wiederholen ist also eine unendliche Aufgabe, die schon im Voraus zum Scheitern verurteilt ist, eine ‚Sisyphusarbeit' im strengen Sinne des Wortes. Es stellt das ständige Hinzufügen von immer denselben Exemplaren dar, die jedes Mal unter denselben Begriff fallen. Die Wiederholung ändert also nichts an dem von der Metaphysik gesehenen Bild des Daseins. Das, was wiederholt wird, muss, trotz aller Verschiebungen und Verlagerungen in seinem Gebiet oder in den Umständen, in denen es wiederholt wird, als eben dasselbe erkannt werden. Jegliche Modifikation, Änderung oder Umgestaltung in dem, was wiederholt wird, gilt als etwas rein Zufälliges und Unwillkommenes und stellt eine Abweichung, einen Mangel, ein Irrtum und einen Fehler dar. Es wird nur dasselbe wiederholt. Aber das Wiederholen selbst – z. B. als Sichwiederholen beim Sprechen oder wiederholtes Sagen von demselben – ist ein Fehler oder eine Unzulänglichkeit, denn es verursacht Länge, Monotonie und Langeweile, bringt aber nichts Neues mit sich und ist in diesem Sinne völlig unbegründet."[23]

23 Banasiak, Bogdan: Bez różnicy Bez różnicy. In: Deleuze, Gilles: Różnica i powtórzenie. Übers. von Bogdan Banasiak/Krzysztof Matuszewski. Warszawa: KR 1997, S. 4.

Für die Vertreter der Philosophie der Neuzeit, wie Deleuze, scheint eben der Unterschied ein Vorwand zu neuen Überlegungen über den Begriff der Wiederholung zu sein, denn

> „[...] Unterschied und Wiederholung zeigen sich als notwendige Voraussetzungen für Denken, da das ‚Subjekt' (...) nur dann denkt, wenn es dazu dadurch gezwungen wird, was extern, anders und unterschiedlich ist, durch einen mithilfe einer unterscheidenden Wiederholung intensivierten Unterschied. Das Denken ist nämlich ein Spiel von Unterschied und Wiederholung."[24]

Schlingensief scheint die Rolle der Wiederholung ähnlich zu verstehen. Als ein Grundsatz der Einführung von Wiederholungen gilt es, auf deutliche Unterschiede zu dem, was wiederholt wird, hinzuweisen. Schlingensief kopiert nicht um des Kopierens willen oder um nichts als bloße Ähnlichkeiten herzustellen. Der deutliche Unterschied zwischen dem Wiederholen und dem Wiederholten schafft Erkenntnis: wie im nomadisch-rhizomatischem Unterwegssein kann man eine unendliche Anzahl von Mustern der Welt ausprobieren, die sich in „unendlich sich differenzierenden Differenzen"[25] ständig wiederholen. Und das ist Deleuzes Annahme – ein Raum zum Nachdenken und Hinterfragen und damit für den Sinn der Kunst, der – so Schlingensief – die Suche nach Wahrheit ist.

Literaturverzeichnis

Banasiak, Bogdan: Bez różnicy Bez różnicy. In: Gilles Deleuze, Różnica i powtórzenie. Übers. Bogdan Banasiak/Krzysztof Matuszewski. Warszawa: Wydawnictwo KR 1997, S. 5–20.

Christoph Schlingensief – Ein Gesamtkünstler? Gespräch mit Claus Philipp, Christian Reder Franziska Schößler, Teresa Kovacs. In: Ein Gesamtkünstler. Christoph Schlingensief. Hrsg. von Pia Janke/Terese Kovacs. Wien: Praesens 2011, S. 135–150.

Deleuze, Gilles/Guattari, Felix: Rhizom. Übers. von Dagmar Berger u. a. Berlin: Merve Verlag 1977.

Dürr, Anke/ Kronsbein, Joachim: Losrasen für Deutschland. Interview mit Christoph Schlingensief. In: Der Spiegel vom 09.03.1998. <http://www.spiegel.de/spiegel/print/d-7833781.html> (Zugriff am 18.09.2015).

Horst van der, Jörg: ‚Auf dass die kreisenden Gedanken endlich einen Grund finden!' Eine Schlingendsiefsexpedition in den Animatograph. In: Ein Gesamtkünstler. Christoph Schlingensief. Hrsg. von Pia Janke/Terese Kovacs. Wien: Praesens 2011, S. 196–212.

Janke, Pia/Kovacs, Terese: Christoph Schlingensief – Ein Gesamtkünstler? Gespräch mit Claus Philipp, Christian Reder Franziska Schlößer, Teresa Kovacs. In: Ein Gesamtkünstler. Christoph Schlingensief, Wien: Praesens 2011.

24 Ebd., S. 15.
25 Vogl, Deleuze. 1998, S. 199.

Jelinek, Elfriede: Schlingensief. <https://www.elfriedejelinek.com/fschlings.htm> (Zugriff am 3.04.2019).

Kleindienst, Jürgen: ‚Für mich ist nichts beendet'. Interview mit Christoph Schlingensief. In: Leipziger Volkszeitung vom 04.06.2006. <http://www.schlingensief.com/weblog/?p=114> (Zugriff am 6.12.2014).

Kluge, Alexander: Przedmowa. In: Christoph Schlingensief. Sztuka bez granic. Übers. Anna Reichel. Hrsg. von Tara Forrest/Anna Teresa Scheer. Warszawa: Znak 2011, S. 7–11.

Koerner, Morgan: Sztuka medialna. Intermedialna satyra i parodia w ‚Bambiland' Elfriede Jelinek w reżyserii Christopha Schlingensiefa, In: Christoph Schlingensief. Sztuka bez granic. Übers. Anna Reichel. Hrsg. von Tara Forrest/Anna Teresa Scheer. Warszawa: Znak 2011, S. 205–227.

Kümmel, Peter: Nicht schuldig! Christoph Schlingensief überrollt Elfriede Jelineks ‚Bambiland' an der Wiener Burg. In: Die Zeit vom 17.12.2003. <http://www.zeit.de/2003/52/Bambi-Land> (Zugriff am 3.04.2019).

Lücke, Bärbel: Zu Bambiland und Babel. Essay. In: Jelinek, Elfriede: Bambiland. Babel. Zwei Theaterstücke. Hamburg: Rowohlt Buchverlag 2004, S. 229–271.

Nissen-Rizvani, Karin: Autorenregie. Theater und Texte von Sabine Harbeke, Armin Petras, Fritz Kater, Christoph Schlingensief und René Pollesch. Bielefeld: transcript 2011.

Röttger, Kati: Bilder-Schlachten im Bambiland. Zur Politik des Sehens im Theater. In: Theater und Bild. Inszenierungen des Sehens. Hrsg. von Kati Röttger/Alexander Jackob. Bielefeld: transcript 2009, S. 61–76.

Schaub, Mirjam: Sich in den Weltzusammenhang hineindrehen. Schlingensiefs Animatograph, mit Aristoteles und Hegel gelesen. In: Ein Gesamtkünstler. Christoph Schlingensief. Hrsg. von Pia Janke/Terese Kovacs. Wien: Praesens 2011, S. 182–195.

van der Horst, Jörg: Der Animatograph Eine „Lebensmaschine" von Christoph Schlingensief. <http://www.schlingensief.com/projekt.php?id=t052&article=theorie3> (Zugriff am 3.4.2019).

Vogl, Joseph: Gilles Deleuze. In: Ästhetik und Kunstphilosophie. Von der Antike bis zur Gegenwart in Einzeldarstellungen. Hrsg. von Julian Nida-Rümelin/Monika Batzler. Stuttgart: Kröner 1998, S. 198–205.

Anna Majkiewicz (Częstochowa)

Elfriede Jelineks „Prinzessinnendramen" auf der polnischen Bühne – im Spagat zwischen Innovation und Repetition

Elfriede Jelinek schreibt zwar Texte fürs Theater, diese richten sich meist aber zugleich gegen das Theater. „Ich will kein Theater. Ich will ein anderes Theater" – mit diesen Worten erteilte die österreichische Autorin 1989 in einem Interview mit Anke Roeder dem Theater mit seinen herkömmlichen Formen eine Absage. Sie verzichtete zwar nicht auf das Theater, aber sie lehnte es ab, Texte auf der Illusion „Leben zu erzeugen"[1] aufzubauen und versuchte Theatertraditionen zu überwinden, um neue Zugänge zum Theater selbst zu ermöglichen. Dennoch überlässt sie den Theaterschaffenden selbst die Entscheidung darüber, was für ein Theater aus ihren Texten gemacht wird.[2] Regisseure, die Jelineks Theatertexte auf die Bühne bringen möchten, stehen vor keiner leichten Aufgabe. Sie müssen versuchen, für *nicht-szenische* Texte, die von der Autorin sukzessive vorangetriebene Reduktion der dramatischen Kategorien (Handlung, Dialog und Figuren) optische und akustische Effekte zu finden. Sie handeln gegen das Prinzip der Synchronisation von Bewegung und Körperform auf der Bühne,[3] damit der Zuschauer nicht das rezipiert, was er hört, sondern die Inkompatibilität von Sprache und Körper sowie die freie Assoziationen auslösende Divergenz von

1 Jelinek E., Ich will kein Theater. Ich will ein anderes Theater. In: Autorinnen: Herausforderungen an das Theater. Hrsg. von Anke Roeder. Frankfurt/M.: Suhrkamp Verlag 1989, S. 153. Weitere Ausführungen sind folgender Diskussion zu entnehmen. Vgl. Elfriede Jelinek – Eine Autorin für das Theater? Diskussion mit Eva Brenner, Hilde Haider-Pregler und Emmy Werner, moderiert von Pia Janke, [in:] Elfriede Jelinek ‚Ich will kein Theater.' Mediale Überschreitungen. Hrsg. von Pia Janke & Team. Wien: Praesens 2007, S. 178–195.

2 Solch eine Regieanweisung von der Autorin selbst findet man u. a. zu Beginn der Druckfassung von „Ein Sportstück" (1998): „Die Autorin gibt nicht viele Anweisungen, das hat sie inzwischen gelernt. Machen Sie, was Sie wollen. Das einzige, was unbedingt sein muss, ist: griechische Chöre ..." Jelinek, Elfriede: Ein Sportstück. Reinbek bei Hamburg: Rowohlt 1998, S. 7.

3 Ein Beispiel für erfolgreiche Inszenierungen ist die Vorbereitung Einar Schleefs von „Ein Sportstück" oder Ulrike Ottingers Realisierung von „Begierde & Fahrerlaubnis (eine Pornographie)"(1986). Mehr zu diesem Thema: Szczepaniak, Monika: ‚Ich spreche und spreche'. Elfriede Jelinek – Artikulationstheater. In: ‚Ich spreche und spreche'. Maski teatralne Elfriede Jelinek. Hrsg. von Monika Szczepaniak. Bydgoszcz: Wydawnictwo Uniwersytetu Kazimierza Wielkiego 2008, S. 18.

Gestik, Bild und Sprache aufdecken kann. Die formtypischen Gestaltungsmittel des Dramas eignen sich kaum, die Dichte ihrer Texte, diese *monologischen Sprachflächen*[4], die sich bei genauer Betrachtung als *vielstimmig* erweisen, auf der Bühne zum Ausdruck kommen zu lassen. Jelinek fügt nämlich verschiedene literarische, mediale und politische Diskurse zusammen, die zu mehr oder minder unverbindlichen Vorlagen für das Theater, für das *Parasitärdrama*[5], werden. Ihr poetologisches Prinzip im Umgang mit fremden Texten beruht auf der Technik der *Desemantisierung* der narrativen, filmischen oder ikonografischen Quellen und ihrer *Neukontextualisierung*, die zum Träger der Sinngebung wird. Gerade dieses Verfahren öffnet – trotz der Dichte der dramatischen Texte – der Regie einen freien Spielraum.

Das Zitierverfahren, das auf traditions- und kontextentstellenden Verarbeitungsverfahren beruht, kommt auch in den zwischen 1999 und 2003 entstandenen fünf Dramoletten zur Anwendung, die unter dem Titel „Der Tod und das Mädchen. Prinzessinnendramen" zusammengefasst 2003 im Rowohlt Verlag erschienen. So wie alle früheren Texte der Autorin haben auch diese fünf Miniaturen eine eindeutig sprachliche Prägung. Jedoch – worauf auch Mateusz Borowski und Małgorzata Sugiera verweisen – werden:

> „bisher angewandte intertextuelle Techniken um erkennbare dramatische und theatralische Konventionen sowie typische szenische Lösungen ergänzt, die als ein wirksames Mittel eingesetzt werden können, um denselben Mythos zu problematisieren, den die österreichische Autorin schon in ihrem ersten Stück ‚Was geschah, nachdem Nora ihren Mann verlassen hatte' sowie in späteren Werken: ‚Clara S.', ‚Krankheit oder Moderne Frauen' oder ‚Raststätte' vorsätzlich demonstriert hat – als ein Mittel, um den Frauenmythos zu problematisieren."[6]

4 Vgl. Annuß, Evelyn: Elfriede Jelinek. Theater des Nachlebens. München: Fink 2005.

5 Explizit vergleicht Elfriede Jelinek ihr dramatisches Schreiben im Essay „Das Parasitärdrama" (2011) mit der Figur des Parasiten, wobei sie darin v.a. das Aufnehmen der Realität/Wirklichkeit in ihre Texte als das Parasitäre festmacht: „Das Parasitärdrama ist tatsächlich nicht ohne seinen Wirt, das Ereignis, den Zustand, die Katastrophe, egal, es ist nicht ohne zu verstehen, es ist nicht ohne, es zu verstehen, aber was soll man da denn verstehen? Ich will ja gar nicht, daß man versteht. Im Normaldrama sprechen Personen, die der oder die oder sonstwer sind, als wären die sie selber. Da ich aber nicht weiß, wie Menschen miteinander sprechen, lasse ich, nein, nicht Blumen sprechen, lasse ich alles sprechen, wofür ich Platz finde und was mir selbst wieder Platz einräumt. Und ich räume dann noch mehr hinein, es ist unendlich viel Platz, sogar der Platz, der erst eingeräumt worden ist, ist unendlich groß." Jelinek, Elfriede: Das Parasitärdrama. In: Elfriede Jelineks Homepage. Rubriken: Archiv 2011, zum Theater. <https://www.elfriedejelinek.com/> (Zugriff am 10.04.2020). Mit der Frage des parasitären Schreibens bei Jelinek setzt sich näher auseinander Kecht, Maria-Regina: Elfriede Jelinek in absentia oder die Sprache zur Sprache bringen. In: Seminar: A Journal of Germanic Studies 43, 2007, 3, S. 351–365.

6 Borowski, Mateusz/Sugiera, Małgorzata: Das Gedächtnis den Mythen zurückgeben oder wie macht man Prinzessinnen? In: Positionen der Jelinek-Forschung. Beiträge zur Polnisch-

Die Autorin kehrt zur Problematik des Frauenmythos zurück und thematisiert erneut die ideologischen Grundlagen des in Darstellungen der Hoch- und Popkultur fest integrierten Frauenbildes. In den beiden ersten Teilen greift sie auf bekannte Märchenmotive zurück und überarbeitet die Geschichten von Schneewittchen und Dornröschen, um diese als Träger des Inhalts zu verwenden. Die Hauptheldin des ersten Teils ist gerade aus ihrem todesähnlichen, durch den vergifteten Apfel verursachten Schlaf erwacht und begibt sich als Wahrheitssucherin auf die Suche nach den sieben Zwergen. Sie will selbst denken und sie selbst sein. Deswegen ironisiert sie über die Rolle der Medien bei der Entstehung von Schönheitsmythen: „Die Schönste will nämlich immer auf der Welt bleiben, am besten in Illustriertenblättern, die durchs dauernde Blättern noch schneller abfallen als normales Laub.“[7] Sie trifft aber einen Jäger, der fest überzeugt ist, dass er als Todesverkörperung den Anspruch auf Wahrheit hat, und auch die Prinzessin – er tötet diese Figur überdies[8] – überzeugt, dass sie „die gesuchte Freiheit nur im eigenen Tod finden kann, in einem Tod, über den ausschließlich der Mann entscheidet“[9]. Die Konstellation des Todes und des den Tod um Gnade anflehenden Mädchens, gespielt vom dominanten (Schöpfer)-Mann und der (sich unterwerfenden) Frau, wird im zweiten Teil des Zyklus wiederholt. Der Prinz küsst Dornröschen, das sich vergiftet zwischen Leben und Tod befindet, wach und verkündet, ihr ausschließlicher Besitzer zu sein, da sie ihm ihre Existenz verdanke. Er tötet sie nicht, wie der Jäger Schneewittchen. Entgegen ihrer Versuche einer Selbstfindung zwingt er sie aber, zu einer lebenden Leiche zu werden, wenn sie in der Schlussszene in Tierkostümen koitieren. Im dritten Stück tritt die mythische Figur Rosamunde Prinzessin von Zypern auf – die Titelfigur des romantischen Schauspiels von Helmina von Chézy mit der Bühnenmusik von Franz Schubert. Die Prinzessin verkörpert bei Jelinek eine engagierte feministische Schriftstellerin, die sich zum Schluss als Versagerin definiert. Sie gerät in die Macht eines Mannes, Fulvio, der als Kraft der Natur, als Gott der Schöpfung auftritt und als solcher auch die Rolle des Schöpfers des Weiblichen spielt: „Dich

Deutschen Elfriede Jelineks-Konferenz Olsztyn 2005. Hrsg. von Claus Zittel/Marian Holona. Frankfurt/M. u.a.: Peter Lang 2008, S. 239–255, hier S. 241.

7 Jelinek, Elfriede: Der Tod und das Mädchen. Prinzessinnendramen. Berlin: Rowohlt Verlag 2004, S. 15.

8 Nach dem Tod wird Schneewittchen von den sieben Zwergen in einen gläsernen Sarg gelegt, was – wie Anna Zatora es interpretiert – eine Metapher des Einfrierens einer Frau, ihrer Hibernation in einem *idealen* Zustand, d.h. der Verewigung ihrer Jugend und Schönheit, und letztendlich des ewigen Schlafs, zu deuten ist: „[...] zastygnięcie kobiety, hibernację w jej idealnym stanie, czyli zatrzymanie młodości i urody. Wieczny sen“. Zatora, Anna: Zdejmowanie uroku z baśni w miniaturach dramatycznych Elfriede Jelinek („Królewna Śnieżka“ i „Śpiąca Królewna“ z cyklu „Śmierć i dziewczyna“). In: Tekstualia 42, 2015, 3, S. 78.

9 Ebd., S. 242.

hab ich gedacht, dich hab ich gemacht. Mein mußt du sein!"[10] Gegen Fulvios Macht und Besitz bleibt Rosamundes emanzipatorisches Bestreben erfolglos, denn es ist nicht die Emanzipation, die der Frau dazu verhilft, ihre Würde wiederzuerlangen, sondern es sei die männliche Macht, die die Existenz der Frau formt, denn „[d]er Jäger ist der Repräsentant männlicher Rede im kulturellen Diskurs, der über der Frau verhängt wurde."[11] Auch in diesem Fall entlarvt Jelinek, wie die emanzipatorischen Schritte die Frau falsch am Leben halten, während sich die Konstruktion der wahren Frau unbedingt auf dem Mann gründet. Nicht ohne Grund bezeichnet Jelinek ihre Heldinnen als *Prinzessinnen*, verdankt doch eine Prinzessin als Tochter des Königs ihren sozialen Status dem Vater und ihre Identität den gesellschaftlich-kulturellen Zusammenhängen. Jelinek enthüllt erneut „das Wesentliche eines sich auf Naturgesetze berufende Frauenmythos [...], um überzeugend seine kulturellen und ideologischen Grundlagen sowie seine Folgen für das Individuum aufzudecken"[12]. Auch die Heldinnen aus den weiteren Teilen des Zyklus „Der Tod und das Mädchen" sind Prinzessinnen: Lady Diana Spencer und Jackie Kennedy Onassis, im Hintergrund auch Marilyn Monroe, als Vertreterinnen der multimedialen Inszenierung von Weiblichkeit, sowie Ingeborg Bachmann und Sylvia Plath als Ikonen der Literaturgeschichte, deren ganzes Vorhaben, „die Wahrheit über eigene Erfahrungen zu finden, indem sie die Sprache eines angeblich matriarchalischen Mythos über den Ursprung der Götter von der Göttin Gaia verwenden"[13], letztlich scheitern muss, denn weibliches Sein und Schreiben ist immer vom Kampf gegen *Wände* umgeben (so ist auch der vorletzte Teil des Zyklus betitelt: „Die Wand"). Sie alle dienen als Projektionsflächen der Unterdrückung der Frau, ihres Schicksals und ihrer Bestimmung, denn die Frau – wie Barbara Burckhardt begründet – „konstituiert sich, als die Unterlegene, nur in der Spiegelung durch den Mann, der sie immer nur sich selbst ins Gesicht wirft, und durch die Bilder, denn nur ihr Aussehen und ihre Jugend können ihr Wert verleihen, nie das Denken"[14].

Die in den fünf Dramoletten geschilderten weiblichen *Todesarten*[15] als Vergewaltigungen, Unterwerfungen und Enteignungen, sowohl in individueller als

10 Jelinek, Der Tod und das Mädchen. 2005, S. 25.

11 Auerochs, Florian: Vom gläsernen Sarg zum ‚Glaspalast des Männlichen'. Volksmärchen und feministische Philosophiekritik in Elfriede Jelineks Schneewittchen-Adaption ‚Der Tod und das Mädchen I'. In: Studia austriaca XXII, 2014, S. 105–124, hier S. 114.

12 Borowski/Sugiera, Das Gedächtnis den Mythen zurückgeben... 2008, S. 244.

13 Ebd.

14 Barbara Burckhardt: Wer ist die Schönste im ganzen Land? ‚Prinzessinnendramen' von Elfriede Jelinek – um die Wette inszeniert im Deutschen Schauspielhaust Hamburg beim Steirischen Herbst in Graz und am Deutschen Theater Berlin. In: Theater heute vom 1.3.2013, S. 44–48, hier S. 44.

15 Weibliche Todesarten als ein gemeinsames Leitthema bei Ingeborg Bachmann und Elfriede Jelinek werden ausführlich von Monika Szczepaniak untersucht. Vgl. Szczepaniak, Monika:

auch gesellschaftlich-kultureller Dimension, werden auch zum Ansatzpunkt für polnische Regisseure bei der Umsetzung des Zyklus auf die Bühne, jedoch mit unterschiedlich gesetzten Schwerpunkten.

Installation mit Prinzessinnen ... bei Off de Bicz

Die polnische Uraufführung des Zyklus „Der Tod und das Mädchen“ fand am 27. November 2011 auf der Sopoter Bühne Off de Bicz statt. Die Aufführung unter der Regie von Jerzy Wójcicki (nach einem Szenarium von Mariusz Więcki und Jerzy Wójcicki)[16] beginnt nicht auf der Bühne, sondern im Atelierclub, wo die Hauptfigur (Kamila Dziemian) im Cheerleader-Kostüm mit Bier in der Hand flaniert. Dann folgt auf der Bühne eine Filmprojektion über eine tanzende Schauspielerin und einen Mann an der Bar (Piotr Chys).[17] Die Verwendung der Filmtechnik weist auf die Hybridisierung der zeitgenössischen Kultur hin, aber auch – im Sinne von Andrzej Gwóźdź – auf eine „neue Ordnung der Imagination“, die auf einer *Verschmelzung* des figurativen (symbolischen) mit dem formalen, kalkulierenden (digitalen) Denken beruht.[18] Diese neue Art der Imagination, die dem Zuschauer oktroyiert wird und seine Perzeption der dargestellten Inhalte modifiziert, verweist zugleich auf das neue Modell der Wirklichkeitswahrnehmung, die unter anderem in und durch Massenmedien angeboten wird. Diese Technik stellt zugleich die szenische Illusion in Frage und blockiert Projektions- und Identifikationsmechanismen. Auch wenn die Hauptfigur, nachdem sie unter starkem Alkoholeinfluss in die schwach beleuchtete Szenerie eingetreten ist, ihre roten Pumps fallen lässt, in erotischer Pose einschläft und dann von einem Mann geweckt wird, der auf sie tritt, sich nackt auszieht und die „schlafende Schönheit“ in Besitz nimmt,[19] woraufhin es zu einer klassischen Dialogauseinandersetzung mit ihm kommt, werden sowohl gesellschaftliche Denk- und Handlungsmuster sowie ihre *Reproduktion* zwischen Frau

‚Es war ein Unfall‘ – oder die ‚Unachtsamkeit der Wand‘. Elfriede Jelineks ‚Todesarten‘. In: Elfriede Jelinek: Tradition, Politik und Zitat. Hrsg. von Sabine Mueller/Cathrine Theodorsen. Wien: Praesens Verlag 2008, S. 203–227.

16 Vgl. [o. V.]: Sopot. ‚Śmierć i dziewczyna‘ przed wakacjami. <http://encyklopediateatru.pl/artykuly/139261/sopot-smierc-i-dziewczyna-przed-wakacjami> (Zugriff am 4.04.2019).

17 Die Filmprojektion wird auch von Łukasz Chotkowski, dem Regisseur von „Über Tiere“ in Bydgoszcz (Teatr Polski) verwendet. Mehr darüber: Jezierska, Agnieszka: Neuere Theatertexte Jelineks und ihr langer Weg auf die polnischen Bühnen. Anmerkungen zum Theatertransfer. In: Transfer. Reception Studies 2, 2017, S. 157–173. <https://doi.org/10.16926/trs.2017.02.08>.

18 Gwóźdź, Andrzej: Labirynty estetyczne filmu między mediami. In: Piękno w sieci. Estetyka a nowe media. Hrsg. von Krystyna Wilkoszewska. Kraków: Universitas 1999, S. 142.

19 Vgl. Antoniewicz, Grażyna: Teatr: Jelinek w Off de Bicz. Rezension. <https://dziennikbaltycki.pl/teatr-jelinek-w-off-de-bicz/ar/477312> (Zugriff am 3.04.2019).

und Mann als auch weibliche Lebensentwürfe als ein höchst konkretes *Sein zum Tode* demaskiert. Nicht anders verhält es sich in der zweiten Szene, wenn zwei Frauen (Kamila Dziemian, Monika Markowc) als Schwestern und frustrierte, depressive Schriftstellerinnen bei Tisch im Alkoholrausch miteinander streiten, als ein Mann (Piotr Chys) – in einer Person: liebevoller Ehemann, fürsorglicher Vater, frecher Frauenheld, brutaler und zynischer Macho – zur Hilfe kommt und ihnen eine *Stimme*[20] verleiht, wodurch der ganze Streit mit einer Obsttortenschlacht endet, die letztlich einer aggressiven sexuellen Gewaltszene ähnelt.[21] Jerzy Wójcicki arbeitet damit gegen die Erwartungen der Zuschauer und konfrontiert sie mit einer neu wahrzunehmenden Vorgehensweise, die darauf beruht, die der Installation entnommenen Aufführungsformen und die Figurenkonstellation ironisch zu entwickeln.

(Szenische) Innovation und (textuelle) Wiederholung im Teatr Polski

Vier Jahre nach der Aufführung in Sopot suchte die Theaterregisseurin Ewelina Marciniak nach anderen Ausdrucksformen für die im Teatr Polski in Wrocław vorbereitete Inszenierung des Zyklus „Der Tod und das Mädchen". Ihr Theaterkonzept resultiert aus der Ereignishaftigkeit dessen, was sich im Inneren und auf der Bühne abspielt. Sie setzt auf die Handlung, die durch Gebärden und szenische Bewegung der Schauspieler, durch Klang (Musik) und Bild (Bühnenbild und Beleuchtung) zum Ausdruck kommt, und konzipiert die Aufführung als einen Raum, in dem eine Vielstimmigkeit im Vordergrund steht, begleitet von großen Licht- und Farbeffekten, die das Bild der Bühne zu beherrschen scheinen. Infolgedessen erregt nicht das *Sprachtext-Gewitter* (wofür Jelinek bekannt ist), sondern das Nichtsprachliche als erstes die Aufmerksamkeit des Zuschauers. Das Bühnenbild (von Katarzyna Borkowska, auch verantwortlich für Kostüm und Licht) ist symbolisch, nicht statisch gestaltet und überwältigt durch das Spiel mit Farben.[22] Ein ungewöhnliches Element ist eine riesige rote Rosenwand, die in den Szenen, die auf unterschiedliche Weise mit Liebe zu tun haben, von oben herabkommt. Einmal ergießt sich statt der Rosen wütend gelber Sand in Strömen auf die Bühne. Marciniaks Konzept regt sensuelle Erfahrungen und *synästhetische* Wahrnehmungen an. Die Farbsymbolik wiederholt sich auch in den Kostümen und Charakterisierungen. Die roten Schuhe der Heldinnen oder

20 Rudziński, Łukasz: Jelinek o kobietach. Po premierze ‚Śmierci i dziewczyny'. <https://kultura.trojmiasto.pl/Jelinek-o-kobietach-Po-premierze-Smierci-i-dziewczyny-n53348.html> (Zugriff am 12.09.2019).

21 Vgl. Antoniewicz, Teatr: Jelinek w Off de Bicz.

22 Vgl. Abbildungen einiger Szenen auf der Internetseite des Teatr Polski. <https://www.teatrpolski.wroc.pl/przedstawienie/smierc-i-dziewczyna/> (Zugriff am 2.02.2020).

Froschmasken werden zu Symbolen für ewigen Sex und Fruchtbarkeit. Es entsteht eine visuelle Farben-Orgie, die gegen viele Regeln der Präsenz der Schauspieler auf der Bühne stößt und durch Mehrdeutigkeit und „Überdosierung“ zu Wandlungen und Überschreitungen in der Darstellungskunst provoziert.

Die szenische Bewegung der Schauspieler fokussiert auf das Körperliche. In langen Szenen wälzen sich die Schauspieler rhythmisch und nackt über den Boden wie Schlangen, Schnecken oder Krabben. Die Hervorhebung des Körpers findet auch durch den Einsatz akrobatischer Elemente (Choreografie von Dominika Knapik) statt. Die Schauspieler bilden verschiedene Figuren, sogar Skulpturen aus Körpern (ein fleischliches Gewirr) oder auch eine Art Menschenkette, auf der die Hauptfigur geht, und sie beweisen damit durchaus sportakrobatische Fähigkeiten (insbesondere Ewa Skibińska als Mutter und Małgorzata Gorol als Tochter), wodurch eine organische Einheit der Körper, Installationselemente und Musikinstrumente entsteht, begleitet von Tanz, Bewegung, Text und Ton. Ewelina Marciniak stellt nämlich drei Klaviere auf die Bühne, womit sie wiedererkennbare inhaltliche Elemente der textuellen Welt der österreichischen Nobelpreisträgerin evoziert. Sie bedient sich damit der rhetorischen Figur des *Pars pro toto* und benutzt ein Musikinstrument, das Vielstimmigkeit ermöglicht, im Sinne eines intersemiotischen und intertextuellen Phänomens. Auf diesen *Trick* greifen auch andere Regisseure der Theatertexte Jelineks zurück. Ein Beispiel dafür ist die Inszenierung von „Über Tiere“, die der Schweizer Komponist und Regisseur Ruedi Häusermann konzipierte (Uraufführung am Wiener Burgtheater am 4. Mai 2007) und in der auf der Bühne eine Schauspielerin und zwölf (!) Klaviere stehen, was eine Anspielung auf das Mobiliar der guten Stube und Jelineks Roman „Die Klavierspielerin“ darstellt. Da der Text das brutale Geschäft der Zwangsprostitution angreift und authentische Telefongespräche zwischen Frauenhändlern und Freiern dabei explizit beim Wort nimmt (das Stück basiert auf Abhörprotokollen der Polizei, die der Wiener Journalist Florian Klenk zwei Jahre früher in Auszügen veröffentlich hatte[23]), schafft das Bild von duzenden Klavieren einen Kontrast zur schmerzlichen Sprachkomposition auf der Bühne. Das Thema der Elendprostitution der Frauen aus Osteuropa wird musikalisch *nachvollzogen*, was sich symbolisch dadurch ausdruckt, dass die Klaviere inzwischen einander und der Sprechenden bedrohlich nahe auf den Leib rücken.

23 Nachdem Elfriede Jelinek darauf mit einem Lesebrief reagiert hatte, entschied sich Klenk der Autorin die Abhörprotokolle zur Verfügung zu stellen. Danach entstand das Stück „Über Tiere“. Vgl. ‚Über Tiere‘. Elfriede Jelinek über das dreckige Geschäft der Ware Frau. In: SRF vom 9.05.2007. <https://www.srf.ch/play/tv/kulturplatz/video/ueber-tiere-elfriede-jelinek-ueber-das-dreckige-geschaeft-mit-der-ware-frau?id=03f60e1f-41be-45d4-85d2-4d548a1458b3> (Zugriff am 20.04.2020).

Die *musikalische Nachvollziehung* des Textes ist auch bei Marciniak zu beobachten, denn in der Aufführung nehmen drei Pianisten teil, die Live-Musik spielen. Musik ist ein sehr wichtiger Teil des Stückes: Sie erzählt eine Geschichte, präsentiert die Beziehung zwischen Menschen und vermittelt Emotionen. In dieser Metapher ist der Mensch wie ein Instrument, das man „so lange und so hart spielt, bis es uns um Zugabe bittet", wie im Programmheft zu lesen ist. Nicht zufällig werden die Zuschauer mit einem Ausschnitt aus dem Song „Take care of you" begrüßt.

Die Entscheidung, die Musik als eines der wichtigen Darstellungsmitteln einzusetzen, findet auch auf der denotativen Ebene eine Erklärung, denn der Titel des Zyklus „Der Tod und das Mädchen" bezieht sich (wie auch andere Stücke von Jelinek wie etwa „Macht nichts" oder „Erlkönigin") auf Lieder von Franz Schubert und in diesem Fall auf das gleichnamige Streichquartett Nr. 14, d-Moll, das die Grundatmosphäre der Texte vorgibt und zugleich „bestimmte Figuren, die in den Texten als Wiedergänger auftauchen, so als ob sie nicht sterben könnten"[24] heraufbeschwört. Dieser intertextuelle Verweis wurde von der polnischen Regisseurin wahrgenommen, denn die Pianisten spielen neben zeitgenössischen Kompositionen von Piotr Kubiak auch Schuberts Musik. Auf der Inhaltsebene fehlt es aber an Anknüpfspunkte zu im Titel genannten Märchenfiguren und Rosamunde. Deswegen hat man den Eindruck, dass der Einsatz der Klaviere eher durch ihre Konnotation motiviert ist, denn das Klavier ist doch einerseits das Instrument der bürgerlichen Kultur, das „mit seinem Klangteppich zudeckt, was unter denselben gekehrt wurde"[25] und ruft andererseits negative Assoziationen hervor, da es mit dem Klavierunterricht assoziiert wird, also einem *Dressurakt*, der meistens an Mädchen verübt wird. Auch biografische Bezüge zur Autorin selbst lassen sich darin erkennen, vor allem die zahlreichen verbalen und bildlichen Verweise auf den Roman „Die Klavierspielerin". Obwohl die Inszenierung den Titel „Der Tod und das Mädchen" trägt und mit dem Zusatz „Auf Grundlage der ersten drei Stücke aus der Sammlung ‚Der Tod und das Mädchen I–V. Dramen über Prinzessinnen': ‚Schneewittchen', ‚Dornröschen' und ‚Rosamunde'" versehen ist, kann der Zuschauer sich des Eindrucks nicht erwehren, dass am 21. November 2015 im Breslauer Teatr Polski eigentlich der Roman „Die Klavierspielerin" inszeniert wurde und nur wenige als *Verweissignale* eingesetzte Inhalte aus den erwähnten Dramoletten mit einbezogen wurden. Denn der (autobiografische) Roman liefert den Stoff für Figuren, Dialoge

24 Janke, Pia: Jelinek und die Musik. In: Elfriede Jelinek: Tradition, Politik und Zitat. 2008, S. 271–285, hier S. 277.

25 Strigl, Daniela: Skandale der Liebe. Über Tiere – Ruedi Häusermanns Jelinek-Uraufführung mit zwölf Klavieren. <https://www.nachtkritik.de/index.php?option=com_content&view=article&id=142&Itemid=100190> (Zugriff am 20.04.2020).

und Handlung.[26] Die Hauptfigur ist eine Klavierspielerin (gespielt von Małgorzata Gorol), die von ihrer Mutter (Ewa Skibińska) schikaniert, beleidigt und kritisiert wird. Das wahre Leben der Mutter bilden Fernsehsendungen, die sie jederzeit unter Kontrolle zu haben scheint, indem sie die Lautstärke regelt. Eine Schülerin des Konservatoriums (Katarzyna Strączek) träumt von einer Karriere als Pianistin, für die sie bereit ist, Demütigungen und körperliche Schmerzen zu ertragen. Die Klavierlehrerin trifft einen jungen Mann, der ihren sadomasochistischen Bedürfnissen gerecht wird, aber als sie ihm diese offenbart, stößt sie auf eine negativ bewertende Reaktion. Die Mutter entscheidet über die Kleidung der erwachsenen Tochter, die sie wie ihr Eigentum behandelt, über die Stunden ihrer Heimkehr oder ihre Freizeitgestaltung.

Es wird nämlich die Geschichte von Erika Kohut, der Protagonistin aus „Die Klavierspielerin", ihrer Mutter, dem Schüler Walter Klammer und dem Musikkonservatorium erzählt und weiterhin eine Geschichte über den Terror, dem die einzelnen Figuren ausgesetzt sind: die Klavierlehrerin wird von ihrer Mutter terrorisiert, die Schüler von ihrer Klavierlehrerin. Den Opfern wird all ihre Leidenschaft und Lebensfreude geraubt. Zum Vorschein kommen die toxische Beziehung der Klavierspielerin mit der besitzergreifenden Mutter – ein Leitthema in Jelineks Roman – und der strenge Trainingsplan, in dem die Tochter gefangen ist. Mit der Zeit verliert sich die Tochter in der Welt der Faszination am Körperlichen. Sie besucht eine Peep-Show, riecht – wie in der Verfilmung des Romans von Michael Haneke (2001) – an spermabefleckten Taschentüchern, beobachtet ein kopulierendes Paar. Diese Verweise auf den Roman lassen sich als intendierte, also bewusst gestaltete intertextuelle Referenzen verstehen, die aber über eine Bezogenheit eines jeden Textes auf andere Texte mit dem Zweck, Bedeutungszusammenhänge herzustellen und dadurch seine Differenzqualität zu gewährleisten, hinausgeht. Die intertextuelle Bezugnahme auf den Roman wird auf der semantischen Ebene realisiert und weist zwar auf eine „bestätigende Integration" (Magdolna Orosz)[27] hin, die darin besteht, dass „eine zustimmende Annahme [...] der Aussageinhalte"[28] erfolgt, und hier jedoch eine Form der (szenischen) Duplikation, einer Repetition annimmt und auf eine komplexe

26 Auch der andere Roman „Die Liebhaberinnen" Elfriede Jelineks wird von polnischen KünstlerInnen aus dem Theaterbereich (u.a. von Emilia Sadowska, Poznań) szenisch umgesetzt und für die Bühne bearbeitet. Mehr darüber vgl. Majkiewicz, Anna/Ziemska, Joanna: Jelineks Dramen in Polen – zwischen feministischer Sicht und (un)scharfer Sprache. In: Theatrale Grenzgänge. Jelineks Theatertexte in Europa. Hrsg. von Peter Clar/Christian Schenkermayr. Wien: Praesens Verlag 2008, S. 305–320.

27 Orosz, Magdolna: Intertextualität in der Textanalyse. Wien: ÖGS/ISSS 1997, S. 25.

28 Ebd.

Textrelation mit eng umrissenen Wirkungsabsichten deutet, so dass man von dem Verfahren einer szenischen Adaptation des Romans sprechen kann.[29]

Eine Doppelkodierung des Stücks bezüglich der im Untertitel angesprochenen Prätexte (Schneewittchen, Dornröschen, Rosamunde) realisiert sich in einigen Szenen, und dann nur in Bezug auf die beiden ersten Teile, wenn sich die Klavierspielerin in Schneewittchen verwandelt, das von der Mutter für seine Schönheit systematisch bestraft wird, und die Schülerin am Konservatorium (Katarzyna Strączek), die für ihre Karriere als Pianistin Demütigungen und körperliche Schmerzen erträgt, zugleich das aus dem Traum geweckte Dornröschen spielt, das keinen Prinzen, sondern einen despotischen und sadistischen Lehrer (Michał Opaliński) trifft. Die Einbettung der Prinzessinnen führt zwar zu semantischen (und dadurch verwirrenden) Lücken in der Inhaltsstruktur der Aufführung, diese aber werden mittels einer Fülle an visuellen Reizen, mit denen Zuschauer konfrontiert werden, *gedeckt.* Die subtilen Transformationen der beiden Frauengestalten sind auch nur dann nachvollziehbar, wenn die Zuschauer aufgrund ihrer Kenntnisse der Prätexte die in der Aufführung indizierten Intertextualitätssignale erfassen und verarbeiten. Es kommt nämlich zu einer überraschenden Szene, in der die Hauptgestalt als Schneewittchen in Eiskunstlauf-Bekleidung mit zwei Männern in hellen Masken tanzt, die ihr helfen, mehrere Eistanzfiguren aufzuführen. Der Tanz ist nonverbale Aktion, die als Gegensatz zur Kultur (des Klaviers) steht und eine Art außer Kontrolle geratener Lebenslust und Selbstmanifestation symbolisiert, denn laut Curt Sachs, einem Musikwissenschaftler der Dreißigerjahre des vergangenen Jahrhunderts, dessen Erkenntnisse bis heute immer noch gültig sind, „verfließen [im Tanz] die Grenzen von Leib und Seele, von zweckfreier Gefühlsäußerung und zweckhafter Haltung, von Gesellschaftlichkeit und Persönlichkeitsentfaltung, all diese Grenzen, die erst eine fortschreitende Menschheit gezogen hat“[30]. Daher kann der Tanz als Zeichen für eine Veränderung, eine konstruktive Transgression *zu sich selbst* betrachtet werden, denn motorische Erfahrungen bringen verlorene

29 Für viele TheaterrezensentInnen war diese Inszenierung als eine Variation der Geschichte von Erika Kohut auf den ersten Blick auch deutlich erkennbar. Vgl. z. B.: Urbaniak, Mike: Kołtuństwo i sztuka: nagonka na Teatr Polski we Wrocławiu. In: Gazeta Wyborcza, Wysokie Obcasy 284, 2015. <(http://www.e-teatr.pl/pl/artykuly/213814.html)> (Zugriff am 2.4.2019); Tumiłowicz, Bronisław: Porno i pianistka. In: Przegląd 49, 30. <http://www.e-teatr.pl/pl/arty kuly/213595.html> (Zugriff am 2.4.2019); Kyzioł, Aneta: Czeskie porno, polska wyobraźnia. In: Polityka 49, 2015. <http://www.e-teatr.pl/pl/artykuly/213579.html> (Zugriff am 2.4.2019); Mrozek, Witold: Zwroty: Tęcza Marciniak. <http://www.dwutygodnik.com/artykul/6267-zwroty-tecza-marciniak.html> (Zugriff am 2.4.2019).

30 Sachs, Curt: Eine Weltgeschichte des Tanzes. Berlin 1933, Reprint Hildesheim: OLMS 2007, S. I.

Emotionen ans Licht und erhöhen so die Selbsterkenntnis.[31] Die Körperbewegung in Form von Tanz stellt als intendierten Sinn der Aufführung das Thema der völlig marginalisierten Körperlichkeit im Leben einer Frau dar. Die beiden Männer in hellen Masken erweisen sich daher als Manifestation des erotischen Begehrens der Hauptfigur – im Gegensatz zu zwei männlichen Charakteren in schwarzen Latexkostümen, die als Projektionen ihrer Phantasie (rein sexuellen Begehrens) in einer der vorherigen Szenen. Dieser Tanz wird Konsequenzen haben, denn im Finale des Stücks vereinigen sich die Klavierspielerin und ihr Schüler (Andrzej Kłak) – anders als in der Schlussszene des Romans – in Zirkuspositionen, die einen sexuellen Akt suggerieren und die Täter-Opfer-Beziehung in Frage stellen bzw. durchbrechen.

Demaskierende Dissonanzen – Fazit

Die letzte Szene der Manifestation der Körperlichkeit ist zugleich eine ironische Anspielung auf Ereignisse, die kurz vor der Premiere stattfanden, und dadurch eine Verbildlichung der Wechselwirkungen zwischen Kunst und Gesellschaft. Nachdem die Regisseurin Ewelina Marcinak ein paar Tage vor der Uraufführung gestanden hatte, zwei Pornodarsteller aus Tschechien verpflichtet zu haben, im grellen Disko-Licht angeblich einen Geschlechtsakt auf der Bühne vollzuziehen,[32] forderte der Kulturminister und Vizepremierminister der Kaczyński-Partei Recht und Gerechtigkeit (PiS), Piotr Gliński, die Absage der Uraufführung. Als das Stück ganz aus dem Programm gestrichen werden sollte, stellte sich der Vorstand der Woiwodschaft Niederschlesien auf die Seite des Theaters. Unter starkem Polizeischutz, da Mitglieder der rechtskatholischen Gebetsinitiative Rosenkranz-Kreuzzug und gewaltbereite Rechtsradikale der Bewegung für die Wiederauferstehung Polens den Eingang zum Theater abgeriegelt hatten, und dort zusammen „Kein Porno im Teatr Polski" skandierten,[33] fand die Urauf-

31 Vgl. Tłuczek, Katarzyna: Ruch, taniec, symbolika ciała jako formy transgresji konstruktywnej *ku sobie*. In: Civitas Hominibus: rocznik filozoficzno-społeczny 9, 2014, S. 105–113.

32 Vgl. Matuszewska, Małgorzata: ‚Śmierć i dziewczyna'. Reżyserka twierdzi, że był seks na scenie. <https://gazetawroclawska.pl/smierc-i-dziewczyna-rezyserka-twierdzi-ze-byl-seks-na-scenie/ar/9127576> (Zugriff am 2.10.2019).

33 Vgl. u.a. Gadawa, Malwina: Seks na żywo w teatrze. Będzie protest z różańcami. In: Gazeta Współczesna vom 7.11.2015. <https://wspolczesna.pl/seks-na-zywo-w-teatrze-bedzie-protest-z-rozancami/ar/9094498> (Zugriff am 10.10.2019); b.k.: Premiera sztuki ‚Śmierć i dziewczyna'. Szarpanina z policją i zatrzymania przed Teatrem Polskim we Wrocławiu. In: Portal Polskiego Radia SA vom 21.11.2015. <https://www.polskieradio.pl/5/3/Artykul/1547514,Premiera-sztuki-Smierc-i-dziewczyna-Szarpanina-z-policja-i-zatrzymania-przed-Teatrem-Polskim-we-Wroclawiu> (Zugriff am 10.10.2019); Pelczar, Jan: Minister kultury przeciwko wrocławskiej premierze. In: Radio RAM vom 20.11.2015. <https://www.radioram.pl/ar

führung des Stücks am 21. November 2015 statt. Die Vorstellung war ausverkauft und das Publikum reagierte mehrheitlich begeistert. Das provokante, aggressive Verhalten und die hysterischen Reaktionen der Demonstranten, die das Stück gar nicht kannten und die Aufführung nicht gesehen hatten, weist auf die vorhandenen Tabuzonen der in der polnischen Kultur existenten kulturellen Muster der Weiblichkeit hin. Trotz der gesellschaftlichen und kulturellen Veränderungen, die sich in den letzten Jahren vollzogen haben, oszillieren die Frauenbilder immer noch zwischen dem einer Mutter, die sich auf Kinder und Familie konzentriert, und dem der (sündigen) Femme fatale. Ersteres ist eine Hinterlassenschaft der christlichen Ikonografie der Frau, die – wie die Jungfrau Maria mit dem Jesuskind – eine Einheit mit ihrem Nachwuchs bildet.[34] Letzteres ist unter anderem als eine Konsequenz der Ablehnung des biblischen Mythos von Lilith zu verstehen, der die Reduktion der weiblichen Sexualität und Sensualität auf Mutter- und Gattenliebe außer Kraft setzt.[35] In diesem Spannungsfeld hat sich der Mythos der Polnischen Mutter (Mutter-Polin) herauskristallisiert, der für mehrere Jahrzehnte die polnische Kultur und Literatur bestimmt und andere Varianten der Mütterlichkeit verdrängt hat.[36]

ticles/view/29469/Minister-kultury-przeciwko-wroclawskiej-premierze> (Zugriff am 10.10. 2019).

34 Vgl. Korolczuk, Elżbieta: Kobiecość jako źródło cierpień. Matki i córki w polskim kinie. In: Ciało i seksualność w kinie. Hrsg. von Sebastian Jagielski. Kraków: Wydawnictwo Uniwersytetu Jagiellońskiego 2009, S. 155–172.

35 Über die Gestalt Lilith vgl. Majkiewicz, Anna: Die Dämonin Lilith in der Prosa Elfriede Jelineks im Kontext jüdisch-christlicher und literarischer Überlieferungen. In: Geschlecht und Gedächtnis. Österreichische Autorinnen prüfen Geschichtsmythen. Hrsg. von Andrea Rudolph/Gabriela Jelitto-Piechulik/Monika Wójcik-Bednarz. (Serie: Transkulturelle Forschungen an den Österreich-Bibliotheken im Ausland, Deutsche Philologie/Germanistik. Bd. 18). Wien: New Academic Press 2020, S. 131–150.

36 Vgl. Zwolińska, Barbara: Proza kobieca o 1989 roku wobec mitu matki-Polki. In: Polska proza i poezja po 1989 roku wobec tradycji. Hrsg. von Aleksander Główczewski/Maciej Wróblewski. Toruń: Wydawnictwo Uniwersytetu Mikołaja Kopernika 2007, S. 73–84, hier S. 73; Jezierska, Agnieszka: Jelineks polnische Räume. In: *Jelineks Räume.* Hrsg. von Monika Szczepaniak/ Agnieszka Jezierska/Pia Janke. Wien: Praesens Verlag 2017, S. 179–196; Chołuj, Bożena: Mutter Polin nach der Wende. In: VIA REGIA – Blätter für internationale kulturelle Kommunikation 68–69 (2000). <http://www.via-regia.org/bibliothek/pdf/heft6869/choluj_mutte r.pdf> (Zugriff am 1.4.2019). Der Prozess der Emanzipation der polnischen Frauen unterscheidet sich wesentlich von dem in den westlichen Ländern. Joanna Jabłkowska und Magdalena Saryusz-Wolska sehen einen Grund dafür in der unterschiedlichen Bürgertumsgeschichte. Wegen der Kontrolle der Teilungsmächte – im 18. Jahrhundert – „konnte sich die Emanzipation der Frauen [in Polen] nicht so intensiv vollziehen wie in den westeuropäischen Ländern." Jabłkowska, Joanna/Saryusz-Wolska, Magdalena: An- und abwesend. Weiblichkeitsmodelle in der deutschen und polnischen Kultur. In: Deutsch-polnische Erinnerungsorte. Bd. 3: Parallelen. Hrsg. von Hans Henning Hahn/Robert Traba. Paderborn: Schöningh 2012, S. 337–359, hier S. 337f.

Die Problematik der Autonomie der Kunst und der Grenzen des künstlerischen Schaffens werden auch in der Inszenierung von Marciniak thematisiert, wenn die Regisseurin der Figur des Kritikers (Piotr Nerewski) folgende Worte in den Mund legt: „Sztuka to rodzaj szamba. Możecie państwo uprać u nas swoje brudy, gwarantuję, że to się państwu opłaci“ [Kunst ist eine Art Klärgrube. Sie können Ihren Schmutz bei uns reinwaschen, ich garantiere, dass es sich für Sie lohnt], was eine kathartische Funktion der (profanen) Kunst ankündigt. Wenn auf der Bühne zu Beginn der Aufführung, begleitet von sehr lauter Musik und intensiven, bunten Stroboskoplichtern, zwei (Porno)Schauspieler in sexuellen Positionen zu sehen sind, deren mechanische Bewegungen kaum einer erotischen Darbietung ähneln (worauf auch die Zuschauer mit Gelächter und Applaus für das offensichtliche Manifest reagierten), verspottet Marciniak in aller Deutlichkeit den angeblichen Theaterskandal und die von ihr ausgelöste mediale Porno-Debatte.[37]

Die Problematik des Frauenmythos, sein gesellschaftliches Funktionieren und seine Auswirkungen auf Frauen, die mehr oder weniger bewusst ihr Schicksal gestalten, sind in Polen noch immer ein heikles Thema. Daher wurde Elfriede Jelinek in Polen zur Ikone der *Écriture féminine.* „Die Klavierspielerin“ stößt nach wie vor wie kein anderer ihrer Romane nicht nur unter den polnischen Lesern, sondern auch Theaterschaffenden und vor allem SchriftstellerInnen auf erhebliches Interesse und inspiriert – wie Agnieszka Jezierska nachweist[38] – zu weiterem künstlerischen Schaffen. Elfriede Jelinek nimmt damit einen festen Platz in der polnischen Literatur- und Kulturlandschaft ein. Die polnischen Aufführungen von Jelineks „Prinzessinnendramen“ bestätigen das und zeigen die bewusste und spielerische Auseinandersetzung von Regisseuren, Bühnenbildnern und Kostümgestaltern mit den subversiven Texten der prominenten österreichischen Nestbeschmutzerin, was ihren Theaterproduktionen eine affektive und kognitive Ladung zwischen Innovativem und Althergebrachtem verleiht.

---

37 Vgl. TVP Kultura: Hala odlotów. Granice wolności w sztuce. 26. 11. 2015. <https://vod.tvp.pl/video/hala-odlotow,granice-wolnosci-w-sztuce-26112015,22609836> (Zugriff am 2. 10. 2019). An der TV-Debatte nahm Małgorzata Gorol (Hauptdarstellerin), Ewelina Marciniak (Regisseurin), Tomasz Terlikowski (Kolumnist), Janusz Wolniak (Die Katholische Aktion), Edwin Bendyk (Journalist aus dem Politikmagazin Polityka) teil.

38 Vgl. Jezierska, Jelineks polnische Räume. 2017, S. 179–196; Jezierska, Agnieszka: Dyżurna feministka. Dlaczego i jak polskie pisarki czytają Elfriede Jelinek. In: Studia Neofilologiczne XI [= Współczesna recepcja literatury niemieckojęzycznej XX i XXI wieku. Hrsg. von Joanna Ławnikowska-Koper/Anna Majkiewicz/Anna Szyndler], 2015, S. 29–47. <http://dx.doi.org/10.16926/sn.2015.11.02>. Die Literaturwissenschaftlerin beweist dies am Beispiel von Werken der Schriftstellerinnen: Joanna Bator, Bożena Keff-Umińska, Sylwia Chutnik, Wanda Żółcińska, Marta Syrwid, und Schriftsteller: Wojciech Kuczok, Michał Witkowski, Mariusz Szczygieł.

Literaturverzeichnis

[o. V.]: Sopot. ‚Śmierć i dziewczyna' przed wakacjami. <http://encyklopediateatru.pl/artykuly/139261/sopot-smierc-i-dziewczyna-przed-wakacjami> (Zugriff am 4.04.2019).

Annuß, Evelyn: Elfriede Jelinek. Theater des Nachlebens. München: Fink 2005.

Antoniewicz, Grażyna: Teatr: Jelinek w Off de Bicz. Rezension. <https://dziennikbaltycki.pl/teatr-jelinek-w-off-de-bicz/ar/477312> (Zugriff am 3.04.2019).

Auerochs, Florian: Vom gläsernen Sarg zum ‚Glaspalast des Männlichen'. Volksmärchen und feministische Philosophiekritik in Elfriede Jelineks Schneewittchen-Adaption ‚Der Tod und das Mädchen I'. In: Studia austriaca XXII, 2014, S. 105–124.

b.k.: Premiera sztuki ‚Śmierć i dziewczyna'. Szarpanina z policją i zatrzymania przed Teatrem Polskim we Wrocławiu. In: Portal Polskiego Radia SA vom 21.11.2015. <https://www.polskieradio.pl/5/3/Artykul/1547514,Premiera-sztuki-Smierc-i-dziewczyna-Szarpanina-z-policja-i-zatrzymania-przed-Teatrem-Polskim-we-Wroclawiu> (Zugriff am 10.10.2019).

Borowski, Mateusz/Sugiera, Małgorzata: Das Gedächtnis den Mythen zurückgeben oder wie mach man Prinzessinnen? In: Positionen der Jelinek-Forschung. Beiträge zur Polnisch-Deutschen Elfriede Jelineks-Konferenz Olsztyn 2005. Hrsg. von Claus Zittel/Marian Holona. Frankfurt/M. u. a.: Peter Lang 2008, S. 239–255.

Burckhardt, Barbara: Wer ist die Schönste im ganzen Land? ‚Prinzessinnendramen' von Elfriede Jelinek – um die Wette inszeniert im Deutschen Schauspielhaust Hamburg beim Steirischen Herbst in Graz und am Deutschen Theater Berlin. In: Theater heute vom 1.03.2013, S. 44–48.

Chołuj, Bożena: Mutter Polin nach der Wende. In: VIA REGIA. Blätter für internationale kulturelle Kommunikation 68–69, 2000. <http://www.via-regia.org/bibliothek/pdf/heft6869/choluj_mutter.pdf> (Zugriff am 1.4.2019).

Elfriede Jelinek – Eine Autorin für das Theater? Diskussion mit Eva Brenner, Hilde Haider-Pregler und Emmy Werner, moderiert von Pia Janke. In: Elfriede Jelinek ‚Ich will kein Theater.' Mediale Überschreitungen. Hrsg. von Pia Janke & Team. Wien: Praesens 2007, S. 178–195.

Gadawa, Malwina: Seks na żywo w teatrze. Będzie protest z różańcami. In: Gazeta Współczesna vom 7.11.2015. <https://wspolczesna.pl/seks-na-zywo-w-teatrze-bedzie-protest-z-rozancami/ar/9094498> (10.10.2019).

Gwóźdź, Andrzej: Labirynty estetyczne filmu między mediami. In: Piękno w sieci. Estetyka a nowe media. Hrsg. von Krystyna Wilkoszewska. Kraków: Universitas 1999.

Jabłkowska, Joanna/Saryusz-Wolska, Magdalena: An- und abwesend. Weiblichkeitsmodelle in der deutschen und polnischen Kultur. In: Deutsch-polnische Erinnerungsorte. Bd. 3: Parallelen. Hrsg. von Hans Henning Hahn/Robert Traba. Paderborn: Schöningh 2012, S. 337–359.

Janke, Pia: Jelinek und die Musik. In: Elfriede Jelinek: Tradition, Politik und Zitat. Hrsg. von Sabine Mueller/Cathrine Theodorsen. Wien: Preasens Verlag 2008, S. 271–285.

Jelinek E., Ich will kein Theater. Ich will ein anderes Theater. In: Autorinnen: Herausforderungen an das Theater. Hrsg. von Anke Roeder. Frankfurt/M.: Suhrkamp Verlag 1989, S. 143–160.

Jelinek, Elfriede: Das Parasitärdrama. In: Elfriede Jelineks Homepage. Rubriken: Archiv 2011, zum Theater. <https://www.elfriedejelinek.com/> (Zugriff am 10.04.2020).

Jelinek, Elfriede: Der Tod und das Mädchen. Prinzessinnendramen. Berlin: Rowohlt Verlag 2004.

Jelinek, Elfriede: Ein Sportstück. Reinbek bei Hamburg: Rowohlt 1998.

Jezierska, Agnieszka: Dyżurna feministka. Dlaczego i jak polskie pisarki czytają Elfriede Jelinek. In: Studia Neofilologiczne XI [= Współczesna recepcja literatury niemieckojęzycznej XX i XXI wieku. Hrsg. von Joanna Ławnikowska-Koper/Anna Majkiewicz/ Anna Szyndler], 2015, S. 29–47. <http://dx.doi.org/10.16926/sn.2015.11.02>.

Jezierska, Agnieszka: Jelineks polnische Räume. In: Jelineks Räume. Hrsg. von Monika Szczepaniak/Agnieszka Jezierska/Pia Janke. Wien: Preasens Verlag 2017, S. 179–196.

Jezierska, Agnieszka: Neuere Theatertexte Jelineks und ihr langer Weg auf die polnischen Bühnen. Anmerkungen zum Theatertransfer. In: Transfer. Reception Studies 2, 2017, S. 157–173. <https://doi.org/10.16926/trs.2017.02.08>.

Kecht, Maria-Regina: Elfriede Jelinek in absentia oder die Sprache zur Sprache bringen. In: Seminar: A Journal of Germanic Studies, 43, 2007, 3, S. 351–365.

Korolczuk, Elżbieta: Kobiecość jako źródło cierpień. Matki i córki w polskim kinie. In: Ciało i seksualność w kinie. Hrsg. von Sebastian Jagielski. Kraków: Wydawnictwo Uniwersytetu Jagiellońskiego 2009, S. 155–172.

Kyzioł, Aneta: Czeskie porno, polska wyobraźnia. In: Polityka Nr. 49. <http://www.e-teatr.pl/pl/artykuly/213579.html> (Zugriff am 2.04.2019).

Majkiewicz, Anna: Die Dämonin Lilith in der Prosa Elfriede Jelineks im Kontext jüdisch-christlicher und literarischer Überlieferungen. In: Geschlecht und Gedächtnis. Österreichische Autorinnen prüfen Geschichtsmythen. Hrsg. von Andrea Rudolph/Gabriela Jelitto-Piechulik/Monika Wójcik-Bednarz. (Serie: Transkulturelle Forschungen an den Österreich-Bibliotheken im Ausland, Deutsche Philologie/Germanistik. Bd. 18). Wien: New Academic Press 2020, S. 131–150.

Majkiewicz, Anna/Ziemska, Joanna: Jelineks Dramen in Polen – zwischen feministischer Sicht (un)scharfer Sprache. In: Theatrale Grenzgänge. Jelineks Theatertexte in Europa. Hrsg. von Peter Clar/Christian Schenkermayr. Wien: Praesens Verlag 2008, S. 305–320.

Matuszewska, Małgorzata: ‚Śmierć i dziewczyna‘. Reżyserka twierdzi, że był seks na scenie. <https://gazetawroclawska.pl/smierc-i-dziewczyna-rezyserka-twierdzi-ze-byl-seks-na-scenie/ar/9127576> (Zugriff am 2.10.2019).

Mrozek, Witold: Zwroty: Tęcza Marciniak. <http://www.dwutygodnik.com/ artykul/6267-zwroty-tecza-marciniak.html> (Zugriff am 2.04.2019).

Orosz, Magdolna: Intertextualität in der Textanalyse. Wien: ÖGS/ISSS 1997.

Pelczar, Jan: Minister kultury przeciwko wrocławskiej premierze. In: Radio RAM vom 20. 11.2015. <https://www.radioram.pl/articles/view/29469/Minister-kultury-przeciwko-wroclawskiej-premierze> (Zugriff am 10.10.2019).

Rudziński, Łukasz: Jelinek o kobietach. Po premierze ‚Śmierci i dziewczyny‘. <https://kultura.trojmiasto.pl/Jelinek-o-kobietach-Po-premierze-Smierci-i-dziewczyny-n53348.html> (Zugriff am 12.9.2019).

Sachs, Curt: Eine Weltgeschichte des Tanzes. Berlin 1933, Reprint Hildesheim: OLMS 2007.

Strigl, Daniela: Skandale der Liebe. Über Tiere – Ruedi Häusermanns Jelinek-Uraufführung mit zwölf Klavieren. <https://www.nachtkritik.de/index.php?option=com_content&view=article&id=142&Itemid=100190> (Zugriff am 20.04.2020).

Szczepaniak, Monika: ‚Es war ein Unfall' – oder die ‚Unachtsamkeit der Wand'. Elfriede Jelineks ‚Todesarten'. In: Elfriede Jelinek: Tradition, Politik und Zitat. Hrsg. von Sabine Mueller/Cathrine Theodorsen. Wien: Preasens Verlag 2008, S. 203–227.

Szczepaniak, Monika: ‚Ich spreche und spreche'. Elfriede Jelinek – Artikulationstheater. In: ‚Ich spreche und spreche'. Maski teatralne Elfriede Jelinek. Hrsg. von Monika Szczepaniak. Bydgoszcz: Wydawnictwo Uniwersytetu Kazimierza Wielkiego 2008, S. 9–22.

Teatr Polski. Śmierć i dziewczyna. <https://www.teatrpolski.wroc.pl/przedstawienie/smierc-i-dziewczyna/> (Zugriff am 2.02.2020).

Tłuczek, Katarzyna: Ruch, taniec, symbolika ciała jako formy transgresji konstruktywnej *ku sobie*. In: Civitas Hominibus: rocznik filozoficzno-społeczny 9, 2014, S. 105–113.

Tumiłowicz, Bronisław: Porno i pianistka. In: Przegląd 49, 30. <http://www.e-teatr.pl/pl/artykuly/213595.html> (Zugriff am 4.04.2019).

TVP Kultura: Halla odlotów. Granice wolności w sztuce. 26.11.2015. <https://vod.tvp.pl/video/hala-odlotow,granice-wolnosci-w-sztuce-26112015,22609836> (Zugriff am 2.10.2019).

‚Über Tiere'. Elfriede Jelinek über das dreckige Geschäft der Ware Frau. In: SRF vom 9.05.2007. <https://www.srf.ch/play/tv/kulturplatz/video/ueber-tiere-elfriede-jelinek-ueber-das-dreckige-geschaeft-mit-der-ware-frau?id=03f60e1f-41be-45d4-85d2-4d548a1458b3> (Zugriff am 20.04.2020).

Urbaniak, Mike: Kołtuństwo i sztuka: nagonka na Teatr Polski we Wrocławiu. In: Gazeta Wyborcza, Wysokie Obcasy 284, 2015. <http://www.e-teatr.pl/pl/artykuly/213814.html> (Zugriff am 2.04.2019).

Zatora, Anna: Zdejmowanie uroku z baśni w miniaturach dramatycznych Elfriede Jelinek (Królewna Śnieżka i Śpiąca Królewna z cyklu Śmierć i dziewczyna). In: Tekstualia 42, 2015, 3, S. 73–80.

Zwolińska, Barbara: Proza kobieca o 1989 roku wobec mitu matki-Polki. In: Polska proza i poezja po 1989 roku wobec tradycji. Hrsg. von Aleksander Główczewski/Maciej Wróblewski. Toruń: Wydawnictwo Uniwersytetu Mikołaja Kopernika 2007, S. 73–84.

III (Un)beständig

Marta Famula (Paderborn)

Das Unveränderliche und die Wiederholung. Die Rolle der Kontingenz in Max Frischs letztem Drama „Triptychon“

1 Wiederholung und Kontingenz

Nach den Parabelstücken der späten Fünfziger- und frühen Sechzigerjahre[1] verlagert sich der Fokus im dramatischen Werk Max Frischs von gesellschaftlicher Herausforderung des Nachkriegs-Europa hin zur individuellen Selbsterfahrung und damit zu neuen Formen des Dramas. Stand in den frühen Stücken wie „Biedermann und die Brandstifter“ (1957) und „Andorra“ (1961) die Darstellbarkeit gesellschaftlicher Mechanismen im Zentrum, ist es seit den späten Sechzigerjahren die Bewältigung einer als zufällige Abfolge von Ereignissen erlebten Wirklichkeit, die Frisch interessiert. Dabei spielt vor allem die Gewichtung des individuellen Tuns eine zentrale Rolle: War zuvor politische und gesellschaftliche Relevanz einzelner Positionen im Kontext der Schuld- und Verantwortungsthematik virulent gewesen, was im Theater als Spannungsbogen der dramatischen Handlung zum Tragen kommt, stellt nun der Gedanke, dass die Realität gewordene Wirklichkeit nur zufällig und austauschbar ist und genauso gut auch anders sein könnte, neue Parameter. Die Tatsache, dass die individuelle Existenz durch keine innere oder äußere Notwendigkeit motiviert oder begründet ist, keinen vorgeplanten Zweck hat und sich daher seine Existenzberechtigung selber suchen muss, also als kontingent zu bezeichnen ist[2], stellt die Abbildbarkeit der Wirklichkeit durch die klassische Dramaturgie der Fügung grundsätzlich in Frage. Im „Tagebuch 1966–1971“ entwickelt Frisch eine neue Dramaturgie, die dieser Erfahrung Rechnung trägt:

1 Zu Frischs eigener Realisierung der Parabel in den frühen Stücken „Andorra“ und „Biedermann und die Brandstifter“, die eine Abwandlung der Brechtschen Parabel darstellt, vgl. Gockel, Heinz: Max Frisch. Drama und Dramaturgie. München: Oldenburg 1989, S. 19–26.

2 Geyer, Paul: Der existenzielle Ernst des Absurden. Das menschliche Subjekt angesichts seiner Auslöschung. In: Proteus im Spiegel. Kritische Theorie des Subjekts im 20. Jahrhundert. Hrsg. von Paul Geyer/Monika Schmitz-Emans. Würzburg: Königshausen & Neumann 2003, S. 461–481, hier S. 463. Paul Geyer zeichnet hier die Entstehung des Absurden im französischen Drama aus der Existenzialphilosophie nach.

„Die Fabel, die den Eindruck zu erwecken sucht, daß sie nur so und nicht anders habe verlaufen können, hat zwar immer etwas Befriedigendes, aber sie bleibt unwahr; sie befriedigt lediglich eine Dramaturgie, die uns als klassisches Erbe belastet: Eine Dramaturgie der Fügung, eine Dramaturgie der Peripethie. Was dieses Erbe anrichtet nicht nur im literarischen Urteil, sondern sogar im Lebensgefühl: im Grunde erwartet man immer, es komme einmal die klassische Situation, wo meine Entscheidung schlichterdings in Schicksal mündet, und sie kommt nicht. Es gibt große Auftritte, mag sein, aber keine Peripethie. Tatsächlich sehen wir, wo immer Leben sich abspielt, etwas viel Aufregenderes: es summiert sich aus Handlungen, die zufällig bleiben, es hätte immer auch anders sein können, und es gibt keine Handlung und keine Unterlassung, die für die Zukunft nicht Varianten zuließe. Der einzige Vorfall, der keine Variante mehr zuläßt, ist der Tod."[3]

Mit dem Verlust eines zur klassischen Dramaturgie fähigen Lebens knüpft Frisch an die grundsätzliche Erfahrung des Transzendenzverlusts in der Moderne an, den Freud in den drei „narzißtischen Kränkungen" des menschlichen Selbstwertgefühls festmachte,[4] und der zur Grundlage philosophischer Positionen des Nihilismus und Existenzialismus wurde, um nicht zuletzt im absurden Theater eine dramaturgische Umsetzung zu finden.[5] Die Abwesenheit eines zur Peripetie fähigen Lebensstrangs, wie sie Frisch beschreibt, korrespondiert damit mit der Abwesenheit einer Sinn gebenden Instanz, die den Menschen dazu anhält, sein Leben und Sterben als willkürliche Zufälligkeiten zu begreifen. Das durch subjektkritische und nihilistische Denkweisen erschütterte Ich findet sich nun in der Situation wieder, eigenständig verbindliche Werte und Sinnvorlagen für sein Leben zu schaffen, an denen es allerdings angesichts der kontingenten Wirklichkeit scheitern muss. Obwohl Frisch seine eigene dramaturgische Antwort auf die Erfahrung der Kontingenz findet, bleibt dies seinen Figuren nicht erspart: Die Fokussierung des Zufälligen, die freilich zuweilen auch als Abgabe von Verantwortung gelesen wurde,[6] führt ihn zur Dramaturgie der Permutation, die an die

3 Frisch, Max: Tagebuch 1966–1971. Gesammelte Werke in zeitlicher Folge 1931–1985. Bd. VI 1968–1975. Hrsg. von Hans Mayer unter Mitwirkung von Walter Schmitz. Frankfurt/M.: Suhrkamp 1998, S. 75.

4 Hierbei handelt es sich um die kosmologische Kränkung durch Kopernikus, die biologische Kränkung durch Darwin sowie die psychologische Kränkung durch Freud selbst. Vgl. Freud, Sigmund: Eine Schwierigkeit der Psychoanalyse. In: Imago: Zeitschrift für Anwendung der Psychoanalyse auf die Geisteswissenschaften 5, 1917, H. 1, S. 1–7.

5 Paul Geyer differenziert den Prozess der Auflösung des Subjekts und erhöht die Anzahl der narzisstischen Kränkungen auf zehn, deren Verursacher er in Kopernikus, Pascal, Rousseau und Kant, die dem Menschen noch metaphysisch religiöse Tröstungen belassen, sowie Feuerbach, Darwin, Marx, Nietzsche und Freud ausmacht, die die Kränkungen des menschlichen Selbstwertgefühls so weit zuspitzen, dass der Mensch schließlich nur noch als ideologie- und triebgesteuertes Energiebündel erscheinen konnte, ohne die Fähigkeit zu einer Willensentscheidung. Vgl. Geyer, Der existenzielle Ernst des Absurden. 2003, S. 461–463.

6 So kritisiert ihn Friedrich Dürrenmatt in den „Sätzen über das Theater": „Auf die von Frisch zitierte ‚Dramaturgie des Zufalls' bezogen: In seinem Stück ‚Biografie', dem er seine ‚Dra-

Stelle eines Umschlags von Glück in Unglück die Wiederholung setzt. Der Begriff aus der Kombinatorik, der die Umstellung einer Anordnung, die Auswahl und Vertauschung von Elementen einer Menge meint, steht in seiner Dramaturgie für den Variantenreichtum des Lebenslaufs, der mit jeder Entscheidung eine neue Richtung einnimmt. So werden im Drama „Biografie: Ein Spiel" (1966/67) unterschiedliche Varianten der Realität durchgespielt, motiviert durch den Wunsch des Protagonisten Kürmann sein Leben so zu führen, dass ihm eine unglückliche Beziehung erspart bleibt, was ihm jedoch in keiner der durchgespielten Wirklichkeitsvarianten gelingen will.[7] Neben den Varianten hat das Stück damit vor allem die Vorstellung Kürmanns von einem guten Leben und die Unmöglichkeit, dieses zu erreichen, zum Gegenstand. Mit dieser Verschiebung von der Zufälligkeit zum Scheitern am eigenen Lebensentwurf impliziert Frischs Dramaturgie der Permutation eine Erfahrung des Absurden, die als Kränkung zweiten Grades beschrieben wurde:

> „Die Absurdität ersten Grades besteht in der Kontingenz, Sinnfreiheit und Endlichkeit des Menschen. Diese Absurdität ersten Grades erscheint eigentlich vor allem dann absurd, wenn man von metaphysischen Weltanschauungen herkommt, die das menschliche Subjekt noch in vorgegebenen Sinnsystemen geborgen sein lassen. Die Absurdität zweiten Grades aber besteht darin, die Absurdität ersten Grades, die sich nach dem Schiffbruch der alten Metaphysiken offenbart, durch neue Scheingeborgenheiten und Identitätsersatzmittel vor sich selbst und anderen zu verschleiern. Wer in der Absurdität zweiten Grades lebt, ist seiner eigenen Existenz entfremdet."[8]

Der dramatische Einzelne Frischs wird damit einerseits zum Ausdruck einer unverfügbaren Wirklichkeit, andererseits verkörpert er die Problematik, die für sein persönliches Leben daraus folgt. Die Abwesenheit eines transzendenten Sinns betraut den Einzelnen mit der Aufgabe, dem eigenen Sein selbst eine Existenzberechtigung zu verschaffen. An die Stelle der ethischen Verantwortung, einer höheren Instanz zu genügen, tritt die Aufgabe, selbst Werte zu setzen, die

---

maturgie' zugrunde legt, will er zeigen, daß sich jedes Geschehen auch anders abwickeln könnte, daß auch andere Resultate denkbar wären, daß jede Biographie eines Menschen eine höchst problematische Summe von durchaus nicht zwingenden Vorfällen darstellt. Damit hat er natürlich recht. Es fragt sich nur, ob er mit seiner Dramaturgie nicht mit dem Begriff der Wirklichkeit kollidiert. Das Verfluchte an der Wirklichkeit liegt darin, daß sie eintrifft, daß sie sich so abspielt, wie sie sich abspielt, daß sie, obwohl sie unwahrscheinlich ist, kausal ist. Dieser Wirklichkeit sind wir ausgesetzt und keiner andern. Frischs ‚Biografie' ist deshalb streng genommen ein Märchenspiel." Friedrich Dürrenmatt: Sätze über das Theater. Werkausgabe in siebenunddreißig Bänden. Zürich: Diogenes 1998, Bd. 30, S. 205f.

7 Freilich bleibt diese Konsequenz nicht alleine auf die Dramen beschränkt und stellt etwa im Roman „Mein Name sei Gantenbein" (1960/64) ein Leitmotiv dar, wo im Erleben des Augenblicks der Wiederholung entgangen werden soll. Vgl. Heinz Gockel: Max Frisch. Drama und Dramaturgie. München: Oldenbourg 1989, S. 19ff.

8 Geyer, Der existenzielle Ernst des Absurden. 2003, S. 464.

das Ich in die ergebnislose Suche nach einem selbstauferlegten Sinn und in das Scheitern daran führt, was sich wiederum auf die Wahl einer adäquaten Theaterform auswirkt. An diesen Gedanken knüpft auch Frischs letztes Stück „Triptychon" (1976/79) an, das zehn Jahre nach dem „Biographie"-Drama entstand.[9] Hier entwickelt er die Idee der Permutation weiter, indem er nicht nur unterschiedliche Varianten der Wirklichkeit zeigt, sondern das Wiederholen selbst zum Gegenstand macht, das bis über den Tod hinaus als Daseinsform anhält. In *drei szenischen Bildern* werden hier iterative Handlungsmuster als Daseinszustände gezeigt, in denen Figuren ihre Ideen von Erfüllung zu realisieren suchen. Das mittlere Bild stellt dabei das Jenseits dar, flankiert durch zwei kürzere Szenen, die zwei unterschiedliche Formen der Interaktion zwischen Lebenden und Toten zeigen.

2 Wiederholung und Unterbrechung

Das Zentrum des Stücks bildet ein großes Panoramabild des Jenseits, das die ewige Wiederholung ergebnisloser Agitation zum Gegenstand hat: In kurzen Szenen versuchen die Toten wie zu Lebzeiten ihrem Leben auf persönlicher, familiärer und gesellschaftlicher Ebene einen Sinn zu geben und scheitern daran in unendlicher Iteration. In dieser Hades-Welt werden jene Gewohnheiten und Verhaltensmuster vorgeführt, die das Leben auf der Erde bestimmt hatten, nun ins Unendliche ausgedehnt als „Ewigkeit des Gewesenen"[10], wie es eine der Figuren auf den Punkt bringt. In diesem – völlig unreligiösen – Jenseits kommen die Formen des Scheiterns als sich ewig Wiederholende zum Tragen, die bereits das Leben der Figuren geprägt hatten: das Scheitern an Ideen von einem erfüllten Leben, das von Erfolg und persönlichem Glück geprägt ist. So wird die Figur eines Flötenspielers gezeigt, der bis in alle Zeit denselben Fehler bei seinem Spiel macht, über den er nicht hinauszukommen vermag. Eine andere Figur versucht indessen wie zu Lebzeiten zu angeln und zieht bis in alle Ewigkeit die Angel zu früh oder zu spät aus dem Wasser und wird so wie zu Lebzeiten niemals einen Fisch fangen, um ebenfalls bis in alle Ewigkeit von seinem nun im Jenseits wieder getroffenen Vater daran erinnert zu werden. Die Idee einer erfüllenden Liebesbeziehung scheitert an der Unfähigkeit zur Kommunikation, so ist Katharina,

9 Frisch, Max: Triptychon. Drei szenische Bilder. Gesammelte Werke in zeitlicher Folge 1931–1985. Bd. VII 1976–1985. Hrsg. von Hans Mayer unter Mitwirkung von Walter Schmitz. Frankfurt/M.: Suhrkamp 1998, S. 93–204. Erste Entwürfe des Stücks entstanden 1967, wobei sich die Arbeit bald auf das Zweite Bild konzentrierte. Der gesamte Text erschien im März 1978, wurde am 15. April 1979 im Deutschlandfunk als Hörspielfassung ausgestrahlt und am 9. Oktober 1979 in Lausanne uraufgeführt (Regie: Michel Soutter). Vgl. Ebd., S. 499.

10 Ebd., S. 102.

eine junge Verstorbene, dazu verdammt, bis in alle Zeit auf unterschiedliche Weise von ihren Partnern missverstanden zu werden und entscheidet sich daher für das Schweigen:

> „Xaver: Warum schweigst du?
> Katrin: Ich habe verstanden.
> Xaver: Was hast du verstanden?
> Katrin: Das wir uns nur noch wiederholen."[11]

Weitere Figuren scheitern an gesellschaftlichen Ideen, politischen Visionen oder schlicht am Wunsch nach Wertschätzung und Wohlbefinden und haben es alle gemeinsam, dass sie im Streben nach ihren Ideen gefangen sind. Diese Wiederholungsstruktur ist damit als ein determinierender Zustand konzipiert, dessen Ursprung, der Moment der Zielsetzung, kaum auszumachen ist. Vielmehr liegt er als Motor der Wiederholung im Bereich des Vorbewussten, er wird als ein Wunsch geschildert, der grundsätzlich unerfüllbar ist, symbolisch veranschaulicht im Appetit eines Kindes auf eine unbekannte Speise, der keinen rationalen Grund hat und der dem Erwachsenen auch nicht mehr bewusst ist. Allein aus der Erzählung der Mutter bei einer Wiederbegegnung mit ihrem Sohn im Totenreich wird diese Unmöglichkeit als frühes Ereignis erzählt und stellt somit im Stück den einzigen Moment dar, an dem der Grund für das ewige Streben zum Thema gemacht wird:

> „Greisin: This –
> Alter: Ja, Mutter.
> Greisin: This, es ist mir noch etwas eingefallen.
> […]
> Alter: Was ist dir noch eingefallen?
> Greisin: Einmal hast du gesagt, jetzt möchtest du etwas essen, was es auf der Welt gar nicht gibt. Das hast du immer wieder gesagt. Ist es etwas Süßes? habe ich gefragt. Du hast nicht sagen können, worauf du so große Lust hast, und dann bin ich mit dir in die Conditorei gegangen, nicht die an unsrer Ecke, eine Conditorei in der Stadt. Aber da hast du nur den Kopf geschüttelt. Und es gab doch so vielerlei, was nicht einmal deine Mutter kannte, ja, und dann bist du wütend geworden, weil wir gelacht haben, die Verkäuferin und ich, über deine Lust auf etwas Eßbares, was es gar nicht gibt. Zum Schluß hast du gestampft und geheult noch zuhaus.
> Alter: Daran erinnere ich mich nicht.
> Greisin: Du warst fünfjährig."[12]

Das Motiv der Speise, die dem Lebensweg die Richtung vorgibt, ohne jemals erreichbar zu werden, erzählt hier einerseits von der Sehnsucht nach etwas Großem, das dem Leben angesichts von dessen Zufälligkeit einen Sinn gibt, und

11 Ebd., S. 126.
12 Ebd., S. 157f.

andererseits von der Unerreichbarkeit und der Wut darüber, die sich als ein Lebensgefühl von Zwang und Determiniertheit in Frischs spätem Drama einschreibt. Die ewige Wiederholung steht damit für die Sehnsucht nach etwas, „das es nicht gibt", etwa nach der verlorenen Gewissheit einer Existenzberechtigung, die somatisch, nutritiv, und so an religiöse Riten erinnernd, dem Ich einverleibt werden sollte. Stattdessen steht den Figuren nur die Akzeptanz der Beschränkung des Daseins auf die kontingente Immanenz, die über den Tod hinaus anhält, zur Verfügung. Nur in dem Abfinden mit der Situation und damit dem Innehalten innerhalb der ewigen Wiederholung finden die Figuren Erlösung, so die weise Greisin:

> „Alter: Ja, Mutter –
> Greisin: Was willst du sagen?
> Alter: Du bist zufrieden mit deinem Leben.
> Greisin: Ja.
> Alter: Möchtest du nochmals leben?
> Greisin: Ach nein."[13]

Wiederholung wird damit lesbar als Ausdruck für den zwecklosen Wunsch nach einer Existenzberechtigung in einer kontingenten Wirklichkeit und zugleich als Ausdruck für den selbstauferlegten Zwang, der abgelegt werden kann. Sie reicht dabei von der verzweifelten Suche, die im Unbewussten begründet ist, über das Aufrechterhalten der Wiederholung, das in Ideen von einem erfüllten und bedeutungsvollen Leben begründet ist, bis hin zur Aufgabe der Sinnsuche und Erlösung, die an das Loslassen dieser kognitiven Interpretation des Lebens geknüpft ist.

Diese systematische Darstellung des Spektrums möglicher Formen des Umgangs mit individueller Sinngebung beginnt bereits im ersten Bild des Schauspiels und bleibt bis zum dritten Bild virulent. Die beiden Rahmenszenen des Stückes ergänzen dabei das Thema der Sinngebung, indem hier die Sphären des Diesseits und des Jenseits zugleich erscheinen und damit den Akzent auf die diesseitige Problematik des Miteinanders legen, die noch nicht zu einer abstrakten Idee des Seins geworden, sondern Teil der Lebensrealität ist.

3 Wiederholung und Bedeutung

Auch in den beiden kürzeren Szenen, die das Hauptbild flankieren, stellt Wiederholung das Ausdrucksmittel für das Misslingen dar. Zwei nicht funktionierende Liebesbeziehungen werden über den Tod hinaus gezeigt: jeweils ist eine der

13 Ebd., S. 158.

beiden Figuren tot, während der noch lebende Partner ein Gespräch mit der bereits zu Lebzeiten verlorenen geliebten Person führt, das an nicht funktionierende Gespräche im Leben anzuschließen scheint. Die beiden Szenen spielen zwar im Diesseits, jedoch ist jeweils eine der Figuren bereits verstorben und so werden zwei in doppelter Hinsicht nicht funktionierende Gespräche gezeigt. Das erste Bild zeigt die Beerdigung eines Mannes mit dem Namen Proll, der selbst in einem Sessel sitzt, von den Beerdigungsgästen unbemerkt, einzig seine Frau, die Witwe Proll, sieht ihn und knüpft geradezu nahtlos an das Ehegespräch zu Lebzeiten an. Ihr Monolog ist bestimmt durch enttäuschte Bilder, die sie sich von ihrem Mann gemacht hatte und die sich als unzutreffend herausstellen, sowie durch Konzepte, die sie für sich selbst als Ehefrau kreiert hat. Der Tote sitzt indessen schweigend dabei, wie er wohl schon zu Lebzeiten geschwiegen hat, was die Situation für die Witwe so vertraut macht:

> „Wir haben gemeint, es kommen mindestens hundert Personen, und dann wäre es hier zu eng gewesen, weißt du – zum Glück regnet es heute nicht!... Matthis, ich rede zu dir... Matthis! – was habe ich dir denn getan?... Erkennst du deine Sophie nicht?... Ich habe den Arzt gerufen, ich habe dich gepflegt, Matthis, Tag und Nacht... Habe ich nicht sechsundzwanzig Jahre lang mit dir gelebt?... Überall stehen noch Schuhe von dir, und was mache ich mit deinen Kristallen, so wertvoll sind die nämlich nicht, und das ist ein ganzer Schrank voll... Ich habe dir immer geglaubt, Matthis, anders hast du mich ja nicht ertragen, sonst hast du wieder deine Angelrute genommen... Immer habe ich geglaubt, du hast alles geordnet – nichts ist geordnet!“[14]

Im letzten Bild führt ein junger Mann ein ähnlich einseitiges Gespräch mit seiner verstorbenen Geliebten. In einer die erste Szene komplementierenden Variation wird auch hier die festgefahrene Unmöglichkeit eines funktionierenden Austausches gezeigt. Das Paar sitzt wie zu Lebzeiten auf einer Bank, während die gescheiterte gemeinsame Beziehung Gegenstand des Gesprächs ist. Dabei wird deutlich, dass die Frau, Francine, einige Zeit zuvor bereits verstorben ist, während Roger, der bereits in einer neuen Beziehung ist, die missglückten Momente immer wieder aufs Neue zum Thema macht. So wiederholen die Figuren die gleichen Sätze, die im Rhythmus der niemals zur Ruhe kommenden Ampelschaltung beinahe wie Versatzstücke einer Choreographie oder einer in Dauerschleifenmodus gesetzten modernen Komposition erscheinen. Dabei bleiben die Sätze Rogers wie: „Francine, sag etwas!“ oder Francines „Du brauchst mich nicht zu begleiten, Roger.“[15] ohne Konsequenz, einerseits, weil die beiden Figuren offensichtlich nicht mehr derselben Sphäre angehören, aber vor allem auch andererseits weil sich die semantische Dimension als irrelevant erweist. Während Roger von der verstorbenen Francine keine Antwort bekommt, ertönen von ihr

14 Ebd., S. 105f.
15 Ebd., S. 175.

Sätze, die sie während ihrer Beziehung wohl oft gesagt hat und die sie nun ins Jenseits als einen von den Ereignissen ihres Lebens abstrahierten Zustand mitgenommen zu haben scheint – oder die in der Form in Rogers Erinnerung fortbestehen. Die Wiederholung visualisiert dabei die Tatsache, dass es nicht allein der Tod einer der Figuren ist, der die Kommunikation verunmöglicht, sondern dass diese bereits zuvor nicht möglich gewesen war.

Zugleich besteht in den beiden Seitenbildern allerdings noch eine weitere Dimension: Die beiden Rahmenbilder widerspiegeln nicht einfach die Wiederholung im Alltag oder eine ins Metaphorische übertragene Entzeitlichung der Wiederholung im Jenseits, sondern beide Szenen zeichnen sich dadurch aus, dass Figuren aus dem Diesseits mit ihren verstorbenen Partnern im Gespräch sind und damit eine Verbindung zwischen der Wiederholung im Diesseits und dem Zustand im Jenseits schaffen. In beiden Fällen bekommen die Gespräche so eine zweifache Bedeutung: für die sich im Diesseits befindenden Figuren dienen sie als Versuch, ihr Leben zu bewältigen, indem ein Ziel anvisiert wird, das im Modus der Wiederholung Realität werden soll. Für die Verstorbenen sind sie indessen ein abstrakter Zustand unendlicher Wiederholung. Derart unterschiedlich beschaffen ergeben beide Positionen einen interessanten Aspekt, der vor allem für die Figuren im Diesseits bedeutend ist: sie scheinen beide in der Lage zu sein, eine Verbindung mit ihrem verlorenen Gegenüber einzugehen, die weder intendiert war noch als eigenständiger Wert den Figuren überhaupt bewusst wird, die nur indirekt durch die Konstellation der Figuren zum Ausdruck kommt. So stellt die Fähigkeit der Witwe Proll in der ersten Szene, als einzige ihren verstorbenen Ehemann zu sehen, eine Selbstverständlichkeit dar, die weder positiv noch negativ konnotiert ist, und macht dabei einzig aufgrund ihrer schieren unausgesprochenen Tatsächlichkeit die Beziehung der beiden Eheleute aus.

Die Wiederholung bringt dabei als Ausdruck einer zufälligen Abfolge von Ereignissen einerseits das Versuchen zum Ausdruck, die Idee eines bedeutungsvollen Lebens zu realisieren, sie steht aber auch andererseits für den Rhythmus des Alltäglichen, das sich stets im Verhältnis zur individuellen Sinngebung befindet und das zweierlei Aspekte mit sich bringt: die intellektuelle Unerfülltheit angesichts der Idee eines schicksalhaft einzigartigen Lebensweges sowie das, was sich durch die schiere Tatsache der alltäglichen Agitation vor allem zwischen den Figuren einstellt: die Bedeutung dessen, was zufällig Wirklichkeit geworden ist und das Frisch in seinem dramaturgischen Konzept als das „viel Aufregendere"[16] bezeichnet hat, die Einmaligkeit und Besonderheit des Konkreten.

Die beiden Rahmenszenen, die in ihren Dialogen eine über viele Jahre sich eingefahren habende Routine zwischen Paaren zeigen, bringen neben dem

16 Vgl. Anm. 3.

Scheitern an der Idee einer großen Liebe auch diese zweite Seite zum Ausdruck, die den Figuren selbst bezeichnenderweise kaum bewusst ist und die nur indirekt wahrnehmbar wird: Sie konstituiert sich als eine Sphäre des Zwischenmenschlichen, die jenseits des Gesprächs angesiedelt ist, eine gegenseitige Kenntnis der Figuren, deren Wahrhaftigkeit intuitiv ist. Roger, der in einem Gespräch mit seiner verstorbenen Geliebten Francine versucht, das Scheitern der Beziehung zu ergründen, dabei jedoch erneut in die Wiederholung der stets gleichen Sätze verfällt, vermag eine Sphäre der Vertrautheit auszumachen, die sich trotz des Scheiterns der Beziehung eingestellt hat: „Weißt du, daß es kein Foto von Francine gibt, das mich wirklich an dich erinnert? – ausgenommen ein Kinder-Foto: die kleine Francine, so wie ich dich ja nie gesehen habe, mit einem großen Schäferhund."[17] Er scheint eine Gewissheit zu verspüren, die nicht einem Konzept von Francine geschuldet ist, das er sich gemacht hat, denn er empfindet diese angesichts einer Fotografie aus einer Zeit, die lange vergangen war, als sich die beiden kennenlernten. Indessen findet er diese Gewissheit nicht in Fotografien aus der gemeinsamen Zeit, die geprägt war durch Konzepte von der Partnerin. Damit scheint im Zuge der zufällig Wirklichkeit gewordenen Realität der beiden Figuren eine Sicherheit entstanden zu sein, die gerade nicht auf einem Konzept von einer funktionierenden Beziehung beruht, sondern unabhängig von dieser, eigenen Gesetzen folgend, entstanden ist. Ja, sie scheint geradezu konträr zu kognitiv planbaren Konzepten des Miteinanders zu entstehen und kommt Roger in den Sinn, während er über die Grenzen sprachlicher und damit konzeptioneller Verbindlichkeit philosophiert:

> „[...] plötzlich sehe ich: Das stimmt ja gar nicht, was ich immer gesagt habe, was ich einmal gemeint habe. Plötzlich kann es auch anders gewesen sein. Manchmal erwache ich daran, verstehst du, mitten am Tag. Es fällt mir ein, ich weiß nicht warum, ein Satz, den ich vor Jahren gehört habe, und plötzlich heißt er etwas ganz anderes. In letzter Zeit wiederfährt es mir immer öfter. Ohne einen ersichtlichen Anlaß. Ich erwache daran, daß ein Witz, den ich gestern gemacht habe, überhaupt keiner ist. Oder ich erinnere mich an einen Satz, der mich über Jahre hin empört hat, und aus dieser Empörung heraus habe ich damals gehandelt, und jetzt: Ich sehe eigentlich nicht ein, was mich an diesem Satz empören könnte. Ich verstehe mein Verhalten von damals nicht..."[18]

Die Wahrnehmung einer Kluft zwischen der kognitiven Interpretation der Wirklichkeit und deren Unverfügbarkeit eröffnet der Figur die Möglichkeit einen kurzen Moment der Authentizität zu empfinden, den sie in der Kinderfotografie ihrer verstorbenen Geliebten wahrnimmt. Mit dieser Szene macht das Stück im dritten Teil einen Vorschlag dem qualvollen Wiederholen der nicht funktionierenden Beziehungen zu entkommen. Das Potential dafür scheint bereits in der

17 Frisch, Triptychon, 1998, S. 198f.
18 Ebd., S. 198.

ersten Szene gegeben, ohne allerdings realisiert zu werden: Alleine die Tatsache, dass die Witwe Proll ihren verstorbenen Ehemann zu sehen vermag, scheint eine Ebene anzudeuten, die von ungewöhnlicher Vertrautheit und Nähe zeugt, die jedoch als solche nicht wahrgenommen wird, sondern als Folie für nicht funktionierende Interaktion dient: Frau Proll nützt die Tatsache, dass sie die Anwesenheit ihres verstorbenen Ehemannes als einzige wahrzunehmen vermag, alleine dazu, ihre Enttäuschung über ihre unerfüllt gebliebenen Vorstellungen der Ehe auszudrücken.

Das von Frisch im kurzen theoretischen Text im „Tagebuch 1966–1971" eröffnete Paradigma einer Dramaturgie des Zufalls, die sich aus der Abwesenheit der Peripetie heraus begreift und im Potential des Konkreten ihren Mehrwert ausmacht, wird damit in seinem letzten Stück in der gesamten Ausdehnung ihres Spektrums ausbuchstabiert, von der Abwesenheit einer Sinn gebenden Instanz über die Konsequenzen aus dieser Erkenntnis bis hin zur Wertigkeit des Zufälligen als einmalige Chance für die Figuren.

4 Roland Barthes' *Punctum*

Mit dieser Konturierung des Kontingenten als unverfügbar und gerade in dieser Unverfügbarkeit bedeutend pointiert das Stück jenen Moment, den Roland Barthes in seiner semiotisch fundierten Abhandlung über Photographie „La chambre claire"[19] beschreibt. Hierin legt er den Fokus auf die Tatsache, dass eine Fotografie einen kontingenten Augenblick festhält und damit eine bestimmte Realität zum Gegenstand macht, die nicht auf eine Idee hin abstrahierbar ist:

> „Zunächst fand ich folgendes: was die *Photographie* endlos reproduziert, hat nur einmal stattgefunden: sie wiederholt mechanisch, was sich existenziell nie mehr wird wiederholen können. In ihr weist das Ereignis niemals über sich selbst hinaus auf etwas anderes: sie führt immer wieder den Korpus, dessen ich bedarf, auf den Körper zurück, den ich sehe; sie ist das absolute *Besondere*, die unbeschränkte, blinde und gleichsam unbedarfte *Kontingenz*, sie ist das *Bestimmte* (eine bestimmte Photographie, nicht *die* Photographie), kurz, die *Tyche*, der *Zufall*, das *Zusammentreffen*, das *Wirkliche* in seinem unerschöpflichen Ausdruck."[20] [Hervorhebung i. O.]

Für den Betrachter eröffnet sich damit einerseits die Möglichkeit, Fotos als Repräsentanten bestimmter kultureller, gesellschaftlicher oder persönlicher Situationen zu verstehen, den hierfür nötigen allgemeingültigen Filter begreift

19 Barthes, Roland: La chambre claire. Note sur la photographie. Paris: Gallimard 1980. Hier in der deutschsprachigen Übersetzung: Die helle Kammer. Bemerkung zur Photographie. Übers. von Dietrich Leube. Frankfurt/M.: Suhrkamp 2016.

20 Barthes, Die helle Kammer. 2016, S. 12.

Barthes geradezu als *Dressur* und schlägt für ihn den Begriff des *studium* vor. Andererseits birgt die Fotografie im Sinne Barthes aber auch die Lesart als besonderer, nicht wiederholbarer Moment, ein „Wurf der Würfel". Diese Lesart setzt allerdings voraus, dass kein interpretatorisches Konzept den Blick lenkt, sondern

> „das Element selbst schießt wie ein Pfeil aus seinem Zusammenhang hervor, um mich zu durchbohren. [...] Dies zweite Element, welches das *studium* aus dem Gleichgewicht bringt, möchte ich daher *punctum* nennen; denn *punctum*, das meint auch: Stich, kleines Loch, kleiner Fleck, kleiner Schnitt – und: Wurf der Würfel. Das *punctum* einer Photographie, das ist jenes Zufällige an ihr, das *mich besticht* (mich aber auch verwundet, trifft)."[21]

Das Wesentliche an diesem einzigartigen Moment ist dabei, dass er zufällig aus einer unendlichen Summe von Augenblicken festgehalten wurde, gerade daraus zu begreifen ist, und damit genau das Gegenteil der Idee verkörpert, durch Wiederholung den bedeutenden Augenblick zu erreichen. Die Konkretheit des tatsächlichen Geschehens tritt damit nicht nur als Abwesenheit einer über sie hinausgehenden Bedeutung in Erscheinung, sondern gerade als Qualität, die eine Authentizität ermöglicht, die über Konzepte vom Gegenüber nicht erreichbar ist, wie sie Frisch an der Figur des Roger und seinen Zweifeln an der Wahrhaftigkeit gesprochener Sätze aufzeigt. So überrascht kaum, dass Roland Barthes in seiner Abhandlung eine ganz ähnliche Erfahrung beschreibt, wie sie Frisch in seinem bereits einige Jahre zuvor, 1969, entstandenen Drama geschildert hat. Ähnlich wie Roger in Frischs Drama sucht auch Roland Barthes auf Fotos eine verstorbene geliebte Person, seine Mutter, und findet sie nach langer ergebnisloser Suche auf einem Foto aus deren Kindheit, also aus einer Zeit, in der er sie nicht erlebt haben kann:

> „Ich betrachtete das kleine Mädchen und fand endlich meine Mutter wieder. Die Klarheit ihres Gesichts, die naive Haltung der Hände, der Platz, den sie gehorsam angenommen hatte, ohne sich zu zeigen und ohne sich zu verbergen, schließlich ihr Ausdruck, der sie vom hysterischen kleinen Mädchen, der gezierten Puppe, die die Erwachsene spielt, so klar unterschied, wie Gut und Böse sich unterscheiden – dies alles formte die Gestalt einer souveränen *Unschuld* (wenn man das Wort nach seiner etymologischen Herkunft gebrauchen darf, die heißt: ‚Ich übertrete kein Gebot'), dies alles hatte die photographische Pose in jenes unhaltbare Paradox verwandelt, das sie ihr ganzes Leben lang beibehalten hatte: die Bestätigung einer Sanftmut."[22]

Barthes beschreibt hier die Eigenschaften, die seine Mutter für ihn ausmachen, wie er sie im jahrelangen Miteinander erlebt hatte, und beschreibt damit eine Beziehung, die vorkonzeptionell ist, nicht einer Idee folgt, sondern die gerade

21 Ebd., S. 35f.
22 Ebd., S. 78.

darin besteht, vor jeglicher Idee bereits bestanden zu haben. In Abgrenzung zu zahllosen Fotos seiner Mutter, die ihm fremd geblieben waren, hebt er hervor:

> „Diese Photos, welche die Phänomenologie ‚Gegenstände überhaupt' nennen würde, waren nur analog, riefen nur ihre Identität, nicht ihre Wahrheit hervor; die *Photographie* aus dem Wintergarten aber war tatsächlich wesentlich, sie verwirklichte für mich, auf utopische Weise, *die unmögliche Wissenschaft vom einzigartigen Wesen.*"[23]

Diese von Barthes anhand des Phänomens der Fotografie, die auf unvergleichliche Weise das Besondere des Augenblicks zu fassen vermag, ohne ihn automatisch mimetisch zu verallgemeinern, ausgemachte Möglichkeit, dem „einzigartigen Wesen" beizukommen, scheint auch entscheidender Bestandteil in Frischs Dramaturgie des Zufalls zu sein. Konzipiert als Abwesenheit der Allgemeingültigkeit stellt er zugleich die Einzigartigkeit des zufälligen Moments heraus, der sich als einer von zahllosen generiert.

5 Zusammenfassung

Die Tatsächlichkeit der Wirklichkeit ist nicht nur in ihrer Eigenschaft als eine Möglichkeit von vielen, wie sie Frisch kritisiert, denkbar, sondern als eigene Bedeutung alleine durch die Tatsache, *dass* sie real wurde. Die so verstandene Kehrseite der Kontingenz, die gerade in der Verbindung mit Vergänglichkeit virulent wird, kommt an einigen Stellen scheinbar unbeabsichtigt hinter der Kommunikationskritik in Frischs Drama zum Tragen, in der Tatsache, dass die Ehefrau ihren toten Mann zu sehen vermag, ebenso wie in jener, dass eine Person in einer ihr unbekannten Kindheitsfotografie erkannt werden kann. Gerade das zufällig Wirklichkeit gewordene „Unveränderliche"[24] entpuppt sich so als ein entscheidendes Wesensmerkmal nicht nur der Photographie, die untrennbar verbunden ist mit der Eindeutigkeit der Realität, deren Referentin sie ist, sondern auch der Dramaturgie des Zufälligen, die Frisch der kontingenten Wirklichkeit entgegenstellt. So vermag Frischs Stück indirekt von der Tiefe des tatsächlichen Geschehens zu erzählen, ohne es durch Peripetie und Katastrophe zu idealisieren, indem Wiederholung zu einem januskӧpfigen Mittel wird, in dem das Verzweifeln an der absurden Welt mit der Manifestation des Besonderen zusammenfällt.

23 Ebd., S. 80f.
24 Ebd., S. 87.

Literaturverzeichnis

Barthes, Roland: La chambre claire. Note sur la photographie. Paris: Gallimard 1980.

Barthes, Roland: Die helle Kammer. Bemerkung zur Photographie. Übers. von Dietrich Leube. Frankfurt/M.: Suhrkamp 2016.

Dürrenmatt, Friedrich: Sätze über das Theater. Werkausgabe in siebenunddreißig Bänden. Zürich: Diogenes 1998, Bd. 30, S. 176–211.

Freud, Sigmund: Eine Schwierigkeit der Psychoanalyse. In: Imago: Zeitschrift für Anwendung der Psychoanalyse auf die Geisteswissenschaften 5, 1917, H. 1, S. 1–7.

Frisch, Max: Tagebuch 1966–1971. Gesammelte Werke in zeitlicher Folge 1931–1985. Bd. VI 1968–1975. Hrsg. von Hans Mayer unter Mitwirkung von Walter Schmitz, Frankfurt/M.: Suhrkamp 1998.

Frisch, Max: Triptychon. Drei szenische Bilder. Gesammelte Werke in zeitlicher Folge 1931–1985. Bd. VII 1976–1985. Hrsg. von Hans Mayer unter Mitwirkung von Walter Schmitz. Frankfurt/M.: Suhrkamp 1998.

Geyer, Paul: Der existenzielle Ernst des Absurden. Das menschliche Subjekt angesichts seiner Auslöschung. In: Proteus im Spiegel. Kritische Theorie des Subjekts im 20. Jahrhundert. Hrsg. von Paul Geyer/Monika Schmitz-Emans. Würzburg: Königshausen und Neumann 2003, S. 461–481.

Gockel, Heinz: Max Frisch. Drama und Dramaturgie. München: Oldenbourg 1989, S. 19–26.

Hans-Christian Stillmark (Potsdam)

Skizze für eine theatralische Theorie der Wiederholung. Brechts und Müllers Lehrstücke sowie Sarah Kanes Endspiel „4.48 Psychosis"

Philosophisch herrscht weitgehend Konsens darüber, dass man nicht zweimal in denselben Fluss eintauchen kann. Heraklits berühmtes Wort verweist auf die Singularität aller Ereignisse, die trotz ihres ähnlichen oder gleichen Ablaufs streng genommen einmalig sind. Ein gleiches gilt auch für die zuständliche Verfassung der Dinge: auch hier gilt Heraklits Beobachtung vom Fluss der Dinge. Dopplungen können das gleiche Material, die gleiche Höhe, Länge oder Breite aufweisen und sind dennoch nicht gleich. Eine Duplizität gewinnen die Dinge oder Ereignisse erst dann, wenn sie auf eine ungenaue Art und Weise miteinander verglichen werden und wenn gleichartige Eigenschaften dabei zuungunsten des einmaligen Status hervorgehoben sind. Wiederholungen sind also etwas, was trotz einer scheinbaren Gleichheit auf Verschiedenheit fundiert ist. Ungenauigkeit gehört dazu und es ist wohl selbstverständlich, dass die im *da capo* wiederholte Sequenz eines Musikstücks zwar auf den gleichen Noten basiert, diese jedoch beim zweiten Spielen ganz anders akzentuiert ausfallen *müssen.*

Die Abstraktion ist ja wahrscheinlich etwas zutiefst Menschliches, es bezeichnet eine Systematisierung von Gleichartigem und lässt das Verschiedenartige sozusagen verschwinden. Auf abstrakter Ebene lassen sich die Dinge, Ereignisse und Prozesse verdoppeln und vervielfältigen, obgleich sie im Konkreten voneinander different sind oder uns dieses theoretisch bewusst sein müsste.

Ein Blick auf das neurophysiologisch-psychologische Geschehen unterstreicht die fundamentale Bedeutung von Wiederholungen: bekanntlich unterliegt der menschliche, ja man muss sogar die gesamte belebte Welt einschließen, Umgang mit Sinneswahrnehmungen einer abstrahierenden Matrix, indem wiederholte Sensationen über das Reiz-Reaktionsschema ein bestimmtes Verhalten hervorrufen. Es waltet bei Wiederholungen eine besondere Ökonomie. Bei bedingten wie unbedingten Reflexen sind dabei genetische Konstellationen wie auch individuell bzw. kollektiv vermittelte Lernvorgänge systemrelevant. Die Reize werden erkannt und gehen, indem sie erneut aufgerufen werden, sukzessive in eine Signifikationsstruktur über. Anders gesagt: Das Zeichen entsteht und verfestigt sich in der Wiederholung. Es wird arbiträr in die informationsverarbeitende Kette eingebunden und regelt *automatisch* das Verhalten. Es muss, nachdem es einmal angelegt wurde und in der Wiederholung wieder erneut erlebt wird, als solches gar nicht mehr als Zeichen wahrgenommen werden. Sein Zeichencharakter wird evident und entgeht der spezifischen Aufmerksamkeit für das *Zeichenspiel*.

Man könnte diese auf der Wiederholung fundierte Signifikation auch als ein rudimentäres Signalsystem auffassen. Gemeinhin wird diese spezielle Form der auffälligen Wiederholung durch Zahlenmagie und gesteigert auch unter Umständen von uns Menschen als Zahlenmystik aufgefasst. Vielleicht verdeutlicht dies ein praktischer Zusammenhang: Erst beim dritten Mal, so ist beispielsweise vielen Märchen eingeschrieben, kann die Gegnerschaft des Helden überwunden werden. Ein anderes Zeichen, das ebenfalls mit der dreimaligen Wiederholung arbeitet, ist uns recht wohl bekannt: Das dreimalige Klingeln vor dem Vorstellungsbeginn im Theater gehört zu den Regularitäten des Theaterereignisses. Die Steigerung durch Wiederholen bewirkt eine konzentrierende und verstärkende Aufmerksamkeit. Die Einstellung zu einem Ereignis, einer Sache oder einem Vorgang wird durch die wiederholte Ankündigung geschärft und beansprucht unsere ganze Konzentration und Hingabe an das Kommende. Umgekehrt gilt aber auch, dass sich durch wiederholte Signale unsere Aufmerksamkeit nach einer gewissen Dauer entschärft und damit eine Gewöhnung einsetzt, die ins Gegenteil tendiert. Monotonie schläfert eher ein, wenn sie nicht als absolutes Störgeräusch und damit als ärgerlich wahrgenommen wird. Im letzten Fall richtet sich unser Zorn darüber auf das Signal selbst, nicht jedoch auf das, was es möglicherweise ankündigen könnte. Mithin: einfache Reiz-Reaktionsketten, die eindimensional verlaufen, sind bei Wiederholungen nicht zu erwarten. Es stellen sich im Rahmen von mehrpolig verstandenen Zeichenmodellen, wie etwa denen von Karl Bühler, von Peirce und Morris, sehr unterschiedliche Appellmodi her, die von Fall zu Fall der Untersuchung bedürfen.

Es stellt sich aber gerade in der menschlichen Welt die Frage, wie die wiederholte Signatur in künstlerischen Signifikationen, die gerade im Hinblick auf die Signifikation selbst einen Reflexionsfreiraum anbieten, verarbeitet wird. Gibt es hier Abweichungen vom wirklichen Leben? Hier könnte der Unterschied zwischen den fiktionalisierten Signifikationen und denen, die dem realen Leben entstammen (also nicht-fiktionalisierten Vorgängen) begründet sein. Es wird zu prüfen sein, wie dramatische Vorgaben mit der Signatur der Wiederholung ausgestattet sind und welche theatralischen Vorgänge sie initiieren.

Wie auch immer: Das scheinbar erneute Dasein hat aber einen ungemeinen Reiz für uns Menschen. Es bietet die Chance für etwas, was wir nachahmen, wiederholen, erneuern. Es begründet u. a. auch ein erneutes Ins-Fleisch-Setzen, was als Inkarnation bezeichnet wird. Ein erneutes ins Leben treten, eine Wiedergeburt, eine Renaissance, oder auch eine Überwindung des Todes werden schlicht Wunder genannt, sie sind unerklärlich und haben aber mit der Wiederholung zu tun. Die es ja, streng genommen gar nicht gibt.

Dennoch, es sei wiederholt, die Reprise hat ihren unübertroffenen Reiz. Das deutsche Sprichwort kennt sich darin aus: Wiedersehen macht Freude. Es verbindet damit das Erleben des bereits Bekannten mit einer zumeist positiven Bewertung. Vom Bekannten geht häufig nicht so viel Angsteinflößendes aus wie vom Unbekannten. In der Musik wird zu unserem Vergnügen wiederholt. *Da capo al fine* – Von der Spitze bis zum Ende – jeder Musiker greift noch einmal in die Tasten, streicht/zupft die Saiten, stößt ins Horn. „Spiel's noch einmal Sam" – wir kennen diese Sentenz aus dem Fundus der geflügelten Worte und wissen, dass er aus einem bestimmten Film stammt und freuen uns, selbst, wenn wir gar keine Erinnerung an den Film haben, den wir überdies vielleicht nie gesehen haben, dass wir verstanden haben und also kundig mitreden können – „Ich schau dir in die Augen, Kleines".

Zuhörer von Musik kennen das Vergnügen mit der Wiederholung eines Rhythmus. Noch streiten sich die Gelehrten darüber, ob die Taktung einen grundlegenden Lebensnerv in uns zum Schwingen bringt, wenn wir geordnete regelmäßig genannte Wiederholungen der Abfolgen von Lauten oder Tönen im Wechsel von Schweigen oder Stille erfahren. Das geordnete Taktieren wird auch Metrum genannt. Die gebundene Sprache lässt grüßen. Vers und Reim haben in den literarischen Gattungen der Lyrik und Dramatik seit den ersten Poetiken ihren Platz. Der Klang des Alexandriners oder des deutschen Knittelverses fußt auf bestimmten, gleichartigen und also wiederholten Abfolgen von Hebungen und Senkungen der Stimme. Unabhängig von den Inhalten einzelner Dramen werden die metrischen Wiederholungen in uns als vertraute Strukturen wahrgenommen. Und wiederum werden bestimmte Abfolgen aus Unterbrechungen der universellen Stille durch das Tönen der Pulsare als Leben aufgefasst. Das Wandern der Steine macht dem Müller im deutschen Lied Lust!

Aber, um noch bei der Musik zu bleiben, die melodischen Abfolgen von Tonika, Dominante, Subdominante und die Wiederholung der Tonika erzeugt bei uns, sofern wir daran geschult sind, das Gefühl von Harmonie. Nach Auffassung der alten Griechen ist damit die Welt in schönster Ordnung. Das halten wir auch fest: Wiederholung bringt Ordnung und das lieben wir Menschen anscheinend. Umgekehrt erleben wir im Chaos eine Unordnung, die fortlaufende Überraschungen, die mitunter gar nicht angenehm sein können, hervorbringt. Eine Gewähr für unsere Unversehrtheit gibt es im Chaos nicht. Insofern überrascht das Andere und wird zum ängstlich begleiteten Fremden.

Bei Brecht heißt es 1930 in seinen verstreuten Bemerkungen zum „Badener Lehrstück vom Einverständnis"[1] unter anderem:

> „[...] und als die Menge den Film, der tote Menschen zeigte, mit großer Unruhe und mit Unlust ansah, gab der Stückeschreiber dem Sprecher den Auftrag, am Schluß auszurufen: ‚Nochmalige Betrachtung der mit Unlust aufgenommenen Darstellung des Todes' und der Film wurde wiederholt."[2]

Hier bin ich nun mitten in die Dramaturgie des Lehrstücks bei Brecht gesprungen und habe zu konstatieren, dass es Brecht in seinen Darstellungen darauf ankam, etwas durch Wiederholung unabweisbar zu machen. In seine vorläufige schriftliche Fixierung des Lehrstücks baute er die Wiederholung in die Szene 6 ein:

> „Der Sprecher: ‚Betrachtet die Toten!'
> Es werden sehr groß zehn Photographien von Toten gezeigt, dann sagt der Sprecher: ‚Zweite Betrachtung der Toten', und die Photographien werden noch einmal gezeigt."[3]

Ich unterstelle weiter, dass er darauf insistierte, den Tod nicht zu verdrängen oder zu glorifizieren, sondern die Unlust zu erneuern und zu verfestigen, aber möglicherweise ihm auch den allerersten Schock zu nehmen und einen vernunftgeleiteten Umgang mit dem Tod überhaupt erst zu ermöglichen. Man könnte es auch so formulieren: Vom Schrecken des erblickten Todes soll durch Wiederholung die negative Konnotation gemildert werden und eine relative Gewöhnung an das üblicherweise Verdrängte geleistet werden. Konventionen – auch sie beruhen auf Wiederholungen – werden im genannten Beispiel verändert. Anstelle der Verdrängung und des Ausblendens von Bildern des Todes sollen diese erfasst und ausgehalten werden. Durch die Wiederholung soll der Schrecken reduziert, der Schock gebannt und eine eher sachliche Haltung zu diesen Bildern ermöglicht werden. Bekanntlich misstraute Brecht dem naturalistischen Illusionstheater, das auf der Täuschung durch vermeintlich echte Vorgänge beruhte. Hier setzte Brecht die Wiederholung und auch die von Walter Benjamin beschriebene gestische[4] Unterbrechung von Rausch erzeugenden Vorgängen ein. Im Intervall von einer wiederholten Unterbrechung entstehe nach Brecht die Geste und damit die Möglichkeit des Lernens. Die Störung des Rauscherlebnisses war Brecht programmatisch, das betraf sowohl enthusiastische Begeisterungen, wie auch

1 Brecht, Bertolt: Das Badener Lehrstück vom Einverständnis. In: ders.: Die Lehrstücke. Hrsg. von Bernhard Klaus Tragelehn. Leipzig: Reclam 1978, S. 22–47.

2 Brecht, Bertolt: [Zur Theorie des Lehrstücks] 1937. In: Brecht, Die Lehrstücke. 1978, S. 177–178, hier S. 178.

3 Brecht, Das Badener Lehrstück. 1978, S. 37.

4 Benjamin, Walter: Bert Brecht [Ein Rundfunkvortrag 1930]. In: ders.: Lesezeichen. Schriften zur deutschsprachigen Literatur. Hrsg. von Gerhard Seidel. Leipzig: Reclam 1970, S. 261–269, hier S. 263.

Erlebnisse des Entsetzens bei den Zuschauern. Benjamin referierte die Brecht'sche Intention der wiederholenden Übung wie folgt: „Auch diese Worte wollen geübt, das heißt erst gemerkt, später verstanden sein. Ihre pädagogische Wirkung haben sie zuerst, ihre politische und dann ihre poetische ganz zuletzt."[5]

Überhaupt Brecht: er liebte augenscheinlich doppelte Böden oder auch wechselnde Rahmen. In Vermeidung des Illusionismus sollte hinterm Brechtvorhang die Bühne und ihr Inszenierung sichtbar werden. Die Verdopplung per Illusion fand er eher abscheulich. Die ganze Verfremdungstheorie, mit der er mitunter seine Schüler quälte, war eine besonders listige Idee über Wiederholungen, die man sich hier ersparen kann. Seine Rahmen sollten die Zuschauer und Darsteller gleichermaßen spüren. Beim Lehrstück „Die Maßnahme" spielen vier Agitatoren einem Kontrollchor ihre Erlebnisse noch einmal vor. Im „Kaukasischen Kreidekreis" belehrt ein Dorf ein anderes mittels einer historischen Parabel um ein Kind. Der Streit soll auch hier wieder einsichtig belehren und schließlich das Tal den Bewässerern zusprechen.

In den Lehrstücken baute Brecht großangelegte Versuchsanordnungen für Schüler auf, z. B. arbeitete die Parabel „Der Jasager und der Neinsager"[6] überaus augenfällig mit der Wiederholung. Die Entscheidung des Jungen *Ja* zum eigenen Tod zu sagen und zu sterben, gleichwohl aber das Herbeischaffen der Medizin durch die anderen nicht zu gefährden, steht gegenüber dem *Nein* in der Wiederholung der Szene. Doch genau betrachtet ist die Versuchsanordnung nicht gleich, die vielen Wiederholungen täuschen möglicherweise einen unaufmerksamen Zuschauer. Beim zweiten Male ist von einem Brauch die Rede, den es einzuhalten gelte. Der Brauch sieht den sofortigen Tod für den vor, dem das Marschieren und Bergsteigen zu schwer wird. Indem der Knabe auf dem *Nein* besteht und den Tod ablehnt, verhilft er der Wandergruppe zu neuer Weisheit. Die wollte ja ohnehin eine Belehrung hinter den Bergen erfahren. Das kann sie nun schon eher. Auch wenn sie sich nicht heldenhaft verhält, nimmt sie die neue Lehre an. Der Knabe formuliert lernend einen neuen Brauch, der die alten Regeln und deren Befolgung außer Kraft setzt. „Ich brauche vielmehr einen neuen großen Brauch, den wir sofort einführen müssen, nämlich den Brauch, in jeder neuen Lage ist neu nachzudenken"[7]. Das Befolgen von alten Lehren sozusagen als Wiederholung alter Dummheit ist hinfort nun obsolet.

Das Lehrstück „Die Horatier und die Kuratier"[8] von 1934 geht auf eine Legende, die Livius übermittelte, zurück. Hier nahm Brecht bereits Veränderungen vor, die uns jetzt nicht interessieren sollen. Auch abgesehen davon, dass

5 Ebd.
6 Brecht, Bertolt: Der Jasager und der Neinsager. In: Brecht, Die Lehrstücke. 1978, S. 48–64.
7 Ebd. S. 63.
8 Brecht, Bertolt: Die Horatier und die Kuratier. In: Brecht, Die Lehrstücke. 1978, S. 124–148.

schlechthin Bearbeitungen und Variationen, die sich als intertextuelle Gewebe entfalten, ein eigener Teilbereich im Sinne der Wiederholung wäre... Brechts Lehrstück, das vom klugen Einsatz vorhandener knapper Kampfmittel handelt, arbeitet mit einer Serie von Wiederholungen, die hier kurz betrachtet werden sollen: da wären die Übergabe der Waffenträger an den jeweiligen Heerführer. Bogen, Lanzen und Schwerter werden ausführlich und detailreich an die Heerführer übergeben. Durch die Wiederholungen müssen die Zuschauer bemerken: Der Horatier hat die schlechteren Waffen. Er stellt sich aber klüger an und kann den überlegen bewaffneten Kuratier überwinden. Kurzum: Aus dem Lehrstück ist zu lernen, dass auch der Kampf gegen den übermächtigen Feind mit weniger und schlechteren Waffen gewonnen werden kann. Eine Analogie zum Kampf der Gegner des Faschismus kann aktualisiert werden und drängt sich geradezu auf. Das Stück kann die kommenden Triumpfe Hitlerdeutschlands freilich noch nicht antizipieren. Aus der Rückschau von heute erscheint die Lehre Brechts mit seinem Stück fast wie eine fromme Hoffnung oder auch naives Wunschdenken.

Diese fromme Hoffnung, die 1934 den im Untergrund Kämpfenden, den Exilierten, den Verfolgten des Naziregimes gespendet werden sollte, interessierte in der Nachfolge Brechts der Dramatiker der nächsten Generation Heiner Müller fast gar nicht. Er wiederholte 1968 die Legende, die er nun „Der Horatier“[9] nannte und baute in sein Stück die Fortführung des durch Livius überlieferten Stoffs wieder ein. Der siegreiche Horatier hatte in Müllers Bearbeitung nämlich eine Schwester, die zudem mit dem gegnerischen Kuratier aus Alba verlobt war. Als der Siegreiche von der Schlacht wieder in Rom einzog, empfing ihn die bange Schwester und erkannte am blutbefleckten Bruder, dass dieser ihren Verlobten erschlug. Der Zuschauer weiß übrigens zu diesem Zeitpunkt auch, dass die Tötung des kampfunfähigen Kuratiers überflüssig gewesen war, denn der Kampf war längst entschieden. Doch überschwängliche Siegesfreude, vielleicht auch Blutrausch oder Mordlust machten aus dem Sieger einen Mörder. Und der Mörder erschlug auch seine Schwester, weil sie seiner Ansicht nach nicht genügend seinen Sieg bejubelt hatte. Die Konstellation durch die trauernde Schwester erweitert, richtet den Konflikt auf ein anderes klassisches Tragödienmuster. Man erinnert sich: Sophokles' Stück „Antigone“, hat den Konflikt zwischen Staatsräson und familiärer Trauer schon einmal vorbildhaft ausgeschritten und so ganz nebenbei lässt Müller das Lehrstück in der Folge Brechts mit dem internationalen Personenkult verknüpfen. Die Hauptfrage des Müllerschen Lehrstücks lautet nun: wie mit dem Sieger/Mörder umzugehen sei. Hier geht Müller übrigens wieder auf Brechts Formulierung zurück, der in einer Sentenz Stalin als „verdienten Mörder des Volkes“ charakterisiert hatte.

9 Müller, Heiner: Der Horatier. In: ders.: Werke 4. Die Stücke 2. Hrsg. von Frank Hörnigk. Frankfurt/M.: Suhrkamp 2001, S. 73–85.

Demgegenüber überlieferte der Brechtkenner Ernst Schumacher einen Standpunkt Brechts, den dieser im Zusammenhang mit seinem abgebrochenen Versuch, ein Stück über die unterschiedlichen Sozialismus-Modelle bei Rosa Luxemburg und bei Lenin zu verfassen, einnahm:

> „Von mir befragt, warum er das Stück über Rosa Luxemburg nicht vorangebracht habe, erwiderte er mir: ‚Der Kampf zwischen Rosa und Lenin um den besseren Parteitypus, um die Spontanitätstheorie war doch nicht vergessen. Ich hätte in bestimmter Weise gegen die Partei argumentieren müssen. Aber ich werde doch den Fuß nicht abhacken, nur um zu beweisen, daß ich ein guter Hacker bin.'"[10]

Heiner Müller stellte mit seinem Stück sehr wohl unter Beweis, dass er ein „guter Hacker" sei. Er nahm es auch auf sich, mit seinem Lehrstück in seinem Land weiter ausgegrenzt zu bleiben und es verwundert nicht, dass die kulturpolitischen Entscheider in der DDR sein Lehrstück mit einem Aufführungsverbot belegten. Auf unsere Thematik bezogen demonstrierte Müller in seinem Stück durch jeweilige dreifache Wiederholungen, dass der Sieger geehrt, der Mörder aber mit dem Tode bestraft wurde. Er setzte sozusagen die Brecht'sche Charakterisierung des „verdienten Mörder des Volkes" ins Bild bzw. baute er eine andere szenische Installation um diese Konstellation. Die Stadt Rom, die schon wieder bedroht wurde, hielt Gericht über den Horatier. Es ist interessant, dass dieses Detail der fortgesetzten Bedrohung in das Stück aufgenommen wurde. In der Normalität der DDR wurde mit dem Funktionärswort: „Wir lösen unsere Fehler im Vorwärtsschreiten!" jegliche *Fehlerdiskussion*[11] auch mit dem Verweis auf den gleichzeitig andauernden Klassenkampf abgebrochen. Wie auch immer, in Müllers Stück leisten sich die bedrohten Römer ganz bewusst eine *Fehlerdiskussion* und kümmern sich um die *Leichen im Keller.* In der Stadt Rom standen Lorbeer und Richtbeil gleichzeitig zum Einsatz bereit und entsprechend dem Urteil des Volkes wurde der Sieger geehrt und der Mörder gerichtet. Und die Frage, wie mit dem Leichnam umzugehen sei, wiederholte die gleiche Prozedur: der Leichnam des Siegers wird mit seinen Waffen geehrt, der Leichnam des Mörders wird aber den Hunden vorgeworfen: „[...] damit sie/ ganz ihn zerrissen, so dass nichts bleibe von ihm [...]."[12] Und erneut wird die Frage aufgeworfen, nämlich:

---

10 Schumacher, Ernst: Zum Erscheinen von Brechts Stückfragmenten und ihrer Aufführung am Berliner Ensemble. Die Auferstehung der Missing links. In: Berliner Zeitung vom 26. Juni 1997. <http://www.berliner-zeitung.de/zum-erscheinen-von-brechts-stueckfragmenten-und-ihrer-urauffuehrung-am-berliner-ensemble-die-auferstehung-der-missing-links-16080520> (Zugriff am 10. Juni 2017).

11 Der Nachweis für die Zitierfähigkeit der Funktionärssprache der SED muss noch ausstehen. Der Diskurs der SED ist noch nicht ausreichend aufgearbeitet worden.

12 Müller, Horatier. 2001, S. 84.

„Wie soll der Horatier genannt werden der Nachwelt?
Und das Volk antwortete mit einer Stimme:
Er soll genannt werden der Sieger über Alba
Er soll genannt werden der Mörder seiner Schwester
Mit einem Atem sein Verdienst und seine Schuld.
[…]
Nämlich die Worte müssen rein bleiben
[…] Aber die Worte
Fallen ins Getriebe der Welt uneinholbar
Kenntlich machend die Dinge oder unkenntlich.
Tödlich dem Menschen ist das Unkenntliche."[13]

Bleibt nun Müllers Lehrziel zusammenzufassen, so läuft dies auf den Umgang der Nachwelt mit den Verdiensten und mit der Schuld der historisch und politisch Aktiven hinaus. Heute ist fast vergessen, dass in den letzten Jahren der DDR eine Zeitschrift aus der Sowjetunion die Verbrechen und Verdienste Stalins sozusagen offiziell zur Sprache brachte. Die Zeitschrift hieß „Sputnik" und lag normalerweise ungelesen in den Regalen des staatlichen Handels herum. Mit der Ausgabe aber, die die Wahrheit über Stalin zu beschreiben versprach, kam ein gesteigertes Interesse an der Geschichte des Sozialismus auf, das man so bisher nicht kannte. Die Reaktion der SED bestand kurzerhand im Verbot der Zeitschrift.[14] Mit diesem Seitenblick sei hier nur noch einmal daran erinnert, dass die Politik der Erinnerung eine große Rolle im aktuellen Tagesgeschehen der DDR-Bevölkerung einnahm, nicht zuletzt ein Ergebnis auch der besonderen ideologischen Sorgfalt seitens der SED für das akzeptable Geschichtsbild, zu dem man sich zu bekennen hatte.

Müllers Einspruch mit seinem „Horatier" votierte dafür, dass der Kampf nur dann lohnenswert sei, wenn die unreine Wahrheit über die Taten und die Untaten gesellschaftlich erwogen, bewertet und verbreitet werden. Ein Schritt zu einer offenen Gesellschaft hätte damit vollzogen werden können. Ein Schritt zur Herstellung von Glaubwürdigkeit, indem man zu den eigenen Fehlern Stellung bezieht und diese nicht verschweigt.

Ich persönlich zweifele daran, dass die Worte rein bleiben können und ich finde auch, dass der römische Mörder, nicht nur einen Mord zu viel, sondern zwei zu viel zu verantworten habe. Möglicherweise ist dies aber schon eine Lehre, die über den Fall hinausgeht und die sozusagen im utopischen Raum des sozialpolitischen Gehalts des Stückes angesiedelt ist. Vielleicht dies das versteckte

13 Ebd.

14 Vgl. Herold, Frank: Vor 15 Jahren wurde in der DDR die Zeitschrift Sputnik verboten: Ein unerwünschter Begleiter. In: Berliner Zeitung vom 19. November 2003. <http://www.berliner-zeitung.de/vor-15-jahren-wurde-in-der-ddr-die-zeitschrift-sputnik-verboten-ein-unerwuenschter-begleiter-15503468> (Zugriff am 10. Juni 2017).

Lehrziel, das hinter den Wiederholungen, die in ihrer Monotonie schon langsam langweilen, zu entdecken ist.

In Müllers letztem Lehrstück – er hatte sich eigentlich mit seinem Endspiel „Hamletmaschine" vom Typus des Lehrstückes definitiv verabschiedet[15] und in der Ära Gorbatschow noch einmal damit begonnen – in seinem letzten Lehrstück also – „Wolokolamsker Chaussee V Der Findling. Nach Kleist" – wird ein Vers an neun verschiedenen Stellen wiederholt. Das Stück ist mit ca. 10 Seiten recht kurz, umso auffälliger ragt der wiederholte Vers aus dem Geschehen. Der Vers lautet: „VERGESSEN UND VERGESSEN UND VERGESSEN".[16] In Majuskeln fixiert ist er unübersehbar, zum Ende tritt er gehäuft auf und schiebt sich so zu einem *Fahnenwort* des gesamten Stückes. Da im gesamten Drama ohnehin keine Zuweisung der Dialoge von Figuren vom Autor vorgenommen wurden und es ins Ermessen der Aufführenden verschoben ist, überhaupt Figuren entstehen zu lassen, so ist völlig offen, wer diese Worte formuliert. Sie dem Stückeschreiber zuzuordnen, ist sicher nicht falsch, zumal der Autor wiederholt und nicht nur seinen Brecht-Essay „Fatzer±Keuner" ausdrücklich auf seine Traditionswahl Bezug nimmt. Dort beschloss er seinen Text mit einer programmatischen Forderung: „Brecht gebrauchen, ohne ihn zu kritisieren, ist Verrat."[17] Bezogen auf das Thema des wiederholten Gebrauchs im intertextuellen Geschehen der Dichtung schreibt Müller also der Nachwelt im Falle der Rezeption von Vorläufern ins Stammbuch, eine reine Imitation nicht zuzulassen. Für ihn müsste mindestens die kritische Stellungnahme in das Zitat eingebaut sein. Als Begründung gibt Müller an, dass es auch darum gehe, die anderen Schreibbedingungen und -kontexte damit kenntlich zu machen. Wenn man so will, geht es ihm um den anderen Einstieg in den Heraklit'schen Fluss.

Im Stück „Wolokolamsker Chaussee V" geht es um einen Genossen, der im Nachkrieg ein Flüchtlingskind als Sohn adoptiert hat. Der Fall ist bei Kleist in dessen Novelle „Der Findling" in gewisser Weise vorgeschrieben, da auch dort eine folgenreiche Adoption stattfand mit katastrophalen Folgen für alle Beteiligten. Der Vater kann auf eine gewisse Karriere in der Partei oder im Staat der DDR zurückblicken, er wird jedoch von seinem Sohn diametral enttäuscht, da jener die vom Vater geschaffene und mitverantwortete Welt radikal ablehnt. Gemeint sind die Anstrengungen um ein Neues Deutschland, um den Sozialismus, um eine Welt ohne Ausbeutung. An allen Problemstellen der DDR-Geschichte nimmt der Sohn die Haltung eines Oppositionellen ein und wird vom

15 Vgl. Müller, Heiner: Verabschiedung vom Lehrstück. In: ders.: Werke 8. Schriften. Hrsg. von Frank Hörnigk. Frankfurt/M.: Suhrkamp 2005, S. 187.

16 Vgl. Müller, Heiner: Wolokolamsker Chaussee V: Der Findling. Nach Kleist. In: ders.: Werke 5. Die Stücke 3. Hrsg. von Frank Hörnigk. Frankfurt/M.: Suhrkamp 2002, S.237–247.

17 Müller, Heiner: Fatzer±Keuner. In: ders.: Werke 8. Schriften. Hrsg. von Frank Hörnigk. Frankfurt/M.: Suhrkamp 2005, S. 223–231.

Vater durch das Überreichen von Geschenken bestraft. Vor allem besteht die Strafe darin, dass der Diskurs über den 17. Juni 1953 oder den Mauerbau oder den Einmarsch des Warschauer Paktes in die CSSR 1968 verhindert wird. Das Schweigen des Sohnes soll erkauft werden. Seine Fragen werden vertagt, die Beschlüsse der Partei ohne Diskussion akzeptiert und ausgeführt. Ein solcher Sozialismus ist für den Sohn unannehmbar. Der Sohn, der Dissident zahlt es dem Vater, dem Funktionär, heim:

> „Was geht mich euer Sozialismus an
> Bald schon ersäuft er ganz in CocaCola
> VERGESSEN UND VERGESSEN UND VERGESSEN“[18]

Ich erinnere, dass diese Wiederholung eine Anspielung auf einen historisch anderen Zusammenhang zitiert. 1931 heißt es im „Solidaritätslied“ von Brecht:

> „Vorwärts und nicht vergessen
> worin unsre Stärke besteht!
> Beim Hungern und beim Essen,
> Vorwärts und nie vergessen:
> Die Solidarität!“[19]

Müllers Stück lotet kurz vorm Mauerfall die neue Situation bereits aus. Es wird dauern bis man gelassen über diesen Zusammenhang reflektieren kann.

Bezogen auf die Wiederholung lässt sich festhalten, dass es Müller, der diesen Text vor der Wende und dem Zusammenbruch des Sozialismus verfasste, darauf ankam, eindringlich den anderen Modus der geistigen Aktivität, eben den des Vergessens im Gegensatz zur Erinnerung so oft zu wiederholen, um damit eben auf sein Gegenteil zu verweisen, was dadurch bei den Rezipienten des Textes performativ hervorgebracht werden kann.

Ein letzter Blick nun auf eine andere Verwendungsweise der Wiederholung, die mir ebenso bedenkenswert erscheint, obgleich sie nicht vorrangig im politischen Raum Deutschlands zu verorten ist: Sarah Kanes letzte Stück „4.48 Psychose“[20] liegt mir in der Übersetzung von Durs Grünbein vor und es ist im Jahre 2000 in London posthum uraufgeführt worden. Für das bessere Verständnis seien hier Kernaussagen des Stückes collagiert, die m. E. knapp den Inhalt des Stückes wiedergeben.

> „Um 4 Uhr 48
> Wenn die Verzweiflung mich überkommt

18 Müller, Wolokolamsker Chaussee V. 2002, S. 244.

19 Brecht, Bertolt: Solidaritätslied. In: ders.: Ausgewählte Werke in sechs Bänden. Vierter Band: Gedichte 2. Frankfurt/M.: Suhrkamp 1997. S. 493.

20 Kane, Sarah: 4.48 Psychose. Übers. von Durs Grünbein. In: dies.: Sämtliche Stücke. Hrsg. von Corinna Brocher/Nils Tabert. Reinbek bei Hamburg: Rowohlt 2002, S. 211–252.

Werd ich mich aufhängen
Im Ohr die Atemzüge meins Geliebten[21]
[...]
Nach 4 Uhr 48 ist alles gesagt
Dann ist Schluss mit dieser widerwärtigen trüben
Geschichte eines Verstands eingesperrt in ein fremdes
Körperwrack völlig verblödet vom bösartigen Geist der moralischen Mehrheit[22]
[...]
    Alles geht vorüber
    Alles geht zugrunde
    Alles wird öde
[...]
Hoffnungslos Hoffnungslos Hoffnungslos Hoffnungslos
Hoffnungslos Hoffnungslos"[23]

Man kann das Drama als einen Monolog oder einen Bewusstseinsstrom, in dem auch andere Stimmen zitiert werden, lesen. Die einzeilige Gestaltungsweise ist durch das Original vorgeschrieben und stellte eine performative Handlung durch die Autorin dar. Der Text bekommt dadurch noch eher die Raumtiefe einer paranoiden Lage, in der sich das Subjekt befindet. Es geht um eine Person, die sich möglicherweise in der Psychiatrie befindet und die ihre Situation veranschaulicht sowie gleichermaßen reflektiert. Im Unterschied zu manch anderen Krankengeschichten, die durch ein Wunder geheilt werden, zeichnet sich diese Geschichte durch schwärzeste Hoffnungslosigkeit und Traurigkeit aus. Keine Hilfe ist in Sicht. Es sind Satzfetzen, Fragmente, Protokollauszüge einer unheilbaren Trauer, das Krankheitsbild wird einschließlich der behandelnden Ärzte, Geliebten, Angehörigen in seinen Symptomen erfasst und es sind nur Worte. Diese Worte können als ein verirrtes Echo aufgefasst werden, wobei das Unsagbare darüber und darunter nur vermutet werden kann. Der kurze Moment um 4 Uhr 48, wenn die Wirkung der Drogen/der Medikamente nachlässt. Ein Erwachen voller Ermattung, Todessehnsucht, Schuldempfinden, Krankenhausirrsinn.

„Ich wars, ich hab die Juden vergast, die Kurden gekillt, ich hab die Araber bombardiert, ich hab kleine Kinder gefickt, während sie um Gnade flehten, die Todesfelder, das war ich, wegen mir hat jeder die Party verlassen, ich saug dir deine Scheißaugen raus und schick sie deiner Mutter in einer Schachtel, und wenn ich gestorben bin, such ich dich heim in Gestalt deines Kindes, nur fünfzigmal schlimmer und so verrückt wie alle, Scheiße, ich wird dir das Leben zu Hölle machen ICH STEIGE AUS ICH STEIGE AUS ICH STEIGE AUS STARREN SIE MICH NICHT SO AN

21 Ebd., S. 215.
22 Ebd., S. 221.
23 Ebd., S. 226.

Alles ist gut
STARREN SIE MICH NICHT SO AN
Alles ist gut. Ich bin hier.
Starren sie mich nicht so an."[24]

Sehr eindringlich ist die Frage aufgeworfen, die insgesamt neun Mal wiederholt wird: „Wie höre ich auf?"[25] Die Wiederholung mag hier dafür stehen, dass diese Frage nicht zu umgehen ist, dass sie unabweisbar ist und nicht in den üblichen Reflexen von Normalität verdrängt wird. An anderer Stelle ereignen sich fast chorisch zu nennende Aufzählungen, die schließlich in eine Folge von Zahlen münden, die sich von einhundert in Siebener-Schritten, aber auch eigentlich recht sinnlos nach Null vermindern. Was bleiben, sind die Zahlen, wie die Anzeigen auf einem Grabstein, die zumindest noch auf die Jahreszahlen eines Lebens referieren. Das Referat in diesem Stück scheint aber ins Leere zu weisen, es vermindert sich unaufhörlich, so lange, wie es immer wieder 4 Uhr 48 sein wird. Eine Absurdität, die das Grauen des Lebens und Sterbens in die Abstraktion nackter Zahlen packt. Es ist ebenso absurd, wie zuvor die Verbalisierungen gewalttätiger Handlungen, die auf die nackten Vorgänge elliptisch verkürzt wurden.

„Blitzen flackern schlitzen brennen wringen zerquetschen tupfen schlitzen blitzen flackern schlagen brennen treiben flackern tupfen flackern schlagen flackern blitzen brennen tupfen zerquetschen wringen zerquetschen schlagen flackern treiben brennen blitzen flackern brennen"[26]

Die Sequenzen dieser Handlungsanzeigen werden ca. 150 Mal wiederholt. Hier sind Vorgänge in die Anzeige eines Verbs zusammengeschrumpft, die den aristotelischen Vorschriften zur Einheit der Handlung diametral widersprechen. Der Rahmen des Dramas, oder der Tragödie wird hier gesprengt, die Tradition wird zwar noch angezeigt, sie wird aber zur gleichen Zeit außer Kraft gesetzt. Hier ereignet sich textlich und inhaltlich etwas Neues, das nicht mehr in den Konventionen aufzuheben ist.

Das Stück ist am Rand des Dramas angesiedelt, es liest sich eher wie eine Zeugenschaft. Ein aus den Fugen geratener Apparat spuckt Worte, die auf Affekte, Emotionen, Erkenntnisse, Verwirrungen und Verzerrungen schließen lassen. Ein Mischmasch von monologischen und in Ansätzen auch dialogischen Textfetzen irrlichtert durch das Drama. In den Wiederholungen, die sich ergeben, lassen sich die Verhältnisse eindringlicher signalisieren, aber zugleich wird auch die Vergeblichkeit dieser Bemühungen evident. Zwischen all den Worten

24 Ebd., S. 235.
25 Ebd., S. 233.
26 Ebd., S. 238f.

zeichnet sich das Unsagbare als das Eigentlich ab, so als verdeckten die Signifikanten das nicht Mitteilbare.

Eingebaut in diesen Monolog zwischen Leben und Tod, zwischen Schuldempfinden und starrsinnigem Egoismus sind Paradoxa, die in ein und demselben Augenblick sich ereignen. Die aristotelische Einheit der Zeit scheint durch die gleiche Zeitangabe, in der das Geschilderte abläuft, gleichermaßen aufgehoben und außer Kraft gesetzt.

> „Um 4 Uhr 48
> wenn die Klarheit vorbeischaut
> für eine Stunde und zwölf Minuten bin ich ganz bei
> Vernunft."[27]

Interessant, dass, wie zur Bekräftigung dieses hellen Augenblicks im Text auch ein Punkt den Satz beendet. Im Gegensatz wird die orthografische Korrektheit an anderen Stellen des Textes völlig außer Acht gelassen. Dies weist freilich auf das völlig außer Fug geratene Bewusstsein, das hier von sich spricht, hin. Die Ver-Rückung reicht konsequent bis in die Sprachstruktur, die eben nicht mehr normal sein kann.

> „Um 4 Uhr 48
> Werde ich schlafen[28]
> [...]
> um 4 Uhr 48
> der Glücksmoment
> wenn die Klarheit vorbeischaut"[29]

Das Stück schließt mit der Aufforderung „bitte öffnet den Vorhang"[30] und dieser Abschluss deutet darauf hin, dass es sehr wohl als szenischer Vorgang konzipiert ist. Der Ort der Aufführung im Theater ist angezeigt und zu dem Zeitpunkt, wo auf der Bühne des normalen Theaters die Handlungen erst in Gang kommen, ist bei Sarah Kanes Stück das Drama beendet. Die Umkehrung der Verhältnisse erzeugt eine andere Betroffenheit, die von eben der Tragweite ist, wie einst die Geburt des Subjekts metaphorisch der Aufklärung zugeordnet war. Im Theater der Sarah Kane scheint der Tod des Subjekts sein Bild gefunden haben und dieses Bild betrifft einen jeden.

27 Ebd., S. 236.
28 Ebd., S. 240.
29 Ebd., S. 249.
30 Ebd., S. 234.

Literaturverzeichnis

Brecht, Bertolt: Das Badener Lehrstück vom Einverständnis. In: Brecht, Bertolt: Die Lehrstücke. Hrsg. von Bernhard Klaus Tragelehn. Leipzig: Reclam1978, S. 22–47.

Brecht, Bertolt: [Zur Theorie des Lehrstücks] 1937. In: Brecht, Bertolt: Die Lehrstücke. Hrsg. von Bernhard Klaus Tragelehn. Leipzig: Reclam 1978, S. 177–178.

Brecht, Bertolt: Solidaritätslied. In: Brecht, Bertolt: Ausgewählte Werke in sechs Bänden. Vierter Band: Gedichte 2. Frankfurt/M.: Suhrkamp 1997, S. 493.

Benjamin, Walter: Bert Brecht [Ein Rundfunkvortrag 1930]. In: Benjamin, Walter: Lesezeichen. Schriften zur deutschsprachigen Literatur. Hrsg. von Gerhard Seidel. Leipzig: Reclam 1970, S. 261–269.

Herold, Frank: Vor 15 Jahren wurde in der DDR die Zeitschrift Sputnik verboten: Ein unerwünschter Begleiter. Berliner Zeitung vom 19. November 2003. <http://www.berliner-zeitung.de/vor-15-jahren-wurde-in-der-ddr-die-zeitschrift-sputnik-verboten-ein-unerwuenschter-begleiter-15503468> (Zugriff am 10. Juni 2017).

Kane, Sarah: 4.48 Psychose. Übers. von Durs Grünbein. In: Kane, Sarah: Sämtliche Stücke. Hrsg. von Corinna Brocher/Nils Tabert. Reinbek bei Hamburg: Rowohlt 2002, S. 211–252.

Müller, Heiner: Der Horatier. In: Müller, Heiner: Werke 4. Die Stücke 2. Hrsg. von Frank Hörnigk. Frankfurt/M.: Suhrkamp 2001, S. 73–85.

Müller, Heiner: Wolokolamsker Chaussee V: Der Findling. Nach Kleist In: Müller, Heiner: Werke 5. Die Stücke 3. Hrsg. von Frank Hörnigk. Frankfurt/M.: Suhrkamp 2002, S. 237–247.

Müller, Heiner: Verabschiedung vom Lehrstück. In: Müller, Heiner: Werke 8. Schriften. Hrsg. von Frank Hörnigk. Frankfurt/M.: Suhrkamp 2005, S. 187.

Müller, Heiner: Fatzer+Keuner. In: Müller, Heiner: Werke 8. Schriften. Hrsg. von Frank Hörnigk. Frankfurt/Main: Suhrkamp 2005, S. 223–231.

Schumacher, Ernst: Zum Erscheinen von Brechts Stückfragmenten und ihrer Aufführung am Berliner Ensemble. Die Auferstehung der Missing links. In: Berliner Zeitung vom 26. Juni 1997. <http://www.berliner-zeitung.de/zum-erscheinen-von-brechts-stueckfragmenten-und-ihrer-urauffuehrung-am-berliner-ensemble-die-auferstehung-der-missing-links-16080520> (Zugriff am 10. Juni 2017).

Joanna Gospodarczyk (Kraków)

Wiederholung als Mimesis und ihre Hinterfragung im Theaterstück „Angriffe auf Anne" von Martin Crimp

Wiederholung ist ein umfassender Begriff, dessen Facetten unterschiedlich in der Kulturgeschichte dargestellt und ausgelegt wurden. In Bezug auf Theater und Dramatik eröffnet Wiederholung ähnlich viele Möglichkeiten ihrer Betrachtung, von der Idee der Dramatik als Nachahmung, Übertragung von geschriebenen auf theatrale Zeichen, über Wiederholung von Strukturen im Text, sprachliche Wiederholung bis zur Wiederholung der Aufführung, um nur einige zu nennen. Man kann die These wagen, dass Wiederholung eine Voraussetzung oder eine Leitlinie des Dramas und der Literatur im Allgemeinen ist. Um diese Einschätzung zu verfolgen, kann man nach der Bedeutung der Wiederholung bei den Anfängen des Dramas und Theaters suchen. Dieser Begriff wird in der Literatur im Zusammenhang mit dem Begriff der Mimesis - der Nachahmung und des Abbilds gebracht. Mimesis nimmt ihren Ursprung im antiken Griechenland und wird sowohl von Platon als auch von Aristoteles als Grundlage der künstlerischen Tätigkeit des Menschen verstanden. Zunächst wird dieser Kontext vorgestellt, um dann seine Konsequenzen im zeitgenössischen Theater zu prüfen.

In der griechischen Antike wurde Wiederholung als Mimesis betrachtet. Sie wurde vom kultischen Verständnis des Widerspiegelns und Abbildens der mythischen Wirklichkeit abgeleitet und hatte, wie Holz und Metscher erläutern, einen zeremoniellen und ästhetischen Charakter. Die Wörter *mimos* und *mimeisthai* prägten die Entwicklung des Begriffes *mimesis.* Das Verb *mimeisthai* wurde als *darstellen*, *ausdrücken*, *ähnlich machen* und *nachahmen* ausgelegt, *mimos* bezeichnete eine Person, die die Mimesis vollzieht. Man kann also Mimesis als die Handlung des Nachahmens verstehen,[1] die vor allem eine künstlerische Tätigkeit des Menschen bezeichnete. Es geht dabei um die „sinnliche Vergegenwärtigung von etwas, was nicht unmittelbar gegeben ist, sich nicht von

1 Holz, Hans Heinz/Metscher, Thomas: Zur Metaphysischen Herkunft der Spiegelmetapher, Griechische Antike. In: Ästhetische Grundbegriffe. Hrsg. von Karlheinz Barck/Martin Fontius/ Dieter Schlenstedt, et. al. Stuttgart/Weimar: Metzler 2010, Bd. 6, S. 623.

sich her zeigt bzw. sich der alltäglichen Wahrnehmung entzieht."[2] Die Deutung der Mimesis variierte aber schon alleine in den Feststellungen von antiken Philosophen und infolgedessen späterer Forscher. Das frühe Verständnis von dem Begriff fokussierte sich auf Ähnlichkeit und Äquivalenz, so Halliwel.[3] Einige wollten eher ein Bild oder Imitation des Anderen in der Mimesis sehen.[4] Andere haben Mimesis als Potentialität verstanden, die eine Möglichkeit der Darstellung der Wirklichkeit (vor allem Handlungen und Charaktere) sei. Diese Unterschiede sind in den Schriften von Platon und Aristoteles zu finden, was zwei unterschiedliche Wahrnehmungsarten der Kunst in der späteren Geschichte prägt.

Während Platon sich auf die Imitation konzentrierte und der künstlerischen Nachahmung jeden Wahrheitsanspruch verweigerte und sie deswegen verpönte, unterstrich Aristoteles das kreative, schöpferische Ausmaß der Mimesis. Die sich unterscheidenden Ausführungen der beiden führenden Philosophen zur Mimesis wurden schon mehrmals von Forschern und Philosophen interpretiert und kommentiert. Aus diesem Grund wird hier nur eine Zusammenfassung dieser zwei Betrachtungsweisen vorgeschlagen. Betonen muss man, dass beide Philosophen auf den wirkungs- oder rezeptionsästhetischen Aspekt der Nachahmung eingingen und ihre Folgen bei den Empfängern bewerteten.

Platon sah Mimesis in seiner Ideenlehre als Imitation und Repräsentation von etwas Anderem und bezeichnete es als eine Lüge, weil es eine Abbildung des Abbilds der Dinge bedeutet und nichts Wahres über sie darstellen kann.[5] Beispiele dafür liefern das dritte und zehnte Buch von seinem philosophischen Werk „Der Staat". Platon konzentrierte sich in seiner Auslegung auf die Malerei und erweiterte seine Argumentation auf Dichtung. Dabei sprach er dem Dichter – Nachahmer – jedwede Kenntnis über die nachgeahmten Gegenstände, Personen oder Handlungen ab.[6] Er verband Mimesis mit Vergnügen, Spiel und Emotion, wodurch sie nicht rational sein konnte.[7] Das war ein Gegenstand seiner Kritik, die Emotion widersprach dem Verstand und konnte sich negativ auf den Rezipienten auswirken, der durch den Umgang mit Kunst getäuscht werden könnte.[8] Genauso wie die Kunst illusorisch ist, ist das Wissen der Künstler und

2 Ebd., S. 624.

3 Vgl. Halliwell, Stephen: The Aesthetics of Mimesis: Ancient Texts and Modern Problems. Princeton, Oxford: Princeton University Press 2002, S. 25.

4 Diese Konzeption ist vor allem Platon zu verdanken. Sie wird weiter in der Renaissance vertreten und in der von Auerbach präsentierten Sicht auf Mimesis. Vgl. Potolsky, Matthew: Mimesis. New York/London: Routledge, 2006, S. 17.

5 Platon, Der Staat. Übers. von August Horneffer, Stuttgart: Alfred Kröner Verlag 1973, S. 328.

6 Ebd., S. 329–331.

7 Ebd., S. 333.

8 Ebd., S. 335. Hans-Thies Lehmann behauptet Platon sieht darin den Verlust der Integrität und Eigenständigkeit des Rezipienten. Vgl. Lehmann, Hans-Thies: Notiz über Mimesis. In: Mimesis und ihre Künste. Hrsg. von Gertrud Koch. Paderborn/München: Fink 2010, S. 71.

der Rezipienten über sie illusorisch.[9] Hinzu kommt der politische Aspekt der Mimesis, der für Platon von Bedeutung war. Sie konnte über die Bilder verfügen und dadurch die Menschen beeinflussen.[10] Deshalb war seine Forderung, die Dichter aus dem Idealstaat auszustoßen, plausibel. Platon war jedoch nicht einheitlich in seinen Urteilen und widersprach sich oft. Überdies deutete der Aufbau seiner Dialoge gerade auf den Gegensatz dessen, was er über Mimesis schrieb, was dazu führte, dass seine Tätigkeit oft als ironisch oder schriftstellerisch wahrgenommen wurde.[11] Hinzuweisen dabei ist z. B. auf das vermittelte Sprechen, die Rollenzuweisung, die er bei der Tragödie kritisierte. Alle Ausführungen über Mimesis werden im „Staat" von der Figur des Sokrates vorgetragen. Im Dialog „Symposion" wird beispielsweise die Erzählung auf mehrere Personen vermittelt. Apollodrus stellt die Geschichte, die er von Aristodemus gehört hat, dar. Der Erste wird aber als jemand präsentiert, der nicht ganz folgerichtig denkt. Dazu kommen noch weitere Vermittlungsinstanzen wie Sokrates und Diotima, die die Geschichte weitererzählen.[12] Das bestätigt die Tatsache, dass Platon selbst spielerisch mit seinen Texten umging und ihre Glaubwürdigkeit durch mehrere verschachtelte Vermittlungsschichten abschwächte.[13]

Aristoteles dagegen befreite die Mimesis von dem ontologischen Charakter und betrachtete sie als Möglichkeit der Erkenntnis, der Produktion und der Lernfähigkeit.[14] Er band dadurch Kunst an gesellschaftliche Handlungen.[15] Aristoteles nutzte Mimesis in der Bedeutung Nachahmung und diesen Begriff betrachtete er als die Grundvoraussetzung für Kunst und vor allem für Dichtung.[16] Die Nachahmung stützt sich nach seiner Vorstellung auf drei Pfeiler: Gegenstand, Medium und Modus, die der Philosoph in den drei ersten Kapiteln der „Poetik" beschreibt. Das verweist auf ein relationales Verhältnis von Kunst zur Wirklichkeit.[17] Von unpoetischen Texten trennte die Dichtung die Darstellung der Mythen. Um sie darzustellen, benötigte der Künstler nicht der Wiedergabe der

9 Platon, Der Staat. 1973, S. 334.

10 Darüber hinaus beurteilt Platon kritisch die niedrigen Regungen, die Kunst weckt. Vgl. ebd., S. 337.

11 Melberg in Anlehnung an Stanley Rosen. Melberg, Arne: Theories of mimesis. New York: Cambridge University Press 1995, S. 30.

12 Ebd., S. 27f.

13 Vgl. Melberg, Theories of mimesis. 2009, S. 34.

14 Flashar, Helmut: Aristoteles, Lehrer des Abendlandes. München: Beck 2013, S. 159.

15 Aristoteles, Poetik. Kap. 4. Übers. von Manfred Fuhrmann. Stuttgart: Reclam 2008, erste Ausgabe 1982, S. 11.

16 Kap. 1 „Die Epik und die tragische Dichtung, ferner die Komödie und die Dithyrambendichtung sowie – größtenteils – das Flöten- und Zitherspiel: die alle sind, als Ganzes betrachtet, Nachahmungen." Ebd., S. 5.

17 Schmitt, Arbogast: Kommentar. In: Aristoteles, Poetik. Übers. und erläutert von Arbogast Schmitt. Werke in deutscher Übersetzung. Hrsg. von Helmut Flashar. Berlin: Akademie Verlag 2006, Bd. 5, S. 205.

Realität, sondern die Konzentration auf menschliches Handeln.[18] Das Handeln wurde wiederum vom Charakter der Person bestimmt. Arbogast Schmitt legt es so aus:

> „Es [das Handeln] steht also nicht für sich, sondern verweist auf etwas anderes, auf die allgemeinen Motive der Person, die handelt. Das ist der wichtigste Grund, warum Aristoteles Literatur als Nachahmung versteht: Sie stellt allgemeine Charaktertendenzen nicht in ihrer Allgemeinheit, sondern so, wie sie in einzelnen Handlungen zum Ausdruck kommen, dar […]"[19]

Bei der Mimesis handelte es sich um die Potentialität, das, wie die Wirklichkeit sein könnte, die der Rezipient mithilfe von Kognition: Verstand und Gefühl erkennen kann. Der Aufbau der Handlung war dafür zuständig, welche Emotionen in den Rezipienten erzeugt werden und schließlich ist es das Ziel der Tragödie die Emotionen zu reinigen, kathartische Wirkung zu erwecken.[20] Mimesis war im gewissen Sinne für die Katharsis in der Tragödie zuständig. Darüber hinaus bestand die Wahrheit des Kunstwerkes für Aristoteles darin, dass es logisch in seiner Notwendigkeit und normbezogen in seinem Bereich bleibt.[21] Die Korrektheit in der Kunst unterscheidet sich laut dem Philosophen von der Korrektheit in der Politik, die Platon für den Oberbegriff hielt.[22]

Diese Dichotomie der Mimesis zwischen Abbild und Potentialität in der Darstellung von Gegenständen, Menschen und Handlungen verweist in beiden Fällen auf den Rezipienten und seine Wahrnehmung. Die Wiederholung kann man genauso in die Abhängigkeit zum Rezipienten setzen und zu dem, inwiefern er etwas als Wiederholung erkennt. Mit diesem Gedanken geht das zeitgenössische Theater spielerisch um.

Das Theater verneinte seine mimetische Ausrichtung und die Schaffung von Illusionen mit der Entwicklung der Avantgarde im ausgehenden 19. Jahrhundert und betonte sie stärker seit den 60er Jahren des 20. Jahrhunderts.[23] Zu den bekannten Schöpfern des antiillusionistischen Theaters gehörte Bertold Brecht, der Mimesis durch Verfremdungseffekte zersetzt hatte.[24] Eine weitere Entwicklung gegen die Mimesis ereignete sich mit dem performativen Turn. Die Entwicklung der Performance hat die Bedeutung der Illusion und Nachahmung abgeschwächt und durch die Autoreferentialität der Gegenstände und Präsenz

18 Aristoteles, Poetik. 2008, Kap. 2., S. 7; Schmitt, Kommentar. 2008, S. 195.
19 Schmitt, Kommentar. 2008, S. 199.
20 Potolsky, Mimesis. 2006, S. 43ff.
21 Vgl. Aristoteles, Poetik. 2008, Kap. 2.
22 Ebd.
23 Drewes, Miriam: Dramenanalyse nach dem Ende der Gattungskonvention. In: Handbuch Drama. Hrsg. von Peter W. Marx. Stuttgart: Metzler 2012, S. 166.
24 Kittstein, Ulrich: Episches Theater. In: Handbuch Drama. 2012, S. 296.

der Personen und ihrer Handlungen ersetzt.[25] Die Kategorien der dramatischen Figur und Handlung haben ihren ursprünglichen Stellenwert verloren und in manchen Stücken wurden sie ganz aufgelöst oder durch „Sprachträger" ersetzt.[26] Somit veränderte sich der ontologische Stellenwert des Kunstwerkes und die Schwerpunkte seiner Poetik. Das Verständnis vom Kunstwerk und seiner Poetik stützte sich nicht mehr auf die Identifikation, Klassifikation und Normen nach denen es erschaffen wurde, sondern beschrieb die konkreten Rezeptionsprozesse mit Berücksichtigung der gesellschaftlichen, historischen und kulturellen Bedingungen.[27] Wirklichkeit wurde zu einer der möglichen Konstruktionen in der Erfahrung des Rezipienten. Er selbst konnte bestätigen, ob die Vorstellung, die Performance, für ihn die Realität darstellt.[28] Das erklärt auch die Betonung der Rolle des Zuschauers im Theater, dem selbst die Aufgabe der Sinnstiftung des Dargestellten zugeschrieben wurde.[29] Wie aber Sugiera und Borowski bemerken, ist der Begriff der Mimesis nicht ganz von der Bühne verschwunden. Er wird heutzutage anders eingesetzt und zwar explizite im Theaterstück diskutiert und in seiner Funktionsweise gezeigt._Die Rezeptionsstrategien des Theaters und die Techniken der Erzeugung des Realitätseffektes werden selbst zum Thema der Stücke.[30] Die Strategien der Dramatiker lassen sich, so Sugiera und Borowski, mit der von Roland Barthes entwickelten Vorstellung von der Entstehung des Realitätseffektes in der Kunst vergleichen. In seiner mit „S/Z" betitelten Studie verglich der Literaturtheoretiker die Tätigkeit des realistischen Schriftstellers mit der des realistischen Malers, der mit einem leeren Rahmen arbeitet. Mit dem Rahmen (der seine subjektive Wahrnehmung repräsentiert) nimmt er das Abbild der Wirklichkeit auf, indem er sie malt. Dann entfernt er den Rahmen und überzeugt das Publikum, dass er die Wirklichkeit schildert.[31] In der Vergangenheit versuchte das realistische Drama mit allen möglichen theatralen Mitteln den Rahmen auszublenden, so dass der Rezipient ihn vergessen konnte. Im zeitgenössischen Theater wird der Rahmen intentional gezeigt, enthüllt, um die Rezipienten von der Konvention des Theaters zu überzeugen und die Regeln der Erzeugung der Mimesis und Bedeutung zu erforschen.[32] Dabei werden die Illu-

25 Drewes, Miriam: Dramenanalyse. 2012, S. 168f.

26 Vgl. Poschmann, Gerda: Der nicht mehr dramatische Theatertext. Berlin/Boston: De Gruyter Reprint 2010.

27 Sugiera, Małgorzata/Borowski, Mateusz: Od realizmu przedstawienia do realizmu doświadczeń. In: Sugiera, Małgorzata/Borowski, Mateusz: Oblicza Realizmu. Kraków: Księgarnia Akademicka 2007, S. 19.

28 Ebd., S. 34.

29 Viel Platz der Rolle des Rezipienten widmen Fischer-Lichte in der „Ästhetik der Performativität" und Lehmann im „Postdramatischen Theater".

30 Sugiera/Borowski, Od realizmu przedstawienia do realizmu doświadczeń. 2007, S. 27.

31 Barthes, Roland S/Z. Engl. Übers. von Richard Miller. Oxford: Blackwell 2000, S. 54f.

32 Sugiera/Borowski, Od realizmu przedstawienia do realizmu doświadczeń. 2007, S. 28f.

sionseffekte und die glaubwürdige Darstellung der Fiktion entlarvt. Das hat dazu beigetragen, dass die Autoren heutzutage auch andere Medien thematisieren und auf ihre Methoden der Erzeugung des Realitätseffektes und der Manipulation hinweisen, schreiben die Theaterwissenschaftler Sugiera und Borowski.[33] Sie schlagen vor diese neue Form des Metatheaters *Metamedialität* zu nennen. Zeitgenössische Theaterstücke begrenzen sich nicht mehr auf Verwendung von verschiedenen Technologien auf der Bühne, sondern tendieren dazu, zu zeigen, wie das scheinbar objektive Bild im Grunde genommen eine subjektive Vision ist, die von bestimmter ideologischen Ausrichtung geprägt ist. Begründet ist es umso mehr, weil die mediale, virtuelle Realität immer selbständiger wird, die physische oft ersetzt und unsere Wahrnehmung stark prägt.[34] Darauf hat schon 1981 Baudrillard hingewiesen, indem er den Begriff der *Simulakra* in den wissenschaftlichen Diskurs eingeführt hat.[35] Heute ist es schwer zwischen Realität und virtueller Realität zu unterscheiden, weil die Bedingungen, die darüber entscheiden, verändert wurden. Es ist nicht mehr das Wesen der Erscheinung, sondern die historisch und gesellschaftlich wandelbare Art und Weise der Wahrnehmung, die vom Kontext und Erwartungen des Rezipienten geprägt ist.[36] Die Spezifik des Theaters, das durch seine Voraussetzung und Konvention eine gewisse Illusion entwirft, schafft eine gute Gelegenheit dazu, diese Prozesse des Verwischens zwischen Sein und Schein zu thematisieren. Die Strategien, zu denen die Autoren greifen, verwandeln die Bühne oft in eine Fernsehshow oder ein Computerspiel. Beispiele dafür liefern die Stücke von Falk Richter, Tim Staffel oder Igor Bauersima. Diese medialen Konstrukte werden oft auf der Bühne thematisiert und nach ihren Strategien der Erzeugung des Realitätseffekts untersucht. Die Zuschauer sollen sich selbst in solchen Mechanismen spiegeln und ihre Wahrnehmungslenkung erkennen. Es geht hier also darum Mimesis, die als Abbildwerkzeug performativ wirkt, und den Rezipienten in ihre virtuelle Welt miteinbezieht, bloßzustellen und unsere Wahrnehmungstendenzen zu hinterfragen.

Die Problematik der Erzeugung des Realitätseffektes und Hinterfragung der Mimesis im Drama lässt sich in einigen Stücken des britischen Dramatikers Martin Crimp finden. In vielen seiner Texte sind metatheatrale Elemente, oder solche, die den Prozess der künstlerischen Tätigkeit thematisieren, zu finden.[37]

33 Sugiera, Małgorzata/Tadeusz Borowski: Nowe Media, nowe rzeczywistości. In: Oblicza Realizmu. 2007, S. 302.

34 Ebd., S. 303.

35 Baudrillard, Jean: Simulacra and Simulation. Engl. Übersetzung von Sheila Faria Glaser. Ann Arbor: The University of Michigan Press 1994.

36 Sugiera/Borowski, Nowe Media. 2007, S. 303.

37 Beispiele dafür geben: „The Treatment" mit filmischer Bearbeitung des Lebens einer Person, „Attempts on Her Life", „The City", das die Tätigkeit des Schriftstellers und Übersetzers

Er knüpft damit an die lange Tradition dieser Strategie im britischen Theater an. Außer dem bekanntesten Beispiel von Shakespeares „Hamlet" sind Stücke von Samuel Beckett, Tom Stoppard und anderen Autoren reich an solchen Konzeptionen. Martin Crimp jedoch entwickelte in seinem bekanntesten Stück „Attempts on her Life" (dt. „Angriffe auf Anne") eine Reihe von Strategien, die das aristotelische Theater auflösen und gleichzeitig durch die Abwesenheit der Kriterien wie Figur, Fabel, Einheit des Ortes, ihre Existenz mittelbar thematisieren. Das 1997 entstandene Stück „Attempts on her Life" wurde in mehrere Sprachen übersetzt und in der Forschung meistens als postmodernes Stück dargestellt.[38] Das Stück bezieht sich auf mehrere Medien der Vermittlung von der Wirklichkeit, deshalb ist es ein gutes Beispiel für die von Sugiera und Borowski genannte *Metamedialität*. Die Besonderheit des Textes von Crimp besteht darin, dass es aus 17 Szenarien besteht, in denen unbestimmte Sprecher sich über eine vermeintliche Protagonistin namens Anne austauschen. Jede Geschichte ist anders und lässt Bruchteile aus dem Leben einer Person oder eines Produktes erkennen. Die Szenarien bilden aber keinen logischen oder kausalen Zusammenhang, manchmal findet man nur einzelne Elemente, Bemerkungen, die sie miteinander verbinden ließen. Anne erscheint jedes Mal in einer anderen Rolle, mal ist sie Liebhaberin eines reichen Mannes, mal eine Vagabundin, die sich mit verschiedensten Leuten umgibt, mal Opfer eines Krieges, ein Pornostar, eine neue Automarke, Mutter, Künstlerin, Terroristin, Wissenschaftlerin, oder wie im Text eines Songs über sie „the girl next door". Die Vorstellung von ihr entsteht ausschließlich als sprachliche Kreation der Textübermittler. Dazu muss man betonen, dass die Identität der Sprecher nicht näher bestimmt ist, sie gehören nicht zu den erzählten Geschichten, fungieren, wie die von Gerda Poschmann diagnostiziert, als Textträger.[39] Die einzige Information vom Autor des Textes setzt voraus, dass sie in Situationen gezeigt werden sollten, die in Opposition zu dem Erzählten stehen, um den Eindruck der Inkongruenz und der Komik zu vermitteln. Das Stück ist mit dem Zitat aus „Transparenz des Bösen" von Jean Baudrillard versehen. „Keiner wird den wirklichen Gang solcher Ereignisse un-

problematisiert, Texte für die Oper „Into the little Hill" und „Written on Skin", die die Entstehung und den Einfluss der Musik und der Malerei auf die Rezipienten zur Sprache bringen.

38 Vgl. Barnet, David: When is a Play not a Drama. Two Examples of Postdramatic Theatre Texts. In: New Theatre Quaterly 24, 2008, H. 1, S. 14–23. Jurs-Munby, Karen: Einleitung zur Übersetzung von Hans-Thies Lehmann: Postdramatic Theatre. London/New York: Routledge 2006, S. 1–16; Zimmermann, Heiner: Martin Crimp Attempts on her Life: Postdramatic, Postmodern, Satiric? In: (Dis)Continuities – Trends and Traditions in Contemporary Theatre and Drama in English. Hrsg. von Rubik Margarete. Trier: WVT, Wiss. Verl. Trier 2002.

39 Poschmann, Theatertext. 2010, S. 295.

mittelbar erfahren, doch jeder wird ein Bild von ihnen erhalten haben."[40] Dieses Motto und der doppeldeutige Titel des Stücks, der „Versuch" aber auch „Attentat" bedeutet, können als Schlüssel zu dem Stück betrachtet werden. Es geht um Versuche jemandes Leben in Bildern einzufangen, oder besser gesagt zu entwerfen. Die mentalen Bilder in „Angriffe auf Anne", die durch die performative Funktion der Sprache entstehen, werden für den Rezipienten anhand seines Wissens aus den Medien erkennbar. Jedoch sind die Bilder, mit denen wir jeden Tag konfrontiert werden, wirklich? Und welches Abbild der Realität stellen sie dar? Diese Fragen stellen die Szenarien in verschiedenen Konstellationen und weisen dabei auf Medien und Produkte hin, aus denen Menschen ihr Realitätsbild beziehen. Das Spiel zwischen Schein und Sein von Anne, die ungreifbar bleibt, zieht sich wie ein roter Faden durch das Stück.

Am Anfang sorgt ein nicht obligatorisches Szenario „Alle Nachrichten gelöscht" für Verwirrung. Es werden alle an Anne adressierten Nachrichten vorgelesen, die auf dem Anrufbeantworter mit Zeitangabe hinterlassen wurden. Die Suche nach Sinn und Zusammenhang in den unterschiedlichen Aussagen ist vergeblich, weil verkündet wird, dass alle Nachrichten gelöscht wurden. Die Flüchtigkeit einer elektronisch übermittelten Nachricht garantiert deswegen keine verlässliche Information. In der Struktur des Stückes lassen sich Dialoge, Monologe, Übersetzungen und Songs unterscheiden. Dialoge, die die Szenarien dominieren, verlaufen meistens in Form eines Austausches über Anne und ihre Umgebung, wobei die Narration an das Entwerfen eines Skriptes für einen Film oder eine Show erinnert. Die Narration hat metatextuellen Charakter, weil sie das Erschaffen einer Geschichte aus dem Leben von Anne unmittelbar zeigt. Verstärkt wird dieser Effekt durch bestimmte sprachliche Mittel: Wiederholungen, Bitten um Wiederholung, parenthetische Einschübe und Kommentare. Alle Texte erscheinen im Präsens, was ihre performative Kraft und die Gleichzeitigkeit ihrer Entstehung mit dem Sprechakt verstärkt.

An manchen Stellen wird das Medium der Kamera oder andere in den Szenarien explizit thematisierte Medien, die den mimetischen Effekt erzeugen, angesprochen. Ein Beispiel dafür findet man im dritten Szenario „Der Glaube an uns selbst":

- „Dann bricht sie zusammen.
- Wer? Anya?
- Sie schreit. Sie bricht zusammen und zerfleischt sich die Wangen wie/ in einer griechischen Tragödie.
- Das denke ich nicht. Ich denke nicht, dass Anya schreit. Ich denke nicht, dass sie zusammenbricht und sich die Wangen zerfleischt wie in einer griechischen

40 Crimp, Martin: Angriffe auf Anne. Übers. von Falk Richter. In: Auf dem Land: und andere Stücke. Reinbek bei Hamburg: Rowohlt-Taschenbuch-Verlag 2003, S. 112.

Tragödie. Ich denke ihre Augen funkeln. Ich denke, sie läuft zur Kamera und beginnt zu fluchen. Ihr widerlichen, stinkenden Mörder, sagt sie […]
- Sie ist wütend
- Sie ist sehr wütend

Schweigen
- Sie ist sehr wütend aber sie hat auch das **Recht.**
- Sie hat – na ja, selbstverständlich – hat sie das Recht, wütend zu sein. Alles zerstört. Eine ganze **Lebens**weise zerstört. Eine Verbundenheit/ zur **Natur** zerstört.
- Und deshalb sympathisieren wir.
- **Selbstverständlich** sympathisieren wir.
- Wir sympathisieren nicht nur, wir **identifizieren** uns. Wir identifizieren uns, weil…
- Ja.
- … weil Anyas Tal **unser** Tal ist. Anyas Bäume sind **unsere** Bäume. Anyas Familie ist die Familie, zu der wir gehören.“[41]

Bei der Entwicklung der Geschichte wird ein besonderer Wert auf ihre dramatische Wirkung gelegt, die eine emotionale Reaktion und Engagement beim Rezipienten hervorrufen sollte. Noch höher wird die Identifikationsmöglichkeit mit der Geschichte bewertet, die durch den täuschenden Eindruck der Teilhabe an ihr verbunden ist. In diesem Textabschnitt geht es also um den Prozess der Erzeugung von Mimesis und deren Wirkung auf die Rezipienten. Die Art und Weise der Entstehung der Geschichte soll jedoch die Täuschung offen legen, darüber hinaus auch das beliebige und spielerische Element bei dieser künstlerischen Tätigkeit deutlich machen. Wiederholungen, unpassende Zusammenstellungen, Verneinungen betonen den ironischen Charakter der Dialoge. Es wird dadurch eine Distanz zum Erzählten geschaffen, die außer dem komischen Effekt auch nach den Hintergründen der Erzeugung vom Realitätseffekt fragt.

Eine andere Möglichkeit wird im sechsten Szenario „Mama und Papa“ geschildert. Das Leben von Annie als Reiseführerin wird in einem Dialog anhand von Fotos kommentiert. Die Feststellungen über ihre glückliche Lage vermischen sich mit Bemerkungen über die Flüchtigkeit der Fotografie und deren Konstruktionscharakter.
- „Wir sehen Fotos, oder.
- Wir sehen eine Menge Fotos.

41 Ebd., S. 131, 132 [Hervorhebung im Original].

- Wir sehen sie aus nächster Nähe, so nah, dass man die kleinen Punkte erkennt. Schon komisch, oder, wie sich alles ab bestimmtem Moment in diese kleinen Punkte auflöst – sogar ihr Lächeln.“[42]

In dem merkwürdigen Szenario wird über die Selbstempfindung von Anne spekuliert, ihre Aussagen werden sogar zitiert. Sie fühle sich leer wie ein Fernsehschirm, der vorne lebendig aussieht und bei dem hinten nur Drähte und Staub zu finden sind. Hier werden die Medien, die die Realität abbilden sollen, dekonstruiert und auf ihre Bestandteile reduziert (Pixel, Drähte), wodurch ihre abbildende Funktion trügerisch wird. Sie gewähren keinen Zugang zum menschlichen Leben. Eine Steigerung dessen, die Anne formuliert, wird weiter zitiert, indem sie gesteht, dass sie sich selbst, ihre Existenz nicht begreifen könne. Sie betrachtet sich als Mangel oder Abwesenheit an ihrer Person, selbst nicht wie eine „echte Person, wie man sie in Büchern oder im Fernsehen findet“[43]. Diese ironische Bemerkung kann man als verkehrtes Verhältnis interpretieren. Die fiktiven Figuren in Literatur oder Film kommen uns wirklicher, in ihrer Konstruktion eindeutiger vor, als unser reales Leben. Andererseits ist Anne bloß eine fiktive Gestalt, die nur mittels der Sprache und ihrer Realisierung in Form von mentalen Prozessen erscheint.

Noch ein spannendes instruktives Beispiel für die Täuschung der Mimesis ist im Szenario elf „Ohne Titel (100 Wörter)“ festzustellen. Es ist ein Gespräch der Besucher einer Kunstaustellung, die die Selbstmordversuche einer Künstlerin/Performerin thematisiert. Verschiedene Betrachtungsweisen der Kunst, ihrer Grenzen und Freiheiten werden in dem Austausch thematisiert. Eine Stimme versucht die mimetischen Grenzen auszuloten „Wo hört das ‚Leben‘ – buchstäblich in diesem Fall – auf, und wo beginnt das ‚Kunstwerk‘?“[44] Die Rolle des Zuschauers wird auch in ihrer Doppeldeutigkeit angesichts der Realitätsanspruches der Kunst zum Ausdruck gebracht:

> „Das ist wirklich eine schwammige Argumentation. Ihr eigenes Opfer? Wenn sie wirklich – wie es scheint – versucht sich umzubringen, macht uns doch unsere Anwesenheit hier zu bloßen Voyeuren im Irrenhaus. Wenn sie aber auf der anderen Seite nur schauspielert, ist das gesamte Werk doch lediglich eine zynische Performance und im Endeffekt doppelt widerlich.“[45]

Der Tod als entscheidender Einschnitt in die weltliche Existenz ist ein bestimmender Punkt der Trennung zwischen Realität und mimetischer Fiktion. Der Unterschied zwischen dem Voyeur und Kunstbetrachter sowie zwischen Leben

42 Ebd., S. 138.
43 Ebd., S. 142.
44 Ebd., S. 166.
45 Ebd., S. 170.

und Objekt des Schauens ist abhängig von der herrschenden Konvention und der Wahrnehmungsart. Deutlich wird es an dem weiteren Kommentar über den Stellenwert der Kunst. Es geht um die Selbstreferentalität der Kunstwerke, die ein Spiel/Schauspiel ihrer Existenz erzeugen, und es dem Rezipienten anbieten. Das Erzeugen des Realitätseffektes ist aber in eine Konvention eingerahmt, z. B. die theatrale Konvention, die eine Distanz zur Realität sichert. Auf den Vorwurf diese radikale Präsenzforderung im Theater sei in den sechziger und siebziger Jahren schon gesehen worden, antwortet die zweite Stimme wie folgt:

> „Gesehen schon - vielleicht. Aber es nicht neu gesehen, nicht jetzt, nicht im Kontext einer postradikalen, einer posthumanen Welt, in der die Gesten des Radikalismus neue Bedeutungen annehmen, fußend auf einer Gesellschaft, in der die radikale Geste bloß eine weitere Form der Unterhaltung ist, das heißt ein weiteres Produkt - in diesem Fall ein Kunstwerk -, bestimmt für den/ raschen Konsum.“[46]

Der Stellenwert der Präsentation der *Wahrheit* der Objekte, ihrer ontologischer Bedeutung, selbst wenn sie in einem Kunstwerk übermittelt sind, wird zur Unterhaltung und zum Konsum reduziert. Der Unterschied zwischen der Realität und ihrer Nachahmung scheint angesichts virtueller Realität immer schwieriger feststellbar aber auch immer unbedeutender zu sein.

Die Metamedialität wird in „Angriffe auf Anne“ in zwei Songs und zwei übersetzten Szenarien zum Ausdruck gebracht, um weitere Beispiele zu nennen. Die Songs betreffen Anne als Figur der medialen Vermittlung, die den Eindruck der Realität erwecken sollte und unsere Emotionen als Zuschauer aktiviert. Es wird die Multiidentität von Anne thematisiert, sie kann alles werden, wofür die Empfänger sie halten. Die beiden Szenarien mit Übersetzung thematisieren Anne als Objekt. Im Szenario „Der neue Any“ ist das ein neues Modell eines Autos. Der Text stellt auf zynische Art und Weise seine Werbung dar. Im „Porno“ ist sie ein junges Mädchen, das den Beruf der Prostituierten in Superlativen vorstellt, bis sich die Erläuterungen ins Absurde versteigen.

Die angeführten Beispiele zeigen die Vielfalt der Möglichkeiten der künstlerischen Vermittlung vom Leben einer Person oder bloß eines Namens. Zu betonen ist, das die im Stück angesprochenen Medien (Film, Werbung, Fotografie, Performance, Song) den Anspruch auf die darstellerische Tätigkeit des Menschen haben, die laut Aristoteles durch Mimesis bedingt ist. Die Idee der Mimesis als Nachahmung der Realität, die in allen Künsten präsent ist und oft zur Perfektion geführt wurde, wird hier in ihrer Wirkung explizite thematisiert und kommentiert. Der Blick auf die Konstruktion des Realitätseffektes entmächtigt ihn. Gleichzeitig macht der Autor auf die Rezeptionsbedingungen aufmerksam, die einem Wandel unterliegen. Crimp scheint die Mimesis sowohl in der Aus-

46 Ebd., S. 172.

legung von Aristoteles, als eine menschliche Fähigkeit Erkenntnis und Gefühl miteinander zu verknüpfen, zu zeigen, als auch auf die täuschende, den Rezipienten gefährdende Mimesis in der Interpretation von Platon hinzuweisen. Beide Sichtweisen werden mit Ironie gebrochen, sodass der Rezipient selbst entscheiden muss, was für ihn die Realität und was die Mimesis ist.

Literaturverzeichnis

Aristoteles, Poetik. Übers. von Manfred Fuhrmann. Stuttgart: Reclam 2008 (erste Ausgabe 1982).

Barthes, Roland S/Z. Übers. von Richard Miller. Oxford: Blackwell 2000.

Baudrillard, Jean: Simulacra and Simulation. Übers. von Sheila Faria Glaser. Ann Arbor: The University of Michigan Press 1994.

Crimp, Martin: Angriffe auf Anne. Übers. von Falk Richter. In: Crimp, Martin: Auf dem Land: und andere Stücke. Reinbek bei Hamburg: Rowohlt-Taschenbuch-Verlag 2003.

Drewes, Miriam: Dramenanalyse nach dem Ende der Gattungskonvention. In: Handbuch Drama. Hrsg. von Peter W. Marx. Stuttgart: Metzler 2012, S. 166–170.

Flashar, Helmut: Aristoteles, Lehrer des Abendlandes. München: Beck 2013.

Halliwell, Stephen: The Aesthetics of Mimesis: Ancient Texts and Modern Problems. Princeton/Oxford: Princeton University Press 2002.

Holz, Hans Heinz/Metscher, Thomas: Zur Metaphysischen Herkunft der Spiegelmetapher, Griechische Antike. In: Ästhetische Grundbegriffe. Hrsg. von Karlheinz Barck/Martin Fontius/Dieter Schlenstedt, et. al. Stuttgart/Weimar: Metzler 2010, Bd. 6.

Lehmann, Hans-Thies: Notiz über Mimesis. In: Mimesis und ihre Künste. Hrsg. von Gertrud Koch. Paderborn/München: Fink 2010.

Kittstein, Ulrich: Episches Theater. In: Handbuch Drama. Stuttgart: Metzler 2012, S. 296–305.

Melberg, Arne: Theories of mimesis. New York: Cambridge University Press 1995.

Platon, Der Staat. Übers. von August Horneffer, Stuttgart: Alfred Körner Verlag 1973.

Poschmann, Gerda: Der nicht mehr dramatische Theatertext. Berlin/Boston: De Gruyter Reprint 2010.

Potolsky, Matthew: Mimesis. New York/London: Routledge, 2006.

Schmitt, Arbogast: Kommentar. In: Aristoteles, Poetik. Übers. und erläutert von Arbogast Schmitt. Werke in deutscher Übersetzung. Hrsg. von Helmut Flashar. Berlin: Akademie Verlag 2006, Bd. 5.

Sugiera, Małgorzata/Borowski, Mateusz: Od realizmu przedstawienia do realizmu doświadczeń. In: Sugiera, Małgorzata/Borowski, Mateusz: Oblicza Realizmu. Kraków: Księgarnia Akademicka 2007, S. 11–41.

Sugiera, Małgorzata/Borowski, Mateusz: Nowe Media, nowe rzeczywistości. In: Sugiera, Małgorzata/Borowski, Mateusz: Oblicza Realizmu. Kraków: Księgarnia Akademicka 2007, S 299–307.

IV Geschichtliche Re/Konstruktionen

Julia Lind (Mainz)

Literarische Zeitmodelle: Wiederholung als dramatische Strategie

Geschichte als ewige Wiederkunft des Gleichen? Ganz entgegen dem Zeitgeist des ausgehenden 19. Jahrhunderts, der auf modernen Fortschritt und die Erkenntnisse der Naturwissenschaft setzt, rückt Nietzsche mit seiner spirituellen Figur Zarathustra eine mythische Weltsicht ins Zentrum, welche statt einer ständig fortschreitenden Zeit eine zyklische annimmt. Mit dieser Annahme wird die gängige Vorstellung, dass sich die Zeit in einer linearen Bahn aus Vergangenheit, Gegenwart und Zukunft erstreckt, aufgebrochen und der Akt der Wiederholung, das Kreisförmige als Zeit-Modell vorgestellt. Zarathustra predigt die Lehre von der ewigen Wiederkehr, was so viel bedeutet, dass jeder Augenblick, jede Jetzt-Zeit als eine unendliche Wiederholung von Momenten gedacht werden kann. In dem Kapitel „Der Genesende" lässt Nietzsche Zarathustra diese Weltsicht folgendermaßen formulieren:

> „Alles geht, Alles kommt zurück; ewig rollt das Rad des Seins. Alles stirbt, Alles blüht wieder auf, ewig läuft das Jahr des Seins.
> Alles bricht, Alles wird neu gefügt; ewig baut sich das gleiche Haus des Seins."[1]

So mythisch und vormodern dieses zyklische Zeit-Modell der ewigen Wiederkunft anklingt, so *modern* ist das Denken, welches hinter diesem Weltbild steht. Wie Rüdiger Safranski in seiner Studie zur deutschen Romantik ausführt, spiegelt sich in diesem Modell Nietzsches Nihilismus und die Überzeugung, dass mit der Säkularisierung und der Modernisierung des Lebens, sich der Mensch von einer Vorstellung des Jenseits verabschieden und sein Dasein gänzlich auf das Hier und Jetzt ausrichten solle. Safranski bekräftigt: „Für Nietzsche wird mit dem Tode Gottes der Wagnis- und Spielcharakter des menschlichen Daseins offenbar."[2] Diese Lösung vom Jenseits und die Fokussierung auf die Jetzt-Zeit ist zudem ein wesentlicher Charakterzug der Moderne. Die Art und Weise, wie

1 Nietzsche, Friedrich: Also sprach Zarathustra. Chemnitz: Schmeitzner 1884, Bd. 3. In: Deutsches Textarchiv. <http://www.deutschestextarchiv.de/nietzsche_zarathustra03_1884> (Zugriff am 19.09.2016).

2 Safranski, Rüdiger: Romantik. Eine deutsche Affäre. München: Hanser 2007, S. 299.

Geschichte in Nietzsches Modell erzählt bzw. hervorgebracht wird, ist spielerischer, wenig vorhersehbar und planbar. In dieser Form werden Zufall, das plötzliche Geschehen und Assoziationen zum strukturbildenden Prinzip.

Wiederholungen in Lothar Trolles Theatertext *novemberszenen*

Nietzsches Zeitmodell der ewigen Wiederkunft des Gleichen bildet ein Schema, um das Zeit-Raumverhältnis in den dramatischen Texten von Lothar Trolle zu beschreiben. Sein Stück „novemberszenen" fußt in zweifacher Hinsicht auf dem Prinzip der Wiederholung: Zum einen in sprachlicher Hinsicht, da es auf dem Geschichtsepos „November 1918" von Alfred Döblin basiert, zum anderen in inhaltlicher Hinsicht, da die von Döblin beschriebenen Ereignisse des Revolutionsmonats November 1918 assoziativ mit den Ereignissen des Wende-Monats November 1989 verknüpft werden.

In dieser Romanbearbeitung wird Döblins Roman zum Ausgangspunkt und Spielmaterial der Wiederkunft des Gleichen: Durch die intertextuellen Verfahren wie Wechsel des Erzähltempus (vom Präteritum ins Präsens), Montage und Adjektion erarbeitet Trolle eine Szenerie, in der sich die Revolutionstage der November 1918 und 1989 schwerlich unterscheiden lassen. Bereits Döblin nutzt in seinem dreibändigen Roman das geisterhafte, gespenstische Motiv, welches dem November anhaftet und wodurch das Epos immer wieder ins Absurde und Irrationale abgleitet. Dabei ist der Roman höchst komplex aufgebaut und eine Mischung aus dokumentarischem und fiktivem Material: Kaleidoskopartig schildert ein auktorialer Erzähler Szenen zum Ende des Ersten Weltkriegs und lässt mehrere Erzählstränge parallel zu einander laufen. Die wichtigsten Spielorte sind dabei das Elsass in der Nähe der Frontlinie – ein Schauplatz, an dem sich die Kriegsversehrten und Invaliden, Soldaten und Kriegsheimkehrer sammeln – des Weiteren die Hauptstadt Berlin, in der die unterschiedlichen politischen und militärischen Gruppierungen wie die Matrosenregimente oder die Freikorps, aber auch Parteiführer wie Friedrich Ebert oder Gustav Noske auftreten. Im letzten Teil liegt das Augenmerk auf Rosa Luxemburg während ihres Aufenthaltes im Gefängnis und zeigt ihren labilen, von Halluzinationen geleiteten, geistigen Zustand.

In seiner Wiederholung von Döblins Roman bleibt Trolle sehr nah an der Vorlage, greift dessen ironisch-distanzierten Ton auf und hält auch dramaturgisch die Reihenfolge der Schauplätze ein: Wie bei Döblin beginnt der Text im Elsass mit einer Nahaufnahme auf einen Kriegsversehrten, lässt den Blick weiter auf ein Kriegslazarett schweifen, um anschließend zwei zurückkehrende Soldaten auf ihren Weg nach Berlin zu folgen. Angekommen in der Hauptstadt löst sich Trolle vom historischen Rahmen und aktualisiert die Großstadttopografie, sodass die Zeitgrenzen zwischen dem November 1989 und 1918 zunehmend verwischen. Zum Schluss wechselt der Text wieder in das historische Kolorit von 1918 und zeigt Szenen der inhaftierten Rosa Luxemburg. Durch diese Zeitkonzeption richtet Trolle den Blick auf die Verkettung und Querstränge des bekanntlich so belasteten Datums des 9. Novembers. An diesem Datum drängen sich zentrale Ereignisse der deutschen Geschichte: die Novemberrevolution 1918 und der Ausrufung der deutschen Republik, der Beginn der Novemberpogrome 1938 und schließlich die Öffnung der Grenze im November 1989. Durch Trolles Strategie der Wiederholung, welche eine Szenerie der Gleichzeitigkeit bewirkt, werden diese gegensätzlichen November in ein Verhältnis zueinander gesetzt. Dabei entwickelt sich ein Zeitgefühl, welches als absurd beschrieben und hinsichtlich des Geschichtsbildes mit Nietzsche Wiederkunft des Gleichen als zyklisch bezeichnet werden kann. Durch den wiederholenden Charakter wird der Geschichte kein nachträglicher Sinn zugeschrieben, sondern das Chaotische und auch das Profane der geschichtlichen Abläufe herausstellt. Um diese Wiederholungen in der Dramatik nachzuvollziehen, soll in einem Close-Reading aus dem Blickwinkel des Lesers die Bewegungen der Figuren und die spezifische Raumsemantik des Textes aufgezeigt werden.

Sprachliche Wiederholung und Einfrieren der Zeit

Zu Beginn beobachtet der Leser einen kriegsversehrten Mann, wie er in der Stube sitzt und sich mit Tabakblättern eine Pfeife stopft. Schon bei Döblin ist diese Anfangssequenz bemerkenswert, da sie diesen großen historischen Umbruch von 1918 von einem so harmlosen, unscheinbaren Ort aus eröffnet und minutiös schildert, wie dieser Mann sich bewegt, aus dem Fenster blickt, die Brille putzt und die Zeitung liest. Bemerkenswerterweise sind es nicht die Nachrichten zur aktuellen Weltlage, die ihn bei der Lektüre interessieren, sondern die aktuellen Sparangebote. Die akribische Genauigkeit und Sorgfalt, mit der er auf teure Waren reagiert, lässt die Szene komisch wirken.

Solche Eigenheiten greift Trolle in seiner Bearbeitung der Szene auf. Er steigert den berichtenden Ton, indem er die Sprache versachlicht. Dies gelingt einerseits durch die Versetzung der Erzählung in die Gegenwart, zum anderen durch die Senkung des episch-hohen Stils Döblins hin zu einem mittleren. Epische Verben wie „blickte" werden dabei durch „kuckt [sic!]" ersetzt. Zudem fügt Trolle kleine Informationen hinzu, die die an sich schon kleinteilige Szene noch weiter ausdehnt und verlangsamt.

„*Der Mann kratzt seine kurze Holzpfeife aus*, zieht eine blecherne teebüchse zu sich heran schnüffelt hinein entnimmt der büchse ein paar handgriffe tabak und breitet sie

> auf der zeitung aus die groben stengel zerknickt er von den großen blättern einige blatt für blatt und stopft danach alles fest in den pfeifenkopf auf dem papier den rest schüttet er obenauf und fängt an zu rauchen nimmt nachdem er einige züge geraucht hat mit der linken hand die pfeife aus dem mund und sagt laut: ‚So.' und raucht weiter legt die arme breit auf den tisch und fängt an in der zeitung zu lesen [...].“[3]

Dramengeschichtlich lässt diese Anfangsszene und die ungewollte Komik des kriegsversehrten Mannes, der abgeschnitten von der Welt (nur der Blick aus dem Hoffenster schafft ihm ein Bild von der Außenwelt) an die absurde Dramatik von Beckett denken. Etwa an *Fin de Partie*, das ebenfalls einen Innenraum zeigt, der hermetisch von der Außenwelt abgeriegelt ist und in dem die clownesken Figuren Hamm und Clov in einer Welt nach der Katastrophe leben. Die Ereignislosigkeit der Szene entspricht dem *Theater der Situation* (Martin Esslin), in welchem die Zeitlichkeit enorm ausgedehnt ist und die Handlung sich im Kreis dreht.[4] Ganz offensichtlich haben sich die Erfahrungen des Frontkrieges in Charakter und Gestus der Figur eingeschrieben. Vorgestellt wird hier ein in seinen Idiosynkrasien gefangener Mann. Trolle dehnt diese Anfangssequenz nochmals, indem er die Bewegung noch detaillierter als Döblin beschreibt. Diese literarische Strategie der Dehnung bewirkt eine Verlangsamung der Zeit. Diese Stube als Ort der Wiederholung des immer Gleichen bzw. des routinierten Lebens ist also Ausgangspunkt der Geschichte.

Von diesem Ort des scheinbar immer Gleichen verfolgt der Leser den Weg der Frau über den Hof zum Lazarett. Dort will sie Pferdemist für ihr Gemüsebeet schippen. Gerade als sie sich bückt, um einen Ast aufzuheben, läuft ein Kaninchen an ihr vorbei, welches ebengerade aus einem Loch im Lazarettzaun geschlüpft ist. „das kaninchen heidi hinaus durch das loch und von oben lacht man aus einem fenster.“[5] Die Bewegungsrichtung ändert sich, der Leser blickt nun, zusammen mit dem, auf der anderen Seite des Zaunes stehenden Mannes, zu den jodelnden Soldaten hoch. Es vollzieht sich ein Topikwechsel von der kleinbürgerlichen Welt hin zum Lazarett und den dort einquartierten Verletzten und Kranken. Mit diesem Wechsel ändert sich auch die Dynamik des Stückes, die Szenen wechseln schneller und die Topik des Todes, der Kriegsversehrtheit und der Revolutionsunruhe ergreift mehr Raum und verdrängt das zu Beginn vorgestellte routinierte Leben. Die revolutionären Matrosen aus Kiel haben das Elsass erreicht. Diese Nachricht wird von den Soldaten rufend verbreitet: „Die Matrosen sind da! Alles was Beine hat läuft davon!“[6]

3 Trolle, Lothar: novemberszenen (nach döblin). In: Lothar Trolle: Nach der Sintflut. Sämtliche Werke. Hrsg. Tilman Raabke. Berlin: Alexander Verlag 2007, S. 489–544, hier S. 489. Dieser Textausschnitt entspricht Döblin 2008, Teil1/Band 1, 9.

4 Siehe Esslin, Martin: Theater des Absurden. Frankfurt/M.: Athenäum 1964, S. 431.

5 Trolle, novemberszenen. 2007, S. 491.

6 Ebd., S. 492.

Mit der Ankündigung des Laufens werden verschiedene Bewegungsrichtungen sichtbar. Zum einen die Bewegung aus dem Lazarett heraus auf die Straße und damit in die Öffentlichkeit, zum anderen passives Stillhalten und Bleiben. Es kristallisieren sich damit zwei semantische Felder heraus. Auf der einen Seite die *Unbewegten*, zu denen die Halbtoten, Kranken und Vaterlandstreuen gehören. Sie befinden sich in Innenräumen: In den Zimmern des Lazaretts, in einer gutbürgerlichen Villa, in der Kathedrale. Auf der anderen Seite die *Bewegten*. Zu ihnen gehören sämtliche Soldaten, die sich den Matrosen und damit dem Soldatenrat anschließen. Der Leser beobachtet zunächst die Gruppe der *Unbewegten:* Er sieht einen Soldaten im Fieberwahn sterben, wechselt den Ort über das Feld hin zu einer Villa, in der eine Frau ihrem Geliebten, der als Offizier von der Armee desertiert ist, Unterschlupf gewährt, sieht sie sich umarmend und blickt dann wieder zum Lazarett, in dem der als *irre* eingestufte Soldat Ziweck vom Sanitäter gepflegt wird. Nach dieser Rundschau zu den kriegsverletzten und auch Kriegsverbrechern, die fest an ihrem Platz verharren, kehrt der Leser zurück an den Anfangsort, zu dem Mann in der Stube. Im wiederkehrenden Modus stopft dieser seine Pfeife, doch statt Zeitung zu lesen, öffnet er diesmal ein Kuvert und fängt an, sich eine Verordnung vom 10. November 1915 vorzulesen. Die Aufzählung der beschlagnahmten Kupferküchengeräte, wie Einlege- und Marmeladekessel, wecken Erinnerungen in ihm an sinnliche Geschmackserlebnisse: „dann seufzt er und schnalzt mit der zunge *Ja der weiße süße Kuchenteig er lief vom Löffel und die Kinder durften ihn abschlecken.*“[7] Allerdings wird der Mann abrupt aus seinen Erinnerungen gerufen, als die Frau überraschend das Zimmer betritt. Die Frau ist dabei, aus dem Lazarett geklaute Ware in der Stube zu verstauen. Entsetzt beobachtet der Mann sie dabei. Von der Bewegung der Frau geht eine Bedrohung aus, die seine gut eingerichtete Routine zerstört. „Frau, die erschießen dich!“,[8] ruft er verzweifelt aus. Bewegte und unbewegte Figuren stoßen in den folgenden Szenen aufeinander: Der desertierte Offizier (Heiberg) trifft auf der Straße einen ehemaligen Rekruten; der als irre eingestufte Soldat Ziweck bricht aus dem Lazarett aus und erobert das Haus des Eisenwarenhändlers. Der Dissident gleicht einer Baal-Figur, die sich fress- und liebesgierig mit seiner ganzen Körperlichkeit an dieser „Revolution“ labt: „[...] er umarmt sie wild und stöhnt: ‚Die werden schon merken, es ist Revolution‘“.[9] Doch werden dieser anarchische Akt und die individuelle Revolution von den eigenen Leuten verraten. Polizei und Soldatenräte fordern ihn auf, das von ihm besetzte Haus zu verlassen.[10] Mutig steht das Dienstmädchen für Ziweck ein, sucht ihn zu vertei-

7 Ebd., S. 495.
8 Ebd.
9 Ebd., S. 498.
10 Ebd., S. 499.

digen. Die Dramatik spitzt sich zu, als die Polizei das Haus beschießt und schließlich stürmt. Das Mädchen ruft aus: „Ziweck, sie kommen!“[11] Gerade zu diesem Höhepunkt bricht die Szene ab, und der Blick richtet sich in ein Badezimmer. Ruhe kehrt ein, es wird beschrieben, wie sich die zurückgelassene Hannah ihren Körper einseift. Ihr Blick richtet sich zum Fenster, ihre Gedanken scheinen mit dieser Blickführung hinaus aufs offene Feld zu gleiten. In dem nun eingefügten Brief richtet sie ihre Rede an den abwesenden Geliebten Heiberg. Dieser wird in der anschließenden Szene kurz gezeigt. Ihm wird seine Fahrkarte nach Berlin überreicht, und er verabschiedet sich.

Chronotopos des Weges und Topografie Berlins als Erinnerungspfad

Der erste Teil endet mit der Blickrichtung nach oben: Ein Pfarrer richtet seine Worte an die göttliche Instanz: „Herr, so wahr du im Fleisch wandelst, vernichte uns nicht, vernichte uns nicht.“[12] Die so kurz zuvor noch geordnete Welt hat sich in eine ungeordnete, fliehende gewandelt. Die einzelnen Szenen schließen mit der Ankündigung einer Bedrohung und bleiben so in der Bewegungsrichtung nach außen stehen. Diese Bewegungsrichtung wird während der Zugfahrt aufgegriffen und verstärkt. Diese Zugfahrt kann nach Bachtin als Chronotopos des Weges definiert werden. Allgemein dient der Begriff des Chronotopos dazu, die Raum-Zeit-Beziehung, auf der Literatur aufgebaut ist, nachzuvollziehen. Laut Bachtin ist der Chronotopos des Weges in der Geschichte des Romans seit der Antike der Beständigste, es gebe „[...] kaum ein Werk, in dem das Motiv des Weges nicht in irgendeiner Variante auftaucht.“[13] Mit dem Weg öffnet sich das Zeit-Raum-Kontinuum, durch die schnellen Ortswechsel ändert sich auch das Zeitempfinden. Die Zugfahrt wirkt wie eine Zeitmaschine, in der das historische Kolorit abgeworfen und die Figuren als lebende Tote die Stadt besuchen. Der Eindruck des Fliehenden wird evoziert durch die Art wie die Repliken zusammengefügt sind. Fragen und Reden, die an den Oberleutnant Becker gerichtet sind, werden zu einem einzigen Ansprach-Monolog ausgestaltet. Die Figur Becker wird bedrängt und konfrontiert mit den Eindrücken, Ängsten und Wahnvorstellungen des Leutnants Maus. In dessen Phantasie wandeln sich die Frontsoldaten in mythische Mischwesen, „Wesen, halb Pferd, halb Mensch.“[14] Als Zentauren erreichen sie Berlin und Leutnant Maus fragt: „Was meinst du, Becker, empfängt uns am Bahnhof Zoo eine Nausikaa. Eine Nausikaa, die, gestärkt von

11 Ebd.
12 Ebd., S. 501.
13 Bachtin, Michail M.: Chronotopos. Übers. von Michael Dewey. Berlin: Suhrkamp 2008, S. 22.
14 Trolle, novemberszenen. 2007, S. 502.

Pallas, uns stark macht für weitere Reisen?“[15] Wenn sie die Stadt erreichen, so schlägt Maus vor, sollten sie loslaufen und in der Gestalt des Pferdes als Boten aus dem „Reich der Toten“ hinüber zu den Lebenden wechseln. Das Pferd gilt in der literarischen Tradition als *Seelenträger* und als Grenzgänger zwischen den Welten.[16] Bei Döblin ist dieses Pferd als Vorbote der kommenden Kriege und des apokalyptischen Schreckens konzipiert. Die Figur des Lehrers Becker sowie der Revolutionärin Rosa sind auf tragische Weise mit dem Reich der Toten verbunden und werden von den Verstorbenen heimgesucht. Nachts und in Tagträumen erscheint Rosa die Gestalt ihres verstorbenen Gatten Hannes, der während des Krieges gefallen ist. Den Lehrer Becker verfolgen Alptraum-Bilder der Kriegstoten aus dem Frontkrieg, er selbst hat eine bleibende Verletzung davongetragen. Alle Versuche sich nach dem Krieg neu in die Gesellschaft einzugliedern scheitern, da diese Toten ihm keine Ruhe lassen.[17] Es sind die nicht bestatteten toten Soldaten, die vor seinem geistigen Auge noch in den Kriegsfeldern irgendwo zwischen Belgien und Frankreich liegen, die ihm keine Ruhe lassen. Während Döblin das Antigone-Motiv nutzt, um historische Ereignisse zu erklären und diese in einen metaphysischen Bezug zu setzen, gebraucht Trolle das Motiv, um den kommenden Berlin-Teil vorzubereiten. Als die Untoten bzw. Seelenträger den Bahnhof erreichen, sehen sie einen Trupp schwarz gekleideter Menschen um die Ecke marschieren. Leutnant Maus fragt: „Becker, ist das die Revolution? Sieht so aus, auf das wir uns so gefreut haben?“[18]

Angekommen in Berlin wird das Phantasma der Revolution zum Fix- und Fluchtpunkt der Ereignisse. Aus Sicht der fünf Figurengruppen Schieber, Arbeiter, Militär, Regierung und Revolutionäre wird dieser utopische Ort der Revolution gespiegelt. Insgesamt lässt sich dieser Teil in fünf szenische Einheiten gliedern, wobei Anfangs- und Endpunkt dieser szenischen Collage im gleichen semantischen Feld spielen und so eine Verklammerung geschaffen wird. Die Szenen sind untereinander assoziativ bzw. motivisch verknüpft. Anders als der Auftakt des Stücks eröffnet dieser Teil aus der Vogelperspektive: Der Leser schwebt zunächst über den Straßenzügen Berlins, wie an dem berühmten Flaneur ziehen die Namen der Straßen und Plätze vorbei, die selbst schwebende Bedeutungsträger und Erinnerungsspeicher von Geschichte sind.[19] Diese Straßennamen prägen das nationale kulturelle Gedächtnis und dienen als Orte der Erinnerung. Besonders in der politisch so wechselhaften Geschichte Berlins geht

15 Ebd.

16 Siehe Metzler Lexikon literarischer Symbole. Hrsg. von Günther Butzer. Stuttgart/Weimar: Metzler. 2008, S. 274.

17 Siehe Döblin. 2008, 217.

18 Siehe Trolle, novemberszenen. 2007, S. 502.

19 Certeau, Michel de: Die Kunst des Handelns. Übers. von Ronald Voullié. Berlin: Merve Verlag 1988, S. 197.

von den Straßennamen eine eigene Aura aus, ein Erinnerungspotential, das Döblin und Trolle für ihre Erinnerungstopografie nutzen. Der Leser wird von dem Prunkboulevard *Unter den Linden* über die Regierungsstraße *Wilhelmstraße* hinweg in eine Kammer eines Wirtshauses geleitet. In diesem Innenraum angekommen wechselt die Perspektive. Statt von der bisherigen auktorialen Erzählerstimme, die durch den Gegenwartsbezug wie ein Reporter wirkt, wird nun aus der jeweiligen Figurenperspektive mit abwechselnden Passagen innerer und direkter Rede berichtet. Mit dem Eintritt in die Kammer und dem Perspektivwechsel beginnt das semantische Feld um die Schieberfiguren Brose-Zenk und Motz. Die Szenen zeigen den wirtschaftlich-gewieften und amoralisch denkenden Schieber Brose-Zenk und seinen gefräßigen, unersättlichen Freund Motz. Aus deren Sicht erscheinen die revolutionären Ereignisse als geschäftsschädigendes Ärgernis. Beide begeben sich zur Beisetzung der gefallenen Matrosen vom 9. November, um sich von dieser Revolution ein Bild zu machen.

> „[...] noch immer kommen leute aus der u-bahnstation und von der dudenstraße und drängeln sich durch *Motz schreckt zusammen* ‚Was machen eigentlich die vielen Leute hier?' *Und Brose-Zenk staunt* ‚Mensch, die sehen ja aus wie du und ich!' *vorn an das Rednerpult tritt nun ein Neuer* und in der menge flüstert man sich zu: ‚Haase, der Unabhängige!' *und der redet laut genug daß zu verstehen ist was er sagt:* ‚Noch nie ist eine politische Umwälzung mit sowenig Todesopfern vollzogen worden. Doch die Revolution ist noch nicht beendet. Sie steht erst am Anfang und muß gesichert werden.' *Und Brose-Zenk stößt Motz an* ‚Paß auf, das ist so einer, der meint Sozialismus'."[20]

Die Schieber erweisen sich als schnell und beweglich in der Stadt. Sie fahren mit dem Taxi von einem Stadtteil zum anderen. Die Bewegung der Menschenmassen auf der Straße erstaunt sie. „schwarz vor menschen ist die kolonnenstraße aus vielen fenstern hängen rote fahnen und in der dudenstraße kommt das taxi nur noch schrittweise voran."[21] Wie Fremde bzw. Touristen in der eigenen Stadt beobachten sie Menschen, die sich in dieser Menge bewegen. Ganz Berlin scheint aufmarschiert zu sein, sie wundern sich: „Mensch, die sehen ja aus wie du und ich!"[22] Ihre Bewegung passt sich dieser Menschenmenge an, das Taxi fährt langsamer, schließlich steigen sie am Tempelhofer Flugplatz aus. Es lärmt von allen Seiten, oben dröhnen die Flugzeuge, vom Rednerpult schallen die Aufrufe, um sie herum reden die Leute. Als die Särge Richtung Friedhof transportiert werden, strömt die Menschenmasse weiter, verschwindet teilweise im U-Bahnschacht *Platz der Luftbrücke*. Brose-Zenk und Motz nehmen sich wieder ein Taxi. Vom Tempelhofer Flugplatz fahren sie Richtung Friedhof Friedrichshain. Das Stadtpanorama, welches sich bei dieser Fahrt entfaltet, gibt deutliche Hinweise

20 Trolle, novemberszenen. 2007, S. 505.
21 Ebd.
22 Ebd.

auf den historischen November 1989. Es werden Relikte der ehemaligen DDR, Gebäude und ehemalige Straßennamen genannt, die heute nicht mehr existieren. Insofern verweist das Stück hier auf die Transformierung des kulturellen Gedächtnisses, in der Städte, Plätze und Straßen umbenannt wurden und so die einstigen Identitätsfiguren des sozialistischen Staates aus dem nationalen Gedächtnis verschwanden. In ihrer Studie zu Erinnerungsräumen hat Aleida Assmann gezeigt, dass für das kollektive Gedächtnis Umbrüche von politischen Systemen sehr bedeutsam sind, und diese zum Löschen bestimmter Erinnerungen führen kann, da sie nun keine Funktion mehr übernehmen.[23] Mit der im Stück vollzogenen Fahrt durch die Stadt durchstreift der Leser die ehemalige Hauptstadt der DDR, diese Spazierfahrt wirkt wie eine Geisterfahrt durch einen nicht mehr existierenden Ort. Da die „ganze Gegend um den Alex"[24] gesperrt ist, fahren sie einen Umweg, vorbei am S-Bahnhof *Warschauer Straße*, vorbei am Kino-Kosmos in der *Karl-Marx-Straße*, bis Menschen ihnen den Weg versperren, sie als Ausbeuter beschimpfen und sie verärgert die restliche Strecke zu Fuß zurücklegen. Hier tritt plötzlich Ruhe ein, „schwermütig blasen Hörner", und hoffnungsvoll blicken die Menschen hinauf zum „neuen volkstribun"[25], dessen Stimme in der gestisch unterlegten Rede „über halb berlin gellt."[26] Die Schieber hören sich die pathetisch-revolutionäre Rede an, begutachten Liebknecht und fühlen die Gefahr, die von dem um Liebknecht versammelten Matrosenregiment ausgeht. Ihre anschließende Diskussion gibt Trolle nicht wieder, sondern lässt die beiden ganz lapidar Essen gehen – zum Italiener. Trolle arbeitet den Kontrast zwischen dem Pathos der revolutionären Bewegung und der modernen, unparteilichen Geschmeidigkeit der Schieber-Figuren heraus. Diese kapitalistischen Figuren bewegen sich ohne einen historischen Bezugspunkt in Raum und Zeit. Ihr Bewegungsmotor ist das Geld, welches sie impulsiv handeln und beweglich durch die Stadtlandschaft treiben lässt.

Gleichzeitige Geschichtsräume – Wiederkehrender Stillstand?

Die Strukturanalyse konnte zeigen, wie in der Transformation vom Roman zum Theatertext ein metonymisch-postdramatischer Raum geschaffen wurde.[27] Der in Episoden aufgeteilte und in der Vergangenheitsform verfasste Roman wird

23 Siehe Assmann, Aleida: Erinnerungsräume. Formen und Wandlungen des kulturellen Gedächtnisses. München: Beck. 2010, S. 75f.

24 Trolle, novemberszenen. 2007, S. 506.

25 Ebd., S. 507.

26 Ebd.

27 Siehe Lehmann, Hans-Thies: Postdramatisches Theater. Frankfurt/M.: Verlag der Autoren 2005, S. 287.

in Trolles Theatertext zu einem fließenden, sich in der Gegenwart befindenden Bilderstrom transformiert. Diese Bilder, Szenen und Sequenzen entwickeln während des Lesens eine Wirkung, die zwischen extremer Verlangsamung und Sprunghaftigkeit schwankt. Im topografischen Raum Elsass ist die Bilderabfolge noch eng an den historischen Raum von Döblins Roman orientiert. Mit der Zugfahrt entfernt sich der Leser auch vom historischen Geschichtsraum Elsass und nähert sich dem Berlin der Wendejahre an. Mit der Topografie Berlins lockert sich der Bezug zum Roman auf. Trolle aktualisiert das Stadtbild von 1918, indem er neue Straßenzüge, Plätze, Ampeln und U-Bahnstationen hinzufügt. Dieses erneuerte Stadtbild – die Orte, Straßen und Passagen – werden zum Medium der Erinnerung und verflechten die Zeitebenen miteinander. Orte wie das Lager Döberitz, das Tempelhofer Flugfeld, der Marstall oder der Alexanderplatz verweisen auf die spannungsreiche Geschichte Berlins, die Ereignisse der Revolution und die dort ausgefochtenen Kämpfe. Eine Wiederholungsgeschichte an diesen Orten wird nur allzu deutlich spürbar, so weckt die Massenkundgebung auf dem Tempelhofer Feld Assoziationen an die Großdemonstration auf dem Alexanderplatz am 4. November 1989, kurz vor der Maueröffnung.[28]

Dokumentierte Döblin in „November 1918" das Berlin der 1920er Jahre, in dem sich durch die neuen Technologien Straßenbahn, Metro und Elektronik das Stadtbild vollkommen wandelte und die Raum- und Zeitwahrnehmung sich beschleunigte, nutzt Trolle die Romanvorlage als Folie, um postmoderne Erfahrungs- bzw. Wahrnehmungsräume greifbar zu machen. Während die von Döblin genutzte Episodenstruktur ein Fortschreiten der Geschichte suggeriert, bleibt Trolle in einer Episode bzw. in einem Raum stehen, betrachtet diesen, gibt Stimmungen und Atmosphären wieder. Zwei entgegengesetzte Verfahren wendet er an: Zum einen die Verlangsamung und die Miniaturansicht des Einzelnen, zum anderen die Zersplitterung und Verweigerung von Zusammenhängen und Kausalitäten, bedingt durch Ortwechsel und Gedankensprünge. Trolle inszeniert die Stadttopografie als vielstimmigen Erinnerungsraum, wobei er Döblins Stadtbeschreibung der 1920er Jahre als Sprach-Material nutzt, um den Zeitgeist der Metropole Berlin auszudrücken. Nur durch kleine Hinzufügungen verdoppelt sich die Geschichte. Der uns weit entfernte Erinnerungsraum der Novemberrevolution 1918 rückt näher und geht über den Chronotopos Berlin in die friedliche Revolution von 1989 über. Für den Leser ist es faszinierend nachzuvollziehen, wie wenig dazu nötig ist und wie sehr die Strukturen sich ähneln. Der Schieber Motz wird zum Wendegewinnler, die führenden Redner der Novemberrevolution zu den engagierten Oppositionellen der DDR, der traumatisierte Soldat aus dem Ersten Weltkrieg erscheint als NVA-Soldat, das Volk bzw. die

28 Siehe Grünbaum, Robert: Jenseits des Alltags: die Schriftsteller der DDR und die Revolution 1989/90. (Extremismus und Demokratie, 5) Baden-Baden: Nomos 1999, S. 108f.

Massen der Menschen, die Demonstrationszüge verweisen auf die geschichtliche Bewegung. Die Berlin-Topografie wird genutzt, um die Vergangenheit zu vergegenwärtigen und die Umbruchzeit zu spiegeln. In dieser Zeit- und Raumverschiebung kommen latente, unterschwellige Geschichten und Erfahrungen zum Ausdruck. Die Assoziationsbilder zum Militär und Kasernenleben, die einerseits als Schrecken der Fronterfahrungen des Ersten Weltkrieges, können auch als Erfahrungsbilder des Zweiten Weltkrieges oder als Erinnerungen an die SED-Diktatur gedeutet werden können. Das Trauma der verlorenen Utopie wird mit den Revolutionsfiguren Rosa Luxemburg und Karl Liebknecht am Schluss des Stückes aufgezeigt. Der Mythos, der sich um die Revolutionäre rankt, der Traum der sozialistischen Revolution, ist das verbindende Moment zwischen den historischen Epochen bzw. den „novemberszenen". Die Topografie Berlins mit den Straßenzügen und Plätzen erinnert dabei an die Massendemonstrationen und Aufmärsche der politischen Linken. In Trolles „novemberszenen" geistert Liebknecht als gefallener Engel durch die Stadt und verfolgt stumm die Gespräche in einem Prenzlauer Szenecafés. Auch seine Mitstreiterin, Rosa Luxemburg, erscheint wie eine Untote in der Nähe des Landwehrkanals.

Durch diese literarischen Strategien der Wiederholung formt sich ein Raum des Irrationalen aus, in welchem Geschichte wiederholt und parallel zur Jetzt-Zeit geführt wird. Dieser Geschichtsraum der Gleichzeitigkeit verweist auf geschichtliche Zyklen, auf Parallelstellungen und bildet ein Bewusstsein für die Gegenwärtigkeit von Vergangenheiten. Aus dieser Struktur ergibt sich eine irrationale Ästhetik, in der die Grenze zwischen Vergangenheit und Gegenwart bzw. Toten und Lebendigen fließend werden. Der Totenmonat November eignet sich auf besondere Weise, um diese gespenstische Atmosphäre und die Anwesenheit der Geister der Vergangenheit auszudrücken. Hinter dieser Konzeption steht eine ähnliche Denkfigur wie sie Jenny Erpenbeck in ihrem Roman „Gehen, ging, gegangen" entwickelt. In diesem denkt ein ostdeutscher Professor über die Situation der Flüchtlinge in Deutschland nach und empfindet sie als „Tote auf Urlaub", die geradezu geisterhaft wirken:

> „Schon oft hatte er gedacht, dass alle Männer, die er hier kennengelernt hat, genauso auch auf den Grund des Meeres liegen könnten. Und umgekehrt, dass alldiejenigen Deutschen, die während des sogenannten Dritten Reiches umgebracht wurden, Deutschland als Geister noch immer bewohnen. [....] Gehen, Ging, gegangen. Die Trennlinie zwischen Geistern und Menschen war für ihn, und er weiß nicht, woran das liegt, schon immer sehr dünn."[29]

Das Konzept der Wiederholung, so kommt hier zum Ausdruck, kann somit auch als ein *Nicht-abschließen-Können* verstanden werden, d.h. als eine zwanghafte

29 Erpenbeck, Jenny: Gehen, ging, gegangen. München: Albrecht Knaus 2015, S. 274.

Wiederkehr eines Zustandes oder einer Erinnerung. Es sind Strukturen, die auch als traumatisch beschrieben werden können, da sie plötzlich und unerklärlich passieren und einen nicht kontrollierbaren Charakter haben. In diesem Verständnis von Wiederholung werden in Trolles „novemberszenen" traumatische Strukturen und Phänomene wachgerufen, die die verschiedenen geschichtlichen Epochen durchziehen.

Literaturverzeichnis

Assmann, Aleida: Erinnerungsräume. Formen und Wandlungen des kulturellen Gedächtnisses. München: Beck 2010.

Bachtin, Michail M.: Chronotopos. Übers. von Michael Dewey. Berlin: Suhrkamp 2008.

Metzler Lexikon literarischer Symbole. Hrsg. von Günther Butzer. Stuttgart/Weimar: Metzler 2008.

Certeau, Michel de: Die Kunst des Handelns. Übers. von Ronald Voullié. Berlin: Merve Verlag 1988.

Esslin, Martin: Theater des Absurden. Frankfurt/M.: Athäneum Verlag 1964.

Erpenbeck, Jenny: Gehen, ging, gegangen. München: Albrecht Knaus 2015.

Grünbaum, Robert: Jenseits des Alltags: die Schriftsteller der DDR und die Revolution 1989/90. (Extremismus und Demokratie, 5) Baden-Baden: Nomos 2002.

Lehmann, Hans-Thies: Postdramatisches Theater. Frankfurt/M.: Verlag der Autoren 2005.

Nietzsche, Friedrich: Also sprach Zarathustra. Chemnitz: Schmeitzner 1884, Bd. 3. In: Deutsches Textarchiv. <http://www.deutschestextarchiv.de/nietzsche_zarathustra03_1884> (Zugriff am 19.09.2016).

Trolle Lothar: novemberszenen (nach döblin). In: Trolle, Lothar: Nach der Sintflut. Sämtliche Werke. Hrsg. von Tilman Raabke. Berlin: Alexander Verlag 2007, S. 489–544.

Safranski, Rüdiger: Romantik. Eine deutsche Affäre. München: Hanser 2007.

Micha Braun (Leipzig)

Bloß Attrappen und Ruinen. Medien zur Wiederholung von Geschichte im installativen Werk Robert Kuśmirowskis

Prolog

Zu Beginn eines Workshops unter dem Titel „Alien", den die Galerie für zeitgenössische Kunst Leipzig im Januar 2015 unter der Leitung von Artur Żmijewski und Tomáš Rafa (beides Schüler Grzegorz Kowalskis an der Warschauer Kunstakademie) veranstaltete und an welchem der Autor teilnehmen durfte, charakterisierte Żmijewski seine Strategie folgendermaßen: „I want to repeat situations of real life in a game's context, in order to bring power relations and violence, that are usually not visible, to a certain visibility."[1] Thema des Workshops war die Entstehung beziehungsweise Sichtbarwerdung von Gewalt in alltäglichen Beziehungen.

Am dritten Workshoptag unterteilte Żmijewski für eine Übung die Teilnehmer*innen in zwei Gruppen, die auf einer imaginären Landkarte, die sich über etwa zehn Quadratmeter auf dem Boden verteilte, allein mit visuellen Mitteln gegeneinander antreten sollten. Ziel war die möglichst vollständige Landnahme des Gegners. Nach anfänglich friedlicher und vereinzelter künstlerischer Betätigung am Grenzverlauf eskalierte die Situation schnell. Die Teams reagierten zunehmend kollektiv auf Provokationen der Gegner und organisierten Stoßtruppen, die sich weit ins gegnerische Territorium vorwagten, um dort Bereiche der Karte zu *erobern*. Solche Versuche wurden zunehmend körperlich und durchaus gewaltsam zu unterbinden versucht – insbesondere, nachdem durch eine Intervention Żmijewskis eines der beiden Territorien und die ihm zugehörigen Spieler mit dem Namen GERMANIA gekennzeichnet wurden. Nach etwa einer Stunde wurden mittels zunehmend verbal-schriftlicher Äußerungen auf

1 Zit. n. Gedächtnisprotokoll. Der Workshop fand statt vom 19. bis 22. Januar 2015 im Rahmen der Ausstellung und Veranstaltungsreihe „Kreativitätsübungen" an der Galerie für zeitgenössische Kunst Leipzig (GfzK). Eine Gruppe von 10 Teilnehmer*innen zzgl. der Kuratorin Lenka Kukurová und den beiden Künstlern Artur Żmijewski und Tomáš Rafa untersuchte darin in jeweils mehrstündigen körperbasierten Spiel- und Diskussionsrunden Formen alltäglicher und struktureller Gewalt.

der inzwischen weitgehend zerstörten Karte Friedensangebote unterbreitet und schließlich angenommen.

Die von Żmijewski offen benannte Taktik der *Wiederholung* („to repeat situations of real life in a game's context") als einer Strategie zur Sichtbarmachung unsichtbarer Zusammenhänge wird in dieser Versuchsanordnung auf eine signifikante Weise deutlich. In einem intellektuellen Spiel, welches unerwartet schnell zu *ernsthaften*, beinahe erwartbaren, da bekannten Reaktionsmustern führt, zugleich aber die Lust an der körperlichen wie geistigen Auseinandersetzung mit einem fiktiven Gegner nicht verleugnet, kommt die Theatralität und die Dramatisierung solcher Wiederholungen deutlich zur Anschauung.

Denn nicht Mitgefühl mit den Opfern (oder den Tätern) seiner oft kontrovers diskutierten Versuchsanordnungen, aber auch nicht das unmittelbare Miterleben einer sozialpsychologischen Konfliktsituation und des oft hilflosen Umgangs damit, sind Żmijewskis zentrale Ziele, sondern die Auseinandersetzung mit den Medien ihrer Herstellung. Die Gewalt und die konstitutiven theatralen Beziehungen von Gemeinschaft und Geschichte, die Żmijewski in diesem Workshop suchte, war nicht die, die eruptiv aus einer Zwangslage heraus ausbrach, sondern eine strukturellere, die den Protagonist*innen vermeintlich keinen Ausweg lässt und die in den medialen Rahmenbedingungen von Setting und vorgegebenen Handlungsmustern – wenn man so will in Bühnenbild und Requisiten auf der einen, dem Skript beziehungsweise dem Modus der Erinnerung auf der anderen Seite – verankert ist. Den Teilnehmer*innen blieb nach Żmijewskis Intervention eigentlich nichts anderes übrig, als ihre Maßnahmen noch zu steigern und damit Erwartungen zu erfüllen.[2]

Wiederholung kann hier also nicht nur im Sinne eines genaueren Hinschauens beim zweiten Blick verstanden werden, sondern geradezu als Methode der Erkenntnisproduktion im Vorgang des Wiederholens, des Nachmachens beziehungsweise des Erkennens seines nachahmenden Charakters. Damit ist die Wiederholung eine Praxis, die durchaus mit dem in der Ankündigung zur Tagung „Wiederholungen in der dramatischen Literatur der Gegenwart" gegebenen Abgrenzungsversuch von Sprache gegenüber ihrem performativen Vollzug vergleichbar ist. Es wurde gesagt:

> „Durch die charakteristische Eigenschaft der Sprache, Ereignisse, Eindrücke und Gedanken nur in einem zeitlichen Nacheinander einzelner Momente beschreiben zu können, obwohl die Ereignisse oder Eindrücke simultan passieren oder auftreten, entsteht eine zeitliche Spannung zwischen Ereignis und sprachlichem Nachvollzug. Damit unterscheidet sich die Sprache von anderen Künsten oder Medien, wie der Bildenden Kunst oder dem Film. Theater und Dramatik [können] gerade mit dieser

2 Das war dann im Übrigen hinterher Gegenstand langer Diskussionen: wie „Triggermomente" beschaffen sind und welche Strategien eines vermeidenden Umgangs mit ihnen denkbar sind.

> Spannung zwischen textlicher Verarbeitung und bühnenwirksamer Gestaltung arbeiten, um Aussagen zu realisieren."[3]

Eine solche Spannung macht meines Erachtens jede wiederholende Praxis aus, da sie immer in einem Nachvollzug und einer entscheidenden Differenz zum Wiederholten besteht. Diese Differenz jedoch – und damit möchte ich mit Gilles Deleuze die Perspektive des Tagungsaufrufes aufweiten – stellt keine zwischen einem wie auch immer gearteten Original (einem Ereignis, einem Objekt oder einem *selbstidentischen* Subjekt) und seiner Wiederaufnahme oder Nachahmung dar, sondern erscheint zwischen den Wiederholungen selbst: Denn

> „[n]icht die Identität geht der Differenz voraus, [...] sondern die Differenz stiftet die Identität, die Differenz ist das bewegliche Moment, der Anstoß der begrifflichen Bewegung. Nicht das Identische wiederholt sich, sondern [...] die Differenz ist es, die sich wiederholt."[4]

So versteht auch das DFG-Forschungsprojekt „Das Theater der Wiederholung" am Leipziger Institut für Theaterwissenschaft, welches zwischen 2012 und 2018 verschiedene Praktiken der Wiederholung und Rekonstruktion zwischen Grand opera im 19. Jahrhundert und Reenactment-Praxis der Gegenwart untersuchte, ganz in Deleuzes Sinn die Wiederholung als eine theatrale Differenzierungspraxis und ein szenisches Arrangement, in welchen die Uneigentlichkeit und Sekundarität jedes vermeintlichen Originals und jeder festgefügten Identität entlarvt werden, indem sie sich als fortdauernder Prozess der Maskierung und Demaskierung offenbaren.[5] Denn, so Deleuze,

> „[... t]atsächlich ist die Wiederholung das, was sich verkleidet, indem es sich konstituiert, und sich nur insofern konstituiert, als es sich verkleidet. Sie liegt nicht unter den Masken, sondern bildet sich von einer Maske zur anderen [...]. Die Masken verdecken

---

3 Call for Papers der Konferenz, welche vom 31. März bis 2. April 2016 in Kraków am Zentrum für die Dokumentation der Kunst Tadeusz Kantors Cricoteca, organisiert durch die Abteilung für Deutsche Philologie der Pädagogischen Universität in Kraków unter Leitung von Paul Martin Langner und Agata Mirecka stattfand.

4 Stefan Groß-Lobkowicz: Deleuzes Hegel-Kritik. In: tabula rasa. Zeitung für Gesellschaft & Kultur vom 22.06.2009. <https://www.tabularasamagazin.de/deleuzes-hegel-kritik/> (Zugriff am 30.08.2019).

5 Vgl. die Projektbeschreibung in der gepris-Datenbank der DFG unter <https://gepris.dfg.de/gepris/projekt/234966865> (Zugriff am 30.08.2019). Ein erster Band im Rahmen dieses Projekts ist unter dem Titel Reenacting History: Theater & Geschichte. Hrsg. von Günther Heeg/Micha Braun/Lars Küger/Helmut Schäfer. Berlin: Theater der Zeit 2014, erschienen. Eine zweite Aufsatzsammlung erschien anlässlich des Symposiums Das Theater der Wiederholung vom 30. 10. 2014 bis 1. 11. 2014 in Leipzig als online-Publikation unter <http://www.uni-leipzig.de/~theaterderwiederholung/online-publikation/>. 2021 wird eine abschließende Publikation unter dem Titel „Das Theater der Wiederholung und Überschreitung" bei Theater der Zeit veröffentlicht.

nichts, nur andere Masken. Es gibt keinen ersten Term der wiederholt würde; [...] Kraft der Verkleidung [...] ist die Differenz in der Wiederholung enthalten."[6]

Gerade daraus aber, so würde ich argumentieren, erwächst zumindest zu Teilen die Gewalt in Żmijewskis Versuchsanordnung: aus der Leere heraus, aus dem Erkennen oder zumindest Verspüren der eigenen Sekundarität, des Wiederholungscharakters der eigenen Position und der als autonom angenommenen Handlungen, die eben keine Originalität behaupten können, sondern sich immer schon mit ihrer Verkleidungs- und Maskenhaftigkeit abfinden müssen.

I

Mein Verständnis von Wiederholung, welches ich hier an einigen Arbeiten des polnischen Gegenwartskünstlers Robert Kuśmirowski[7] schärfen möchte, stützt sich neben Deleuzes Theoretisierung auf praktische Erprobungen des polnischen Kunstaktivisten und Theatermachers Tadeusz Kantor. In verschiedenen Texten zu seinen Arbeiten, maßgeblich aber in seinen Überlegungen zu „Illusion und Wiederholung", welche er 1978 anlässlich der Cricot^2-Produktion „Wielopole, Wielopole" anstellte, geht Kantor auf den Begriff und seine Potenziale für eine Neugewichtung des Verhältnisses von Realität und Geschichte ein.

Kantor eröffnet seine Reflexion mit einer elementaren Bestimmung der Illusion als einer Technik zur reflexiven Wahrnehmung von Wirklichkeit. Er unterscheidet strikt die täuschende Nachahmung, die allein auf den Effekt einer Widerspiegelung von Lebenswirklichkeit auf der Bühne abzielt (eine Tendenz, die er mit dem Naturalismus in Verbindung bringt), von einer absichtsvollen Künstlichkeit, die es mit Kantors Worten erlaubt,

> „[...] die Lebenswirklichkeit auf andere Weise zu erleben, nicht lebenspraktisch, nicht getrübt durch physische Anstrengung und auch nicht durch die Notwendigkeit des zweckmäßigen Gebrauchs, sondern völlig frei, rein, durch den Verstand, geistig durch innere Rezeption."[8]

---

6 Deleuze, Gilles: Differenz und Wiederholung. Übers. von Joseph Vogl. München: Wilhelm Fink 2007, S. 34f.

7 Studien zu weiteren Positionen der polnischen Gegenwartskunst, die ich unter einer ähnlichen Perspektive untersucht habe, finden sich bereits in meinem Aufsatz: Realität^2. Strategien der Wiederholung bei polnischen Künstlern der Gegenwart. In: Die Praxis der/des Echo. Zum Theater des Widerhalls. Hrsg. von Veronika Darian/Micha Braun/Jeanne Bindernagel/Miroslaw Kocur. Frankfurt/M./Bern/New York 2015, S. 225–247.

8 Kantor, Tadeusz: Illusion. Aus dem Polnischen übers. von Peter Oliver Loew. In: Theater spielen und denken. Polnische Texte des 20. Jahrhunderts. Hrsg. von Mateusz Borowski/Małgorzata Sugiera. Frankfurt/M.: Suhrkamp 2008, S. 344–367, hier S. 344. Die polnischen Originale der hier ins Deutsche übersetzten Texte „Iluzja – mały traktat teoretyczny" [1978], „Iluzja i powtarzanie" [1979], „Pojęcia mylące" [1978] sowie „Mówić o sobie w trzeciej osobie"

Dabei zeichnet sich Illusion durch eine nahezu metaphysische Tendenz zur Überschreitung aus, die sich nicht nur in ihrem Bestreben zur Identifikation mit der Wirklichkeit äußert, sondern in einem „metaphysischen Hunger, die Wirklichkeit und das Leben zu vereinnahmen."[9] Diese Tendenz aber macht die Illusion für Kantor interessant – sie *bedroht* die Wirklichkeit und wird damit zu einer ästhetischen wie außerästhetischen Kategorie im Umgang mit derselben.

> „Nun erkannte ich etwas mehr – daß die ILLUSION außerhalb ihrer konventionellen Meinung eine metaphysische Seite besitzt. / Daß es ganz und gar nicht ihr Wesen ist, wenn man ihr primitiv eine Funktion zuschreibt, die sich aus dem Servilismus gegenüber der Natur und der lebenspraktischen Wirklichkeit ergibt. / Diese metaphysische Seite der Illusion, / die bislang unbemerkt war, ist die / WIEDERHOLUNG. / Fast ein Ritual. / Eine atavistische Geste des Menschen, der an der Schwelle zu seiner Geschichte danach strebte, sich zu bestätigen. / Etwas ein zweites Mal zu tun, / auf künstliche Art, / ‚auf seine eigene Rechnung' – seine menschliche Rechnung, / etwas wiederholen, was schon einmal geschaffen worden war – / durch die Götter, / sich ihrem Neid und ihrer Rache auszusetzen, / das Risiko auf sich zu nehmen, / in der Erwartung einer Niederlage zu einem Treffen zu gehen, / im Bewußtsein, daß dies vergebliche Werke sein werden, / ohne Aussicht auf Zukunft, / ‚für ein einziges Mal', / ohne jenen glänzenden finalen Sinn und ohne lebenspraktische Wirksamkeit, / *Attrappen.*"[10]

Es geht Kantor also in seinem Theater aber auch in der Kunst im Allgemeinen um ein immer erst herzustellendes Verhältnis zwischen der Wirklichkeit und ihrer Wahrnehmung. Dieses Verhältnis ist, bevor sich überhaupt Aussagen über die Wirklichkeit treffen lassen, bereits durch Nachahmung geprägt. Die künstliche und künstlerische Wiederholung der Realität stellt dabei für Kantor eine nachgerade exklusive Zugangsmöglichkeit zu eben dieser Realität dar. Denn Realität ist bei Kantor immer als eine anthropologisch grundierte, historische Wirklichkeit aufzufassen, die nicht einfach gegeben ist – sie ist selbst immer schon „auf menschliche Rechnung" verfasst, ohne jede göttliche Legitimation, „ohne jeden glänzenden finalen Sinn". Vor allem aber ist sie eine Realität des Todes – endlich und ohne Aussicht auf Erlösung.

Jede nachträgliche Rekonstruktion, jede Abstraktion oder Interpretation der Vergangenheit stellt damit selbst eine vergebliche Wiederholung dar, eben jene „atavistische Geste des Menschen, an der Schwelle zu seiner Geschichte". Denn nur in der Wiederholung kann die Übertragung der Realität ins Bewusstsein und ins Gedächtnis gelingen – in einer „Art *Lernen* [...], das die Realität in die unaufhörlich sterbende Vergangenheit überträgt" und damit – „wie ein Echo" –

[1984] finden sich in Tadeusz Kantor: Teatr Śmierci. Teksty z lat 1975–1984 (Pisma, II). Hrsg. von Krzysztof Pleśniarowicz. Wrocław/Kraków: Zakład Narodowy im. Ossolińki 2004, S. 336–346, 433–439.

9 Ebd., S. 347.

10 Ebd., S. 350 [Hervorhebungen im Original].

auch „ein plötzliches Bewußtsein des Verklingens. Und des Sterbens"[11] in sich trägt.

Erinnerung aber, wenn sie übertragbar sein soll, ist an Medien und Objekte gebunden, die der sterbenden Vergangenheit einen stellvertretenden Platz in der Gegenwart einräumen. In Kantors Sinne dürfen diese jedoch nicht für sich beanspruchen, tatsächliche museale Artefakte einer vergangenen Zeit zu sein – als solche verstellten sie nur die Sicht auf den Zusammenhang bzw. die unüberbrückbare Differenz zwischen dem Heute und dem Gestern. *Attrappen* im Sinne Kantors versuchen sich nicht an der Repräsentation, der präsentistischen Vergegenwärtigung oder gar Verlebendigung der Vergangenheit. Sie sind vielmehr Gegenstände, die wie ein Wrack „[ihre] lebenspraktische Funktion und [ihre] Nützlichkeit auf absolute Weise verloren [haben]."[12]

> „Nichts ist weniger brauchbar als das Wrack. Zudem besitzt es seine Vergangenheit. Eine tragische. Seine Funktion wird nur im Gedächtnis aufgebaut. In der *Toten Klasse* sind die Schulbänke ein solches Wrack. Doch dieser Charakter ist nicht in ihrem Aussehen enthalten. Zu einem Wrack werden sie durch die Schauspieler/die Greise und ihre vergeblichen Bemühungen, am Ende ihres Lebens in die Schulklasse zurückzukehren. Sie selbst stehen ratlos, leblos da, ohne etwas bewegen zu können, um zumindest zu einem kleinen Teil, zumindest in der Täuschung, jene verrückte Sehnsucht nach Rückkehr in der Zeit zu stillen."[13]

Solche Wracks oder Attrappen, wie Kantor sie herstellt, um daran das Unabgegoltene der Geschichte (sei es in der autobiografischen Erinnerung, sei es in der offiziellen Geschichtsschreibung) aufzurufen, das die Gegenwart heimsucht und dabei selbst aber nie zur *Präsenz*, zur tatsächlichen Vergegenwärtigung kommt, sind also die Medien der Wiederholung. Und umgekehrt stellt sich Wiederholung im hier gemeinten Sinne als ein Prozess dar, in welchem genaue solche Attrappen hergestellt werden, die in ihrer Artifizialität und kümmerlichen Gemachtheit die vermeintliche *Originalität* und Einmaligkeit des Vergangenen bestreiten.

II

Beim Eintreten in den Café-Bereich des Frankfurter Gallus-Hauses, in welchem im Jahr 2004 eine große historisch-dokumentarische Ausstellung zum wesentlich von Fritz Bauer initiierten Frankfurter Auschwitz-Prozess eingerichtet wurde, fällt das Ausstellungsstück einer großen Karte des Stammlagers II Auschwitz-Birkenau nicht weiter auf. Es handelt sich – so scheint es – um ein weiteres

11 Ebd., S. 352 [Hervorhebung im Original].
12 Ebd., S. 357.
13 Ebd., S. 357 f [Hervorhebungen im Original].

dokumentarisches Objekt, welches einzig durch seine Größe etwas aus dem Wahrnehmungsrahmen eines regulären Ausstellungsbesuches fallen könnte. Bei näherer Betrachtung aber fällt neben der Planzeichnung ein Foto auf, welches auch bei sorgsamem Studium des Begleitkataloges nicht als Porträt oder zeitgeschichtliche Aufnahme einer der 22 Angeklagten oder über 350 Zeugen des größten Prozesses über die Kriegsverbrechen Nazideutschlands zu identifizieren ist. Vielmehr handelt es sich, wie erst Seite 622 des zugehörigen Kataloges[14] zu erkennen gibt, um ein nachträglich inszeniertes Foto des polnischen Nachwuchskünstlers Robert Kuśmirowski in der Pose eines sich gegen die Neugier der Presse abschirmenden Prozessbeteiligten. Weitere Lektüre im Katalog erbringt schließlich die Information, dass auch die Planzeichnung keineswegs ein Originaldokument – weder der Lagerverwaltung noch der Prozessakten – aber auch keine Vergrößerung einer solchen ist. Genaue Inspektion ergibt den Befund, dass es sich um eine Handzeichnung, nämlich die Kuśmirowskis, handelt – eine für die Ausstellung am historischen Ort des Prozesses durch den Künstler hergestellte Kopie nach der Fotografie eines verschollenen Originals. Was noch immer nach einem alltäglichen Vorgang in der Entstehung einer Ausstellung aussieht, wird spätestens in der Wahrnehmung des Titels des Objekts zu einem Problem: „Mapping Auschwitz 1944–1964–2004“ verweist in der exponentiellen Reihung von Jahreszahlen und den Zeitabständen dazwischen nicht nur auf eine ansteigende Distanz zu einem historischen Vorgang, der im Dokument erinnert oder gar beglaubigt werden soll. Er kennzeichnet das Objekt selbst als eine Wiederholung, die sich ungesicherten, weil medial verfälschten Wissens bedient. Doch nicht nur die Planzeichnung ist de facto eine *Fälschung*, auch das vermeintlich darin gespeicherte beziehungsweise erinnerte Wissen über historische Vorgänge wird in seiner medialen Verortung infrage gestellt. Vor allem, indem der Künstler sich selbst – über seine Hand wie im fotografischen Medium – in den Erinnerungsdiskurs der Ausstellung einbringt, wird die Ausstellung an dieser Stelle selbstreflexiv, fragt sie nach dem Wesen von Dokumenten und ihrer Fähigkeit, kollektive Erinnerung zu evozieren.

Gerade Robert Kuśmirowskis Arbeiten lassen sich mit dem an Kantor geschärften Begriff der Wiederholung untersuchen. Obwohl vor allem bildender Künstler mit starkem Hang zur Skulptur und Installation mit performativen Elementen, zeichnet seine Praxis eine explizite wie implizite Theatralität aus. Kuśmirowski ist einer der inzwischen profiliertesten Künstler der Post-Jahrtausendwende-Generation, die sich der Aufgabe einer Auseinandersetzung mit dem Verhältnis von (historischer und gegenwärtiger) Realität und ihrer Widerspiegelung im Zwischenfeld von visueller und performativer Kunst stellen. Wenn

14 Auschwitz-Prozeß 4 Ks 2/63 Frankfurt am Main. Ausstellungskatalog Haus Gallus. Hrsg. von Irmtrut Wojak. Köln: Snoeck 2004.

man seinen biografischen Erzählungen glauben darf, rührt diese Auseinandersetzung von einer frühen Begegnung mit der Faszination für nachgemachte und manipulierte Dokumente und Objekte, für die „Kunst der Herstellung, in der Lage, als Fälschung oder Virus Teil des Alltags zu werden“[15]. Er entwickelte frühzeitig Fähigkeiten zur täuschend echten Zeichnung, was er neben seiner künstlerischen Beschäftigung mit der Frage nach Original und Kopie auch zu Forschungen im Alltagsleben ausnutzte, indem er regelmäßig seine Familie mit gefälschten Nahverkehrstickets und Briefmarken ausstattete.

Was ihn und seine Arbeiten für eine Tagung zum Thema Wiederholung interessant macht, ist seine intensive Auseinandersetzung mit der Herstellung von Wirklichkeit im Objekt bzw. Dokument und deren Interaktion mit Geschichte und Gegenwart. Er selbst sagt in einem Interview: „Der Moment, in dem man die Kopie nicht mehr vom Original unterscheiden kann, balanciert auf dem schmalen Grat zwischen zwei unterschiedlichen Welten. Mir gefallen solche Spiele und ihre Folgen.“[16] Das Spiel mit der Herstellung von Geschichte, von Wahrheit und Aura im Medium der Fälschung, der Attrappe, die immer auch die Spuren ihrer Gemachtheit, der physischen wie geistigen Anstrengung zu ihrer Produktion in sich trägt, kennzeichnet Kuśmirowskis künstlerisches Schaffen.

So erregte er bereits 2003, noch während seines Studiums an der Lubliner Marie-Curie-Skłodowska-Universität, Aufsehen mit einem Projekt, das er als Austauschstudent in Frankreich in Kooperation mit der Galerie für zeitgenössische Kunst Leipzig realisierte. Er produzierte eine Dokumentation über eine Fahrradtour von Paris über Luxemburg und Berlin nach Leipzig, die im Jahre 1926 stattgefunden haben sollte. Es gab Fotografien, Zeitungsausrisse und ein Tourendress in der Ausstellung zu sehen; auch das originale Fahrrad lehnte an der Wand. Doch wurde schnell klar, dass an der ausführlichen Dokumentation dieses Abenteuers etwas nicht stimmte: Wer sich nämlich im Vorfeld der Ausstellung im Internet informiert hatte, wurde Zeuge einer Live-Berichterstattung, die klar machte, dass diese Fahrradtour nicht siebzig Jahre, sondern nur wenige Tage zurücklag. Kuśmirowski hatte die Strecke selbst auf einem Fahrrad der 20er Jahre zurückgelegt. Auf allen Bildern, in allen Zeitungsdokumentationen war er selbst zu sehen – und nicht nur das: er hatte sie selbst verfertigt und künstlich gealtert. Nichts an dem Projekt stellt sich bei genauerer Betrachtung als *echt* oder *authentisch* heraus.[17] Selbst die verschiedenen Tourendresse, in denen Kuśmirowski für die Bilder posierte, hatte er selbst genäht. Und zu guter Letzt konnte

15 Robert Kuśmirowski im Gespräch mit Yilmaz Dziewior. In: Robert Kuśmirowski. Ausstellungskatalog Kunstverein in Hamburg. Hrsg. von Yilmaz Dziewior. Ostfildern: Hatje Cantz 2005, S. 7–14, hier S. 11.

16 Ebd.

17 Vgl. dazu den Beitrag von Joanna Mytkowska: Entzweite Zeit. In: Robert Kuśmirowski. Ausstellungskatalog Kunstverein in Hamburg. 2005, S. 16–25, insbes. S. 19ff.

man sogar die Echtheit des Fahrrades bezweifeln – Kuśmirowski hatte eine Kopie in Holz und Gips hergestellt, die es jedoch nicht rechtzeitig zur Ausstellungseröffnung nach Leipzig schaffte.

Und doch hat er die Tour wohl tatsächlich bestritten, hat es eine gewaltige Kraftanstrengung nicht nur in künstlerischer Hinsicht gegeben. 1.200 Kilometer auf einem siebzig Jahre alten Rad und auf alten, brüchigen Straßen. Als minutiös geplantes Reenactment stellt sich die Aktion dar, als Aktualisierung eines kulturellen und kommunikativen Geschichtsbildes, das vor allem einer Frage nachgeht: Wo liegt die Grenze – die dünne, bewegliche Linie zwischen (historischer) Wahrheit und *Lüge*, zwischen Authentizität und bloßer Imitation.

In seiner vorhergehenden Installation „PKP" (Lublin, 2002) machten ein Güterwaggon, der den relativ kleinen Ausstellungsraum sprengte, sowie die in den umgebenden Räumen angeordneten Objekte und Materialien einen zunächst restaurativen Eindruck. Der Schreibtisch, die Bahndokumente, Schilder und Gerätschaften sowie halbleere Weinflaschen und Zigarettenschachteln schienen dem Fundus eines Eisenbahnmuseums mit Schwerpunkt auf der Volksrepublik Polen entnommen zu sein. Wer jedoch der technischen Frage des *Wie ist das hier hingekommen?* folgte, gelangte zu einer ersten Desillusionierung: Der Waggon und viele andere Objekte dieser Installation waren Kopien, Imitate, Fälschungen – zusammengeklebt aus Gips, Draht und Pappe, gezeichnet mit Bleistift und Kugelschreiber.[18]

Nichtsdestotrotz bewirkte der Waggon Erstaunliches: Nicht nur in Lublin berichteten Besucher von tatsächlich wahrgenommenem Öl- und Erdgeruch – Materialen, die Kuśmirowski nachweislich nicht benutzt hatte. Auf der IV. Berlin Biennale 2006 stand ein solcher Waggon in einer ehemaligen jüdischen Mädchenschule und wurde damit in der öffentlichen Wahrnehmung automatisch zum Deportationswagen nach Auschwitz, Treblinka und Majdanek – obwohl er keine technische Ähnlichkeit mit den Transportwaggons der 1940er Jahre hatte.

Ein „illusionistisches Bühnenbild" nennt Joanna Mytkowska diese Kombinationen aus verborgenen technischen und materiellen Tricks sowie überraschender, allein im Betrachter situierter geschichtlicher Affirmation und verweist dabei auf ihren dezidiert theatralen Charakter. In seinen intuitiven „Störung[en] der Chronologie und […] Verwirrung[en] der Geschichte"[19] verweist Kuśmirowski – gerade durch die materielle Kombination von ‚authentischen' mit ‚nachgemachten' Objekten und Zeitzeugnissen – auf die immer schon vermischte, die kaum zu differenzierenden Zeitschichten überlagernde, Konstruk-

18 Vgl. dazu den Beitrag von Jan Gryka: Robert Kuśmirowski – wahr oder falsch? In: Robert Kuśmirowski. Ausstellungskatalog Kunstverein in Hamburg. 2005, S. 98–109.

19 Mytkowska, Entzweite Zeit. 2005, S. 23.

tionsleistung des historiografischen Blicks.[20] Zugleich aber bilden diese Attrappen, die wiederholten Gegenstände einen persönlichen Zugang zu Geschichte und Erinnerung, der mehr als nur verlockend ist.

III

In einem weiteren Projekt Kuśmirowskis, der Installation „Träumgutstraße" (2014), wird das besonders gut ersichtlich. Im Galerieraum der Warschauer Akademie der Schönen Künste in der Traugutta Straße rekonstruierte Kuśmirowski einen aristokratischen Salon, welcher an diesem Ort bis zu den Weltkriegen des 20. Jahrhunderts gut hätte existieren können. An der Kreuzung Krakauer Vorstadt (dem ehemaligen Königsweg) und der Trauguttstraße stand der Südflügel des spätbarocken Czapski- (oder Krasiński-)Palastes, welcher heute von der Akademie selbst genutzt wird und ehemals eine berühmte Kunstsammlung und Bibliothek beherbergte. Das Gebäude hatte eine wechselvolle Geschichte und wurde über die Jahrhunderte von vielen bedeutenden Künstlern und Mäzenen wie Frederic Chopin, Zygmunt Krasiński oder Cyprian Norwid bewohnt. In den Jahren der deutschen Besatzung wurde der Palast durch Fliegerangriffe und Brände grundlegend zerstört und erst in den 1950er Jahren für die Akademie wiedererrichtet – und das, obwohl die Pläne und Grundrisse vollständig verloren waren. Der Bau ist also von innen ein vollständig neuer, von außen aber eine Rekonstruktion in Gips und Stuck.

Kuśmirowski nahm nun die wichtige gesellschaftliche Stellung, die der Bau vor allem im 19. Jahrhundert als Ort zahlreicher Salons, künstlerischer und politischer Veranstaltungen genoss, zum Anlass, über die nostalgische wie die erinnerungspolitische Dimension solcher Orte für eine Stadt zu reflektieren und zugleich über die Verführbarkeit der Sinne in Hinblick auf die Medien der Erinnerung nachzudenken. Wie immer war seine Installation ein Fake, ein aus gefundenen Gegenständen und selbst kreierten Objekten generiertes Szenarium, welches so niemals in dem Palast gestanden haben dürfte. Dieses Mal gab er sich auch keine besondere Mühe, den Betrachter zu täuschen – die Anordnung vor den unpersönlichen Wänden eines White Cube, die Nach-außen-Wendung eines Innenraums durch den Einbau einer Außenmauer, die eklektische Kombination

20 Vgl. meine etwas ausführlicheren Untersuchungen zu diesen frühen Arbeiten in dem Aufsatz: Grenz-Räume der Erinnerung. Robert Kuśmirowskis artistische Interventionen in deutsch-polnische Geschichtsbilder. In: Teatr–Literatura–Media. O polsko-niemieckich oddziaływaniach w sferze kultury po 1989 roku [Theater–Literatur–Medien. Zu deutsch-polnischen Wechselwirkungen im Kulturbereich nach 1989]. Hrsg. von Małgorzata Leyko/Artur Pełka. Łódź: Primum Verbum 2013, S. 250–260.

von Möbeln und Einrichtungsgegenständen gaben nur den Schein einer gewissen historischen Wahrscheinlichkeit.[21]

Zugleich reflektiert diese Anordnung aber auch über den Status unserer gegenwärtigen Erinnerungskultur. In einer mehr melancholischen, denn tatsächlich historisch interessierten Geste reminisziert die Installation einen Zustand von Zerstörung und Rekonstruktion, von Verlust und Wiederaneignung. Die ästhetische Schönheit der zerstörten Gegenstände, die traumverlorene Anordnung symbolisch aufgeladener Objekte wie ein Spiegel, verkohlte Bücher, verdorrte Blumen und ein von der Hitze des Flugbombenabwurfes verbogener Kronleuchter wirken zugleich wie aus der Zeit gefallen und doch den Augenblick der Zerstörung nahezu vergegenwärtigend. Die Mischung aus die Spuren physischer Zerstörung tragenden und anderen seltsam unbeteiligt wirkenden Objekten an jeweils einer Stelle, wie den Bücherschrank, die multifokalen Hitzeherde in den Bilderrahmen oder am Teppich sowie das perfekt wirkende Arrangement der Zerstörung am Klavier und dem Fauteuil gibt eine plan- und absichtsvolle Destruktion zu erkennen, der gerade nicht unmittelbar beglaubigend auf eine vergangene Katastrophe verweist, sondern eher ihre Referenzialität auf eine solche ausstellt. Die melancholisch schönen Objekte werden nicht mit historischem Leben erfüllt, sondern bleiben seltsam starr – wie Walter Benjamin es für die allegorischen Referenzobjekte des barocken Melancholikers beschrieben hat.

> „Wird der Gegenstand unterm Blick der Melancholie allegorisch, läßt sie das Leben von ihm abfließen, bleibt er als toter, doch in Ewigkeit gesicherter zurück, so liegt er vor dem Allegoriker, auf Gnade und Ungnade ihm überliefert. Das heißt: eine Bedeutung, einen Sinn auszustrahlen, ist er von nun an ganz unfähig; an Bedeutung kommt ihm das zu, was der Allegoriker ihm verleiht. Er legt's in ihn hinein und langt hinunter: das ist nicht psychologisch sondern ontologisch hier der Sachverhalt."[22]

Der Pressetext zur Ausstellung und Interviewaussagen Kuśmirowskis zu der Installation sprechen denn auch ganz barock von der „Wahrheit der Täuschung", der „Faszination der Ruine" und dem Traum, der unser Unterbewusstes in die Vergangenheit projizieren würde[23]. Das gesamte phonetische Spiel des Projekt-

21 Vgl. zu Fotografien von der Installation die Ankündigung Robert Kuśmirowski. Träumgutstraße (23.09.2014) auf dem Kunst- und Kulturportal O.pl: <http://wydarzenia.o.pl/2014/09/robert-kusmirowski-traumgutstrasse-salon-akademii-sztuk-pieknych-warszawa/#/>; sowie den 360°-Rundgang durch die Ausstellung in Galeria Salon Akademii Sztuk Pięknych in Warszawa. <https://www.360stopni.eu/vt/asp/2014/vtours/09traumgutstrasse> (Zugriff am 30.08.2019).

22 Benjamin, Walter: Ursprung des deutschen Trauerspiels (1928). In: ders.: Gesammelte Schriften, unter Mitw. von Theodor W. Adorno. Hrsg. von Hermann Schweppenhäuser/Rolf Tiedemann (= GS, Bd. I.1), Frankfurt/M.: Suhrkamp 1989, S. 203–430, hier S. 359.

23 Vgl. den Pressetext zur Ausstellung in der Galerie Johnen in Berlin, 07.02.–21.03.2015. <https://dailyartfair.com/events/download_press_release/3732> (Zugriff am 30.08.2019).

titels verweist schließlich auf diese eigentümliche Verquickung von Schlaf, Traum, Trauma und Fiktion. Nach Kuśmirowski sind die Betrachter aufgefordert, sich affirmierend seinen Strategien der Imitation und Visualisierung – denen er eine durchaus pornographisch-voyeuristische Seite zuschreibt – hinzugeben und sich in die Vergangenheit hinwegzuträumen, da wir sie sowieso nicht vollständig rekonstruieren können.

> „Praca nad tą wystawą, to dla mnie taki rodzaj pracy nad psychoarchitekturą. Stan ‚ruinalny' to inaczej stan nieokreślony – nie wiemy jakie były założenia budynku ani jak może wyglądać w przyszłości jeśli nie posiadamy oryginalnego projektu, planów, rysunków. Także taki stan bez obecności – historia jest czymś, wobec czego nigdy nie możemy być obecni."[24]

Neben der zweifelhaften Position eines Künstlers, der den jahrhundertealten Wahrheitsanspruch der historisch-rekonstruierenden Künste und Wissenschaften so sehr in Frage stellt, ist eine solche offensive Auseinandersetzung mit den Techniken des ästhetischen Historismus und der Geschichtskonstruktion per Affirmation und Emotionalisierung natürlich ein deutlicher Hinweis auf eine reflexive Positionierung gegenüber Positionierungen rekonstruktiver Geschichtsversessenheit.

Die nahezu barocke, und offen morbide Faszination Kuśmirowskis für die *Ruinität* (*ruinność*) seiner architektonischen Vorlage stellt wiederum einen Bezug zur Macht der Attrappe und des Wracks her. In solchen Resten, den ruinösen Überbleibseln einer ungewissen Vergangenheit steckt für Kuśmirowski wie für Kantor immer auch ein Wissen über die Zukunft. Denn so wie Kantor in seinen Ausführungen zur Attrappe bei genauer Lektüre die Begriffe *atrapa* und *makieta*, also Attrappe und Modell, oder genauer noch Nachahmung und Vorahmung, gleichrangig gebraucht, so verweisen auch bei Kuśmirowski die vermeintlichen Zeugen der Vergangenheit in allegorischer Weise auf die Gegenwart und die Zukunft als stets entfliehende Zeiten, welche noch nicht sind und womöglich nie sein werden, aber immer im Entstehen und Zerfallen zugleich.

> „Nie odnoszę się tu do konkretnego czasu, ale właśnie do tej ‚ruinności', do zniszczeń, to tego co ze sobą niosą, jaką z tych resztek możemy sobie odczytać historię w jedną i drugą

Vgl. dazu Kuśmirowskis Aussagen in einem Interview: Kuśmirowski. Interview mit Zofia Maria Cielątkowska für das polnische Kunstmagazin SZUM vom 05.09.2014. <https://magazynszum.pl/teznia-i-traumgutstrasse-rozmowa-z-robertem-kusmirowskim/> (Zugriff am 30.08.2019).

24 Kuśmirowski. Interview mit Zofia Maria Cielątkowska. 2014 [nicht paginiert]. „An dieser Ausstellung zu arbeiten ist für mich eine Art Arbeit an einer Psychoarchitektur. Ihr ‚ruinöser' Zustand ist unbestimmt – wir wissen nicht, wie die Planungen für das Gebäude waren oder wie es in Zukunft aussehen könnte, da wir nicht über den ursprünglichen Entwurf, die Pläne und Zeichnungen verfügen. Das ist auch so ein Zustand ohne Präsenz – Geschichte ist etwas, in dem wir niemals anwesend sein können." [Übers. d. Autors].

stronę. Chodzi o przeszłość i przyszłość. […] Próba i chęć odbudowy według zasad, które zachowały się z tych strzępów. Ten motyw uciekającego czasu, teraźniejszości której nigdy nie ma, zawsze ucieka, ale dopiero będzie.“[25]

Nicht nur die Vergänglichkeit also wird in solchen Allegorien thematisiert, sie hält auch an den Trümmern und den Überresten fest, die als unruhige Erinnerung und als Fragment dem erschütterten Ganzen gegenüber stehen bleiben. Erst in der Neuzusammensetzung solcher, aus dem Totalzusammenhang gebrochener Fragmente kann ein neuer Sinn entstehen, der sich selbst als bruchstückhaft anerkennt. Anders nämlich als synthetische Versuche, die Widersprüchlichkeit der menschlichen Existenz zu schreiben, beharrt die Allegorie auf den Unvereinbarkeiten, lässt keine Versöhnung oder Aufhebung der Gegensätze auf einer höheren Ebene, auf ein irgend geartetes Ziel hin zu. Sie vereint die unversöhnlichen Inhalte wie die widersprechenden Formen, ohne ihre jeweilige Sprengkraft zu beschädigen.

In ihrer Gemachtheit stehen solche Ruinen oder Wracks, wie Kantor sagt, „ratlos, leblos da, ohne etwas bewegen zu können, um zumindest zu einem kleinen Teil, zumindest in der Täuschung, jene verrückte Sehnsucht nach Rückkehr in der Zeit zu stillen.“[26] In der Architektur der Galeria Akademii und des Pałac Krasiński, die ihre Lebensrealität wie ihre Theaterhaftigkeit, welche ihnen von jeher eingeschrieben ist, behält, inszeniert Kuśmirowski hier ein Bühnenbild für dieses Sehnen nach der Geschichte. In diesem verlockenden Stage design findet ein noch kommendes – oder eigentlich schon laufendes – Theater der Erinnerung statt, das natürlich ein Theater des Todes ist. Das hier angedeutete Schauspiel verlockt, es gibt sich greifbar und verständlich, und scheint die Sehnsucht der Menschen nach der Vergangenheit zu bedienen. Doch zugleich realisiert sich in Kuśmirowskis Installation eine Praxis, die Kantor für das Theater zu rehabilitieren suchte: die der *Imitation.*

„*Die Tätigkeit des Imitierens* ist ein verdächtiger Eingriff, eine nicht besonders rühmliche Praxis, nicht nur wegen des Willens, eine Täuschung oder sogar eine Fälschung hervorzurufen, sondern vielleicht vor allem deshalb, weil zu diesem Ziel jene Materie niedrigeren Ranges, eine unedle, also *unwahre* Materie verwendet wird. […] Doch gerade als Wert der niedrigeren Gattung hat sie für mich eine gewisse Bedeutung. Es

25 Ebd. „Ich beziehe mich hier [in der Ausstellung – M.B.] nicht auf eine bestimmte Zeit, sondern auf diese ‚Ruinität‘, auf die Zerstörungen und das, was sie mit sich bringen; aus welchen dieser Überreste wir Geschichte auf die eine oder andere Weise lesen können. Es geht um Vergangenheit und Zukunft. […] Um den Versuch und den Wunsch des Wiederaufbaus nach Prinzipien, die sich in diesen Fetzen bewahrt haben. Dieses Motiv einer fliehenden Zeit, einer Gegenwart, die es niemals gibt, die immer entgleitet und immer nur sein wird“ [Übers. d. Autors].

26 Kantor, Illusion. 2008, S. 358.

scheint mir nämlich, und ich bin mir dessen fast sicher, daß die Wahrheit in der Kunst nicht mit der Wahrhaftigkeit des Lebens übereinstimmt."[27]

Und diese entscheidende Verschiebung in der Wahrnehmung von Realität, *Wahrheit* und *Wahrhaftigkeit*, von vermeintlich so gewesener Geschichte und der medial bedingten Erinnerung daran, ist der Erfahrungs- und Erkenntnisgewinn, von welchem zu Beginn auch bei Artur Żmijewski die Rede war. Die Theatralität und die Dramatisierung, die die künstlichen Wiederholungen, die Imitationen in Kantors Sinne, bei den hier betrachteten Arbeiten Robert Kuśmirowskis auszeichnet, greifen jeden absoluten Wahrheitsanspruch und jeden Glauben an eine Originalität oder Einmaligkeit des Gewesenen wie des Derzeitigen an.[28] Denn das Theater und die Kunst produzieren Sekundarität – Kantors Attrappen sind nichts anderes als allegorische Objekte, die ihren eigenen Wahrheitsanspruch hinterfragen und dabei doch eine Erfahrungssättigung versprechen, die mit reiner Nachahmung nicht zu erreichen ist.

Das Potenzial eines solchen Modus der Darstellung kann hier selbst nur entwerfend festgehalten werden: Es liegt im Im-Fluss-Halten der Reflexion über die Welt, in der stetigen Auseinandersetzung mit den konkreten Phänomenen als Bruch- und Musterstücke, im Erkennen der Geschichte „nicht als Prozeß eines ewigen Lebens, vielmehr als Vorgang unaufhaltsamen Verfalls"[29]. Es ist ein Aufruf, im Endlichen zu leben, mithin die eigene Vergänglichkeit anzunehmen, ebenso, wie keine endgültigen Fixierungen von Erkenntnis vorzunehmen, sondern dynamisch im je konkreten Zeit-Raum der Erfahrung nach ihr zu suchen. Dies aber bedingt natürlich eine Kompetenz und Bereitschaft zum Aushalten von Unsicherheit und fundamentalen Widersprüchen, die offenbar nur schwer durchzuhalten ist.

In Zeiten, in denen wieder vermehrt nach dem Eigentlichen, dem Originären in Absetzung zum Sekundären, weil Fremden, gefragt und gesucht wird, ist jedoch diese spielerische Erinnerung an die grundlegende Uneigentlichkeit jedes Originals, an die theatrale Sekundarität jedes vermeintlich authentischen Objektes, Konzeptes und vor allem jedes Individuums von größter Relevanz. Denn was sich in diesen theatralen Sekundärobjekten jeweils zu erkennen gibt, ist weniger die souveräne Geste eines selektierenden Historikers oder wissenden

27 Ebd., S. 354f [Hervorhebungen im Original].

28 In Kuśmirowskis eigener, weniger radikaler Formulierung: „[M]am wielki szacunek do oryginału w tym sensie, że go nie potrzebuję. [...] To co robię, to ponowna próba ustanowienia oryginału – to trochę taki wynalazek, świadoma naiwność." Kuśmirowski. Interview mit Zofia Maria Cielątkowska. 2014 [nicht paginiert]. „Ich habe großen Respekt vor dem Original insofern, als ich es nicht brauche. [...] Was ich mache, ist der wiederholte Versuch einer Etablierung oder Begründung des Originals – ein bisschen wie eine Erfindung, bewusste Naivität." [Übers. d. Autors].

29 Benjamin, Ursprung des deutschen Trauerspiels. 1989, S. 228.

Erzählers, sondern eher ein Anerkenntnis, dass „[e]twas ein zweites Mal zu tun, / auf künstliche Art, / ‚auf seine eigene Rechnung' – seine menschliche Rechnung, / etwas [zu] wiederholen, was schon einmal geschaffen worden war" bedeutet, „das Risiko auf sich zu nehmen, / in der Erwartung einer Niederlage zu einem Treffen zu gehen"[30]. Es ist das Anerkenntnis, „daß dies vergebliche Werke sein werden, / ohne Aussicht auf Zukunft, [...] *Attrappen*"[31]. Zugleich aber gibt es keinen anderen Weg, der Unverfügbarkeit des Vergangenen zu begegnen, als sie zu wiederholen und dabei auf „eine Art Lernen" in Form eines Gedächtnisses zu hoffen, „das die Realität in die unaufhörlich sterbende Vergangenheit überträgt."[32] Diese Hoffnung auf eine intensive Auseinandersetzung aller Beteiligten (auf Produzenten- wie Rezipientenseite) mit der Vergangenheit und ihren spürbaren Konsequenzen für die Gegenwart und die Zukunft zeichnet Kantors Theaterarbeiten ebenso aus, wie Kuśmirowskis installative und performative Praxis der Wiederholung.

Literaturverzeichnis

Auschwitz-Prozeß 4 Ks 2/63 Frankfurt am Main. Ausstellungskatalog Haus Gallus. Hrsg. von Irmtrut Wojak. Köln: Snoeck 2004.

Benjamin, Walter: Ursprung des deutschen Trauerspiels (1928). In: Benjamin, Walter: Gesammelte Schriften, unter Mitwirkung von Theodor W. Adorno. Hrsg. von Hermann Schweppenhäuser/Rolf Tiedemann (= GS, Bd. I.1), Frankfurt/M.: Suhrkamp 1989, S. 203–430.

Braun, Micha: Grenz-Räume der Erinnerung. Robert Kuśmirowskis artistische Interventionen in deutsch-polnische Geschichtsbilder. In: Teatr–Literatura–Media. O polsko-niemieckich oddziaływaniach w sferze kultury po 1989 roku. Hrsg. von Małgorzata Leyko/Artur Pełka. Łódź: Primum Verbum 2013, S. 250–260.

Braun, Micha: Realität^2. Strategien der Wiederholung bei polnischen Künstlern der Gegenwart. In: Die Praxis der/des Echo. Zum Theater des Widerhalls. Hrsg. von Veronika Darian/Micha Braun/Jeanne Bindernagel/Miroslaw Kocur. Frankfurt/M./Bern/New York: Peter Lang Verlag 2015, S. 225–247.

Deleuze, Gilles: Differenz und Wiederholung. Übers. von Joseph Vogl. München: Wilhelm Fink Verlag 2007.

Groß-Lobkowicz, Stefan: Deleuzes Hegel-Kritik. In: tabula rasa. Zeitung für Gesellschaft & Kultur vom 22.06.2009). <https://www.tabularasamagazin.de/deleuzes-hegel-kritik/> (Zugriff am 30.08.2019).

30 Kantor, Illusion. 2008, S. 351.
31 Ebd. [Hervorhebung im Original].
32 Ebd., S. 352.

Gryka, Jan: Robert Kuśmirowski – wahr oder falsch? In: Robert Kuśmirowski. Ausstellungskatalog Kunstverein in Hamburg. Hrsg. von Yilmaz Dziewior. Ostfildern: Hatje Cantz 2005, S. 98–109.

Installation die Ankündigung Robert Kuśmirowski. Träumgutstraße (23. 09. 2014) auf dem Kunst- und Kulturportal O.pl: <http://wydarzenia.o.pl/2014/09/robert-kusmirowski-traumgutstrasse-salon-akademii-sztuk-pieknych-warszawa/#/> (Zugriff am 30. 08. 2019).

Kantor, Tadeusz: Illusion. Übers. von Peter Oliver Loew. In: Theater spielen und denken. Polnische Texte des 20. Jahrhunderts. Hrsg. von Mateusz Borowski/Małgorzata Sugiera. Frankfurt/M.: Suhrkamp 2008, S. 344–367.

Kantor, Tadeusz: Teatr Śmierci. Teksty z lat 1975–1984 (Pisma, II). Hrsg. von Krzysztof Pleśniarowicz. Wrocław/Kraków: Zakład Narodowy im. Ossolińśki 2004.

Kuśmirowski. Interview mit Zofia Maria Cielątkowska für das polnische Kunstmagazin SZUM (05. 09. 2014). <https://magazynszum.pl/teznia-i-traumgutstrasse-rozmowa-z-robertem-kusmirowskim/> (Zugriff am 30. 08. 2019).

Mytkowska, Joanna: Entzweite Zeit. In: Robert Kusmirowski. Ausstellungskatalog Kunstverein in Hamburg. Hrsg. von Yilmaz Dziewior. Ostfildern: Hatje Cantz 2005, S. 16–25.

Pressetext zur Ausstellung in der Galerie Johnen in Berlin, 07.02.–21. 03. 2015. <https://dailyartfair.com/events/download_press_release/3732> (Zugriff am 30. 08. 2019).

Robert Kusmirowski. Ausstellungskatalog Kunstverein in Hamburg. Hrsg. von Yilmaz Dziewior. Ostfildern: Hatje Cantz 2005.

Rundgang durch die Ausstellung in Galeria Salon Akademii Sztuk Pięknych in Warszawa. <https://www.360stopni.eu/vt/asp/2014/vtours/09traumgutstrasse> (Zugriff am 30. 08. 2019).

Anna Cholewa-Purgał (Częstochowa)

Repetition in the theatre: Margaret Atwood's play "The Penelopiad" (2007) as a dramatic re-enactment of her dialogue with myth

"All writers repeat themselves – but some recycle," says Toby Lichtig, arguing that a mark of a good author is to be "stylistically, thematically, or ethically [...] distinctive (and repetitive) enough to be mimicked."[1] Repetition with all ist miscellaneous manifestations and degrees, including, but not limited to, recycling, appropriation, augmentation, diminution, inversion, adaptation, pastiche, parallel, counterpoint, mimicry, plagiarism, calque, parody, travesty, tribute, and rewrite, has always functioned as an underlying mechanism of language, and thus, also of literature. Whether viewed in terms of Bakhtin's dialogism and polyphony, Kristeva's intertext and intertextuality, Genette's narratological palimpsest and the fivefold transtextuality, or Roland Barthes' approach to text as "a space of many dimensions, in which are wedded and contested various kinds of writing, no one of which is original: a tissue of citations, resulting from the thousand sources of culture", the workings of language, and of text as such, have always involved interaction and, in varying degrees, repetition.[2] It might be argued, therefore, that writing is essentially reading (or listening) and rewriting, which, in turn involves both repetition and recycling.

There is, however, a subtle difference between the last two concepts: repetition and recycling. Leaving a stamp of one's own style and favourite themes seems

1 Lichtig, Toby: All writers repeat themselves – but some recycle. 12 January 2010. <http://www.theguardian.com/books/booksblog/2010/jan/11/fiction-johnirving> (retrieved on 30.05.2020).

2 Bakhtin, Mikhail: Problems of Dostoevsky's Poetics. Ed. and transl. by Caryl Emerson. Minneapolis, MN: University of Minnesota Press 1984. Bakhtin, Mikhail: The Dialogic Imagination. Ed. and transl. by Michael Holquist and Caryl Emerson. Austin, TX: University of Texas Press 1983; Kristeva, Julia: Desire in Language: A Semiotic Approach to Literature and Art. New York, NY: Columbia University Press 1980; Genette, Gerard: Narrative Discourse: An Essay in Method. Transl. by Jane E. Lewin. Ithaca, NY: Cornell University Press 1983; Genette, Gerard: Palimpsests: Literature in the Second Degree. Transl. by Channa Newman. Lincoln, NE: University of Nebraska Press 1997; Barthes, Roland: The Death of the Author. 1967. Transl. by Richard Howard, pp. 1–6, p. 4. <https://writing.upenn.edu/~taransky/Barthes.pdf> (retrieved on 30.05.2020).

natural and, in fact, desirable, so that thanks to a repetition the readers' expectations might be satisfied, while casual recycling of one's own writing resembles balancing more or less successfully on "a fine line between the playful and the hackneyed",[3] and poses a serious risk of falling into the pit of shoddy potboiling. One of the fundamental principles of both ecology and literature, recycling works differently in each. Unlike in ecology, in literature it should not concern waste material but rather the finest and most inspiring kind. Unlike in ecology, literary recycling requires a great skill and intuition about what and how may be reused, and, last but not least, it might not always work beneficially, especially when it turns into a writer's self-recycling treadmill. On the other hand, writing without reusing elements of other authors' works, ideas, or styles, appears impossible, for no writer exists in the void, and language itself is a self-perpetuating mechanism of replication.

One of the most fundamental and prolific recyclables that has engendered innumerable repetitions and recurrences in language and in literature, accounting for much of the development and sustainability of culture worldwide, is myth, or "a symbolic narrative, usually of unknown origin and at least partly traditional, that ostensibly relates actual events and that is especially associated with religious belief."[4] A wonderfully reusable material, myth has not suffered from the immense multitude of its reinterpretations, renderings, and applications across cultures and millennia. Of course, it can become diseased, be misused, "ill done", "carried to excess", or "put to evil uses", but so can man's "creative Fantasy" or any human thing, as J. R. R. Tolkien remarks.[5] Yet, the exceptional recyclability of myth does not seem to harm or exhaust its essence. Rather than being on the wane, myth has thrived in its countless retellings, rewrites, remakes, transcriptions, transgressions, variations, and alterations, to name but a few, and has continued to inspire and inform much of human imagination and creative activity. Ancient myths, which reach back to the dawn of time and the very depth of what Carl Gustav Jung named the human collective unconscious,[6] have been reiterated not only in religious systems but also in virtually all manifestations of human thought, which, explicitly or implicitly and in various degrees, draws on archetypal themes and tropes.

The mythical legacy of pre-historic times and antiquity, with all its modern reverberations and reworkings, has shaped man's civilization and culture. As

3 Lichtig, All writers repeat themselves – but some recycle.

4 Buxton, Richard G. A., et al.: Myth. In: Encyclopaedia Britannica. <https://www.britannica.com/topic/myth>, 3 January 2017 (retrieved on 30 May 2020).

5 Tolkien, John Ronald Reuel: On Fairy-Stories. In: The Monsters and the Critics. London: HarperCollins 2007, pp. 109–161, p. 128.

6 Jung, Carl Gustav: Archetypes and the Collective Unconscious. In: Collected Works. Princeton, NJ: Princeton University Press 1968, vol. 9, part 1, 2nd ed., pp. 3–41.

David Bidney observes, referring to the philosophy of Fredrich Wilhelm Joseph Schelling (1775–1854), a German philosopher associated with absolute idealism, and to the latter's "Philosophy of Mythology" in particular, "myth is not something freely invented but a necessary mode of feeling and belief which appears in the course of history and seizes upon human consciousness."[7] Thus, when viewed from this perspective, myth has "its own mode of necessity and its own mode of reality", and does not merely constitute a stage in the development of a civilization, but rather "an autonomous and integral segment of universal human culture", and a creative expression of human thought with a truth of its own.[8]

Another German philosopher addressing the importance of myth, Ernst Cassirer (1874–1945), in his Neo-Kantian philosophy of culture considers myth "an autonomous form of the human spirit", which "is not reducible to the play of empirical-psychological forces governing the production of representations."[9] To Cassirer, a philosophy of culture must essentially draw on a philosophy of myth, and mythical thinking is "a unitary form of consciousness with its specific and characteristic features."[10] Friedrich Max Müller's (1823–1900) theory that (Hindu) myth and mythology caused a "disease of (The Sanskrit) language" is therefore opposed by Cassirer, and many other thinkers and writers, who argue that, should the predator-prey relationship be used, it is language that has contributed to the corruption of myth worldwide, departing in the course of its evolution from the mythological grounds, and thus breaking away from the original symbiotic unity of experience, feeling, and expression.[11] One of such writers was J. R. R. Tolkien (1892–1973), a notable myth-making scholar and philologist instrumental to the contemporary revival of the fantastic mode, who remarked that "[m]ythology is not a disease at all, though it may like all human things become diseased. You might as well say that thinking is a disease of the mind. It would be more near the truth to say that languages, especially modern European languages, are a disease of mythology."[12]

Despite the potentially corruptive influence of language undergoing manipulations and contaminations of various kinds, myth has flourished losing none of its vitality and universality, and revealing itself in diverse manifestations, allu-

7 Bidney, David: Myth, Symbolism, and Truth. In Vickery, John B.: Myth and Literature: Contemporary Theory and Practice. *Lincoln, NE: University of Nebraska Press* 1969, pp. 3–15, p. 5.
8 Ibid, p. 5.
9 Ibid, p. 6.
10 Cassirer, Ernst: The Philosophy of Symbolic Forms. New Haven, CT: Yale University Press 1955, vol. 2, p. 13. Cf. Bidney, David: Myth, Symbolism, and Truth. 1969, p. 6.
11 Müller, Friedrich Max: Lectures on the Science of Language. Cambridge: Cambridge University Press 2014. Cf. Bidney, David: Myth, Symbolism, and Truth. 1969, p. 6.
12 Tolkien, J. R. R: On Fairy-Stories. 2007, pp. 121–122.

sions and offshoots, including fantasy literature. An intimate and causal connection of myth to fantasy fiction and to the fantastic, the latter being identified by Tom Shippey as the "dominant literary mode of the twentieth century", is also very telling.[13] Whether retold and recycled in adaptations and appropriations or recreated in mythopoeic works, myth has been the warp and weft of the literary fabric, including what is called today the fantastic, along with a plethora of other myth-based yarns.

The uniquely recyclable potential of myth results from the fact that "myths are universal and timeless stories that reflect and shape our lives – they explore our desires, our fears, our longings, and provide narratives that remind us what it means to be human."[14] One of numerous attempts at a compilation of contemporary retellings of myth in a sequence of novellas is the Canongate Myth Series, conceived of in 1999 by Jamie Byng, the head of Canongate, an independent Scottish publisher, who subsequently "commissioned from the gods and goddesses of modern literature"[15] (including, chronologically, Margaret Atwood, Jeanette Winterson, Olga Tokarczuk, Philip Pullman, and A. S. Byatt) their versions of ancient and classical myths. Together with Karen Armstrong's introductory "A Short History of Myth", three short novels appeared in 2005, one of which was Atwood's "The Penelopiad".

A prominent writer of fiction, a poet, essayist, and literary critic, known for her commitment to sustainability and environmental protection, and for her interest in the issues of femininity and gender, and in exploring the edge of things, the wilderness, and the liminality, (which, as a daughter of an entomologist, she might have developed from her childhood experience in the Canadian backwoods of the north-east), Margaret Atwood (born in 1939) has always been both fascinated and bothered by myth, and by some themes from the Greek mythic lore, in particular.[16] She approaches myth as "a big map of the psyche", and "a big map of the human-ness of human beings."[17] Furthermore, Atwood sees myth as a timeless reservoir of living truths, human desires and fears, which define humanity, and which, rather than reason or science, "in fact

13 Shippey, Tom: J. R. R. Tolkien: Author of the Century. London: Houghton Mifflin 2002, p. vii.

14 Atwood, Margaret: The Penelopiad (novella). Edinburgh/New York/Melbourne Canongate 2005. The front blurb (unpaginated). The generic label *novella* is provided in this article to distinguish this work from Atwood's play, bearing the same title.

15 Tonkin, Boyd: Margaret Atwood: A personal odyssey and how she rewrote Homer. An interview with Margaret Atwood. <https://www.independent.co.uk/arts-entertainment/books/features/margaret-atwood-a-personal-odyssey-and-how-she-rewrote-homer-322675.html> 28 October 2005 (retrieved on 30.05.2020).

16 Atwood, The Penelopiad (novella). Introduction. 2005, p. xxi.

17 Atwood, in: Tonkin, Boyd: Margaret Atwood: A personal odyssey and how she rewrote Homer. An interview with Margaret Atwood.

(…) drive the world."[18] Local geography and topography may vary, she says, and so may the social and political nuances, "but the basic stuff – love, hate, death, life, famine, plenty, animal helpers, the fates of souls, creation myths, what will happen at the end of the world – those are all fixtures."[19]

Those are all permanent universalities, one may add, which bend with a trend, yet remain essentially the same across millennia and cultures; the universalities whose experience has been nourishing language itself, and furnishing all human narratives. Such constancies spin the inexhaustible yarn from which both language and literature are woven. Lichtig calls them "prefabricated" elements that have recurred in various configurations since time immemorial: "[l]ong before we learned to write, [he observes], oral poets would tell yarns by stitching together prefabricated 'scraps' of narrative to form a sort of patchwork literary quilt; the skill was in the stitching."[20]

Thus, the immense patchwork of literature appears to be an intricate stitchwork of miscellaneous threads, whose recognizable and recurrent patches belong to myth, without which language and narrative cannot be fully comprehended. "You could add that language and narrative are the most important human inventions" [Atwood remarks]. "And once you've got a language with a past tense and a future tense, you're going to have a mythology."[21] According to Atwood, it is the mark of a writer to reach back to the wealth of myth, to "descend to where the stories are kept", and to "commit acts of larceny, or else of reclamation."[22] "Larceny" and "reclamation" seem to correspond to the literary mechanisms of source acquisition that allow for repetition, rewriting, reuse, and recycling. The major precondition for a successful rewrite of a myth is for the writer, Atwood claims, to "take care not to be captured and held immobile by the past."[23] As Tonkin argues, Atwood's novella "The Penelopiad" is "[a]n act of both larceny and reclamation", and it "shows Atwood making off with an especially well-guarded cultural treasure – and making it new, as she always does."[24] This might imply that the repetition and recycling Atwood has used in her "Penelopiad" do

18 Ibid.
19 Ibid.
20 Lichtig, All writers repeat themselves – but some recycle.
21 Atwood, in: Tonkin, Boyd: Margaret Atwood: A personal odyssey and how she rewrote Homer.
22 Ibid.
23 Ibid.
24 Tonkin, Margaret Atwood: A personal odyssey and how she rewrote Homer. 2005. "Make it new" was a slogan and imperative launched by Ezra Pound in 1934 (5 years before Atwood's birth), and a manifesto of modernism in literature; cf. Bledsoe, Eric Matthew: Make it New. In: Routledge Encyclopedia of Modernism. 01.10.2016. DOI 10.4324/9781135000356-REM1131-1. <https://www.rem.routledge.com/articles/make-it-new> (retrieved on 30.05.2020).

not appear tawdry and mechanical, and that, when aided with ingenuity and skill, they may amount to originality.

The first reason why Atwood's dialogue with myth is a repetition which "makes it new" is the fact that for her heroines she chooses the apparently least intriguing and most insipid personalities, when measured by the standards of Homer's "Odyssey": Penelope, the paragon of virtue, loyalty and patience, whom Boyd Tonkin calls the "mythical dutiful doormat" who just cannot be made to fly, and the twelve maids who receive very little attention in the epic and are reduced to an empty stereotype.[25] So, "[w]hat's to say about someone who's merely good?" Atwood enquires rhetorically in Tonkin's interview, referring to Penelope.[26] The writer compares the Homeric image of the Queen of Ithaca to that of a Victorian woman – a compliant spineless housewife, and a foil for her adventurous cousin, Helen of Sparta (later of Troy), who, when they meet in Hades, still calls Penelope "the faithful little wifey", and "such a homebody"[27]. But neither Atwood nor her Penelope approves of this version.[28]

> "And what did I amount to [says Penelope in Atwood's novella], once the official version gained ground? An edifying legend. A stick used to beat other women with. Why couldn't they be as considerate, as trustworthy, as all-suffering as I had been? That was the line they took, the singers, the yearn-spinners. *Don't follow my example*, I want to scream in your ears – yes, yours! But when I try to scream, I sound like an owl."[29]

In her afterlife Atwood's Penelope receives from the writer what Tonkin calls "the sardonic, deadpan voice", "half Dorothy Parker, half 'Desperate Housewives'", as she masters bitter irony.[30] Refraining from any confessions during her earthly life, Penelope produces her "tell-all" narrative from Hades, when she longer has to keep up appearances. "Other people would have laughed if I'd tried to play the minstrel [she admits]. There's nothing more preposterous than an aristocrat fumbling around with the arts. But who cares about public opinion now? The opinion of shadows, of echoes."[31] "So I'll spin a thread of my own,"[32] she declares, but the novella is not just a unison, as Penelope's tale is punctuated, complemented, challenged and at times contradicted by eleven performances of the

25 Tonkin, Margaret Atwood: A personal odyssey and how she rewrote Homer. 2005.
26 Ibid.
27 Atwood, The Penelopiad. 2005, p. 188.
28 Tonkin, Margaret Atwood: A personal odyssey and how she rewrote Homer. 2005.
29 Atwood, The Penelopiad. 2005, p. 2.
30 Tonkin, Margaret Atwood: A personal odyssey and how she rewrote Homer. 2005. Dorothy Parker (1893–1967) was an American poet, writer and satirist, known for her wisecracks. Desperate Housewives is a contemporary American television series featuring a number of women, seen by their suicide friend, and combining soap opera with comedy, drama, and mystery.
31 Atwood, The Penelopiad. 2005, p. 4.
32 Ibid., p. 4.

maids, who also "spin a thread of their own", and undergo a profound character development in Atwood's reinterpretation of this myth, gaining even more independence and significance in her "Penelopiad" play.

It must be said at this point that, interestingly, Atwood has gone so far as to commit the act of literary larceny along with repetition and recycling twice, drawing on the same mythical source. Reinterpreting the (largely oral and recorded erratically) myth lore concerning Penelope and Odysseus, and filling in the large void surrounding the twelve hanged maids, Atwood first wrote a novella in 2005, and soon afterwards recast it into a play that reiterates the same matter, taking advantage, nonetheless, of the unique qualities of drama. A novella turned into a play rather than into a film adaptation or a comic book might not seem the most popular choice of today's writers, so there must have been a good reason for this cross-generic transformation. This paper attempts to reflect upon the aspects and effects of this case of repetition in the theatre, rooted in myth, revived in a novella, and finally recapitulated in a play.

Such a daring feat requires considerable craft and courage, if the writer does not wish to produce hackneyed replications. The "stolen" treasure that Tonkin mentions, as quoted above, is Homer's "Odyssey" with a bulk of oral myths not included in the epic and concerning Odysseus and his wife Penelope. Atwood's handling of the treasure is a novel approach to its characters: she offers a feminine rewrite of the epic material, (drawing more on the mythical stories disregarded by Homer than on "The Odyssey" itself), and choosing two female entities, depicted stereotypically or marginally by Homer, for her protagonists: Penelope, the faithful wife of Odysseus, and a dozen of her youthful maids, hanged in a row by Telemachus upon his father's order after Odysseus' return to Ithaca after his twenty-year-long voyage home in the wake of the Trojan War. Although centred upon the character of the Queen of Ithaca, as reflected in the title ("The Penelopiad" implies a heroic epic about Penelope, the way "The Iliad" or "The Aeneid" do, highlighting the siege of Troy or Ilium, and the deeds of Aeneas after his escape from Troy, respectively), Atwood's rewrite of "The Odyssey" eulogizes neither Penelope nor Odysseus but instead demythologizes both of them, bringing to the fore the largely forgotten, or at best neglected, collective heroines – the twelve murdered maids, whom Atwood depicts as the most youthful, beautiful and loyal of Penelope's slaves.[33]

Atwood's novella can thus be read as a dialogue with or, more precisely, a counterpoint to Homer's narrative; one that provides an insight into a virtually discarded perspective of the underprivileged women, while attempting a rehabilitation of the female victims of misunderstandings, stereotypes, cowardice, blind cruelty, social injustice, and patriarchy, whom Atwood chooses to re-

33 Atwood, The Penelopiad (novella). 2005, pp. 113–115.

construct as innocent prey of Penelope's desperate scheme of her own survival during Odysseus' twenty-year-long absence.

Penelope herself does not dare to tell Odysseus about the fidelity of the murdered maids and their loyal service when she discovers their tragic deaths. She fears she might be suspected of infidelity herself, and "bites her tongue again, wondering [she] ha[s] any tongue left, so frequently ha[s] she bitten it over the years".[34] She is like a desperate housewife, and, reiterating her own motto that "it's always an imprudence to step between a man and the reflection of his own cleverness", especially that of Odysseus, widely recognized as the most cunning man, she never speaks in the maids' defence and decides to say the prayers and perform the sacrifices for the hanged girls only secretly. So the "notorious whores"[35] slander pronounced by Eurycleia sticks to their posthumous reputation, and Penelope feels she has failed her faithful and obedient maids, the raped ones, the prettiest and youngest female slaves whom she has raised almost like her own daughters to be her ears and eyes among the greedy suitors, and to help her every night undo the shroud ("Penelope's web") she has been weaving for three years in an attempt to gain time when the suitors' pressure grew considerably stronger.[36] The only thing she does about this realization is weep bitterly, which she usually does, finding herself helpless and being a daughter of a Naiad, whose element is water.[37]

In her Canongate "Penelopiad" Atwood intertwines Penelope's confessional narrative coming from the underworld with eleven performances of the maids, whose choral interludes counterbalance and challenge their queen's account. The prettiest and smartest of the maids is given a name and called Melantho of the Pretty Cheeks, a personalization that defies the anonymity and negligibility of the girls in the existing myth lore, and brings the reader closer to their plight. Moreover, Atwood problematizes both Homeric myth and the stories disregarded by the epic poet, by offering multiple explanations of the homicide committed on the maids, regarding the role of Penelope, and of Odysseus' former nurse Eurycleia. Penelope appears innocent in her own posthumous confession, yet her innocence is questioned by the maids in a dramatic piece called "The Perils of Penelope", which offers a completely different version of the events leading to the hanging of the maids, and points at Penelope and Eurycleia as the instigators of the mass murder.[38] Another dramatic interlude in the novella, which is a simulation of the twenty-first century court trial of Odysseus, "as videotaped by the Maids" also shows Penelope in an unfavourable light as a

34 Ibid., p. 160.
35 Ibid., p. 160.
36 Ibid., p. 181.
37 Ibid., p. 121.
38 Ibid., pp. 147–152.

submissive, passive and weepy woman unable to stand firm in the maids' defence.[39] This polyphony of voices and perspectives, and a choice given to the reader to decide which version to follow, give Atwood's novella a postmodernist touch, while the structure of the novella is a hybrid of Penelope's tale and the maids' collective performances, each in a different performative genre.

Returning to the issue of myth in Atwood's novella, "The Penelopiad" is a rewrite, a compilation and a reinterpretation of the existing mythic material concerning Penelope, her husband (the arch cheat, and "the spinner of falsehoods"[40]), and her favourite maids. Whether "stolen" or "reclaimed", myth informs Atwood's novella just as it does ancient epics, spinning the yarn of narrative across millennia, and remaining one of its main strands. Myth is a material particularly apt for recycling and repetition, for it deals with universal human emotions and experiences that are narrativised and that welcome retellings, storytelling being the first natural human way of dealing with life and its challenges. John McLeod, a psychotherapist, links narrative with therapy, arguing that "all therapies are narrative therapies", and that life narratives or self-narratives are crucial to the formation and sustainability of the self, as they have a powerful therapeutic potential.[41]

MacLeod also contends that "we construct personhood and identity (and our theories of personhood and identity) from the cultural resources available to us,"[42] this point being an interlink with myth – whose narrative has shaped our culture and contributed to the rise of all religious systems. "A big map of the psyche," as Atwood calls it,[43] myth inspires and enables therapeutic storytelling, including novels and novellas, the foremost genres of contemporary narrative in literature. Interestingly, MacLeod likens therapy stories to novels, arguing that "therapy as a form of storytelling displays many of the features of that other distinctively modern narrative form, the novel."[44] "The telling of personal stories, tales of 'who I am', 'what I want to be', 'what troubles me', to a listener or audience mandated by the culture to hear such stories, is an essential mechanism through which individual lives become and can remain aligned with collective realities," MacLeod concludes.[45]

Thus, an individual life partakes of the mechanism of repetition, becoming (re)aligned with the primary collective patterns of feeling, thought, and behav-

39 Ibid., p. 175.
40 Ibid., p. 137.
41 MacLeod, John: Narrative and Psychotherapy. London: Sage Publications 1997, p. x.
42 Ibid., p. x.
43 Atwood, in: Tonkin, Boyd: Margaret Atwood: A personal odyssey and how she rewrote Homer.
44 MacLeod, Narrative and Psychotherapy. 1997, p. 23.
45 Ibid., p. 2.

iour, first captured and preserved in myth. Undoubtedly, life is a narrative embedded in the "collective unconscious" and the "collective realities" of humanness, exemplified and preserved in myth.[46] It tells and represents a complex story, unfolding "a big map of [an individual] psyche", made of events, actions, and of an interplay of emotions and experiences.[47]

By no means, however, is the narrative mode the only modality that interlinks life with myth, with therapy, and with the mechanisms of repetition, another realm of partial co-inherence being drama, whose importance is central to the topic of this paper. It may sound a pathetic platitude to say that life is a drama, but far from any sentimental or melodramatic dimension, life is essentially a story presented through actions, and a kind of improvised performance, of whose nature William Shakespeare famously wrote: "All the world's a stage, / And all the men and women merely players; / They have their exits and their entrances; /And one man in his time plays many parts, / His acts being seven ages."[48] And, in another place, the Bard of Avon likens not man but human life itself to a (poor) actor or actress on the stage, emphasizing the theatrical aspect of existence, which entails both uniqueness and repetition, for every life story appears essentially a(n) (unrehearsed) drama: "Life's but a walking shadow, a poor player / That struts and frets his hour upon the stage, / And then is heard no more."[49] And yet another proverbial quote from Shakespeare reiterates the same correspondence between life and theatre: "When we are born, we cry that we are come / To this great stage of fools."[50]

John Louis Styan, a theatrologist, expresses the same belief, arguing that "[dr]ama is the most wide-ranging of all the arts: it not only represents life but also is a way of seeing it. And it repeatedly proves Samuel Johnson's contention that there can be no certain limit to the modes of composition open to the dramatist."[51] This intimate connection between drama, life, and its representations, appears only natural and as old as mankind itself. Styan adds that "dramatic literature has a remarkable facility in bringing together elements from other performing and nonperforming arts: design and mime, dance and music,

46 The quotes have been documented above in the paper: the former comes from Jung, cf. footnote 6; while the latter is MacLeod's, cf. footnote 29.

47 This quote is Atwood's, see footnotes 17 and 27.

48 Shakespeare, William: As You Like It. Act 2 Scene 7. In: Wells, Stanley, et al.: William Shakespeare: The Complete Works. Oxford: Clarendon Press 1997, p. 638.

49 Shakespeare, Macbeth. Act 5 Scene 5. In: Wells, S., et al.: William Shakespeare: The Complete Works 1997, p. 998.

50 Shakespeare, King Lear. Act 4 Scene 5. In: Wells, S., et al.: William Shakespeare: The Complete Works 1997, p. 968.

51 Styan, John Louis: Dramatic literature. In: Encyclopaedia Britannica. <https://www.britannica.com/art/dramatic-literature/The-range-of-dramatic-forms-and-styles> 23.08.1998 (retrieved on 30.05.2020).

poetry and narrative. It may be that the dramatic impulse itself, the desire to recreate a picture of life for others through impersonation, is at the root of all the arts."[52]

Thus, the performative mode of human life and this "dramatic impulse itself"[53] which drives all human creative activity help perpetuate the universal wheel of repetition. So do the multiple interconnections between the other areas outlined above, that is myth, life, therapy, and, last but not least, drama. Beginning with the relationship between myth and drama, it must be noted that drama originated from myth probably in the early 6th century BC, and that ancient Greek tragedy developed and drew its themes from the orally transmitted mythic material, just like epic poetry had done some two centuries earlier, stitching carefully a patchwork of selected strands of myth. This myth-based provenience of drama is reflected, for instance, in the etymological distinction between *praxis* and *mythos* of the ancient tragedy, the former corresponding to the dramatic action, and the latter to the plot.[54]

Interestingly, as it evolved from the Dionysian cult and rituals in about 500 BC, tragedy dramatized some threads of orally transmitted myth, valuing live performances and oral art more than any written body of text.[55] It was so inasmuch as "[t]o Greeks the spoken word was a living thing and infinitely preferable to the dead symbols of a written language."[56] This priority governed all Greek literature, but particularly the epics, which had arisen from the oral-formulaic tradition that drew on song and chant, and, subsequently, concerned Greek drama, in which the spoken word was fortified with dance, instrumental and vocal music, design, mime, ritual, and, above all, acting, all syncretically happening in real time. A dramatic performance in ancient Greece fully involved and immersed the audience, not only verbally, intellectually, and emotionally, but also aesthetically and sensorially, as it immediately engaged all the senses. And this unique attribute of drama has ever since informed the theatre, while poetry has lost most of its live performative and musical nature. That is why perhaps Jacques Derrida calls performances "the writing of the body itself", evoking the ideas of Antonin Artaud (1896–1948), according to whom the theatre employs "language in space" – "a kind of unique language half-way between gesture and thought."[57]

52 Ibid.
53 Ibid.
54 Broadhurst, Susan: Liminal Acts: A Critical Overview of Contemporary Performance and Theory. London: Continuum1999, p. 2.
55 Bahn, Eugene, and Bahn, Margaret, L.: A History of Oral Interpretation. Minneapolis, MN: Burgess Publishing Company 1970, p. 3.
56 Ibid., p. 3.
57 Derrida, Jacques: Writing and Difference. Transl. by Alan Bass. Chicago, IL: University of Chicago Press 1978, p. 191. Antonin Artaud: The Theatre and Its Double. Transl. by Mary Caroline Richards. New York, NY: Grove Press 1959, p. 89.

Emphasizing the syncretism of verbal, non-verbal, sensory, sonic, aesthetic, spatial, kinaesthetic, psychological, and moral experience that amounts to the all-inclusiveness of the theatre, which cannot be emulated by non-performative arts, Artaud, who developed The Theatre of Cruelty movement, sees performance in his extreme way as a type of physical assault on the senses of the spectator, and argues that: "Once aware of this language in space, language of sounds, cries, lights, onomatopoeia, the theatre must organize it into veritable hieroglyphs, with the help of characters and objects, and make use of their symbolism and interconnections in relation to all organs and on all levels."[58]

This peculiar all-embracing impact on the audience is perhaps another reason why Atwood decided to turn her "Penelopiad" Canongate novella of 2005 into a stage play. It seems worth noting that the first staging of the novella, or a quarter of the book, to be precise, adapted into a short play, took place just after its publication in October 2005, with Atwood herself reading Penelope's part, and assisted by three maids only. That was a forty-minute play held at St. James' Church, Piccadilly, London, and directed by Phyllida Lloyd, who had cooperated with Atwood on another stage project, an operatic adaptation of Atwood's bestseller "The Handmaid's Tale" in 2000. Then, in 2007 Atwood's fully-fledged "The Penelopiad" (a play)[59] followed, jointly staged by the British Royal Shakespeare Company and Canada's National Arts Centre, as directed by Josette Bushell-Mingo. The cast of the 100-minute play consisted of females only, including seven Canadian and six British actresses, accompanied by a music trio (percussions, a keyboard, and a cello), with Penny Downie acting as Penelope. The play was first held at Stratford-upon-Avon, and at The Swan Theatre in Ottawa in September and October 2007, and then at the Stanley Industrial Alliance Stage in Vancouver in 2011. In 2012 a new 120-minute staging of "The Penelopiad" (a play) was put on at the Toronto Nightwood Theatre, starring Megan Follows as Penelope, with all-Canadian and again all-female cast, directed by Kelly Thorton, whose production received more critical acclaim than Bushell-Mingo's.[60]

58 Artaud, The Theatre and Its Double. 1959, p. 90.

59 To avoid confusion, The Penelopiad title, which Atwood has given to both her novella and her play, is accompanied in this article by the specification: *a novella* or *a play.*

60 Hoile, Christopher. The Penelopiad. In: Stage Door Reviews 2012. January 18, 2012. <http://www.stage-door.com/Theatre/2012/Entries/2012/1/18_The_Penelopiad.html> (retrieved on 30.05. 2020); Nestruck, J. Kelly: Fine female cast makes for a magical Penelopiad. In: The Globe and Mail Theater Review 13, January 2012. <https://www.theglobeandmail.com/arts/theatre-and-performance/fine-female-cast-makes-for-a-magical-penelopiad/article630458/> (retrieved on 30.05.2020); Mc Nabb, Jim: The Nightwood Theatre: The Penelopiad by Margaret Atwood. A Study Guide. <https://www.nightwoodtheatre.net/uploads/The_Penelopiad_study_guide_-_Nightwood.pdf> (retrieved on 30.05.2020).

Since this paper does not intend to offer an analysis or comparison of various theatrical productions of "The Penelopiad" (the play), but focuses instead on Atwood's dramatic adaptation of her own novella, and on the theme of repetition in Atwood's theatrical text (open to stage interpretations as it is, for it includes few stage directions), it remains for the reader and the spectator to judge the productions and decide how successfully they have recreated the magic of her play, during the drama's (dramatic) odyssey from page to stage.

Atwood's "The Penelopiad" seems to be her only play so far, and her decision to write it begs consideration.[61] It might be connected with the need to establish a better rapport with the audience than that typically achieved in fiction or poetry. And here, Artaud's approach could be of some relevance. Artaud views the theatre as the only medium that can create a "communion between actor and audience in a magic exorcism; gestures, sounds, unusual scenery, and lighting combine to form a language, superior to words, that can be used to subvert thought and logic and to shock the spectator into seeing the baseness of his world."[62] Although Atwood has not apparently been directly influenced by Artaud's The Theatre of Cruelty, her commitment to examining the limits and limens, and piercing through the false reality that "lies like a shroud on our perceptions"[63], to borrow Artaud's concept of cruelty, might, arguably, be identified as an important motive for recycling her own work and producing "The Penelopiad" (the play).

The physicality of this play (represented, for instance, by the butchery of the suitors slaughtered by Odysseus, the rapes of the maids by the suitors, the twitching feet of the twelve dying maids hanged on a sailor's rope, or the sensual depictions of Helen of Sparta, Penelope's cousin), and the emerging Janus-like two-facedness of all the characters, including the heroine, exhibit the vileness of the world through a sensual oppression of the audience, which may only be attempted partially and vicariously in a novel or story. "The Theatre, which is in *no thing*, but makes use of everything – gestures, words, sounds, screams, light, darkness – rediscovers itself at precisely the point where the mind requires a language to express its manifestations," Artaud claims.[64] And he believes that a reliance on only one language, for instance a verbal one, ruins the theatre, for the unique "communion between actor and audience" depends on the theatre's

61 The screenplay for the 1990 film adaptation of Atwood's dystopian novel "The Handmaid's Tale" was, for instance, written by an excellent British playwright – Harold Pinter, the 2005 Nobel Prize winner.

62 Pollardy, Richard: Antonin Artaud. In Encyclopedia Britannica. <https://www.britannica.com/biography/ Antonin-Artaud> (retrieved on 30.05.2020).

63 Artaud, quoted in Spuybroek, Lars: Sympathy of Things: Ruskin and the Ecology of Design. New York, NY: Bloomsbury Academic 2016, p. 133.

64 Artaud, The Theatre and Its Double. 1959, p. 12.

polyglossia, in which the actual spoken words play a minor role.[65] This perhaps is what has attracted Atwood to the dramatic medium in her literary odyssey that began with her interest in pre-Homeric myth: the significance of non-verbal languages.

In "The Penelopiad" novella she imagines that the only thing the dead bring along to the underworld is a sack "full of words – words you've spoken, words you've heard, words that have been said about you."[66] But they do not seem sufficient, it appears, for Penelope herself is profoundly disenchanted with them, calling her husband, the master trickster, and herself, "by [their] own admission – proficient and shameless liars of long standing."[67] And when Odysseus finally returns and in their marriage bed they tell each other about what each of them has been doing over the last twenty years, Penelope wryly notes, "[i]t's a wonder either of us believed a word the other said. But we did. Or so we told each other."[68] And one of Penelope's golden thoughts, as reimagined by Atwood, is the sentence: "There are two ways of fending things off if you don't want them to happen. One is by force – which is not available to [Penelope]. The other is by guile. So she has to use guile. And that is also Odysseus's big stock-in-trade. When in doubt, lie – but lie well."[69]

So, little wonder that Atwood has decided to fortify the words from her narrative, which often prove unreliable and inefficient, with all the resources of a performative art, turning her story punctuated by the eleven gigs of the deceased maids into pure drama, thus shifting the weight from the homogeneously verbal towards the syncretically verbal and non-verbal medium of expression and communication with the audience. And this is one of the key assets of the theatre, unchallenged by other literary media: its intermediality, which, in its first discursive meaning denotes "communication through several discourses at once, including through combinations of different sensory modalities of interaction, for instance music and moving images."[70] The theatre appears an intrinsically intermedial art, for it synthetizes the verbal modality with movement, dance, sound, music, and live images, with some possible olfactory or even tactile im-

65 Pollardy, R. Antonin Artaud. Cf. footnote 61.

66 Atwood, The Penelopiad (novella). 2005, p. 1.

67 Ibid., p. 173.

68 Ibid., p. 173.

69 Tonkin, Margaret Atwood: A personal odyssey and how she rewrote Homer.

70 Jensen, Klaus Bruhn: Intermediality. <https://onlinelibrary.wiley.com/doi/pdf/10.1002/9781118766804.wbiect170> (retrieved on 30.05.2020). Jensen distinguishes two other dimensions of intermediality: the second being "the combination of separate material vehicles of representation, as exemplified by the use of print, electronic, and digital platforms in a communication campaign", while the third denoting "the interrelations among the media as institutions in society—interrelations that are captured in technological and economic terms such as convergence and concentration." Ibid., p. 1.

pressions (in an alternative theatre, for instance the ProTactile or Inclusive Theatre).[71]

This might therefore have also been one of the reasons why Atwood made use of both repetition and recycling when adapting her own novella into a drama. What facilitated the conversion is the fact that, undoubtedly, "The Penelopiad" story is already a highly theatrical rewrite of Homer's "Odyssey" and other Penelope myths, mostly due to the presence of the chorus of the twelve hanged maids, who comment on their queen's confessional narrative pronounced by her after death from the underworld. The eleven performances of the dozen maids in the novella intertwine with Penelope's narrative and include chronologically: "a rope-jumping rhyme", "a lament" concerning their traumatic early childhood, "a popular tune", a subverted "idyll" (about their unwanted births as contrasted with the desired birth of Telemachus, the cherished and awaited royal baby), "a sea shanty", "a ballad", an actual drama piece (based on the gossip about Penelope's sexual promiscuity and her affairs with the suitors, in which Penelope aided by Eurycleia decides to lay the blame on the maids to purify herself in Odysseus' eyes), "an anthropology lecture" (a matter-of-fact analysis of the cultural significance of number twelve and the symbolism of the maids' innocent deaths), another piece of drama that is "the [contemporary] trial of Odysseus, as videotaped by the Maids" (in which Odysseus is found not guilty of slaughtering the pesky suitors, and the charge of murdering the maids, brought by the girls themselves, is mocked and dismissed), "a love song", which, in truth, is another act of indictment addressed to Odysseus ("Mr Master of Illusion", "Mr Sleight of Hand, grandson of thieves and liars") by "the ones without names", "the ones with the shame stuck onto [them] by others", "the ones pointed at, the ones fingered", "the chore girls", "the serving girls" who pledge to haunt him forever through all his disguises, in his life and in his afterlife, who are there "to serve [him]", "to serve [him] right."[72] And the final piece performed by the maids is an "Envoi", in which the dead girls resentfully address both Odysseus and the other characters of the story, and the reader, asking for justice and remembrance, and in the end they fly away as a dozen of owls.

Being rooted in the core of the Greek tragedy, this wide variety of performances within the "chorus line" of the maids, due to its underlying burlesque nature, pays tribute also to the Greek satyr plays, as Penelope's monologue is purposefully contrasted, counterbalanced and satirized by the multiform group

71 One of the most advanced form of such performative intermediality is probably the theatre for/by the deaf and the blind; cf. Bradbury, Jill Marie, et al: ProTactile Shakespeare: Inclusive Theatre by/for the DeafBlind. In: Shakespeare Studies. Gale Academic OneFile: Associated University Press 2019, vol. 47.

72 Atwood, The Penelopiad (novella). 2005, pp. 191–193.

shows of the maids.[73] Considering this evident theatricality of "The Penelopiad" novella, it comes only naturally that Atwood converted it soon into a drama in its own right. The first dimension of the concept of repetition in this case is thus the repetition of the Penelope myth as revisited and rewritten in the novella. Owing to its unquestionably dramatic elements evident both in the formal structure of the novella and the subversive content of the chorus lines, Atwood's Canongate narrative might, in fact, be viewed in terms of a "metadaptation", or a "text that foregrounds its own adaptive process"[74] – a text that welcomes its own adaptation, hinting at the medium of its reworking. What is remarkable, Atwood's novella has not been adapted for the screen (yet) but almost immediately for the stage, although, as Philip Pullman remarks, "[t]here's a sense in which novels adapt more naturally to the screen than to the stage, especially novels written in the past 100 years, ever since the cinema and its fluent, swift-moving, swift-cutting narrative began to enrich our common understanding of how stories can work."[75] But this is precisely the point: rather than explore the narrative properties of her recycled myth story, Atwood has taken the opposite direction focusing instead on the considerable dramatic potential of her novella, which owes much to ancient Greek drama, as has been stated above. Philip Pullman accounts for the phenomenon of turning narratives into drama as follows: "the theatre itself is much less high-minded than those who keep a watchful eye on its purity; the stage has always cheerfully swiped whatever good stories were going."[76] Repetition and recycling of narratives seem, according to Pullman, to lie at its very heart.

Moreover, the syncretic power and immediacy of a dramatic performance, which both mentally and physically surrounds and immerses the spectator, and whose each instance is unique despite its various repetitive elements, cannot be contested by any other literary genre. "The screen is literal, the stage metaphorical", Pullman argues, adding that "where the theatre scores over the cinema is in the power of metaphor and its engagement with the audience's own imagination," which, importantly, is shared work of the cast and the audience, all willingly brought together into one magic space.[77] Ruminating upon the generic differences between drama and fiction, Pullman concludes that "[i]n short, the thing that the theatre does best and most potently is to tell stories in a way that

73 Ibid., p. 198.

74 Voigts-Virchow, Eckart: Metadaptation: Adaptation and Intermediality Cock and Bull. In: Journal of Adaptation in Film & Performance 2, 1 September 2009, No. 2: Intellect, pp. 137–152. DOI: <https://doi.org/10.1386/ jafp.2.2.137_1> (retrieved on 30 May 2020).

75 Pullman, Philip: Let's pretend. In: The Guardian 24 November 2004. <https://www.theguardian.com/stage/2004/nov/24/theatre.film> (retrieved on 30 May 2020).

76 Ibid.

77 Ibid.

partakes of magic, of ritual, of enchantment."[78] This can be contested by the fantastic mode in fiction, yet the theatre's performative and live character is not to be challenged by any other medium of communication. Of course, sometimes a play may not work, for various reasons concerning the cast, the audience, and/or the circumstances. "But when everything is working well, [Pullman remarks] something mysterious happens between an audience and a play that isn't just the sum of the component parts. It can spring from the obviously fantastical and from the most minutely described realism (…). It happens with original plays, and it happens with adaptations."[79]

Pullman refers to the phenomenon of the theatre as a "strange and inexplicable thing" that "transforms everything" and can most nearly be called "emergence" in scientific terms, or "sorcery" in the olden way.[80] It implies some kind of magic, which, none the less, is more a hard realization of the true nature of things than a neat superficiality. The enchantment of the theatre is the wonder how potent it is at delving deep beneath the surface by arresting all the cognitive and perceptive powers of the audience. One may stop reading a story or poem any time, gaining time and distance, but a spectator at the theatre may not, unless they choose to leave the room and disrupt the enchantment.

If Antonin Artaud's view on the theatre were to help justify Atwood's recourse to drama, his understanding of life and its rapport with the theatre might also be of some relevance. Artaud sees life not as something we know "from its surface of fact" but as "that fragile, fluctuating centre, which forms never reach".[81] This appears, at least to some extent, Atwood's approach as well, for she places Penelope in Hades, where the hanged maids have already been, and from where the female (dramatized) counterpoints to the classical epic story come to the surface of physical existence. She tries to look at life from beyond, attempting to pierce through its deceptive surface, and seeking to catch a glimpse of its real essence. Atwood seems to be focused on seeing through the shroud of the false reality "that lies on our perceptions",[82] trying to dispose of misleading appearances and misconceptions. She sets out to revisit and challenge myth, producing a provocative rewrite focused on the dullest heroines who obtain and further develop dramatic intensity.

Since, because of its confinement to the (unreliable) verbal language, the novel may not always reach this "fragile, fluctuating centre" of life even from the perspective gained after the protagonists' death, drama might more effectively

78 Ibid.
79 Ibid.
80 Ibid.
81 Artaud, The Theatre and Its Double. 1959, p. 13.
82 Artaud, quoted in Spuybroek, Sympathy of Things: Ruskin and the Ecology of Design. 2016, p. 133; cf. footnote 62.

delve beneath the surface of falsehoods and appearances, which is Artaud's major tenet.[83] Availing itself of the physical immediacy immersing the audience, of live interaction, and polyglossia of the theatre, drama seems predestined to communicate the content more comprehensively and effectively, and perhaps with a more penetrating power. "Art functions to break our habitual ways of experiencing and perceiving", says Paul Zimet, a contemporary theatre director, talking about the theatre, and reiterating, in a way, Artaud's approach.[84]

> "[Dramatic] [a]rt exists that one may recover the sensation of life; it exists to make one feel things, to make the stone stony. ...The thing rushes past us, pre-packed as it were: we know that it is there by the space it takes up, but we see only its surface. This kind of perception shrivels a thing up, first of all in the way we perceive it, but later this affects the way we handle it too...."[85]

The theatre with its multimedia impact invites the spectator to look beneath the surface of things.

This act of probing often produces a considerable psychic shock and powerful emotions of terror and pity, famously identified by Aristotle in his surviving ruminations upon the Greek tragedy as included in the "Poetics". "Tragedy is an imitation not only of a complete action, but of events inspiring fear or pity. Such an effect is best produced when the events come on us by surprise; and the effect is heightened when, at the same time, they follow as cause and effect. The tragic wonder will then be greater than if they happened of themselves or by accident; for even coincidences are most striking when they have an air of design", he argues.[86] Aristotle observes that a great asset of tragedy is mimesis, that is imitation and representation of life through actions, rather than diegesis, or storytelling, which employs a descriptive narrative.[87] This is another major advantage drama has over fiction today, for the mimetic quality of drama cannot be challenged by any other non-performative arts. "Tragedy, then, [Aristotle continues], is an imitation of an action that is serious, complete, and of a certain magnitude; in language embellished with each kind of artistic ornament, the several kinds being found in separate parts of the play; in the form of action, not of narrative; through pity and fear effecting the proper purgation [catharsis] of these emotions."[88]

---

83 Artaud, The Theatre and Its Double. 1959, p. 13; cf. footnote 80.

84 Zimet, Paul: The Paradox of Repetition. Howlround Theatre Commons. 27 May 2015. <https://howlround.com/paradox-repetition> (retrieved on 30 May 2020).

85 Ibid.

86 Aristotle: Poetics. Transl. by S. H. Butcher. <http://web.mnstate.edu/gracyk/courses/web%20publishing/ AristotlePoeticsEdited.htm> (retrieved on 30 May 2020).

87 The two terms: mimesis and diegesis were introduced by ancient Greeks, and defined by Plato in his "Republic" (c. 373 BC).

88 Aristotle: Poetics.

The intense experience of pity and fear aroused in the spectators who contemplate dramatic action and the plight of the characters, according to Aristotle, leads to a spontaneous release of these formerly suppressed emotions, which occurs in a cathartic act of purification or purgation (the English translation of the Greek term includes both). Its therapeutic potential is enormous and may definitely equal that of a narrative (which, as MacLeod remarks, results from the natural story-telling propensity of man[89]), or sometimes challenge or even upstage it. MacLeod's claim that "all therapies are narrative therapies"[90] could perhaps be upheld with regard to drama therapy in the sense that the (mimetic) action in the theatre implies some kind of story, or *mythos*, which, none the less, functions as its subordinate. The cathartic power of the theatre, especially of all its forms rooted in the tragedy, seems another medium of therapy, especially valuable when verbal communication proves difficult or when it simply fails.

This cathartic dimension of drama must have been another factor which Atwood considered when recasting "The Penelopiad" into a play, having already demarcated her novella along some signposts of the Greek tragedy (especially by introducing the antiphonal chorus of the maids, regularly commenting on the retold action) and ancient rituals (such as fertility rites interlinked with satyr plays, whose satirical character season most of the maids' performances). Apart from the evident affinity to the Greek drama and some shared ideas that might perhaps be identified between Atwood's approach to drama and Artaud's Theatre of Cruelty, her novella, and even more her play, bear some similarity to Pinter's theatre. This is what Tonkin observes, identifying in the play the "Pinter-like side: the fraught court of Ithaca, its wily king absent, heavy with secrets and silences and lies", the "wild struggle for survival", and the figure of Penelope – "the woman alone [who] learns to cope with the desertion of the alpha-male hunter-warriors for Troy and then for their cross-Mediterranean escapades with seductive sirens and scary giants."[91] This Pinteresque touch may be connected with Artaud's Theatre of Cruelty, which, owing to its connections with surrealism, is said to have been one of the precursors of the Theatre of the Absurd, as represented by Pinter, among others. The purifying power of the tragedy, as stipulated by Aristotle, resides and resounds in many manifestations of modern theatre, still catalysing catharsis, as employed in drama therapy or psychodrama. The question arises whether Atwood's decision to turn her narrative into drama by means of repetition and recycling has strengthened the therapeutic potential of her *mythos*.

89 MacLeod, Narrative and Psychotherapy. 1997, p. x; cf. footnote 41 of this paper.
90 Ibid., p. x.
91 Tonkin, Margaret Atwood: A personal odyssey and how she rewrote Homer.

Firstly, it must be observed that this repetition has involved a number of changes. In "The Penelopiad" play the twelve Ithacan maids receive even more importance, independence, and freedom, as each of them is named (in the novella only Melantho of the Pretty Cheeks has earned this distinction; now she is called Melantho). Their names are: Melantho, Tanis, Kerthia, Iole, Celandine, Klytie, Selene, Zoe, Alecto, Chloris, Phasiana, and Narcissa.[92] Secondly, instead of giving eleven gigs like in the novella, (where, as Atwood remarks, their performances function as multiform "interruptions", giving the narrative the structure of a "scrapbook or a sampler")[93], in the play they appear sixteen times, not only in their separate choral scenes but also accompanying Penelope in hers. Their dramatic significance is thus heightened, and they are the ones that create much of the dramatic tension capable of arousing terror and pity.

Furthermore, taking advantage of the arresting sensory power of the theatre, Atwood expands on and reinvents in detail some scenes barely mentioned in the novella, such as Penelope's father's visit to the Oracle and his enquiry concerning his daughter, or, resulting from his misunderstanding of the Oracle's message, her father's decision to murder Penelope by having her thrown into the sea – her traumatic childhood memory, both of which are given a metadramatic quality, for the grown-up Penelope is watching the re-enacted scenes from a distance.[94] This quasi play-within-a play dimension of Atwood's drama reinforces the metadrama signalled in Atwood's novella, where the effect was achieved in some of the maids' performances, for instance their third show: "If I Was A Princess, A Popular Tune", in which "the Maids all curtsy" and Melantho of the Pretty Cheeks is "passing the hat" to the audience, saying: "Thank you, sir. Thank you. Thank you. Thank you. Thank you."[95] The other examples from the novella include the eighth show of the maids, which is "An Anthropology Lecture", addressed to the audience ("What's that, Sir? You in the back?")[96], the little play "The Perils of Penelope", and the penultimate "Trial of Odysseus, as Videotaped by the Maids."

Remarkably, while metadrama in Atwood's novella is capacitated solely by the maids, in "The Penelopiad. A Play", it relies also on Penelope, who retrospectively introduces the little play-within-the play episodes that are only alluded to in the novella. In the play the maids again perform their separate choral gigs, which largely repeat their structure from the novella, but are fewer in number, and include: "A rope-jumping rhyme", "Kiddie mourn – a lament", "Song – if I was a

92 Atwood, The Penelopiad (a play). London: Faber and Faber 2007. The page with the cast is unnumbered.

93 Ibid., p. vii.

94 Ibid., pp. 6–8.

95 Atwood, The Penelopiad (the novella). 2005, p. 53.

96 Ibid., p. 165.

princess", "The birth of Telemachus – an idyll", "Dreamboats – a ballad", and "The Invocation of the Furies",[97] (which is an extract from the novella's "The Trial of Odysseus, as Videotaped by the Maids", most of which Atwood has regretfully decided not to preserve in the play due to its length.)[98]

Still, the dramatic activity of the twelve maids is greater in the play than in the novella, as in the former they also appear in several scenes along with Penelope, co-creating and dramatizing Penelope's *mythos*, and often performing pantomime of the events that are only mentioned in the play, such as Penelope's sea voyage from Sparta to Ithaca, and the dumbshow of the "bloodlit chaos" in Troy after Odysseus' Trojan horse is wheeled inside the city.[99] Another mime illustrates the slaughter of Ithacan animals performed by the greedy suitors in, in which, as Atwood explains in the stage directions, "the animals getting their throats cut are played by Maids."[100] This dumbshow seems to correspond to the ritual sacrifice, foreshadowing the execution of the innocent dozen of the maids, towards whom Penelope develops almost motherly feelings. They stand for sacrificial scapegoats, first brutally raped and beaten by the suitors, and then hanged by Telemachus.

In addition, the scene of the mass rape of Melantho and the other maids, committed by the suitors[101], does not appear in the novella nor does a poignant song of the maids obediently un-weaving Penelope's shroud at night, together with their queen, the night after they had been first raped by the suitors.[102] This moving scene leads to a climax when the suitors, hauling along Melantho, burst into the women's quarters the same night and discover Penelope's scheme of undoing the fabric.[103] But there are more new scenes which have received their fuller significance in drama, such as Penelope's labour and the birth of Telemachus, or the circumstances leading to the maids' execution, which are scarcely mentioned in the novella. In the play Atwood has Odysseus command the murder of all the maids, whom he considers treacherous and promiscuous, first making them cleanse the palace of the blood of the butchered suitors. Telemachus asks him not to murder all the maids, and it is Eurycleia, Odysseus' former nurse, who chooses only twelve to be killed: "the youngest ones", "the disloyal ones", "the impertinent ones", "the prettiest ones."[104] "The maids listen, horrified", and implore Telemachus to consult the queen (who is fast asleep due

97 Atwood, The Penelopiad (the play). 2007, p. 78.
98 Ibid., The Author's Introduction, p. vii.
99 Ibid., pp. 38–39.
100 Ibid., p. 47.
101 Ibid., p. 56.
102 Ibid., p. 64
103 Ibid., p. 64.
104 Ibid., p. 76.

to the sedative administered by Eurycleia on Odysseus' order), so that she defends them, explaining that they have just been obeying her commands, which she has kept secret. Their job has been to criticize Penelope in front of the suitors, be rude towards Telemachus and Eurycleia, and flirt with the suitors, relaxing their vigilance and spying on them for the sake of the queen.[105] Telemachus hesitates but Eurycleia is eager to satisfy a private vengeance:

> SCENE 28
> THE SLAUGHTER IN THE HALL
> (...)
> **Maids** (*beseeching Telemachus*)
> No, young master! Call the Queen! She'll tell you – We were only helping her! We were following her orders.
> **Telemachus** (*confused, to Eurycleia*)
> What do they mean? I don't understand.
> **Eurycleia**
> Pay no attention to them, dear master. They'll say anything to save themselves!
> **Telemachus**
> Maybe I should wait until...
> **Eurycleia**
> Do as your father says.
> *Nooses drop down from above. The Maids are hanged.*[106]

This detailed scene, elaborated in the play and reduced to a statement in the novella, certainly helps create dramatic tension that may arouse and channel the feelings of fear and pity, like in Aristotle's concept of the Greek tragedy. It also emphasizes the victimization and sacrificial death of the innocent girls. Interestingly, unlike the novella, the play does not problematize the role of Penelope and Eurycleia in the scheme: Penelope is clearly presented as not guilty of the maids' deaths, and there is no other, more sinister alternative explanation offered, while Eurycleia, unaware of Penelope's conspiracy with the maids, seeks to punish them for what she interprets as their shameless arrogance and wantonness. The play does not reiterate the elements which cast a shadow on Penelope's honesty in the novella, as revealed by the maids in "The Perils of Penelope" (showing her as a promiscuous woman sleeping with the suitors and laying all the blame on the maids when Odysseus returns), "The Anthropology Lecture" (in which the maids are cynically considered a pure symbol of sacrifice and fertility rite), and "The Trial of Odysseus, As Videotaped by the Maids" (whose only one fragment, "The Invocation of the Furies", is preserved in the play). This contributes to the unity of the play, in accordance with the Greek tradition, but the spectator who is familiar with the novella is still given an opportunity to consider

105 Ibid., p. 76.
106 Ibid., p. 76.

the possible ambiguities of the characters, including a partial accomplicity of Eurycleia or Penelope, although it is not explicitly signalled in the play.

This is how Atwood presents Penelope's reaction to the news of the maids' deaths:

> SCENE 29
> THE SAD AWAKENING
> (...)
> **Eurycleia**
> Odysseus. Dear, sweet Odysseus. He's home at last. And he's slain all the suitors. (*She claps her hands in delight.*)
> **Penelope**
> The gods be thanked! But when? What time is it? Where are my twelve maids? I must tell them the news – at last their ordeal is over! And Odysseus. I must explain everything to Odysseus. How happy ...
> **Eurycleia**
> The maids have been hanged, my lady.
> **Penelope**
> What?
> **Eurycleia**
> Not all of them.
> **Penelope**
> But which maids? Dear gods – which maids did they hang?
> **Eurycleia**
> Mistress, dear child! He wanted to kill them all! I had to choose some – otherwise all would have perished!
> **Penelope**
> Which ones?
> **Eurycleia**
> Only ... twelve.
> **Penelope**
> Twelve?
> **Eurycleia**
> The one's who'd been rude. The ones who used to thumb their noses at me. Melantho of the Pretty Cheeks and her cronies – that lot. They were notorious whores.
> **Penelope**
> The ones who'd been raped. The youngest. The most beautiful. (*To herself*). My eyes and ears among the suitors. My helpers during the long nights of the shroud. My snow-white geese. My thrushes, my doves.[107]

While the last piece in the novella is the "Envoi", performed solely by the dozen maids, the last scene in the play (Scene 32, "Home life in Hades") is Penelope's meeting with the maids, who keep haunting Odysseus in afterlife and shun

107 Ibid., pp. 76–78.

Penelope. They appear with ropes around their necks and "titter eerily, bat-like, and circle away from her"[108], squeaking their final stasimon with throttled voices:

We had no voice
We had no name
We had no choice
We had no face
One face the same

We took the blame
It was not fair
But now we're here
We're all here too
The same as you

And now we follow
You, we find you
Now, we call
To you to you
Too wit too woo
Too wit too woo
Too woo[109]

Penelope complains that the maids never talk to her and never stay, and always run away.[110] "Run isn't quite accurate [she immediately corrects herself]. Their legs don't move. Their still-twitching feet don't touch the ground."[111] A symbolic scene, omitted in the play but described in the novella, is when Penelope meets Eurycleia in the underworld and tries to confront her about the mass murder of the maids. But Eurycleia avoids Penelope as well, excusing herself, as she is forever busy tending a dozen dead babies, whose language she repeats: "a wuggle wuggle woo",[112] which bears some semblance to the sounds produced by the twelve dead maids.

Finally, since they occupy the space between humanness and animality (resembling bats or turning into owls), between life and death (they sing and dance, their feet still twitching above the ground in the act of agony), between servitude and companionship (they are Penelope's slaves, but receive the freedom of her equal companions during the shroud-undoing nights), between tragedy and farce (they sing both antiphonal lamentations and vaudeville), the maids appear as liminal characters, forever suspended in the ritualistic threshold-ness, whose transition to maturity is cruelly thwarted by death. In a sense, they repeat and

108 Ibid., p. 82.
109 Ibid., p. 82.
110 Ibid., p. 82.
111 Ibid., p. 82.
112 Atwood, The Penelopiad (novella). 2005, p. 161.

develop the liminality of Penelope herself, who, as a daughter of a mortal man and a Naiad, is semi-divine and liminal herself.

To conclude, Margaret Atwood's play "The Penelopiad" represents a case of manifold repetition and recycling in the theatre. Referring to the statement quoted at the beginning of this article by Toby Lichtig, it could be argued that the two mechanisms, as used by Atwood, have not impoverished her work nor produced a hackneyed replica, but rather enriched it, inscribing "The Penelopiad" more firmly within the framework of a Greek tragedy to which it much owes. This dramatic repetition of "The Penelopiad" has, notwithstanding, preserved the polyphony of the novella, conceived of as a multivocal narrative, based on the two main voices: Penelope's and the maids', which are intertwined, sometimes in consonance, but often in dissonance, and in either case in a counterpoint to Homer's "Odyssey". This multidimensional repetition embedded in the play can be identified in the following aspects.

Firstly, its repetitive nature results from its mythic roots, and myth, as argued above, is one of the most prolific and inexhaustible recyclables in culture, naturally empowering metadaptation or adaptation that is already hinted at in the original source. "The Penelopiad" play is not a slavish repetition, though, but a dialogue and a polemic, which highlights and rounds some of the flattest, most negligible and least captivating characters from "The Odyssey": Penelope, a dull paragon of virtue and modesty, and her twelve maids: nameless, scarcely mentioned, treated instrumentally and with disdain. Viewed from this vantage point, "The Penelopiad" (play) represents an experimental and rebellious repetition, which fills in the cultural void by providing an insightful perspective of the expendable women, whose critical importance Atwood fully acknowledges, observing that "without the Maids, there would be no "Penelopiad"."[113]

Secondly, "The Penelopiad" (play) draws on the tradition of feminine (not to say feminist, for Atwood is not very fond of the term)[114] rewrites, by introducing a uniquely female perspective into the patriarchal myth lore, and, in effect, by subverting and defying the traditional cultural discourse concerning Penelope and her twelve maids. Atwood's understanding of a feminist novel (and, by extension, a play) is plain and natural: "If you mean a novel [or a play] in which women are human beings – with all the variety of character and behaviour that implies – and are also interesting and important, and what happens to them is crucial to the theme, structure and plot of the book [and the drama], then yes. [It is feminist]."

113 Atwood, The Penelopiad (the play). The Author's Introduction. 2007, p. ix.

114 Atwood, Margaret Atwood on What 'The Handmaid's Tale' Means in the Age of Trump. In: The New York Times March 10, 2017. <https://www.nytimes.com/2017/03/10/books/review/margaret-atwood-handmaids-tale-age-of-trump.html> (retrieved on 30 May 2020).

Thirdly, Atwood's play is a repetition of "The Penelopiad" novella, and a palimpsestic work that could be called a case of a "dramatic echolalia", for, as Atwood admits, her play is, in fact, the sixth reverberation of the original source: "an echo of an echo of an echo of an echo of an echo".[115] The source of this powerful resonance in cultures across millennia is the Trojan War of the Bronze Age, and its six echoes enumerated by Atwood sound in the following (listed chronologically): the largely oral pre-Homeric mythic motherload, Homer's "Odyssey", post-Homeric ancient and modern reworkings of the myth, Atwood's novella "The Penelopiad" (2005), its selective forty-minute stage adaptation of 2005, and, finally, the complete "Penelopiad. A Play" (2007), which proves an instance of a uniquely resonant theatre. It is a repetition of largely the same content, with some reductions of more digressive parts (such the maids' "Anthropology Lecture" or "The Trial of Odysseus, as Videotaped by the Maids"), with the monopoly of verbal language being counterbalanced, if not surpassed, by the polyglossia, multimodality, and intermediality of the theatre.

Fourthly, drama itself as a genre implies an element of repetition, which, none the less, involves difference. Atwood herself admits that "[e]very play is a palimpsest, composed of many layers of writing and suggestion; and every play is shaped by the circumstances of its development."[116] Thus, paradoxically, (palimpsestic) repetition and difference seem to co-determine the genre. It follows the same text every time the play is performed, yet there are no two identical performances, even if the cast, the audience, the director(s), and the circumstances of the staging remain the same.

Fifthly, the metadramatic elements of "The Penelopiad" (play), identified in this article, somehow repeat and recycle the genre itself, creating the second dramatic layer within the same play. Thus, drama repeats itself within drama, embedding several miniature plays, such as Penelope's childhood memories or the maids' dumbshows.

Sixthly, were Atwood's play interpreted in symbolic terms, it repeats and recycles the archetype of a ritualistic sacrifice, victimization and scapegoating, with the maids being the sacrifice, and Penelope, in a sense their companion and motherly (or nearly a sisterly) figure, (she is less than fifteen years older than the girls). Adopting the ancient Judaist interpretation, in which out of the two selected goats one is bloodily sacrificed, and the other (the "scapegoat", or in Hebrew Azazel) is symbolically burdened with all the sins, impurities and iniquities of the community, and released into a wilderness,[117] the maids could be

115 Atwood, The Penelopiad (the play). The Author's Introduction. 2007, p. v.

116 Ibid., p. viii.

117 Levy, Ralph D.: The Symbolism of the Azazel Goat. Brooklyn, NY: International Scholar Publications 1998.

viewed as a collective sacrifice, while Penelope (their companion and almost sister during the secret nights of undoing the shroud), as a scapegoat. Indeed, she is the one who seems to fully understand all the hypocrisy and evil of the palace life, and, unable to change it, she decides to remain in Hades, trying to communicate with the maids, while her cousin Helen, Odysseus, and Telemachus enjoy themselves in serial reincarnations on earth.

Seventhly, "The Penelopiad" (play) also seems to reiterate the anthropological models of liminality and the rites of passage, especially with regard to the maids. Their lives correspond to the stages of liminality, as distinguished by Arnold van Gennep[118]: the pre-liminal stage or the rite of initiation (the maids cease to be children because of the rape, which is a metaphorical death of a child in each of them); and the liminal stage or the rite of transition (they follow the rules prescribed by Penelope, their mistress, taking part in her scheme against the suitors). Unfortunately, premature death tragically prevents the fulfilment of the third and last phase, the post-liminal stage or the rite of incorporation, in which the maids would receive a new identity becoming incorporated into a new society. Ironically, a partial completion of the post-liminal stage occurs in Hades, whose community they enter, being, however, forever estranged from the rest of the dead, including Penelope, and never assimilating with anyone outside of their dozen. The liminoid experience of the maids might thus appear useful as a potentially therapeutic element for those spectators who have not completed their own rite of incorporation yet (whatever it might be in their individual cases), and who need to relive the first two stages, preparing for the last.

Eighthly, although the climactic death of the maids does not result from their downfall or a tragic flaw, but rather represents sacrificial victimization of the dispensable for the sake of the guilty ones in power (especially of Odysseus, responsible for the massacre in Troy, and the slaughter of over a hundred suitors; and, partly, of Penelope, if the rumours of her notorious affairs with the suitors are acknowledged), Atwood's play, inasmuch as it resembles the Greek tragedy, revives the cathartic impact of drama, based on evoking spontaneously the intense emotions of terror and pity in the spectators. The hanging of the maids represents the most bothering and pitiable episode, whose terror runs throughout the whole play, both in the earthly life and in the afterlife. Of course, the therapeutic potential of the tragedy depends on a number of factors, including, among others, the quality of the theatrical production, acting, the attitude of the audience, and the rapport between the cast and the audience, yet it seems greater than that of a narrative technique structuring the novella, which is only punctuated with the eleven shows of the dead girls. In drama, the cathartic catastrophe is often aided with music, sound, dance, costumes, and stage design,

118 Gennep, van, Arnold: The Rites of Passage. London: Routledge 1977.

so that its purifying potential may also draw on elements of music and art therapy, largely unavailable to non-performative arts.

Ninthly, Atwood's play more or less forcefully reiterates elements of several other related genres (apart from the Greek tragedy): some qualities of the Theatre of Cruelty, and the Theatre of the Absurd (especially Pinter's, as argued above), and the afterlife theme or a posthumous confession genre, for the drama is both performed by and about the deceased, who, according to the Greek system of beliefs, reside in Hades, and who revisit and reproduce their earthly life memories. Furthermore, it reiterates the macabre theme, as reflected in the horror burlesque performed in different manifestations by the dead maids, and modelled on the satyr play, with the girls' apparitions still bearing the signs of agony – the "all-singing, all-stinging chorus of lippy ghosts", with ropes around their necks, bulging eyes, and still-twitching feet.[119]

The satire of the classical satyr plays is, therefore, in a sense defamiliarized because of its horrid rather than hilarious nature, which, in turn, somehow resembles Bertolt Brecht's use of *Verfremdungseffekt* (Alienation or Estrangement Effect), based on Victor Shklovsky's idea of defamiliarization (the Russian *остранение* – estrangement),[120] employed by Brecht to "make the audience take notice, to lift an event out of the flow of the habitual, and show what [is] extraordinary about it."[121] In no other genre but drama does it seem to create a true sense of alienation, thereby inviting the audience to probe into the real nature of reality, beneath the surface, and through what Antonin Artaud calls the deceptive shroud "that lies on our perceptions"[122], which, in the context of Atwood's play (Penelope's smart scheme of weaving and un-weaving the web), gains a double meaning.

To recapitulate, what emerges from these discursive reflections (which borrow some of the digressive nature from "The Penelopiad" novella), is that Atwood's use of repetition always introduces novelty and originality, and employs variation, for she never routinely follows repetitive patterns, aware of the great absurdist's warning that "habit is a great deadener."[123] Rather than a "deadener" that hollows out the recurrent motifs, her repetition proves meaningful and ingenious. In her "Penelopiad" odyssey from myth through novella to drama, Atwood seems to have reached for the theatre, the heart of the major performative art, in order to fortify and better communicate her dialogue with myth, for the "[dramatic] art functions to break our habitual ways of experiencing and

119 Tonkin, Margaret Atwood: A personal odyssey and how she rewrote Homer.
120 Brecht on Theatre. Ed. and trans. by John Willett. New York: Hill and Wang 1964, p. 91.
121 Zimet, The Paradox of Repetition.
122 Artaud, cf. footnote no. 81 in this article.
123 Beckett, Samuel: Waiting for Godot. New York: Grove Press 1965, p. 79.

perceiving."[124] "There is pleasure and comfort in repetition," Zimet admits, "although, as one of [drama therapy] patients put it, the comfort may be in coming back to one's 'cosy little hell.'"[125] Atwood's use of repetition attempts to prevent this return, also by showing how much the Hades afterlife (which, in some ways does correspond to the "cosy little hell") reflects its inhabitants' earthly past. Her play, an imitation of life and an insight into the real face of things, beneath deception and beyond death, is thus focused on discovering the essence of reality, and this is a special quality of the theatre – the repetition of joy, and the joy of repetition, because, as Joseph Chaikin claims, "joy in the theatre comes from the discovery and the capacity to discover."[126] And this unique joy cannot be ruined by the gloom of the underworld, or ambiguity and illusiveness of the shadows and echoes, because the theatre's "capacity to discover" involves, as Artaud claims, "naming and directing shadows: and the theatre, not confined to a fixed language and form, not only destroys false shadows, but prepares the way for a new generation of shadows, around which assembles a true spectacle of life."[127]

References

Aristotle: Poetics. Transl. by S. H. Butcher. <http://web.mnstate.edu/gracyk/courses/web%20publishing/AristotlePoeticsEdited.htm> (retrieved on 30 May 2020).

Artaud, Antonin: The Theatre and Its Double. Transl. by Mary Caroline Richards. New York: Grove Press 1959.

Atwood, Margaret: Margaret Atwood on What "The Handmaid's Tale" Means in the Age of Trump. In: The New York Times March 10, 2017. <https://www.nytimes.com/2017/03/10/books/review/margaret-atwood-handmaids-tale-age-of-trump.html> (retrieved on 30 May 2020).

Atwood, Margaret: The Penelopiad (a novella). Edinburgh/New York/Melbourne: Canongate 2005.

Atwood, Margaret: The Penelopiad (a play). London: Faber and Faber 2007.

Bahn, Eugene, and Bahn, Margaret L.: A History of Oral Interpretation. Minneapolis, MN: Burgess Publishing Company 1970.

Bakhtin, Mikhail: Problems of Dostoevsky's Poetics. Ed. and transl. by Caryl Emerson. Minneapolis, MN: University of Minnesota Press 1984.

Bakhtin, Mikhail: The Dialogic Imagination. Ed. and transl. by Michael Holquist and Caryl Emerson. Austin, TX: University of Texas Press 1983.

124 Zimet, The Paradox of Repetition.

125 Ibid.

126 Chaikin, Joseph: Notes on Acting, Time and Repetition. In: Chaikin, Joseph: The Presence of the Actor. New York, NY: Atheneum 1972, p. 1.

127 Artaud, The Theatre and its Double. 1959, p. 12.

Barthes, Roland: The Death of the Author. 1967. Transl. by R. Howard. <https://writing.upenn.edu/~taransky/Barthes.pdf> (retrieved on 30.05.2020).

Beckett, Samuel: Waiting for Godot. New York: Grove Press 1965.

Bidney, David: Myth, Symbolism, and Truth. In: Myth and Literature: Contemporary Theory and Practice, Vickery, John B., ed. Lincoln, NE: University of Nebraska Press 1969, pp. 3–15.

Bledsoe, Eric Matthew. Make it New. In: Routledge Encyclopedia of Modernism. 01.10.2016. DOI 10.4324/9781135000356-REM1131-1. <https://www.rem.routledge.com/articles/make-it-new> (retrieved on 30.05.2020).

Bradbury, Jill Marie, et al.: ProTactile Shakespeare: Inclusive Theatre by/for the DeafBlind. In: Shakespeare Studies. Gale Academic OneFile: Associated University Press 2019, vol. 47.

Broadhurst, Susan: Liminal Acts: A Critical Overview of Contemporary Performance and Theory. London: Continuum 1999.

Buxton, Richard, et al.: Myth. In: Encyclopaedia Britannica. <https://www.britannica.com/topic/myth>, 3 January 2017 (retrieved on 30 May 2020).

Cassirer, Ernst: The Philosophy of Symbolic Forms. New Haven, CT: Yale University Press 1955, vol. 2.

Chaikin, Joseph: Notes on Acting, Time and Repetition. In: Chaikin, Joseph: The Presence of the Actor. New York, NY: Atheneum 1972.

Derrida, Jacques: Writing and Difference. Transl. by Alan Bass. Chicago, IL: University of Chicago Press 1978.

Genette, Gerard: Narrative Discourse: An Essay in Method. Transl. by Jane E. Lewin. Ithaca, NY: Cornell University Press 1983.

Genette, Gerard: Palimpsests: Literature in the Second Degree. Transl. by Channa Newman, Lincoln, NE: University of Nebraska Press 1997.

Gennep, van, Arnold: The Rites of Passage. London: Routledge 1977.

Hoile, Christopher: The Penelopiad. In: Stage Door Reviews 2012. 18 January 2012. <http://www.stage-door.com/Theatre/2012/Entries/2012/1/18_The_Penelopiad.html> (retrieved on 30.05. 2020).

Jensen, Klaus Bruhn: Intermediality. <https://onlinelibrary.wiley.com/doi/pdf/10.1002/9781118766804.wbiect170> (retrieved on 30.05.2020).

Jung, Carl Gustav: Archetypes and the Collective Unconscious. In: The Collected Works. Princeton, NJ: Princeton University Press 1968, vol. 9, part 1, 2nd ed., pp. 3–41.

Kristeva, Julia: Desire in Language: A Semiotic Approach to Literature and Art. New York, NY: Columbia University Press 1980.

Levy, Ralph D.: The Symbolism of the Azazel Goat. Brooklyn, NY: International Scholar Publications 1998.

Lichtig, Toby: All writers repeat themselves – but some recycle. 12 January 2010. <http://www.theguardian.com/books/booksblog/2010/jan/11/fiction-johnirving> (retrieved on 30.05.2020).

MacLeod, John: Narrative and Psychotherapy. London: Sage Publications 1997.

Mc Nabb, Jim: The Nightwood Theatre: The Penelopiad by Margaret Atwood. A Study Guide. <https://www.nightwoodtheatre.net/uploads/The_Penelopiad_study_guide_-_Nightwood.pdf> (retrieved on 30.05.2020).

Müller, Friedrich Max: Lectures on the Science of Language. Cambridge: Cambridge University Press 2014.

Nestruck, J. Kelly: Fine female cast makes for a magical Penelopiad. In: The Globe and Mail Theater Review. 13 January 2012. <https://www.theglobeandmail.com/arts/theatre-and-performance/fine-female-cast-makes-for-a-magical-penelopiad/article630458/> (retrieved on 30.05.2020).

Pollardy, Richard: Antonin Artaud. In: Encyclopedia Britannica. <https://www.britannica.com/ biography/Antonin-Artaud> (retrieved on 30.05.2020).

Pullman, Philip: Let's pretend. In: The Guardian. 24 November 2004. <https://www.theguardian.com/stage/2004/nov/24/theatre.film> (retrieved on 30 May 2020).

Shakespeare, William: The Complete Works. Ed. By Wells, S., et al. Oxford: Clarendon Press 1997.

Shippey, Tom: J. R. R. Tolkien: Author of the Century. London: Houghton Mifflin 2002.

Spuybroek, Lars: Sympathy of Things: Ruskin and the Ecology of Design. New York, NY: Bloomsbury Academic 2016.

Styan, John Louis: Dramatic literature. In: Encyclopaedia Britannica. <https://www.britannica.com/art/dramatic-literature/The-range-of-dramatic-forms-and-styles> 23 August 1998 (retrieved on 30.05.2020).

Tolkien, John Ronald Reuel: On Fairy-Stories. In: The Monsters and the Critics. London: HarperCollins 2007, pp. 109–161.

Tonkin, Boyd: Margaret Atwood: A personal odyssey and how she rewrote Homer. An interview with Margaret Atwood. <https://www.independent.co.uk/arts-entertainment/books/features/margaret-atwood-a-personal-odyssey-and-how-she-rewrote-homer-322675.html> 28 October 2005 (retrieved on 30.05.2020).

Voigts-Virchow, Eckart: Metadaptation: Adaptation and Intermediality Cock and Bull. In: Journal of Adaptation in Film & Performance 2, 1 September 2009, No. 2: Intellect, pp. 137–152. DOI: <https://doi.org/10.1386/jafp.2.2.137_1> (retrieved on 30 May 2020).

Willett, John, ed. and trans.: Brecht on Theatre. New York: Hill and Wang 1964.

Zimet, Paul: The Paradox of Repetition. Howlround Theatre Commons. 27 May 2015. <https://howlround.com/paradox-repetition> (retrieved on 30 May 2020).

V Punktuelle Wiederholung

Agata Mirecka (Kraków)

Qualität der rhetorischen Figur der Wiederholung in Roland Schimmelpfennigs Drama

„Daß man Theater für Teufelswerk hielt, ist lange her. Heute, wo selbst der Papst Schauspieler gewesen sein darf, verlangt die Beschäftigung mit dem Drama nach keiner Rechtfertigung. Nicht *warum*, sondern *wie* es hier behandelt wird, dürfte vorab interessieren“[1] – meint Bernhard Asmuth. Das heutige literarische Drama ist für den Leser nicht selten eine Herausforderung. Diese Provokation kann er dann nur mit Hilfe seines großen Wissens zu der umgebenden Welt überhaupt nachvollziehen. Das Drama ist natürlich kein *Teufelswerk*, aber eine umfangreiche Komplexität der Ausdrucksmittel, die immer wieder für neue Fragestellungen sorgen. Roland Schimmelpfennig ist davon überzeugt, dass Theater und Theaterstücke einfach sein müssen,

> „[...] denn niemand will vorher einen Essay lesen müssen, um ein Stück zu sehen, um ein Stück sehen zu können. Theater ist einfach und gleichzeitig hochkomplex, denn Theater wird vom Menschen für Menschen gemacht, und Theater handelt vom Menschen. Es handelt vom Individuum und seinem Bezug zu der Gesellschaft, zur Welt. Und das Theater ist in der Folge so einfach oder so komplex, wie es diese Begriffe sind: Individuum und Gesellschaft.“[2]

Die Figuren eines Dramas gestalten die Atmosphäre und den Geist der Aufführung. Die von ihnen gesprochenen Texte sind der Kern eines Stücks und nur ihr Aufführungsstil sowie ihre individuellen Eigenschaften modellieren die szenische Aufführung.

> „Theater ist Spiel. Der Mensch spielt. Der Mensch, der Schauspieler, spielt, er sei jemand anders. Er nimmt Rollen an. Der Zuschauer identifiziert sich mit der Rolle, die ein anderer für ihn spielt, für ihn annimmt. Das ist ein Moment großer menschlicher Leichtigkeit und Freiheit,“[3]

1 Asmuth, Bernhard: Einführung in die Dramenanalyse. Stuttgart: Metzler Verlag 2016, S. VII.
2 Schimmelpfennig, Roland: Ja und nein. Vorlesungen über Dramatik. Berlin: Theater der Zeit 2014, S. 20.
3 Ebd.

so setzt Schimmelpfennig in seinen Überlegungen fort. Was aber die Personen auf der Bühne sprechen und wie, ist durch viele ineinandergreifende Faktoren bedingt.

Die Redenden verwirklichen bestimmte Ziele, stellen je aktuelle Situationen dar. Nach dem Sprechstil erkennt das Publikum die Umstände der Verständigung, das persönliche Verhältnis der Gesprächspartner, den individuellen Denk- und Äußerungsstil jedes Redenden und seine augenblickliche seelische Verfassung.[4] Rhetorische Figuren sind eine Methode unterschiedliche Situationen exakt auszudrücken. Als ein rhetorisches Stilmittel, auch rhetorische Figur oder Stilfigur bezeichnet, ist unter rhetorischem Aspekt ein Gestaltungsmittel bei der Produktion von Texten zu verstehen, das im Rahmen der *elocutio* dem Redeschmuck dient und bei der Erfüllung der *officia oratoris* helfen soll. Unter literaturwissenschaftlichem Aspekt ist es aber ein sprachliches Gestaltungsphänomen der Oberflächen- und der Tiefstruktur von Texten, das vom eigentlichen Ausdruck abweicht.

Die Wiederholung gehört zu den Stilmitteln, deren Aufführung, Inszenierung und Verkörperung als Modell dienen könnte, um gängige Repräsentationspraktiken zu kritisieren und neue Wege multisensorischer Bedeutungskonstitution zu eröffnen. Roland Schimmelpfennig, der gegenwärtige, engagierte, deutsche Dramatiker benutzt auch in seinen Stücken die Figur bzw. die Methode der Wiederholung, die bei ihm bestimmte Zwecke und Aufgaben erfüllen soll. In diesem Beitrag soll die Bedeutung und die Qualität der Wiederholung bei Schimmelpfennig am Beispiel seiner drei Dramen: „Die Frau von früher" 2004, „Wenn, dann: Was wir tun, wie und warum" 2010, „Das fliegende Kind" 2011 untersucht und differenziert werden.

Das Drama „Die Frau von früher" aus dem Jahr 2004, das eine Auftragsarbeit für das Burgtheater in Wien war, ist eine tragische Geschichte von Frank, der Mitte vierzig ist, seiner Frau Claudia und seines Sohns Andi. Die Familie ist gerade im Umzug, ihre Sachen stehen schon in Umzugskartons gepackt, als sie plötzlich Romy Vogtländer, die Freundin von Frank aus der Jugendzeit, besucht. Frank erkennt sie anfangs nicht, lacht und will die Tür zumachen. Nachdem sie sich aber vorstellt und ein paar Mal fragt, ob er sie wirklich nicht kennt, erinnert er sich an sie und ihre einen Sommer lang dauernde enge Freundschaft. Es war vor 24 Jahren, er war damals 20 und sie 17. Frank versteht ihren Besuch nicht, und will sie auch nicht empfangen.

> „ROMY V.: Du lachst – Und ich hab es dir auch geschworen. Daß ich dich immer lieben werde. *Kurze Pause.* Weißt du noch? / FRANK: Ja – kann sein. / ROMY V.: Ich bin jetzt da, um dieses Versprechen einzulösen. *Pause.* / FRANK: Was? / ROMY V.: Ich bin jetzt

4 Asmuth, Dramenanalyse. 2016, S. 62.

da, um dieses Versprechen einzulösen. Und ich bin da, um dich an dein Versprechen zu erinnern."[5]

Die ganze Situation versteht Claudia, die Frau von Frank, nicht und will die fremde Frau loswerden.

„Und dann, ein paar Minuten später, geht die Frau im Regenmantel wieder weg, ist aufgeregt, verwirrt, das sieht man, sie geht ein paar Schritte, bleibt stehen, dreht um, dreht wieder um, geht ein paar Schritte weiter. Ich könnte nicht sagen, warum, aber ich nehme einen Stein. Ich nehme einen Stein und werfe nach der Frau, die ich aber verfehle. [...] Und dann läßt Andi meine Hand los, nimmt selber einen Stein und wirft nach ihr – wir wissen beide nicht, warum. Er wirft den Stein, gerade als sie weitergehen will,"[6]

berichtet in dem Stück Tina, Andis Freundin. Das Treffen endet tragisch:

„Noch steht sie [Claudia] in der Tür, unschlüssig, zweifelnd, dann erst geht sie ins Zimmer, hält die Tüte, sie versteht etwas nicht, das kann ich sehen. [...] und in dem Augenblick, in dem Augenblick, in dem sie in die Tüte greift, so scheint es zumindest durch das Fenster, fangen ihre Finger, ihre Hände, ihre Arme plötzlich Feuer. Die ganze Frau fängt in ihrem Schlafzimmer Feuer, sie brennt, der ganze Körper brennt, sie brennt so schnell und furchtbar – [...] [Frank] humpelt und kriecht zum Schlafzimmer, macht die Tür auf und verharrt einen Moment regungslos in der Tür – er sieht seine verbrennende Frau – wohin jetzt? Die Tür ist so verkeilt, sie geht nicht mehr auf. Es klingelt. Er kommt nicht mehr hoch. Beide Knie sind kaputt. Es klingelt weiter. Er kann die Tür nicht öffnen, und er kommt nicht an die Gegensprechanlage. Ende."[7]

Das Drama ist voll von Wiederholungen, wie gezeigt werden soll. Es werden sowohl die Textfragmente als auch die Verhalten der Figuren wiederholt. Es wird mehrmals wiederholt, dass Romy da ist, um Frank an sein Versprechen zu erinnern. Romy äußert sich darüber in dem 1, 2 und 4 Akt. Der Sohn Andi hinterlässt mit Tina, überall wo sie sich gerade befinden, ihr Zeichen.

„Auf dem Weg zur Wohnung seiner Eltern holt Andi den Stift raus. Überall, auf jeder Mauer, auf jedem Vorsprung, auf jedem Garagentor lassen wir unsere Zeichen, seinen Namen und daneben meinen, Andi und daneben Tina,"[8]

berichtet Tina in Akt 10. Durch das ganze Drama hindurch ist der Text dazu mit Franks Versprechen der Liebe verflochten. Auch die Verhalten der Figuren repetieren im Inhalt des Stücks. Romy erscheint zwei Mal im Haus von Claudia und Frank. Auch Andi und Tina pendeln nur zwischen ihrem und seinem Haus. Man hat den Eindruck der sich wiederholenden Ereignisse. Bei der Lektüre des Textes sieht man immer wiederkehrende Situationen, ähnliche Vorfälle im Haus von

5 Schimmelpfennig, Roland: Die Frau von früher. Frankfurt/M.: Fischer Verlag 2004, S. 7.
6 Ebd., S. 12.
7 Ebd., S. 41.
8 Ebd., S. 22.

Claudia und Frank, ein ähnliches Benehmen von Andi und Tina, ähnliche sich wiederholende Reaktionen von Claudia. Die sich anhäufenden Ereignisse und Situationen führen letztendlich zu ihrer Tragödie.

Vor fast 200 Jahren hat Sören Kierkegaard den Text „Die Wiederholung" geschrieben. Er inszeniert die Wiederholung „als vielschichtiges Phänomen von paradoxaler und theatraler Struktur. Wiederholungen werden in seinem Text besprochen, vorgeführt, zum Scheitern verurteilt und immer wieder auf inhaltlicher wie formaler Ebene als textuelles Verfahren erprobt. Dabei bildet ein Theaterereignis das Zentrum des Textes:"[9] Im 20. Jahrhundert arbeitet Deleuze die Theatralität der Wiederholung bei Kierkegaard heraus. Er nimmt deren repräsentationskritische Ausführungen und Textverfahren zur Wiederholung zum Ausgangspunkt seines Buches „Difference et repetition" aus dem Jahre 1968. Kierkegaard aber und auch später Nietzsche machen die Wiederholung nicht nur zur eigentlichen Macht der Sprache und des Denkens, sondern auch zur Grundkategorie der zukünftigen Philosophie. Mit jedem von ihnen[10] verbindet sich ein Theater, ein theatralisches Konzept, und eine Hauptfigur in diesem Theater, die als Held der Wiederholung agiert.[11]

Auf der Internetseite vom Deutschlandfunk schreibt Christiane Enkeler in dem Artikel „Dem Familienleben abgeschaut":

> „Autor Roland Schimmelpfennig spielt mit der Wiederholung von Szenen, mit Rück- und Vorblenden und mit herangezoomten Ausschnitten. Dadurch werden die Zuschauer mal mit weniger, dann mit mehr Informationen versorgt und wechseln hin und wieder den Blickwinkel."[12]

Das neue Theater der Performativität ist von Beginn an eng mit der Wiederholung verbunden. Die Handlungen, Formeln und Worte eines Sprechaktes finden nur aufgrund ihrer Wiederholbarkeit Anwendung. Der englische Sprachphilosoph John L. Austin äußert sich darüber und sagt, dass die wiederholte Äußerung der Worte eines anderen, seien es die des Autors, der den Text verfasste, oder der Rollenfigur, die der Schauspieler verkörpert – aus seiner Sprechakttheorie ausgeschlossen werden können.

> „Tatsächlich verkompliziert sich die Situation, sobald ein Sprechakt auf der Theaterbühne getätigt wird, und die Frage nach erfolgreicher und gescheiterter Konstitution einer neuen Wirklichkeit soll uns an dieser Stelle nicht weiter beschäftigen."[13]

---

9 Kalu, Joy Kristin: Ästhetik der Wiederholung. Bielefeld: transcript Verlag 2013, S. 25.

10 Deleuze meint hier Kirkegaard, Nietzsche und Charles Péguy.

11 Kalu, Ästhetik. 2013, S. 60.

12 Enkeler, Christiane: Dem Familienleben abgeschaut. <https://www.deutschlandfunk.de/dem-familienleben-abgeschaut.691.de.html?dram:article_id=49728> (Zugriff am 08.07.2019).

13 Kalu, Ästhetik. 2013, S. 76.

Ein anderes Drama von Roland Schimmelpfennig, das mit Wiederholungen spielt, ist „Wenn, dann: Was wir tun, wie und warum" aus dem Jahre 2010. In dem Stück treten vier Handwerker auf: Ricki, Uli, Rudi und Marek. Das ganze Drama ist ein Gespräch zwischen ihnen, es ist alles leer, es wird gebaut und gestrichen. Eine Wand wird frisch verputzt. Das Drama wird nicht klassisch in Akte geteilt. Der Autor stellt im Drama Fragen, die unbeantwortet bleiben und macht Überlegungen, die ohne Ergebnis gelassen werden.

> „[...] ich bin die Gesellschaft, ich arbeite, ich verdiene Geld, ich zahle Steuern, ich – ich bin das System.[...] Keine Identität. Und Sie und ich sind Teil davon. Ein gemeinsames gesellschaftliches Projekt hat es in dieser Republik zu keinem Zeitpunkt gegeben. [...] Wir werden nicht den Abgrund zwischen Arm und Reich auf diesem Planeten überbrücken, niemals. Kann sein, manche Statistik sagt: es wird besser. [...] Wenn, dann – was wir tun, wie und warum – müssen wir das in Frage stellen?"[14]

In der Zeitschrift „Die deutsche Bühne" kann man lesen, dass Roland Schimmelpfennig der *Rätselonkel* des deutschsprachigen Theaters ist. Er stelle notorisch Fragen, ohne Antworten zu geben. Wenn aber, wie im vorliegenden Falle, oft nicht recht klar werde, wie die Frage überhaupt lautet, stelle sich das Gefühl ein, das Theater selbst habe einen Abend lang nicht so viel anders schwadroniert wie die Leute vom Bau.[15] Der Protagonist Ricki erzählt, gespickt mit Wiederholungen und Einzelheiten von der Liebe seines Lebens, die er drei Tage nach seiner Hochzeit kennengelernt hat – am Zigarettenautomaten, Schnittstelle zwischen Arm und Reich. Ricki ist in Bewegung, derweil der als Melancholiker gezeichnete Uli viel schweigt, ins Leere stiert und irgendwann in einem Schwall seinen Glauben an utopische Erlösung ausgießt, preisgibt und ungehemmt herauslässt.[16]

Das Stück war ein Auftragswerk für das Schauspielhaus Frankfurt, „bringt dabei den einen oder anderen tarantinoesken Dialog und den einen oder anderen schönen Theatersatz hervor."[17] „Ich glaube an die Vereinten Nationen"[18]

14 Schimmelpfennig, Roland: Wenn, dann: Was wir tun, wie und warum. Frankfurt/M.: Fischer Verlag 2011.

15 Vgl. Michalzik, Stefan: Tranken, Nachdenken, Themenwechsel. Roland Schimmelpfennig: Wenn, dann: Was wir tun, wie und warum. In: Die deutsche Bühne vom 18.04.2011. <https://www.die-deutsche-buehne.de/kritiken/trinken-nachdenken-themenwechsel> (Zugriff am 10.07.2019).

16 Vgl. Hansen, Sebastian: Leben als Baustelle, <https://www.op-online.de/region/leben-baustelle-1199453.html> (Zugriff am 10.07.2019).

17 Sojitrawalla, Shirin: Der kühle Hauch des Lebens. <https://www.nachtkritik.de/index.php?option=com_content&view=article&id=5489:wenn-dann-was-wir-tun-wie-und-warum-nin-frankfurt-bringt-christoph-mehler-einen-neuen-schimmelpfennig-zur-urauffuehrung&catid=83&Itemid=100190> (Zugriff am 17.07.2019).

18 Ebd.

oder „Die steht morgens auf und redet als erstes über Völkermord“.[19] Auch der erste Satz gehört zu den knappsten und verhängnisvollsten, mit denen ein Drama seinen Anfang nehmen kann: „‚Wir passen nicht zusammen‘. […] Pause. ‚Bier. Rauchen. Vielleicht Arbeit‘ taugt als inhaltlicher Wiegeschritt manch eines Lebens.“[20]

Die homogene Atmosphäre des Stücks macht auch den Eindruck der immer wiederkehrenden Themen der Gesellschaft, der individuellen Lage und der Weltpolitik – die Probleme bleiben aber ohne logische Lösung. Die Aufführung des Dramas im Schauspielhaus Frankfurt im Jahre 2011 wurde jedoch vom Kritiker Gerhard Stadelmeier in FAZ stark kritisiert:

> „Denn immer war in seinen [Schimmelpfennigs – A.M.] Stücken was Märchenhaftes. Jetzt aber hat er einfach ein Loch in eine Wand gemacht, drei Bauarbeiter davor gesetzt und sie über die böse kapitalistische Welt […] kakeln lassen […] Sie rauchen, trinken Bier, hören Radio, tragen ganz naturalistisch Putz auf, langweilen sich (und uns!) zu Tode […]. Das Märchen weicht. Der Leitartikel kommt. […] So wird der Leitartikel zum Quatsch.“[21]

Schimmelpfennig selbst kommentiert die Frankfurter Inszenierung in seiner Vorlesung über Dramatik „Ja und Nein“:

> „[…] und dieses Stück ist 2011 von einem noch jungen, präpotenten und eitlen Regisseur und einem alten, präpotenten und eitlen Schauspieler zu Grunde gerichtet worden, öffentlich murmelnd in totalem Unverständnis der Sache und meiner Absichten. Der Text ist damit auf sehr lange Zeit beschädigt worden, denn Uraufführungspremierenmisserfolge werden in Deutschland nicht nachgespielt, und natürlich fand sich ein Kritiker, DER Kritiker, Gerhard Stadelmaier, der nicht zwischen Text und Aufführung differenzierte, der folglich das Ganze abstrafte, abstrafen musste, ohne zu begreifen oder begreifen zu wollen, was da in Wahrheit los war.“[22]

Wie das Bernhard Asmuth resümiert:

> „Partnerbeziehung und Sprache korrespondieren allerdings nicht nur in den […] Fehlformen, sondern auch bei geglückter Kommunikation. Die Sprache von Dramenfiguren spiegelt nicht nur die allgemeine Auffassung des Autors zu mitmenschlichen Beziehungen, sondern auch die Einstellung der jeweils redenden Person zu ihrem Gegenüber. […] Wichtig ist aber auch der soziale Status. Zum Ausdruck der Statusrelation bedienen sich die Sprecher standarisierter Sprachmittel, insbesondere bei der Anrede.“[23]

---

19 Ebd.
20 Ebd.
21 Stadelmaier, Gerhard: Theaterloch Schimmelpfennig in Frankfurt. In: FAZ vom 11.04.2011, S. 27.
22 Schimmelpfennig, Ja und Nein. 2014, S. 16.
23 Asmuth, Dramenanalyse. 2016, S. 69.

Die Sprache der Protagonisten vom Drama „Wenn, dann: was wir tun, wie und warum" ist natürlich. Die Natürlichkeit gesprochener Sprache findet ihre Grenze am Kunstwillen des gestaltenden Autors und an der Ausrichtung auf das Publikum.[24] Die sich wiederholenden Elemente dienen der Verstärkung ihrer Bedeutung, langweilen nicht und machen auf das Leben der Bauarbeiter und ihrer Welt aufmerksam. So wird es auch sichtbar, dass sich die Grenze zwischen der Natürlichkeit gesprochener Sprache und der Kunst des gestaltenden Autors in Bezug auf die rhetorischen Mittel als sachlich und begrifflich fließend erwiesen hat,[25] was man in dem Drama nachvollziehen konnte.

In dem Drama „Das fliegende Kind" setzt Schimmelpfennig Wiederholungen ein. Es treten hier sechs Personen, drei Frauen und drei Männer, sowie ein Chor auf. Es gibt im Drama eine Frau um die Vierzig, eine Frau um die Fünfzig, eine Frau um die Sechzig und einen Mann um die Vierzig, einen Mann um die Fünfzig, einen Mann um die Sechzig.

> „Formal spielt Schimmelpfennig mit Wiederholungen – es erinnert wieder an filmische Schnitte, wenn ein tragischer Moment, eine tragische Sekunde mehrmals, aus verschiedenen Blickwinkeln betrachtet wird. Hier kommt der Augenblick der Tragödie in wiederholten Sätzen mehrmals vor. Der (Erzähl-)Text wird unter sechs Schauspieler geteilt [...]. Diesmal werden sie nicht im Kontrast zu ihrem Alter bzw. Geschlecht besetzt – die Wiederholungen werden immer von mehreren Schauspielern wiedergeben und verstärken so die Wirksamkeit. So zum Beispiel gelingt es dem Autor, die Intensität der Szene zu steigern, in der die Frau ihrem Mann mitteilt, dass das Kind tot ist [...]:"[26]

Im Theatertext von Schimmelpfennig wird die Szene auf folgende Weise reflektiert:

> „*EINE FRAU UM DIE FÜNFZIG Sie kann nicht sprechen. Sie bekommt kaum Luft. Sie schlägt ihren Kopf auf die Kante des Küchentischs.* Sie schlägt ihren Kopf auf die Kante des Küchentischs. *EINE FRAU UM DIE SECHZIG Sie bekommt kaum Luft. Sie schlägt ihren Kopf auf die Kante des Küchentischs.* Sie schlägt ihren Kopf auf die Kante des Küchentischs. *EINE FRAU UM DIE VIERZIG Sie bekommt kaum Luft. Sie schlägt ihren Kopf auf die Kante des Küchentischs.* Sie schlägt ihren Kopf auf die Kante des Küchentischs"[27]

Das Drama besteht aus vielen Wiederholungen. Es wird mal im Chor gesprochen und ein anderes Mal ergibt sich ein Echo. Obwohl es auf den ersten Blick sechs Personen sind, so sind es nur zwei – eine Frau und ein Mann, die im verschie-

24 Vgl. ebd., S. 77.
25 Vgl. ebd., S. 78.
26 Schulzova, Eva: ‚Der goldene Drache': Roland Schimmelpfennigs Theaterstück nach einem bewährten Rezept. Diplomarbeit. Universität Brünn 2012, S. 31.
27 Schimmelpfennig, Roland: Das fliegende Kind. Frankfurt/M.: Fischer Verlag 2011, S. 84.

denen Alter auftreten, so können sie ihre Lage aus drei unterschiedlichen Altersniveaus erfahren.

> „Der Mann um die Vierzig und Die Frau um die Vierzig leben noch im gesegneten Zustand des Nichtwissens, in der Zeit vor dem Unglück, die Fünfzig- und die Sechzigjährigen leben nach und mit der Katastrophe. Sie haben erfahren, wie der Schmerz sich durch die Jahrzehnte brennt und ausbreitet. Sie haben erfahren, dass die Zeit nichts heilt."[28]

Roland Schimmelpfennig veranschaulicht in seinem Drama ein privates Unglück. Ein Mann überfährt, ohne es zu merken, sein eigenes Kind.

Kümmel schreibt, dass Schimmelpfennigs Figuren im Unglück, und im Ritual leben – als wäre äußerste Strenge nötig, um gegen die anbrandende Verzweiflung zu bestehen. Gegen einen solchen Feind muss man Bollwerke bauen.[29] Die im Text vorkommenden Wiederholungen machen darauf aufmerksam, dass das alles keine Vergangenheit ist, sondern es prägt sich immer schärfer ins Leben ein. Die zwei Figuren, die sich hier in sechs Gestalten aufspalten, brauchen es, immer wieder dem Moment vor dem Unglück näherzukommen.[30] Nach der Uraufführung konnte man in der FAZ folgendes lesen:

> „Den Text trügen die zumeist Schimmelpfennnig-erfahrenen Schauspieler in verteilten Rollen vor und gäben ‚ihr ansehnlich Bestes, um den Abend vor einem Sturz in den Betroffenheitskitsch zu bewahren.' Schimmelpfennigs Marotte, durch ständige Wiederholung des immerselben Sachverhaltes, ja wörtlichen Textes, auch noch dem letzten verschlafenen Zuhörer klarzumachen, dass trotz anfänglich spaßigen Einstieges – der Glöckner bildet sich ein, auf der Kirchturmbrüstung einen Leguan zu sehen – hier bestimmt keine Komödie gezeigt wird, geht nicht mehr auf."[31]

Der Text des Dramas wird wegen seiner Wiederholungen von einem anderen Kritiker dagegen mit der Liturgie verglichen und intertextuell vernetzt, wobei das stoffliche Wiederaufgreifen gleichfalls eine Wiederholung auf anderer Ebene ist: „Es ist ein ganz einfacher, schöner, musikalischer, märchenhafter Text mit vielen rituellen Wiederholungen, wie eine Liturgie. Natürlich ist das Leitmotiv eine Variation des Erlkönig-Themas: ein schwarzer Wagen fährt bei Nacht durch die Stadt. Wer reitet so spät durch Nacht und Wind. Und das Schlimmste bleibt, dass

---

28 Kümmel, Peter: „Es geht nicht vorbei, es wird schlimmer". In: Die Zeit vom 09.02.2012, 2012, Nr. 7. <https://www.zeit.de/2012/07/Theater-Kind-Seiten/komplettansicht> (Zugriff am 13.07.2019).

29 Vgl. ebd.

30 Vgl. ebd.

31 Krösche, Kai: Die Suche nach der schnellen Feierabendkatharsis. <https://www.nachtkritik.de/index.php?option=com_content&view=article&id=6559:das-fliegende-kind-ua-roland-schimmelpfennig-fuehrt-seine-neueste-moralitaet-fuer-grossstaedter-am-burgtheater-auf-&catid=81:akademietheater-wien&Itemid=100190> (Zugriff am 17.07.2019).

der Vater selber der Todesfahrer ist, aus Nachlässigkeit und Abgelenktheit und weil er die Familie flieht.“[32]

Die ständigen Wiederholungen im Drama erinnern auch an die Chöre[33] im antiken Drama. Der Chor des antiken Dramas war oft Stellvertreter des Autors. Aristoteles wünschte ihn in die Handlung eingebunden. Er wandte sich gegen die Praxis, die Chorgesänge als austauschbare Intermezzi anzulegen, die zu jedem beliebigen Drama passen. Er forderte: „Den Chor muss man behandeln wie einen Schauspieler. Er soll ein Teil des Ganzen sein und mithandeln.“[34]

Wiederholungen als eine rhetorische Figur in den Dramen von Roland Schimmelpfennig sind keine Seltenheit. Hier wurden nur drei Dramen des Autors dargestellt, in denen die Wiederholung besonders hervortrat. Im Zentrum der Überlegungen stehen die repetitiven Strukturen, Verhalten, Ausdrucksweisen und Phänomene in den analysierten Stücken. In den Wiederholungsstrukturen werden die Alltagsakte oft mit Theatermetaphern beschrieben und charakterisiert. Hinzukommen intertextuelle Verweise, die gleichfalls als Wiederholungen, jedoch keine rhetorischen Figuren, darstellen. Die Wiederholung als theatraler Akt findet jedoch wenig Beachtung in den literaturwissenschaftlichen bzw. theaterwissenschaftlichen Forschungen. Die Wiederholung erscheint dabei als Verdopplung, Synchronisation, Reihenbildung, Appriopriation, Parodie, technisch-mediale Vervielfältigung und als künstlerisches Reenactment in der Performance Art, dem experimentellen Theater und dem postmodernen Tanz vor.[35] Die Form der Wiederholung im Werk von Roland Schimmelpfennig sei eine Art der Reihenbildung, der Synchronisation bzw. des künstlerischen Reenactments. Schimmelpfennig bedient sich dieser rhetorischen Figur, um die Umgebung zu Neuüberlegungen mancher Lebensaspekte zu bewegen. Nur durch das Einsetzen der rhetorischen Wiederholung gelingt es Schimmelpfennig seine Aussage für den Zuschauer nachvollziehbar und manchmal sogar schmerzhaft zu gestalten, denn Schimmelpfennig will mit seinen Theaterstücken die Menschen bewegen.

Roland Schimmelpfennig selbst äußert sich nicht zu der Funktion der Wiederholung in seinen Stücken, er will seine Werke nicht interpretieren und überlässt es den Zuschauern, obwohl er auch ausdrücklich reagiert, wenn die

32 Gampert, Christian: Der Super-Gau für Eltern. <https://www.deutschlandfunkkultur.de/der-super-gau-fuer-eltern.1013.de.html?dram:article_id=172832> (Zugriff am 17.07.2019).

33 „Das antike Drama, speziell die Tragödie, entwickelte sich, wie schon erwähnt, aus dem religiösen Chorlied, genauer gesagt, aus den Gesängen, mi denen die Athener das Fest des Weingottes Dionysos alias Bacchus begingen. Thespis stellte um 534 v.Chr. dem Chor einen Schauspieler gegenüber, Aischylos fügte einen zweiten hinzu, Sophokles einen dritten. Die Endstufe dieser Erweiterung wurde in der Folgezeit zum Maß der Beschränkung.“ In: Asmuth, Dramenanalyse. 2016, S. 41.

34 Ebd., S. 42.

35 Kalu, Ästhetik. 2013, S. 84.

ästhetische Funktion der Redemittel von den unvorbereiteten Rezensenten unbeachtet oder stark kritisiert wird. Wiederholung als ein bedeutendes rhetorisches Mittel spielt eine bedeutende Rolle in den Dramen Roland Schimmelpfennigs, was in diesem Beitrag zum Ausdruck gebracht werden sollte.

Literaturverzeichnis

Asmuth, Bernhard: Einführung in die Dramenanalyse. Stuttgart: Metzler Verlag 2016.

Enkeler, Christiane: Dem Familienleben abgeschaut. <https://www.deutschlandfunk.de/dem-familienleben-abgeschaut.691.de.html?dram:article_id=49728> (Zugriff am 08.07.2019).

Gampert, Christian: Der Super-Gau für Eltern. <https://www.deutschlandfunkkultur.de/der-super-gau-fuer-eltern.1013.de.html?dram:article_id=172832> (Zugriff am 17.07.2019).

Hansen, Sebastian: Leben als Baustelle. <https://www.op-online.de/region/leben-baustelle-1199453.html> (Zugriff am 10.07.2019).

Kalu, Joy Kristin: Ästhetik der Wiederholung. Bielefeld: transcript Verlag 2013.

Krösche, Kai: Die Suche nach der schnellen Feierabendkatharsis. <https://www.nachtkritik.de/index.php?option=com_content&view=article&id=6559:das-fliegende-kind-ua-roland-schimmelpfennig-fuehrt-seine-neueste-moralitaet-fuer-grossstaedter-am-burgtheater-auf-&catid=81:akademietheater-wien&Itemid=100190> (Zugriff am 17.07.2019).

Kümmel, Peter: Es geht nicht vorbei, es wird schlimmer. In: Die Zeit vom 09.02.2012, 2012, Nr. 7. <https://www.zeit.de/2012/07/Theater-Kind-Seiten/komplettansicht> (Zugriff am 13.07.2019).

Michalzik, Stefan: Tranken, Nachdenken, Themenwechsel. Roland Schimmelpfennig: Wenn, dann: Was wir tun, wie und warum. In: Die deutsche Bühne vom 18.04.2011. <https://www.die-deutsche-buehne.de/kritiken/trinken-nachdenken-themenwechsel> (Zugriff am:10.07.2019).

Schimmelpfennig, Roland: Das fliegende Kind. Frankfurt/M.: Fischer Verlag 2011.

Schimmelpfennig, Roland: Die Frau von früher. Frankfurt/M.: Fischer Verlag 2004.

Schimmelpfennig, Roland: Ja und Nein. Vorlesungen über Dramatik. Berlin: Theater der Zeit 2014.

Schimmelpfennig, Roland: Wenn, dann: Was wir tun, wie und warum. Frankfurt/M.: Fischer Verlag 2011.

Schulzova, Eva: Der goldene Drache: Roland Schimmelpfennigs Theaterstück nach einem bewährten Rezept. Diplomarbeit. Universität Brünn 2012.

Sojitrawalla, Shirin: Der kühle Hauch des Lebens. <https://www.nachtkritik.de/index.php?option=com_content&view=article&id=5489:wenn-dann-was-wir-tun-wie-und-warum-nin-frankfurt-bringt-christoph-mehler-einen-neuen-schimmelpfennig-zur-urauffuehrung&catid=83&Itemid=100190> (Zugriff am 17.07.2019).

Stadelmaier, Gerhard: Theaterloch Schimmelpfennig in Frankfurt. In: FAZ vom 11.04.2011, S. 27.

Sebastian Dusza (Kraków)

Linguistische Ansatzpunkte der Wiederholung im Text des Mikrodramas „Ramses" von Wolfgang Bauer

Einführung

Die typisch linguistischen Probleme des Einsatzes der mentalen Wissenssysteme bei der szenischen Perzeption der dramatischen Sachverhalte bei der Beobachtung der Handlung eines Dramas bilden das Thema des vorliegenden Beitrags. Seine Aufgabe ist es aufzuzählen, wie die Wissenskonstruktion im szenischen Diskurs dank der Wiederholung aufrechterhalten und tradiert wird. Der Bühnendiskurs, in dem das Wissen sprachlinguistisch kodiert wird, bildet den Träger sowohl für die szenische Handlung als auch für die medientaugliche Übertragung der Ideen durch konkrete Ideologien. Den Kern der Ausführungen in diesem Beitrag bildet der Mensch als Akteur und der Mensch als Zuschauer, derer Funktionen, Aufgaben und Leistungen nur im Dienste des medialen Rahmens der Wiederholungen immer wieder bestimmt und erklärt werden. Die so bestimmten Modalitäten der humanen Aktivität/Handlung, die man als die temporale Anspielungen oder Vorboten versteht, lassen sich in linguistischem Sinnen als vorläufiger Konnex zwischen dem Dargestelltem und der Darstellung generalisieren. Die Linguistik, die hier als das bewusste, explizite Wissen über das Gruppieren der mentalen Abbildungen der Facetten der Wirklichkeit verstanden wird,[1] liefert die methodologische Basis für die Analyse des ausgewählten Dramas von Wolfgang Bauer. In der Linguistik wird deswegen einem Wort *ein Prädikativ* zugeordnet, was dem Wort die Funktion des Subjekts verleiht, wobei die Gesamt-Konstruktion als *Satz* begriffen wird.[2] Ähnlich ist es in der Theorie

1 Bobrowski, polnischer Theoretiker der Linguistik, unterscheidet das implizite Wissen jedes Sprechers/Schreibers über das Generieren und Verstehen vom Diskurs und das explizite Wissen. Wenn man fähig ist, implizites Wissens theoretisch zu beschreiben, dann gewinnt das Wissen das Prädikat explizit. Vgl. Bobrowski, Ireneusz: Zaproszenie do językoznawstwa. Kraków: IJP PAN 1998, S. 13.

2 Vgl. Karttunen, Laurii: Die Logik der Prädikatskomplementkonstruktionen. In: Generative Semantik. Hrsg. von Werner Abraham/Robert Binnick. Frankfurt/M.: Edition Unseld 1972, S. 243–244.

der Information: wird einer unbekannten Größe *eine bekannte Information in Form vom Prädikat/Rhema* zugewiesen, dann entsteht das *Thema.*[3] Das Drama „Ramses“, das hier analysiert wird, ist wegen seines dystopischen Charakteristikums zwischen dem Dargestelltem und der Darstellung das krasseste Beispiel für das scharfe Urteil Bauers nicht nur über die modernen Medienwelt und -institutionen sondern auch über die Weise, inwieweit die durch die Medien wiedergegebene Objektivität der Wirklichkeit medial verzehrt wird und als objektiv konsumiert. Der Beitrag der Linguistik bei der textdramatischen Analyse der viererlei Präsenz und Manifestationen des Ramses soll auch den Leser dazu beitragen, die Stellen und Bereiche der sich wiederholenden Manipulation an humanem Ego von Ramses durch Medien zu erkennen. Die Wiederholung als textrhetorisches Mittel, in Anknüpfung an die Linguistik der Kohärenz, soll die Frage zu beantworten erlauben, warum Ramses politisch und sozialkommunikativ scheitert und inwieweit sich der Mensch als in allen seinen Entfaltungen, Handlungsvarietäten als authentisch einsehen und bezeichnen darf. An der anderen Seite werden die Wiederholungen, die diachron und synchron zum Vorschein kommen, als die Phasen der objektiven Mimesis verstanden. Die Wiederholungen dienen der Ideologien, die optimalsten Motiv-Träger zu finden: sie verhalten sich wie der Maler Zeuxis, der die schönsten Frauen versammelt hat, um sich durch Selektion und Inspektion das materielle archetypische Idealabbild für die Trojanische Helene zu erarbeiten. Auf diese Weise operiert die Wiederholung in der Diachronie: Ständig werden Menschen auf die Fähigkeit getestet Motiv zu sein, um Ideologien im Laufe der Zeit robust, verantwortlich und effizient zu tradieren.[4] Die so zum Thema der Analyse gemachte Wiederholung richtet sich nicht auf die Beweisführung und Konstitution der literarischen

3 Das soll nicht die Meinung rechtfertigen, dass der grammatische Terminus Subjekt mit dem pragmasemiotischen Begriff Thema synonym ist. Ulrich Engel warnt: „Die aktuelle Gliederung einer Äußerung, die einen Sachverhalt zum Inhalt hat, folgt jedoch nicht diesen Elementen der Wirklichkeit. Jede Äußerung besteht in der Regel aus zwei Teilen, einem weniger wichtigen, der den Rahmen vorgibt, und einem zentral wichtigen, der die eigentliche Botschaft enthält. Man nennt diese beiden Teile Thema (Vorläufiges) und Rhema (Hauptsache, Endgültiges). [...] Die beiden Gliederungen – die sachliche und die informationelle – haben so gut wie nichts gemeinsam. Jede Größe kann Thema oder Rhema werden, und mit Geschehen und Umständen verhält es sich nicht anders. Auch die Zeit ist natürlich in die Äußerungen eingebunden, denn jeder Sachverhalt bedarf einer zeitlichen Fixierung, häufig in Relation zum ‚Sprechzeitpunkt‘. Was aber die Mittel solcher zeitlichen Festlegung betrifft, so muss man wieder vermeintliche Selbstverständlichkeiten vergessen: Nicht das Verb ist es, das die wesentlichen Zeitinformationen einbringt, das Verb leistet vorrangig ganz Anderes, und über die Zeit erführt man viel mehr durch Adverbien, Angaben u.a.“ Vgl. Engel, Ulrich: Kurze deutsche Grammatik. München: Iudicium 2002, S. 11.

4 Dieselbe Idee wiederholte sich beispielsweise im Werk Shelleys Frankenstein und auch im Bild Les Demoiselles d'Avignon von Picasso. Vgl. Mansfield, Elisabeth: Too beautiful to picture: Zeuxis, myth, and mimesis. Minneapolis: University of Minnesota Press 2007, S. XV.

Tradierung. Sie richtet sich als Wiederholung auf Erfindung derjenigen externen Daten, die das bereits Existierende literarisch enthüllen[5] und die der Existenz die Fähigkeit verleihen sich biologisch zu manifestieren.[6] So ist die Wiederholung nicht nur als Revision, Remake, Korrektur, Remix, Richtigstellung, Überarbeitung, kreative Umgestaltung, Verbesserung, Vervollkommnung der Tradition und des Humanismus zu sehen, sondern auch als die mentale Manifestation des linguistischen Wissens des Ego über das Plagiat, das Negative und die Kopie und Karikatur, die Möglichkeit der ständigen Verifizierung des eigenen Sinnbilds, des geltenden narratorischen Archetyps, der psychosozialen Matrix der Seele, des Verstands und der Kognition des geltenden Stereotyps im Antlitz des Schweigens sowie des Todes.[7]

Zur Methodologie

Der vorliegende Beitrag verwendet die Methodologie der linguistischen Hermeneutik vor allem dort, wo es gezeigt werden soll, dass das Mikrodrama „Ramses" eigentlich kein textsortenspezifisches Drama im Sinne der Literaturwissenschaft ist. Deswegen soll zur Analyse des Mikrodramas eine neue hermeneutische Methodologie herangezogen werden,[8] wenn „Ramses", aus den in der Einleitung signalisierenden Gründen, kein Drama ist. Wenn es kein Drama ist, dann haben die Bausteine seiner Bühnenorganisation, wie Schauspieler, Bühnenbild, Publikum, Theater als Institution ganz andere Aufgaben und Funktionen. Die Antwort nach dem Sinn solcher Revolution und Dissoziation liefert die Linguistik, die die Wirklichkeit in wissenschaftlichen Modellen beschreibt, wobei sie sich des Terminus *Satz* bedient, in dessen Rahmen ein Zusammenspiel von *Satzgliedern* beobachtet werden kann. So ist es auch im „Ramses": Seine Text-Bausteine bilden gewisse Wortsymbole, die eine feste logische Grundstruktur für die Semantik bilden. Das Semantische agiert nicht automatisch, wie es bei der Gestaltung und Erschaffung des literalen Raumes

5 Vgl. Heinemann, Wolfgang: Zur Eingrenzung des Intertextualitätsbegriffs aus textlinguistischer Sicht. In: Textbeziehungen: linguistische und literaturwissenschaftliche Beiträge zur Intertextualität. Hrsg. von Josef Klein/Ulla Fix. Tübingen: Stauffenburg-Verlag 1997, S. 23.

6 Vgl. Breiner, Tobias: Psychologie des Geschichtenerzählens. Berlin: Springer 2019, S. 5.

7 Vgl. Schurz, Richard: Negative Hermeneutik. Zur sozialen Anthropologie des Nicht-Verstehens. Wiesbaden: Springer Fachmedien 1995, S. 7. In solchen Fällen des Gebrauchs von Wiederholungen erlaubt Andrew Benjamin den Terminus Mimesis einzusetzen. Vgl. Benjamin, Andrew: Art, Mimesis and The Avantgarde. Aspects of a philosophy of Difference. London: Routledge 1991, S. 16.

8 Sutherland warnt in seiner Definition des Terminus Hermeneutik: „Ich kann das Stück als Ganzes erst dann verstehen, wenn ich die einzelnen Teile verstehe". Vgl. Sutherland, John: 50 Schlüsselideen Literatur. Heidelberg: Spektrum Akademischer Verlag 2012, S. 13.

durch die Synsemantik gewisser Wortfetische zu erwarten ist, denn ihre Semantik liegt woanders, außer der logischen Textstruktur.[9] Die Semantik des Fetisches, die einer konkreten Wortform im „Ramses“ textologisch vorläufig und illusorisch zugeteilt wurde,[10] muss aus anderen Texten bezogen werden.[11] Sie liegt nicht im Drama und wird dadurch auch nicht bestimmt: der dystopische Sinn der Bauerschen Wortformen liegt direkt in der Geschichte Westeuropas oder in anderen konkreten Texten der Westliteratur. Das richtige Verstehen von „Ramses“ fußt also auf der intertextuellen Referenz und auf dem hermeneutischen Reframe der ausgewählten sich wiederholenden Konzepte, wie *Dolchstoß*, *Brandrede*; Adjektive *irisch*; Adverbien *von unten/von oben* und der initiale Gruß *Heil*. Dadurch beweist Wolfgang Bauer, dass der von ihm eingesetzte Wortschatz zur Schilderung der Handlung eine historisch subversive, tief archäologische Wiederholung ist,[12] die auf der Trennung des Geschilderten und der Darstellung im Sinne des Saussures basiert.[13] Durch die Sinndissoziation der Wortformen sowohl im „Ramses“ als auch in seinen „Mikrodramen“ entsteht das Zeit-Raum-Äquilibrium der literarischen Werke. Solche Gestaltung des synsemantischen Gerüsts des „Ramses“ erlaubt anzunehmen, dass der Sinn der logisch-syntaktischen Wiederholung des konkreten Wortschatzes die Bedeutungszuweisung erst dann legitim macht, wenn man die Konstruktion von „Ramses“ parallel mit anderen Texten mitliest und sie entziffert.[14] Pessimismus, Ironie, Distanz, die

---

9 Lotman meint in seinem ins Englische übersetzten Buch The Structure of the Artistic Text: „The language of an artistic text in essence is [...] a model of the universe, and in this sense its whole structure belongs to the sphere of ‚content‘ – it carries information“. Vgl. Lotman, Jurij: The Structure of the Artistic Text. Übers. von Ronald Vroon. Ann Arbor: The University of Michigan Press 1999, S. 8.

10 Vgl. Mansfield, Too beautiful to picture. 2007, S. 168.

11 Die hier beschriebene Verlagerung der Bedeutung bildet den Kern der Definition des Terminus Hermeneutik bei Auffarth. Vgl. Auffahrt, Christoph: Definition: Hermeneutik. In: Metzler Lexikon Religion. Hrsg. von Christoph Auffarth/Jutta Bernard/Hubert Mohr. Stuttgart/Weimar: Metzler 1999, Bd. 2, S. 27.

12 Vgl. Białek, Edward: Wolfgang Bauer i jego estetyka negacji. In: Wolfgang, Bauer: Sztuka teatru. Sulejówek: ADiT 2014, S. 6.

13 Baskin schreibt zur englischen Ausgabe des „Course in General Linguistics“ von de Saussure: „De Saussuree was among the first to see that language is a self-contained system whose interdependent parts function and acquire value through their relationship to the whole“. Vgl. Baskin, Wade: Translators Introduction. In: Saussure de, Ferdinand: Course in General Linguistics. Übers. von Wade Baskin. New York: CUP 1959, S. 1.

14 Die Idee verdankt der Autor dem Begriff memonautica von Martin Pogačar, der schrieb „This term alludes to the navigatory metaphoricity entailed in the term ‚surfing [...]‘ and indeed in the practice of social activity [...]: it invokes the aspect of navigation (gr. kybernetes), moving (and being moved), circulating, floating, amid the versatility of liminalities. Crucially, in relation to the politics of memory and practices of remembering in digital media, memonautica implies that the ‚sea‘ we are charting is never calm or still. Rather, it is constantly changing and shifting, revealing and submerging reefs and ports of memory“. Vgl. Pogačar,

dabei ihren Einsatz gefunden haben, sind diejenigen Regungen menschlicher Seelen, dank denen es bei der Lektüre erkannt wird, dass der aktuelle Handlungsspielplan jedes Individuums ein blasses Echo oder ein Ressentiment eines bewussten/unbewussten Katalogs der Hegemonie von Archetypen ist.[15]

Zur socioliteralen Leistung Wolfgang Bauers

Wolfgang Bauer war 23 Jahre alt, als er seine „Mikrodramen" schrieb, die in vielen Facetten das ärmliche Schicksal der Menschen vorstellt, die durch die Wiederholung das Kapital für sich zu vermehren versuchen, ohne zu begreifen, dass es eben die Wiederholung ist, die sie im Griff hat, die sie serienmäßig reproduziert und ihr Verhalten blind determiniert.[16] Der junge Dramaturg verstand früh, dass es die allmächtige Ideologie ist, die nicht nur jede Gesellschaft als auch ihn selbst gerne in dieser Tretmühle sehen würde. W. Bauer wählte sich das Medium Theater, um solche Trends in seinen subversiven „Mikrodramen" zu veranschaulichen. W. Bauer steht nicht für Anarchie, Destruktivismus und Prokrastination, sondern für den aktiven Einsatz des menschlichen Verstandes der zu Indoktrinierenden zur Emanzipation.[17] Wolfgang Bauer hebt die dramatische Tradition nicht nur in Einzelheiten als auch in umfangreichen Systemhierarchien aus Angeln auf: Er zeigt den für uns gefährlichen Mechanismus der Wiederholung, indem er unsere Aufmerksamkeit darauf lenkt, dass der sich

Martin: Media Archaeologies, Micro-Archives and Storytelling. Re-presencing the Past. London: Palgrave Macmillan 2016, S. 27.

15 Drews bestätigt, die Werke Bauers griffen gewisse Motive und literale Phrasen auf und gaben ihnen einen neuen Glanz verliehen. Durch die Wiederholungen in solchen Additionen und Montagen wird „eine unheimliche, aber heitere Verstörung, eine Art gequältes Entzücken" produziert. Vgl. Drews, Jörg: Das stille Schilf rauscht im Karton oder Zum Verzweifeln schlecht, das heißt: großartig. Zu Wolfgang Bauers Lyrik. In: Dossier Wolfgang Bauer. Hrsg. Gerhard Fuchs/Stefan Maurer. (= Dossieronline). 2017, S. 67. <http://gams.uni-graz.at/o:lg.dossier.8> (Zugriff am 17.07.2019).

16 Vgl. Białek, Wolfgang Bauer. 2014, S. 7.

17 Moore und Gillette belegen in ihrem Buch, dass die Normen und Weltgesetze, die durch Systeme und Rituale tradiert werden, die Aufgabe haben, die psychische Konstruktion der Archetypen jedes Menschen zu fördern. Aber diese wünschenswerte Entwicklung geschieht nicht als Antwort auf den normierenden Zwang der Gesetze und auf die Anerkennung einzelner Regelsysteme und Normensysteme sondern dadurch, dass dabei das eingeborene Profil der Antisystemischen noch nicht aktiviert wird. Vgl. Moore, Robert/Gilette, David: King, Warrior, Magician, Lover. Rediscovering the Archetypes of the Mature Masculine. San Francisco: Harper San Francisco 1990, S. 144–145. Im Schatten der Maturität wird die vorläufig zu unterdrückende Neigung zur Destruktion, Negation und Illegalität, wie u. a. Alkoholismus, Drogen, Anorexia, Striptease gepflegt. Die Beispiele der Subversion als sind nichts anderes, als Auseinandersetzung mit der archetypalen Konstruktion des menschlichen Individuums zu sehen. Vgl. Barthes, Roland: Mythologies. Übers. von Annette Lavers. New York: The Noonday Press 1991, S. 10–11.

zu wiederholende Einfluss einer Ideologie keinesfalls auf die aktuelle Wirklichkeit-Realität referiert.[18] Für diejenigen, die seine „Mikrodramen" ernst analysieren, reicht es nicht sie als komisch, absurde und kafkaesk zu brandmarken: man muss stets danach fragen, ob es linguistische Gründe dafür gibt, ideologische Attacken und Versuche der Hegemonisierung durch Ideologien zu identifizieren und klassifizieren. Der linguistische Sinn sowohl der „Mikrodramen" und auch vom „Ramses" hängt nicht direkt von der Reflexion der Handlung und des dramatischen Komplotts ab. Er hängt von der Unterscheidung der verschiedenen Perspektivierungen des Individuums, deren Aufgabe es ist, das Publikum von „Ramses" zu stimulieren und zur Restrukturierung zu bringen. Das Ziel solcher propagandistischen Dekonstruktion des Hauptheldes durch das Publikum sind die erneute Gruppenbildung infolge der Wiederholung der Heldenform durch Schock und Verblüffung und die Mobilisierung der auf ihrer Katharsis wartenden Massen zur Resemantisierung/Reshaping.[19] Mit dem Wechsel der Perspektivierung des Helden fokussiert W. Bauer das Publikum auf die Möglichkeit der multiplen Bedeutungszuweisung durch das Publikum.[20] Dadurch werden die Massen im Zuschauerraum um die neuen Kristallisationskerne geschart und ihnen werden neue Aufgaben und militante Kampfleistungen überlassen.[21]

Zum Text von dem Mikrodrama „Ramses"

Die „Mikrodramen" von Wolfgang Bauer, einem der wichtigsten Dramatiker und Theaterwissenschaftler in postmodernem Österreich, gelten als technisch unaufführbar.[22] Bauersche „Mikrodramen" benötigen den Einsatz authentischer Wettererscheinungen, wie afrikanische Hitze, Regensturm, Hagel, meterhohe

18 Deswegen nennt Antonic den Dramatiker Bauer eine Kunstfigur. Vgl. Antonic, Thomas: Wolfi Bauer ist tot, es lebe Wolfgang Bauer! Werk versus Image – oder Image als Teil des Werks. In: Dossier Wolfgang Bauer. Hrsg. von Gerhard Fuchs/Stefan Maurer. (= Dossieronline). 2017, S. 4, 14, 15. <http://gams.uni-graz.at/o:lg.dossier.11> (Zugriff am 17.07.2019).

19 Ebd., S. 9.

20 Barthes untermauert die Hypothese im Zitat: „Paradoxically, the more the genius of the man was materialized under the guise of his brain, the more the product of his inventiveness came to acquire a magical dimension, and gave a new incarnation to the old esoteric image of a science entirely contained in a few letters. There is a single secret to the world, and this secret is held in one word; the universe is a safe of which humanity seeks the combination". Barthes, Mythologies. 1991, S. 69.

21 In einem Gespräch mit Hilde Schmölzer diagnostizierte Wolfgang Bauer: „Es geschieht also allein dadurch Theater, daß die Leute im Theater sitzen und sich Theater erwarten". Vgl. Schmölzer, Hilde: Wolfgang Bauer. In: Das böse Wien: Gespräche mit österreichischen Künstlern. München: Nymphenburger Verlagshandlung 1973, S. 45.

22 Vgl. Antonic, Wolfi Bauer ist tot, es lebe Wolfgang Bauer! 2017, S. 2.

Wellen; die Verwendung enorm zahlreicher Schauspielergruppen, wie 10.000 Mongolen oder die Begleitung von Seetieren wie Kraken, Krabben, Karpfen, Hai- und Walfischen. Außerdem soll das szenische Bühnenbild die Handlung in authentischem Kairo oder als ein Panorama einer Badelandschaft, in dem Abteil eines rasenden Zuges von London nach Oslo, der 10-Minuten Verspätung hat, platzieren. Auf der Bühne sollen auch die startenden oder in Flammen abstürzenden Flugzeuge, Ruderboote, Paviane, grüne Kamele, Hyänen, Elefantenkühe und Denkmäler aus Tilsiter Käse auftauchen. Damit überfordert W. Bauer nicht nur die Regie und die Theaterstruktur, sondern bewirkt, dass das Publikum durch die Konstellationen vom Irrealen und Unmöglichen zu einem Teil deren kognitiver Struktur gemacht wird. Sogar der auf der Bühne zu beobachtende Tempel-Brand überspringt auf das ganze Theatergebäude und verursacht die überdimensionale Überlagerung der Handlung auf, wobei es das Publikum dazu zwingt, aktiv mitzuspielen. In seinen „Mikrodramen" verwendet Wolfgang Bauer die Pausen von einer Stunde oder 6 Monaten oder verzichtet gar auf Pausen, was die Struktur des Dramas vor allem temporal und glokal[23] zerstört. Die hyperrealistische Unaufführbarkeit Bauerschen „Mikrodramen" liegt schließlich in der Tatsache, dass es nicht Menschen sind, die die Ursache-Folge-Sequenz im Zeitraum bestimmen und regieren.[24] Das Regelwerk bestimmen die Theoreme/Axiome, die Menschen (sowohl Schauspieler als auch Zuschauer) als Marionetten durch das Kaleidoskop sich wiederholender Zeiträume determinieren und kolonisieren lassen.[25]

Aber zu quittieren, dass die Bauersche „Mikrodramen" deswegen grotesk, absurde, utopisch oder kafkaesk sind, ist zu überschnell: Wenn man doch die „Mikrodramen" von W. Bauer in der Vorstellungskraft eher als Kopfreise aufzuführen versucht, wo alles möglich ist, dann bemerkt man, dass sie, als Medium, keine Handlung im Rahmen eines kommunikativen Modells übertragen, son-

23 Der Terminus glokal ist eine Kontamination aus lokal und global. Mit der genialen Kontamination glokal wird die Schnittstelle zwischen dem Regionalen und Überregionalen, zwischen dem Lokalen, Intimen und dem Kollektiv-Globalen geschildert. Den Terminus verdankt man der Lektüre des Buches von Thomas Düllo, Franz Lieb und Martin Kiel. Vgl. Düllo, Thomas/Franz Lieb/Martin Kiel: Cultural Hacking: Kunst des strategischen Handelns. New York: Springer 2005. Über das Phänomen schreibt Edward Białek, der polnische, auf das Gebiet der österreichischen Postmoderne spezialisierte Germanist. Vgl. Białek, Edward: Regionalizm ujarzmiony: szkic do portretu sceny literackiej Grazu. Wrocław: Wrocławskie Wydawnictwo Oświatowe 1996, S. 3–11.

24 Jutta Landa bemerkt mit Recht: „Such realism cannot be measured against Brechtian categories of change; it is an essentially experimental or avant-garde technique8 developed in the wake of the international beat and pop revolution. This Austrian of realism can be traced to three distinct sources of influence, all stemming from the Viennese subculture which served". Landa, Jutta: Provoking the Audience: Contemporary Austrian Drama. In: Modern Austrian Literature 18, 1985, H. 2, S. 50.

25 Vgl. Białek, Wolfgang Bauer. 2014, S. 11.

dern die Träger einer Metaideologie sind. Dank den „Mikrodramen“ kann die alles organisierende und pauschal bestimmende Ideologie richtig benannt werden.[26] Die Bauerschen „Mikrodramen“ erlauben den Einblick in den Mechanismus der Bedeutungszuweisung, also der Re-Humanisierung des Menschen, indem jedem einzelnen Menschenwesen eine präzise Funktion verliehen wird, wodurch es seine neue soziale Rang, Anerkennung und Aufgaben erhält. Der Mensch, so Bauer, ist so weit Mensch, wenn er nicht erkennt, dass er in seinem Tun manipuliert und durch Ideologie ferngesteuert wird.[27] In diesem Beitrag wird es versucht zu belegen, dass die Gesellschaft, die ihre Subjekte und Objekte um verschiedene Ziele und Aufgaben mobilisiert,[28] ein blinder Mechanismus der Rollenzuweisung von Helden und Opfern ist.[29] Das individuelle Glück ist die Funktion der Unkenntnis der Tatsache, dass der Mensch ein diatopisches Abbild,[30] eine Wiederholung eines gewissen Archetyps ist und dass die Grenzen des Archetyps nicht verlassen werden sollen.[31]

In dem vorliegenden Beitrag wird nur ein Mikrodrama von Wolfgang Bauer analysiert.[32] Im „Ramses“ erkennt man nicht nur das Innovatorische und Prophetische in der Bifurkation zwischen der ordnungsschaffenden Ideologie und dem einsamen Verstand in der Bauerschen Drama-Kunst am leichtesten, sondern es enthält die meisten Signale für die Verwendung von Wiederholungen und Referenzen auf Archetypen sozialer Rollen. Da das Drama eher für Leser bestimmt wird, dann weiß der Leser mehr als der Zuschauer: Nur der Text des Dramas hilft dem Leser die Bühnenhandlung und das vier Mal wiederholte des Haupthelden von Ramses in den gewünschten Kontext zu übertragen und somit den Handlungsspielraum der Bühnenhelden nur im Kopf zu verstehen, sie durch

26 Vgl. Rumpf, Helmut: *Progressive* Geschichtsschreibung? Bemerkungen zu neueren Publikationen zur Zeitgeschichte. In: Der Staat 16, 1977, H. 1, S. 91.

27 Vgl. Chen, Liming/Chris D. Nugent: Human Activity Recognition and Behaviour Analysis for Cyber Physical Systems in Smart Environments. Cham: Springer Nature Switzerland 2019, S. 1.

28 Vgl. Müller-Funk, Wolfgang: Die Kultur und ihre Narrative. Eine Einführung. Wien/New York: Springer 2008, S. 3 und 51.

29 Moore und Gillette dokumentieren in ihrem Buch, dass die maskuline Psychkonstruktion ein Zusammenspiel von vier Modalitäten ist. Von jedem Jungen oder jedem Mann wird erwartet, dass er in seinen Lebensstadien den konkreten Archetypen die Bedeutung infolge seines Tuns verleiht. In jedem maskulinen Wesen stecken also ein Streiter, ein König, ein Zauberer und ein Liebhaber. Vgl. Moore/Gilette, King, Warrior, Magician, Lover. 1990, S. 143.

30 Vgl. Landa, Provoking the Audience. 1985, S. 47.

31 Auch in der Jungschen Definition von the feeling-toned complexes, von der Reaktion/feeling auf das interne Abbild/clients point of view, was das Interessenbereich der Psychopathologie ausmacht, definiert man das Dystopische als pathologisch und neurotisch auf folgende Weise: psychopatisch ist jemand, der sich dessen Dystopie zwischen der Reaktion auf den Reiz in seiner strukturellen Identität bewusst wird. Vgl. Sedgwick, Daniel: Jung and Searles. A comparative study. London: Routledge 1993, S. 45.

32 Vgl. Bauer, Wolfgang: Mikrodramen. Berlin: Wolfgang Fietkau Verlag 1964, S. 6.

das Prisma des Dramenmodells im Kopf zu beobachten,[33] wobei die Transferenz des nötigen Wissens von Fakten und Sachverhalten für die Zuschauer, die sich das Drama erst im Theater ansehen würden, findet auf indirekte Weise statt.[34] Die folgende Tabelle zeigt die medialen Modalitäten von „Ramses“: die linke Spalte zeigt die Tatsachen und Sachverhalte, die man visuell im Drama wahrnimmt. Die rechte Spalte dagegen zeigt, dank den Didaskalien im Drama „Ramses“, welche Zusatzformative dem Leser als dem Regieführer und dem Zuschauer, als dem zu mobilisierenden/gemobbten Quasi-Schauspieler, für die richtige Kopfaufführung erteilt werden.

	Worüber das Publikum visuell informiert wird?	Worüber das Publikum graphisch informiert wird?
Bild 1	Das Bühnenbild stellt eine Hügellandschaft vor. Ein Mann im Napoleonsgewand erscheint unmittelbar. Er redet den Geistlichen zu. Es hagelt und regnet. Die Rede kann man nicht hören wegen der Vogel-Schreie und Klänge, die Walfische ausstoßen. Die Wahlfische fliegen. Die Geistlichen kehren zurück, indem sie lachen.	Das Bühnenbild stellt eine Hügellandschaft **in Nordirland** vor. **Ramses,** als Napoleon verkleidet erscheint unmittelbar. Er redet **dem irischen Klerus** zu. Es hagelt **dicht** und regnet **stark.** Die Ramses‘ Rede kann man nicht hören wegen des **Möwen**-Schreis und Klänge, die fliegende Walfische ausstoßen. Der irische Klerus kehrt **lachend** zurück.
Bild 2	Es gibt einen großen Brand im Inneren einer Kirche auf der Bühne. Das Feuer verbreitet sich schnell und greift gleich den Zuschauerraum an. Es gibt auch Riesenflammen. Es stinkt nach verbrannten Textilien. Es knistert und man hört Explosionen. Irgendjemand schreit um Hilfe.	Es gibt einen totalen Tempelbrand. Feuer erfüllt das Theater. Es gibt auch Riesenflammen. Es stinkt nach verbrannten Kleidern. Es knistert und man hört Explosionen. Ramses schreit *Zu Hilfe* aus den Kulissen.
Bild 3	Die ganze Bühne ist voller Wasser. Man sieht verschiedene Fischarten. Auch Walfische, Kraken und Haie. Es regnet. Das Publikum sieht, wie die Regentropfen gegen den Wasserspiegel schlagen. Es taucht ein Ruder ein. Man kann auch den Mann, der das Napoleonsgewand hatte, reden sehen. Man hört aber nichts, denn das Wasser dämpft die Laute.	Die Bühne muss so umgebaut werden, dass man nicht nur verschiedene Fischarten, sondern auch **Walfische, Karpfen, Alle, Kraken und Haie schwimmen sieht. Süßwasserfische und Ozeanfische befinden sich in einem Raum.** Dass es regnet, erkennt das Publikum **von unten** an dem Schlag der Regentropfen gegen den Wasserspiegel. **Ab und zu** taucht ein Ruder ein. Man kann auch den **Ramses** reden sehen. Man hört aber nichts, denn das Wasser dämpft die Laute.

33 Vgl. Bartens, Daniela: Logik des Wahns. Wolfgang Bauer und Gerhard Roth. In: Dossier Wolfgang Bauer. Hrsg. von Gerhard Fuchs/Stefan Maurer. (= Dossieronline). 2017, S. 26. <http://gams.uni-graz.at/o:lg.dossier.12> (Zugriff am 17.07.2019).

34 Vgl. Meister, Monika: Dramaturgien der Zeit. Horváth, Bauer, Schwab. In: Dossier Wolfgang Bauer. Hrsg. von Gerhard Fuchs, Stefan Maurer. (= Dossieronline). 2017. <http://gams.uni-graz.at/o:lg.dossier.13> (Zugriff am 17.07.2019).

(Fortsetzung)

	Worüber das Publikum visuell informiert wird?	Worüber das Publikum graphisch informiert wird?
Bild 4	Das Bühnenbild stellt ein präzises Stadtpanorama vor. Man ist wohl in Afrika. Man sieht niemanden, man hört nur Schreie.	Das Bühnenbild stellt einen geographischen Stadtüberblick von Kairo. Man sieht niemanden, obwohl es geschrien wird. Es schreien Markthändler, die Ihre Waren verkaufen wollen. Ramses befindet sich auch irgendwo, er redet, obwohl man es nicht hören kann. Hätte man es hören können, hätte man sich überzeugen können, dass seine Rede eine Brandrede ist, mit der er sich Feinde schafft. So müssen seine Reden als Brandreden gelten.
Bild 5	Der Mann, der das Napoleonsgewand hatte/hat, liegt im Bett. Er bewegt sich nicht, denn er ist wohl tot. Man sieht Wunden. Der Mann und das Bett befinden sich wohl in einem Palast. Ein Mann geht ins Zimmer rein und sagt: Heil, Ramses!	**Ramses**, der das Napoleonsgewand hatte/hat, liegt im Bett. Er bewegt sich nicht, denn er **wurde erstochen.** Der Mann und das Bett befinden sich wohl in einem Palast. **Ein Lakai** geht ins Zimmer rein und **grüßt:** Heil, Ramses!

Die in der obigen Tabelle hervorgehobenen Phrasen beweisen, dass erst der Leser über die volle Informationen zur logischen Basis der Bühnenhandlung und derer Folge hat. Dank der Linguistik findet man die Antwort auf die bühnenorientierten Fragen: WER spricht? ZU WEM spricht ER? Mit WELCHER Folge? IN welchem MEDIUM? WARUM wird ER nicht verstanden? WO findet die Handlung statt? Aber auf die Frage nach dem Sinn des Napoleonsgewand, des Todes von Ramses, nach dem Einsatz von Brandreden und dem Heil-Wortes von seinem Lakai muss man die linguistische Ebene des logisch-syntaktischen Kotextes verlassen und die pragmalinguistische Ebene des Kontextes erklettern, wo zusätzliche Informationen als Adverbien geliefert werden.[35] Auf diese Weise repräsentiert das Napoleonsgewand das Universelle, das auf das Individuelle unmittelbar einwirkt. So ist die menschliche Position des An-Führers in der Gesellschaft als Dualismus gezeigt:

> „He [Bauer] treats the artist's developing awareness of creative potential, his craving for success and appreciation, his need to sound a warning which, ironically, is always unheeded by society, and the desperate conflict between the artist's image of self as being necessary and vital within society and society's view of the artist as a useless,

35 Mit Heil grüßt Sonnenberg, ein nach Schweden reisender Dealer, „der früher Versicherungsbeamter war" und „dessen eine Barthälfte ‚spiegelverkehrt' zur Barthälfte eines norwegischen Musikwissenschaftlers passt", seine Gesprächspartner auch in Bauers Stück Magnetküsse. Bartens, Logik des Wahns. 2017, S. 27.

superfluous, parasitical creature. This tragic conflict leads to the contemporary artist's inability to create, to his longing for death as the final escape from a pointless life."[36]

Zum Einsatz der Linguistik der Wiederholung

Im Sinne der Linguistik ist der duale Funktionär Ramses durch Wiederholungen im engeren und breiteren Sinne zu beschreiben, die ihm eigentliche, zu erwartende Bedeutung zuweisen und sie je nach der Situation aktualisieren.

Die erste Wiederholung war das also merkwürdige Erscheinen vom Napoleonsgewand, von einem Gewand eines Menschen, der lange nach Ramses geboren wurde und dem die Ramses' Epoche nach Jahrhunderten durch Napoleon indirekt und durch Champollion direkt zu ihrer Wiedergeburt gebracht hat. Die Symbolik vom Napoleonsgewand scheint sich von der Person Ramses zu entkoppeln.[37] In die Symbolik schließen sich der Militarismus, unfähiges, feudalisiertes und militarisiertes Bürgertum, angriffslüsterne Feinde, metanationale Verträge und das Selbstbestimmungsrecht der Nationen an.[38] Sie waren möglich, weil „[...] hochgradig reflektierte Wachsamkeit im Ausgleich zwischen der Begrenzung seiner Körperlichkeit, der Entgrenzung seines Gemeinschaftsverlangens und der Dissoziation der Feindsphäre"[39] für das menschliche Denken charakteristisch war. So referiert das Napoleonsgewand darauf, dass die eingenommenen Perspektiven vorläufig an einen Schauspieler gebunden würden[40]

36 Haberland, Paul M.: Duality, the Artist, and Wolfgang Bauer. In: Modern Austrian Literature 11, 1978, H. 2, S. 85–86.

37 Das Problem des Ägyptens ist auch mit dem Englandhass verbunden: „Nach 1882 hatte sich die französische Diplomatie schärfstens geweigert, die faktische Herrschaft Großbritanniens über Ägypten anzuerkennen. [...] Wie Elsaß-Lothringen die negative Haltung Frankreichs zum deutschen Reich bestimmte, so brannte die ägyptische Frage als ungelöstes Problem in den Beziehungen zwischen Paris und London. Der französische koloniale Vorstoß in Richtung auf den Nil ist daher in erster Linie als Versuch zu werten, die ägyptische Frage wieder zu aktualisieren, um England zu Zugeständnissen zu zwingen [...]. Cecil Rhodes' Einkreisungspolitik gegenüber den Burenrepubliken in Südafrika erkannte Etienne schnell als Teil eines großangelegten Plans zur Schaffung eines englischen Afrikareichs von der Kapkolonie bis Kairo. Diesem Ziel mußte Frankreich mit allen Mitteln entgegenwirken, sollte eine Verewigung der britischen Herrschaft über Ägypten verhindert werden". Sieberg, Herward: Eugene Etienne und die französische Kolonialpolitik. Wiesbaden: Springer Fachmedien 1968, S. 107.

38 Vgl. Herzfeld, Hans: Einleitung. In: Eckart Kehr. Der Primat der Innenpolitik. Hrsg. von Hans-Ulrich Wehler. Berlin: De Gruyter 1965, S. 1–2.

39 Vgl. Berghahn, Cord-Friedrich: Philologie des Krieges, Archive des Schreibens. Ernst Jünger als Nachlassphänomen. In: Zeitschrift für Germanistik 21, 2011, H. 3, S. 579.

40 Andreas Hepp meint: „The life of one's own individuality comes to depend on the acquisition of normalized media contents – as for example in the cultural model presented by the life of the stars – and these become the all-enveloping basis of the articulation of one's own identity". Hepp, Andreas: Cultures of Mediatization. Cambridge: Polity Press 2013, S. 9.

und dass es keinen Zusammenhang zwischen dem Ego der Darsteller und den von ihnen vertretenen Perspektiven gäbe.[41] Die zweite Wiederholung bietet die von Ramses gehaltene Ansprache an den Klerus. Hier referiert Bauer auf Irland, auf ein Land, das in Ernest Jünger Schriften als ein Paradies und utopischer Gegensatz Deutschlands bezeichnet wird.[42] Auch im Werk Thomas Manns befindet sich Irland in der Situation des Unterdrückten.[43] Die Neigung zum Irland dem Englandhass gegenüber sind somit die Meilensteine der preußisch-deutschen Kolonialpolitik Deutschlands, wie sie Eckart Kehr versteht.[44] Die von Ramses gehaltenen Reden werden durch W. Bauer in Didaskalien als Brandreden benannt. Selbst Ramses mag den Typus der textuellen Persuasion. Er versteht aber nicht, dass man seine Vorschläge tatsächlich in Taten umwandeln kann. Das, worüber er redet, wird entweder enthusiastisch oder polemisch verstanden. Aber die Brandreden von Ramses dienen nicht dem Vortrieb seiner Fabel. Hier handelt sich eigentlich um keine Reden, wenn seine Zuhörer entweder nicht da sind oder die Störquelle das Gesagte übertönt. Damit will Bauer sagen, dass die eigentliche Kommunikation, die man den Diskurs nennt, eigentlich ein Monolog sei. Die Probleme, die man im Diskurs, der aus elitären Werbesegmenten argumentativ gebaut wird, im Dialog lösen will, sind dadurch eigentlich nicht gelöst.

Im Grunde genommen, aus der Sicht des Publikums, ist Ramses technisch stumm. Nur dank den Didaskalien und seine Körpersprache weiß man, dass es anders ist. Sowohl seine Brandreden als auch das, was man nicht hören kann, beweisen, dass die Sprache kein Medium für die Handlung, die Fabel als auch für das Argumentieren, Verordnen, Verbieten und Entschließen ist. Mit dem Stummsein von Ramses wird gezeigt, dass das Schicksal nicht zu ihm spricht, dass das Reden in seinem Handlungsspielraum kein Medium ist. Der Meuchelmord an Ramses referiert auf ein anderes Medium: Ramses wurde nicht ermordet, weil er Brandreden hielt, sondern weil das Attentat anonym bezahlt wurde. Damit will W. Bauer sagen, dass unsere Welt von zwei Haupt-Medien im

41 Ein schönes Beispiel für die Wiederholung im Sinne Bauers bietet der Titel des dritten Kapitels „Bonapartismustheoretische Faschismusinterpretationen" in dem Buch von Richard Saage. Vgl. Saage, Richard: Faschismus. Konzeptionen und historische Kontexte. Eine Einführung. Wiesbaden: Verlag für Sozialwissenschaften 2007.

42 In seinen frühen Feldpostbriefen stilisierte sich Jünger als kalte persona, die kalt und präzise über den Krieg berichtet. Allmählich aber erkannte Jünger, dass das Schreiben „Uniform des Denkens, Wollens und Handelns" ist. Vgl. Berghahn, Cord-Friedrich: „Wir leben so tief im Krieg, daß uns das Bild des Friedens ganz unvorstellbar geworden ist". Neue Literatur zu Ernst Jünger und zum Ersten Weltkrieg. In: Zeitschrift für Germanistik 24, 2014, H. 3, S. 610.

43 Vgl. Mann, Thomas: Betrachtungen eines Unpolitischen. Frankfurt/M.: Fischer 1974, S. 357.

44 Vgl. Kehr, Eckart: Klassenkämpfe und Rüstungspolitik im kaiserlichen Deutschland. In: Der Primat der Innenpolitik. Hrsg. von Hans-Ulrich Wehler. Berlin: De Gruyter 1965, S. 92. Dazu auch Berichte von Rumpf und Kehr: Rumpf, Helmut: Die Entstehung der englisch-deutschen Gegensatzes. In: Der Staat 24, 1985, H. 3, S. 598; Kehr, Eckart: Englandhaß und Weltpolitik. In: Zeitschrift für Politik 17, 1928, S. 500–526.

Verhältnis zur Sprache kontrolliert wird: Der Kommunismus verlagert das Medium Geld auf das Medium Sprache, wobei jeder Mensch dadurch sozialisiert wird. Der Kapitalismus verlagert das Medium Sprache auf das Medium Geld, wobei jeder Mensch als Kapital, als Mittel zum Erfolg dargestellt wird.[45] Das Medium Sprache ist für Bauer ein interessantes Medium: Ramses versteht nicht, dass es besser wäre, wenn es nichts sagen würde. Die Zuschauer und Leser werden irritiert, wenn sie von Ramsesschen Reden kein Wort bekommen. So ist es also, als ob er nichts zu sagen hätte. Sein dramatisches Schweigen aber, wie es schon Elias Canetti prophezeite, wäre noch mehr bedeutungsstark:

> „Im Gebrauch ihrer Lieblingswendungen und -worte sind die Menschen geradezu unschuldig. Sie ahnen nicht, wie sie sich verraten, wenn sie am harmlosesten daherplappern. Sie glauben, dass sie ein Geheimnis verschweigen, wenn sie von anderen Dingen reden, doch siehe da, aus den häufigsten Wendungen baut sich plötzlich ihr Geheimnis drohend und düster auf."[46]

Die dritte Wiederholung bilden die fliegenden Fische: von den Fischen schrieb auch E. Jünger. Er hielt sie für „[...] die ideale und die empirische oder die Traum- und die Tageswirklichkeit".[47] Im Kontakt mit Fischen und anderen Tieren erscheint der Humanismus, bemerkt W. Bauer, indem er dem E. Jünger zustimmt im Zitat „Das Bild des Menschen wird magisch vorausgesehen, und wenige ahnen die fürchterliche Tiefe der Entscheidung, die der Maler fällt".[48] Obwohl die aus dem Wasser herausspringenden Fische bei E. Jünger zu seiner Eingebung beitragen, werden die zwei Mal im „Ramses" zu Vorschein kommenden Wahlfische als indirekte Störquelle bezeichnet.

Die vierte Wiederholung ist die Erklärung der Legende vom Dolchstoß, der der deutschen Armee versetzt wurde. Sie dient Wolfgang Bauer als ein eher soziologisches Ereignis.[49] Er verwendet sie als Wiederholung mit dem Verweis auf die patriarchalen Grauen Eminenzen und auf die Schichtengesellschaft im

45 Vgl. Groys, Boris: Das kommunistische Postskriptum. Frankfurt/M.: Springer 2006, S. 91.

46 Vgl. Honegger, Gitta: Acoustic Masks: Strategies of Language in the Theater of Canetti, Bernhard, and Handke. In: Modern Austrian Literature 18, 1985, H. 2, S. 59.

47 Vgl. Jünger, Ernst: Werke. Stuttgart: Klett 2018, Bd. 3, S. 240. Dann beweist man auf der nächsten Seite, dass „So ging es mir zuweilen mit Tieren – als ob ich sie erfände, dann aber waren sie mir bekannt. Der mythische Aspekt geht dem historischen voraus." Einen weiteren Beweis findet man bei Mansfield: „The fetishized object bears no sign of its production; its value is determined through its participation in a circuit of exchange. In other words, for Marx the fetish signifies currency as opposed to its own production. Massproduced, flawless, and attractively packaged, the fetish masks its own manufacture, its own history." Mansfield, Too beautiful to picture. 2007, S. 168.

48 Vgl. Jünger, Werke. 2018, Bd. 2, S. 366.

49 Einen wertvollen Beitrag zur Soziologie der Generierung solcher Lügen im Dienste der Politik leistete Jutta Sywottek in ihrem Buch. Vgl. Sywottek, Jutta: Mobilmachung für den totalen Krieg. Die propagandistische Vorbereitung der deutschen Bevölkerung auf den Zweiten Weltkrieg. Opladen: Westdeutscher Verlag 1976, S. 13.

Drama „Ramses“. Das politische Engagement von Ramses hat nichts in der Gruppengesellschaft geändert und sein politischer Erfolg war gleich Null. Seinem vermeintlichen Charisma hören weder Tiermassen noch Menschengruppen zu. Sogar den Kleinhändlern sind seine Ideen fremd. Wolfgang Bauer weiß über die Illusion des Glückes, Freiheit, indem er beweist, dass niemand seines Glückes Schmied sein will: die Politik ist immer als konkrete Handlung eines Subjekts einzusehen und die Eigenidentität wird durch Agenten und Patrioten gesellschaftlich bestimmt. Dass Ramses heimlich ermordet wird, beweist, dass Michael Jeismann mit dem antidemokratischen Begriff vom „Vaterland der Feinde recht hatte“:[50] mit jeder Sprechhandlung gewinnt man wohl Zuhörer aber auch Feinde.

In diesem Kontext soll man den Gruß Lakais als die fünfte Wiederholung verstehen: entweder ist es sich noch nicht dessen bewusst, dass Ramses tot ist und grüßt ihn mechanisch und respektvoll, so wie er es seit Jahren gemacht hat; oder verspottet ihn auf dieselbe Weise, als man den Christus ironisch am Kreuz verspottet hatte: Er soll sein Auferstehen selbst bewirken, weil er sich für einen Allmächtigen hielt.[51] Mit diesem *Heil* als der Wiederholung wird die Frage wieder aufgegriffen:[52] inwieweit man an das Absolute glaubt, das aus der Form des Glaubens und des Inhalts besteht und in menschlichen Handlung als göttlich verstanden wird.[53] An die fünfte Wiederholung knüpft die Opferbereitschaft der Führungskraft, deren maximale Verwirklichungsform der Ritualmord ist.[54]

---

50 Vgl. Jeismann, Michael: Das Vaterland der Feinde. Studien zum nationalen Feindbegriff und Selbstverständnis in Deutschland und Frankreich 1792–1918. Stuttgart: Klett-Cotta 1992, S. 26.

51 Vandenberg sieht die Wiederholung als ein humaner Motiv und schreibt über den Ramses den Großen: „Doch all diese Götter waren Ramses nicht genug. Den Entschluss, selbst Gott zu werden, fasste er allerdings erst relativ spät, […]. Das mag überraschen, denn in diesem Alter war seine Maßlosigkeit in anderen Dingen bereits wieder im Abklingen. […] Alle Pharaonen auf dem Horus-Thron glaubten, sie seien Abkömmlinge der Götter; doch dieser fromme Wunsch ging in der Regel nicht so weit, dass ihnen tatsächlich demutvolle Opfer dargebracht werden mussten. Ramses aber, der Große, gab sich mit Lippenbekenntnissen nicht zufrieden. Er wollte zu Lebzeiten das Gefühl erleben, angebetet zu werden, Amun, Re und Ptah gleich. Ramses war nicht der erste und nicht der einzige Pharao, der diese Vergöttlichung eines Sterblichen zelebrierte, aber derjenige, der dies am systematischsten betrieb“. Vandenberg, Philipp: Ramses der Große. Bern/München: Verlag Scherz 1977, S. 180.

52 In dem Interview mit Paul Stefanek sagt Bauer: „Die erste Verfremdung ist die Bühne selbst, beim Superrealismus, und die zweite Verfremdung ist dann durch den Mord gegeben, da werden die ganz gewöhnlichen Sachen, dieses ‚Hallo‘, ‚Servas‘ auf einmal nicht mehr […] locker? […] Nein, die werden dann anders gewicht.“ Vgl. Stefanek, Paul: Aus einem Gespräch mit Wolfgang Bauer (Graz) über Kritik, Stückeschreiben, Theater, Regie und Publikum. In: Modern Austrian Literature 18, 1985, H. 2, S. 82.

53 Thomas Christian Bächle, dem der Autor dieses Kriterium verdankt, schreibt: „An welche Mythen, die uns ein sinnhaftes Menschbild konstruieren, glauben wir?“. Vgl. Bächle, Thomas Christian: Mythos Algorithmus Die Fabrikation des computerisierbaren Menschen. Wiesbaden: Springer 2015, S. 43.

Die sechste Wiederholung ist mit dem Perspektivenwechsel verbunden und ihre Verwendung ist ein Novum bei Wolfgang Bauer. Zum ersten Mal wurde diese Art der Manipulation durch Leni Riefenstahl in ihren Filmdokumenten verwendet: da nicht alle an einem politischen Ereignis teilgenommen haben, hat L. Riefenstahl das Medium Film als Methode der Ritualisierung verwendet, in der sich die Filmzuschauer so gefühlt haben, als ob sie wirklich da wären. Durch die Kameraarbeit hat man im Film zwei Haupt-Perspektivierungen des Filmhelden erarbeitet: die Perspektive von unten und von oben. So hat der Filmzuschauer die Möglichkeit, das Ereignis als Baustein von unten zu erleben und sie als Führer von oben zu ergreifen und zu betrachten. Durch die duale, vertikale Wiederholung der Persönlichkeit zeigt man, dass man die Zuschauer hierarchisiert: von unten schauen die privilegierten Zuschauer zu ihrer Führung auf. Von oben werden sie als Masse und Volk „in Rahmen einer gesetzten und garantierten Ordnung“[55] inspiziert[56]. Bei Leni Riefenstahl folgt ein Ober-Überblick des Ideal-Zuschauers dem Von-unten-Aufblick eines Teilnehmers[57], der mit seinen Kommilitonen im Zuschauerraum und der Führung auf der Leinwand zum emotionalen Einen feierlich-weihevoll verschmolzen wird[58]. In der sechsten Wiederholung dirigiert W. Bauer anders: von unten zeigt er seinen Haupthelden in der Lage, die ihn nun bloßstellt und karikiert. Somit sind die Zuschauer passive Konsumenten der Handlung. Von oben zeigt er seinen Helden, wenn er sagen will, dass das Publikum die Bühne betrat und dank der Kürzung der Perspektive dort hineintransportiert wurde, um zu intimem, aktivem Mit-Schauspieler zu sein. Durch die Präsenz der Leiche in neuer Perspektive wird bei Bauer ein völliger Bruch mit alltäglich dramatischer Vorstellungswelt der Erwartungen der Zuschauers/Lesers hergestellt, was zu deren Haltung führen kann.[59] Die Kluft zwischen der Idealaufführung und der realen Position des Zuschauers der Bauerschen Dramen gegenüber vergrößert sich. Sie kann aber überbrückt werden, wenn der eigentümlichen Verengung des medialen Wahrnehmungshorizonts auf den jeweils günstigen Aufnahmestandpunkt im „Ramses“ eine gleichsinnige Verbreitung in der Bewusstseinstätigkeit des Lesers entspricht. Da das Bauersche Drama kein polyphon strukturiertes Identifikationsangebot an alle in modernen Europa ist, weist die gesunde Anweisung mancher Dramatur-

---

54 Vgl. Diederichsen, Diedrich: Legitimität und Illegalität – Avantgarde und Menschenopfer. In: Dossier Wolfgang Bauer. Hrsg. von Gerhard Fuchs/Stefan Maurer. (= Dossieronline). 2017, S. 49. <http://gams.uni-graz.at/o:lg.dossier.7> (Zugriff am 17.07.2019).

55 Vgl. Loiperdinger, Martin: Der Parteitagsfilm ‚Triumph des Willens‘ von Leni Riefenstahl. Rituale der Mobilmachung. Opladen: Leske-Budrich 1987, S. 29.

56 Ebd., S. 87.

57 Ebd., S. 121.

58 Ebd., S. 115.

59 Vgl. Landa, Provoking the Audience. 1985, S. 49.

gen. Hans Carl Artmann, der in ganz Europa bekannte, gepriesene deutschsprachige Autor, hat es exzentrisch ausgedrückt:

> „Abhaun. Immer wieder weggehen. Sonst ist man tot. Ich lasse mich nicht in dieses Establishment einbaun. Es geht mir fürchterlich auf die Nerven. Das können sie mit jedem machen, aber nicht mit mir.“[60]

Abschluss und Prognosen

Die Wiederholung wird in linguistischer Perspektive als universeller semantischer Platzhalter verstanden. Dem Träger der Wiederholung – dem Platzhalter – wird die Bedeutung erst zugeordnet, wenn man sich dessen Position, die vom Kotext und Kontext determiniert werden, bewusst wird. Somit referiert jedes Wort nicht nur auf seine potentiellen Protagonisten, die ihm die notwendige Bedeutung verleihen, sondern auch auf die Möglichkeit der Ansage/des Signals zukünftiger Inhalte. Zwischen den verschiedenen literarischen Werken entsteht deswegen ein ununterbrochenes Kontinuum der Wiederholungen. Und die Autorschaft bleibt zugleich umstritten. In solchen Fällen kann man nicht über Plagiate und Kopien sprechen, wenn ein Autor die von Wiederholungen festgesetzten Rahmen mit neuem Inhalt ergänzt. Wenn man das Zwischen-den-Zeilen-Lesen gegen das hypertextuelle Lesen wechselt, kann man nun nur über die kollektive Autorschaft sprechen.[61] W. Bauer verwendet die Wiederholung auf höchst kynische und ironische Weise, um nachzuprüfen, ob die sich ständig wechselnde Realität mit alten, bewahrten, linguistischen Mitteln noch beschreiben lässt.[62] So kämpft er gegen die literarische Apathie und Isolierung der Literatur. So wie die kohärenzstiftenden Wortarten die Textfestigkeit der Sätze sichern, so umgeht Bauer mit der Wiederholungen, die durch die intertextuellen Beziehungen erst den Raum für das literarische Verstehen und kulturelle Kognitionen schafft und einzelne Kotexte durch Tod/Totschweigen generalisiert. Im engeren Sinne dient ihm die Wiederholung das manipulatorische Design der Manifestationen von der individuellen Männlichkeit als Konstellationen von Archetypen zu beobachten. Der vorliegende Beitrag befasste sich nur mit weni-

60 Vgl. Schmölzer, Hilde: Interview mit H. C. Artmann. In: Das böse Wien: Gespräche mit österreichischen Künstlern. München: Nymphenburger Verlagshandlung 1973, S. 24.

61 Vgl. Caduff, Corina: Kollektive Autorschaft. Zu den Literaturkollektiven GRAUKO (Graz), ‚Bern ist überall‘ (Schweiz) und ‚G13‘ (Berlin). In: Zeitschrift für Germanistik 25, 2015, H. 1, S. 134.

62 Vgl. Waagershauser, Horst: Die Tiefe der Furchen im Parkett. Unzuverlässige Ironie bei Wolfgang Bauer. In: Dossier Wolfgang Bauer. Hrsg. von Gerhard Fuchs/Stefan Maurer. (= Dossieronline). 2017, S. 116. <http://gams.uni-graz.at/o:lg.dossier.14> (Zugriff am 17.07.2019).

gen Wiederholungen, die in einem Drama W. Bauers zu finden waren. Zu analysieren bleibt das ganze Schriftwerk W. Bauers und dessen literale Verankerung.

Literaturverzeichnis

Antonic, Thomas: Wolfi Bauer ist tot, es lebe Wolfgang Bauer! Werk versus Image - oder Image als Teil des Werks. In: Dossier Wolfgang Bauer. Hrsg. von Gerhard Fuchs/Stefan Maurer. (= Dossieronline). 2017, S. 2–15. <http://gams.uni-graz.at/o:lg.dossier.11> (Zugriff am 17.07.2019).

Auffahrt, Christoph: Metzler Lexikon Religion. Hrsg. von Christoph Auffarth/Jutta Bernard/Hubert Mohr. Stuttgart/Weimar: Metzler 1999, Bd. 2.

Bächle, Thomas Christian: Mythos Algorithmus. Die Fabrikation des computerisierbaren Menschen, Wiesbaden: Springer 2015.

Bartens, Daniela: Logik des Wahns. Wolfgang Bauer und Gerhard Roth. In: Dossier Wolfgang Bauer. Hrsg. von Gerhard Fuchs/Stefan Maurer. (= Dossieronline). 2017, S. 16–29. <http://gams.uni-graz.at/o:lg.dossier.12> (Zugriff am 17.07.2019).

Barthes, Roland: Mythologies. Übers. von Annette Lavers. New York: The Noonday Press 1991.

Baskin, Wade: Translators Introduction. In: Ferdinand de Saussure, Course in General Linguistics. Übers. von Wade Baskin. New York: CUP 1959, S. 1–2.

Bauer, Wolfgang: Mikrodramen. Berlin: Wolfgang Fietkau Verlag 1964.

Benjamin, Andrew: Art, Mimesis and the Avantgarde. Aspects of a philosophy of Difference. London: Routledge, 1991.

Berghahn, Cord-Friedrich: ‚Wir leben so tief im Krieg, daß uns das Bild des Friedens ganz unvorstellbar geworden ist'. Neue Literatur zu Ernst Jünger und zum Ersten Weltkrieg. In: Zeitschrift für Germanistik 24, 2014, H. 3, S. 609–620.

Berghahn, Cord-Friedrich: Philologie des Krieges, Archive des Schreibens. Ernst Jünger als Nachlassphänomen. In: Zeitschrift für Germanistik 21, 2011, H. 3, S. 577–585.

Białek, Edward: Regionalizm ujarzmiony: szkic do portretu sceny literackiej Grazu. Wrocław: Wrocławskie Wydawnictwo Oświatowe 1996.

Białek, Edward: Wolfgang Bauer i jego estetyka negacji. In: Wolfgang, Bauer: Sztuka teatru. Sulejówek: ADiT 2014.

Bobrowski, Ireneusz: Zaproszenie do językoznawstwa. Kraków: Wydawnictwo Instytut Języka Polskiego PAN 1998.

Breiner, Tobias: Psychologie des Geschichtenerzählens. Berlin: Springer 2019.

Caduff, Corina: Kollektive Autorschaft. Zu den Literaturkollektiven GRAUKO (Graz), ‚Bern ist überall' (Schweiz) und ‚G13' (Berlin). In: Zeitschrift für Germanistik 25, 2015, H. 1, S. 132–146.

Chen, Liming/Chris D. Nugent: Human Activity Recognition and Behaviour Analysis for Cyber Physical Systems in Smart Environments. Cham: Springer Nature Switzerland 2019.

Diederichsen, Diedrich: Legitimität und Illegalität - Avantgarde und Menschenopfer. In: Dossier Wolfgang Bauer. Hrsg. von Gerhard Fuchs/Stefan Maurer. (= Dossieronline). 2017, S. 48–62. <http://gams.uni-graz.at/o:lg.dossier.7> (Zugriff am 17.07.2019).

Drews, Jörg: Das stille Schilf rauscht im Karton oder Zum Verzweifeln schlecht, das heißt: großartig. Zu Wolfgang Bauers Lyrik. In: Dossier Wolfgang Bauer. Hrsg. von Gerhard Fuchs/Stefan Maurer. (= Dossieronline). 2017, S. 63–73. <http://gams.uni-graz.at/o:lg.dossier.8> (Zugriff am 17.07.2019).

Düllo, Thomas/Franz Lieb/Martin Kiel: Cultural Hacking: Kunst des strategischen Handelns. New York: Springer 2005.

Engel, Ulrich: Kurze deutsche Grammatik. München: Iudicium 2002.

Groys, Boris: Das kommunistische Postskriptum. Frankfurt/M.: Springer 2006.

Haberland, Paul M.: Duality, the Artist, and Wolfgang Bauer. In: Modern Austrian Literatur 11, 1978, H. 2, S. 73–86.

Heinemann, Wolfgang: Zur Eingrenzung des Intertextualitätsbegriffs aus textlinguistischer Sicht. In: Textbeziehungen: linguistische und literaturwissenschaftliche Beiträge zur Intertextualität. Hrsg. von Josef Klein/Ulla Fix. Tübingen: Stauffenburg-Verlag 1997, S. 21–37.

Hepp, Andreas: Cultures of Mediatization. Cambridge: Polity Press 2013.

Herzfeld, Hans: Einleitung. In: Eckart Kehr. Der Primat der Innenpolitik. Hrsg. von. Hans-Ulrich Wehler. Berlin: de Gruyter 1965, S. 1–2.

Honegger, Gitta: Acoustic Masks: Strategies of Language in the Theater of Canetti, Bernhard, and Handke. In: Modern Austrian Literature (Binghampton) 18, 1985, H. 2, S. 57–66.

Jeismann, Michael: Das Vaterland der Feinde. Studien zum nationalen Feindbegriff und Selbstverständnis in Deutschland und Frankreich 1792–1918. Stuttgart: Klett-Cotta 1992.

Jünger, Ernst: Werke. Stuttgart: Klett–Cotta 2018, Bd. 2–3.

Karttunen, Laurii: Die Logik der Prädikatskomplementkonstruktionen. In: Generative Semantik. Hrsg. von Werner Abraham/Robert Binnick. Frankfurt/M.: Edition Unseld 1972, S. 243–278.

Kehr, Eckart: Englandhaß und Weltpolitik. In: Zeitschrift für Politik (Hamburg) 17, 1928, S. 500–526.

Kehr, Eckart: Klassenkämpfe und Rüstungspolitik im kaiserlichen Deutschland. In: Kehr, Eckart: Der Primat der Innenpolitik. Hrsg. von Hans-Ulrich Wehler. Berlin: De Gruyter 1965, S. 87–111.

Landa, Jutta: Provoking the Audience: Contemporary Austrian Drama. In: Modern Austrian Literature (Binghampton) 18, 1985, H. 2, S. 47–55.

Loiperdinger, Martin: Der Parteitagsfilm ‚Triumph des Willens' von Leni Riefenstahl. Rituale der Mobilmachung. Opladen: Leske-Budrich 1987.

Lotman, Jurij: The Structure of the Artistic Text. Department of Slavic Languages and Literatures. Übers. von Ronald Vroon. Ann Arbor: The University of Michigan Press 1999.

Mann, Thomas: Betrachtungen eines Unpolitischen. Frankfurt/M.: Fischer 1974.

Mansfield, Elizabeth: Too beautiful to picture: Zeuxis, myth, and mimesis. Minneapolis: University of Minnesota Press 2007.

Meister, Monika: Dramaturgien der Zeit. Horváth, Bauer, Schwab. In: Dossier Wolfgang Bauer. Hrsg. von Gerhard Fuchs/Stefan Maurer. (= Dossieronline). 2017, S. 95–109. <http://gams.uni-graz.at/o:lg.dossier.13> (Zugriff am 17.07.2019).

Moore, Robert/David Gilette: King, Warrior, Magician, Lover. Rediscovering the Archetypes of the Mature Masculine. San Francisco: Harper San Francisco 1990.

Müller-Funk, Wolfgang: Die Kultur und ihre Narrative. Eine Einführung. Wien/New York: Springer 2008.

Pogačar, Martin: Media Archaeologies, Micro-Archives and Storytelling. Re-presencing the Past. London: Palgrave Macmillan 2016.

Rumpf, Helmut: *Progressive* Geschichtsschreibung? Bemerkungen zu neueren Publikationen zur Zeitgeschichte. In: Der Staat 16, 1977, H. 1, S. 91–109.

Rumpf, Helmut: Die Entstehung der englisch-deutschen Gegensatzes. In: Der Staat 24, 1985, H. 3, S. 597–604.

Saage, Richard: Faschismus. Konzeptionen und historische Kontexte. Eine Einführung. Wiesbaden: Verlag für Sozialwissenschaften 2007.

Schmölzer, Hilde: Interview mit H. C. Artmann. In: Das böse Wien: Gespräche mit österreichischen Künstlern. München: Nymphenburger Verlagshandlung 1973, S. 21–37.

Schmölzer, Hilde: Wolfgang Bauer. In: Das böse Wien: Gespräche mit österreichischen Künstlern. München: Nymphenburger Verlagshandlung 1973, S. 39–52.

Schurz, Richard: Negative Hermeneutik. Zur sozialen Anthropologie des Nicht-Verstehens. Wiesbaden: Springer Fachmedien 1995.

Sedgwick, Daniel: Jung and Searles. A comparative study. London: Routledge 1993.

Sieberg, Herward: Eugene Etienne und die französische Kolonialpolitik. Wiesbaden: Springer Fachmedien 1968.

Stefanek, Paul: Aus einem Gespräch mit Wolfgang Bauer (Graz) über Kritik, Stückeschreiben, Theater, Regie und Publikum. In: Modern Austrian Literature 18, 1985, H. 2, S. 79–89.

Sutherland, John: 50 Schlüsselideen Literatur. Heidelberg: Spektrum Akademischer Verlag 2012.

Sywottek, Jutta: Mobilmachung für den totalen Krieg. Die propagandistische Vorbereitung der deutschen Bevölkerung auf den Zweiten Weltkrieg. Opladen: Westdeutscher Verlag 1976.

Vandenberg, Philipp: Ramses der Große. Bern/München: Verlag Scherz 1977.

Waagershauser, Horst: Die Tiefe der Furchen im Parkett. Unzuverlässige Ironie bei Wolfgang Bauer. In: Dossier Wolfgang Bauer. Hrsg. von Gerhard Fuchs/Stefan Maurer. (= Dossieronline). 2017, S. 115–124. <http://gams.uni-graz.at/o:lg.dossier.14> (Zugriff am 17.07.2019).

VI Variationen

Joanna Warońska (Częstochowa)

Thomas Bernhard auf polnischen Bühnen

Die Inszenierung von Werken ausländischer Autoren erfordert beinahe immer ihre Adaptierung an die Situation des „voreingestellten“ Empfängers, also etwa die Berücksichtigung der Geschichte und der politischen Lage des jeweiligen Landes, der ästhetischen Gewohnheiten des Publikums sowie seines Wissens über den fremden Kulturkontext und den situativen Zusammenhang des präsentierten Textes. Die Aufnahme einer Aufführung hängt natürlich ab vom Inhalt des Stücks, der Regiearbeit, der Reputation des Autors, die eine Resultante der internationalen Rezeption seiner Werke darstellt, zugleich aber auch von einer ganzen Reihe von *Rezeptionsfiltern*. Die Sache kompliziert sich, wenn der Autor andere Werte vertritt als die in der Zielkultur – dem Bezugsrahmen der Inszenierung – postulierten.

Jede Entscheidung zur Aufführung eines ausländischen Stücks oder Adaptierung eines fremden Textes bedarf durchaus reiflicher Überlegung, denn oft ergibt sie sich nicht ausschließlich aus dem Bildungsauftrag, das heimische Publikum mit dem Text vertraut zu machen, selbst wenn dieser in Europa größere Bekanntheit erreicht hat. Die über vierzigjährige polnische Rezeption des Werks von Thomas Bernhard lässt sich in mindestens drei Etappen gliedern, die von zwei außerordentlich selbst sehr geschätzt wurde, brachte Lupa ein Stück des Autors zwar erst nach dessen Tod auf die Bühne, aber angeblich soll er mit ihm über eine Adaptation des Romans „Kalkwerk“ in Briefverkehr gestanden haben.[1] Die letzte Etappe der Verhandlungen über das Einverständnis für die Inszenierung präsentieren die im Theaterprogramm abgedruckten Briefe an den Suhrkamp Verlag, den Eigentümer der Urheberrechte an Bernhards Werk, und dessen Halbbruder Peter Fabian, der damals Vorsitzender der Thomas-Bernhard-Stiftung war (seit 2013 ist Lupa Mitglied des Stiftungsrats). Von Bedeutung ist dabei

1 Thomas Bernhard soll sich mit der Absicht getragen haben, eine Bühnenadaption von „Kalkwerk“ anzufertigen, vgl. Schorlemmer, Uta: Magia zbliżenia i tajemnica dystansu. Krystiana Lupy poszukiwania *nowych mitów* w teatrze. Übers. von Kalina Jabłecka-Mróz/Tomasz Jabłecki, Einführung von Jerzy Łukosz, Kraków: Universtitas 2007, S. 179.

auch, dass beide Regisseure ihre Aktivität nicht auf die polnische Bühne beschränkten, sondern auch Wirkung auf das europäische Theaterpublikum entfalteten, indem sie ihre Inszenierungen auf der Grundlage des Schaffens des österreichischen Schriftstellers mit polnischen oder ausländischen Ensembles im In- und Ausland präsentierten.

Im Laufe dieser über 40 Jahre der Präsenz von Thomas Bernhard auf der polnischen Bühne, erfuhr die Bewertung seiner Werke eine gewisse Verifizierung. Immer stärker wurde ihre Individualität und die Originalität der Lösungen hervorgehoben, die den Schriftsteller aus vor dem Hintergrund der Fortsetzer oder gar der Epigonen früherer Poetiken und thematischer Strömungen auszeichnen. Die Veränderungen in der Rezeption gingen mit den damaligen Fachdiskussionen über Rechte und Pflichten des Regisseurs und die Achtung der Intentionen des Autors sowie der Stilentwicklung im Bereich der Szenografie, der Schauspielkunst etc. einher. Eine Serie von Aufführungen führte damals zu einer Art Mode für Bernhards Werke, sodass heute jede neue Inszenierung als wichtiges Ereignis erwartet wird. Die Position des österreichischen Autors in der polnischen Kultur festigt sich auch durch die Veröffentlichung von Übersetzungen seiner Werke, darunter der Bühnenstücke, die vorher in der Zeitschrift „Dialog" erschienen. 2001 brachte der Verlag Wydawnictwo Literackie ein Auswahl mit acht Dramen (in der Übersetzung von Monika Muskała, Jacek St. Buras, Danuta Żmij-Zielińska und Grzegorz Matysik) heraus und im darauffolgenden Jahr Księgarnia Akademicka drei Dramen in der Übersetzung von Monika Muskała.

Zum Zeitpunkt seines dramaturgischen Debüts („Ein Fest für Boris", 1970) hatte Thomas Bernhard bereits mehrere Prosawerke und das Ballettlibretto „Die Rosen der Einöde". „Fünf Sätze für Ballett, Stimmen und Orchester" (1959) verfasst. Die Uraufführung von „Ein Fest für Boris" unter der Regie von Claus Peymann fand im Deutschen Schauspielhaus in Hamburg statt (29.06.1970). Drei Jahre später, am 2. Februar 1973, wurde das Stück im zum Wiener Burgtheater gehörenden Akademietheater von dem ebenfalls vom Autor geschätzten Erwin Axer[2] im Rahmen des der zeitgenössischen Dramaturgie gewidmeten Projekts „Junge Burg" aufgeführt. Die Szenografie besorgte Ewa Starowieyska und die Rolle der Guten spielte Judith Holzmeister.[3] Die Inszenierung wurde mit der von der Stadt Wien gestifteten Josef-Kainz-Medaille für die beste Aufführung der Saison ausgezeichnet. Über den Erfolg des Regisseurs berichtete Janina Zapaśnik zwei Jahre später in der Zeitschrift „Literatura na Świecie". Dabei be-

2 In den Sechzigerjahren schätzte Bernhard Erwin Axer genauso hoch wie Claus Peymann, vgl. Jaszcz [J.A. Szczepański]: Rozkosze koturnów i dzwoneczków. In: Perspektywy 1977, H. 3.

3 Vollständige Besetzung siehe Baniewicz, Elżbieta: Erwin Axer. Teatr słowa i myśli. Kraków: Wydawnictwo Literackie 2010, S. 486.

sprach sie auch die Rezeption dieser Inszenierung im Ausland. Die deutsche Kritik stellte Axers Arbeit der Hamburger Uraufführung und der Inszenierung von Axel Corti im Schauspielhaus Graz (15.10.1971) gegenüber. Sie würdigte das Engagement des polnischen Regisseurs, das wohl vor allem auf der Freilegung der aktuellen Aussage des Dramas und der Vermenschlichung der marionettenhaften Protagonisten beruhte.[4]

Der Erfolg auf der Wiener Bühne ermutigte Axer dazu, nun auch den polnischen Zuschauer mit Bernhards dramatischem Werk vertraut zu machen. Diese Entscheidung fügte sich in die damalige Repertoirepolitik des Warschauer Teatr Współczesny [Zeitgenössisches Theater] ein, in dem viele polnische Uraufführungen amerikanischer und westeuropäischer Dramen vorbereitet wurden. „Ein Fest für Boris" kam am 4. November 1976 mit der Szenografie von Ewa Starowieyska und Maja Komorowska in der Rolle der Guten zur Aufführung. Kurz zuvor hatten die polnischen Liebhaber des modernen Dramas Gelegenheit zur Lektüre eines anderen Werkes von Thomas Bernhard, nämlich „Der Ignorant und der Wahnsinnige" in der Übersetzung von Grzegorz Sinko.[5]

Damals wurde der österreichische Dramatiker dem polnischen Publikum als Avantgardekünstler, Nachfolger von Bertolt Brecht und den Vertretern des absurden Theaters – Samuel Beckett, Jean Genet, Eugène Ionesco – dargestellt. Seine Bühnenstücke beunruhigten durch ihre Form (die das dramaturgische Geschick des Autors offenbarte und zugleich die Bühnenkunst einer Neudefinierung unterwarf), ihren Inhalt (der schwierige Probleme, nicht selten gar Tabuthemen, berührte) und die in ihnen enthaltene philosophische Haltung (pessimistisch, um nicht zu sagen kontrovers).[6] Dies alles hatte durchaus harsche Kritikermeinungen zur Folge: „Weder neu noch entdeckerisch."[7]

Die Rezensenten teilten diese Ansichten über die polnische Uraufführung von „Ein Fest für Boris". Bernhard wurde als „schlechter, da eifriger"[8] Schüler Be-

4 Vgl. Zapaśnik, Janina: Inscenizacja sztuki Thomasa Bernharda ‚Święto Borysa' w reżyserii Erwina Axera w świetle krytyki austriackiej i RFN-owskiej. In: Literatura na Świecie 5, 1975, H. 8, S. 121, 123. In der Nummer war auch der Text des Dramas ‚Ein Fest für Boris' in der Übersetzung von Barbara L. Surowska und Karol Sauerland abgedruckt.

5 Das Stück ‚Der Ignorant und der Wahnsinnige' erschein in der Zeitschrift „Dialog" (1974 19, H. 5, S. 29–60). Der Text fand erst für die Inszenierung von Paweł Mykietyn im Jahr 2001 Verwendung.

6 Vgl. Jaszcz [J.A. Szczepański], Rozkosze koturnów i dzwoneczków. 1977.

7 Szydłowski, Roman: Święto Mai. In: Trybuna Ludu 1976, H. 281. Der Kritiker schrieb: „Bernhards Stück ist schwierig, stellenweise ermüdend. Es verlangt vom Zuschauer eine intellektuelle Anstrengung, die er nicht immer leisten kann und die sich auch gar nicht immer lohnt, denn die Wahrheiten, die der Autor mitzuteilen hat, sind weder neu noch entdeckerisch."

8 Krzysztof Głogowski stellte etwa weiter fest: „Eifrig ahmt [Bernhard – J.W.] die Poetik des Meisters [Beckett – J.W.] nach, aber er vermag es nicht, sie umzuformen oder in von jemandem

cketts abgestempelt. Diese Vergleiche der beiden Dramatiker wurde durch die Besetzung noch verstärkt, trat doch Maja Komorowska seit 1972 als Hamm in Becketts „Endspiel“ (Teatr Polski [Polnisches Theater] in Breslau, Juliusz-Słowacki-Theater in Krakau, Regie: Jerzy Krasowski) auf. Die im Stück zum Ausdruck kommende Weltanschauung wurde infrage gestellt, Komorowskas Kreation allerdings ausdrücklich gewürdigt.[9] Generell aber wurde „Ein Fest für Boris“ zum Repertoireirrtum erklärt. Witold Filler verkündete gar in der Tageszeitung „Express Wieczorny“ auf der Grundlage einer Gegenüberstellung des Schaffens der jungen österreichischen Dramatiker (darunter Bernhard) mit den Klassikern (etwa Hermann Bahr oder Arthur Schnitzler) die Schwäche der modernen Künste.[10] Zu dieser skeptischen Aufnahme mag auch die vorherrschende Meinung über den Regisseur und die Repertoirepolitik des Teatr Współczesny [Zeitgenössisches Theater] beigetragen haben, worauf Jahre später Elżbieta Baniewicz hinwies:

> „Man behandelte es [Axers zeitgenössisches Theater – J.W.] also von oben herab, objektiv, wie man so sagt, aber in Wirklichkeit – herablassend, denn was ist das schon für ein Komplement, wenn es heißt, dass Theater habe zwar seine Klasse und seine Machart, aber nähren könne man sich nicht daran, da es weder Revolutionen noch Skandale anbiete. Heute klingen diese Ausführungen ziemlich lächerlich. Und erbärmlich.“[11]

Die Reaktion der Kritik auf „Ein Fest für Boris“ hielt die polnischen Theatermacher von weiteren Bernhard-Inszenierungen ab, wenngleich die Stücke des Autors nach wie vor im „Dialog“ erschienen. Zur selben Zeit stieß Bernhards Werk jedoch auf immer breitere, auch internationale, Anerkennung. 1980 verkündete die Literaturwissenschaftlerin und Theaterkritikerin Gita Honegger im „Performing Arts Journal“ Bernhard zum neben Beckett bedeutendsten zeitgenössischen Dramatiker.[12]

Allen Bedenken der polnischen Kritik zum Trotz griff Erwin Axer noch zweimal zu Dramen des österreichischen Schriftstellers und bekräftigte somit sein Interesse an dessen Schaffen. Diesmal handelte es sich jedoch um Werke aus den Achtzigerjahren. Am 1. Februar 1987, also noch zu Lebzeiten des Autors, stellte der Regisseur seine Interpretation von „Am Ziel“ (1981) im Westberliner Schlosspark Theater (einer der Bühnen des Schillertheaters) vor[13] und ein Jahrzehnt später, am 20. Juni 1997, im Teatr Współczesny [Zeitgenössisches Theater]

---

anderen erbarbeitete Schemata eigene Gedanken einzubringen.“ Głogowski, Krzysztof: Powtórka. In: Kierunki 1976, H. 51.

9 Vgl. Kral, Andrzej Władysław: Kaleki świat Thomasa Bernharda. In: Teatr 31, 1976, H. 26.

10 Vgl. Filler, Witold: Kurczę w kapeluszu. In: Express Wieczorny 1976, H. 260.

11 Baniewicz, Erwin Axer. 2010, S. 374.

12 Vgl. Honegger, Gitta: Thomas Bernhard. An Introduction. In: Performing Arts Journal 13, 1980, Nr. 1.

13 Informationen über Aufführung und Besetzung vgl. Baniewicz, Erwin Axer. 2010, S. 489–490.

mit Maja Komorowska in der Rolle der Mutter. Zuvor, am 6. Juni 1990, hatte er auf derselben Bühne das Stück „Der Theatermacher" (1984) in der Übersetzung von Jacek St. Buras mit Starowieyskas Szenografie und Tadeusz Łomnicki in der Titelrolle inszeniert. Dies war seine erste polnische Produktion nach zehnjähriger Abwesenheit in Polen (also seit seiner Inszenierung von Ibsens „Gespenstern" in Zusammenarbeit mit Maciej Prus und mit der Szenografie von Ewa Starowieyska, 11.07.1981). Polen war damals bereits ein völlig anderes Land, in dem ein neues politisches System herrschte und sich allmählich auch das Funktionieren des Kulturbetriebs wandelte. damals sie beiden polnischen Beim „Theatermacher" begeisterte sich die Kritik vor allem am Spiel Łomnickis, während Bernhards Text erneut als das schwächste Element der Inszenierung gewertet wurde. Man bemängelte die angeblich unklare Botschaft des Stücks. Erst Jahre später entdeckte Baniewicz in ihm das Thema der Macht des Künstlers mitsamt dem Ritual ihrer Ausübung,[14] während die damaligen Rezensenten die Hauptfigur, Bruscon, als einen nicht an die sich im Kulturbetrieb vollziehenden Veränderungen angepassten, *überflüssigen* Künstler auffassten[15]). Mehr noch, Łomnickis virtuose Darbietung[16] empfanden sie als nicht mit der Intention des Werks in Einklang stehend, da der Schauspieler die Hauptfigur zu einem Virtuosen des Theaters umgeprägt habe, worauf Janusz Majcherek in der Zeitschrift „Teatr" hinwies:

> „Łomnickis protheisches Spiel – was er auf der Bühne tut, wie er spricht – ist zweifelsohne faszinierend. Eine herausragende Rolle in der besten Aufführung der Warschauer Theatersaison. Aber die Expansion des Schauspielers ist so unbändig, so intensiv, dass das Stück, das schließlich von der Dominanz des Schauspielers Bruscon handelt, paradoxerweise vom Schauspieler Łomnicki dominiert wird. Das Werk, das ein Schreckensbild der totalen Projektierung der Wirklichkeit heraufbeschwört, hält ein auf der Ebene eines Stücks über einen grotesken Schauspieler. Bernhard verliert gegen Łomnicki. Und Axer wohl auch."[17]

Diesmal verstärkte Axer das vom Autor vorgesehene Finale. Der fallende Vorhang enthüllt vor den Augen des Zuschauers den brennenden Pfarrhof.[18] Inter-

---

14 Baniewicz schrieb: „Es kommt vor, dass Künstler eine Macht innehaben, die der von Politikern gleichkommt. Denn das ist nichts anderes als die Fähigkeit, die Wirklichkeit zu organisieren, sie in ein weiteres vorgegebenes Ritual zu pressen, ihr eine Ordnung und Struktur zu oktroyieren. Wer das Ritual kennt, hat Macht. Jede Macht ist Anmaßung, Gewalt, nur dass man sich der Macht der Künstler einigermaßen straflos unterwerfen kann, denn sie verfügen über keinen Gewaltapparat." Baniewicz, Erwin Axer. 2010, S. 281.

15 Vgl. Winnicka, Bożena: Erwin Axer wraca do Utzbach. In: Wiadomości Kulturalne 1990, H. 1/2.

16 Vgl. Kydryński, Lucjan: Łomnicki, czyli błysk aktorskiego geniuszu. In: Przekrój 45, 1990, H. 27.

17 Majcherek, Janusz: „Teatr jest świństwem". In: Teatr 45, 1990, H. 8, S. 38.

18 Vgl. Winnicka, Bożena: Erwin Axer wraca do Utzbach. 1990.

essanterweise veranschlagte die polnische Kritik im Jahr 1990 Bernhards Position in der europäischen Dramaturgie bereits etwas anders. Der „Theatermacher" wurde der eskapistischen Strömung zugerechnet, die das Thema der modernen Kunst über das der Wirklichkeit stellt.[19] Majcherek wiederum behauptete, dass die Aufführung des Stücks in Zeiten der Systemtransformation für die polnischen Künstler von Wert sein könne, da sie zu einer Radikalisierung ihrer Haltungen gegenüber der Welt beitragen beitrage. In Thomas Bernhard erblickte er einen *zornigen Gesellschaftskritiker:*

> „Axers und Łomnickis ‚Theatermacher' ist trotz mancher – doch recht paradoxer – Vorbehalte ein unerhört wichtiges Unterfangen. Vielleicht öffnet diese Inszenierung Bernhard den Weg zu anderen Theatern. Jedoch scheint es, dass eine bestimmte in Polen geltende Denkart, die radikale Autoren prinzipiell eher ablehnt, dem im Wege steht. Die polnische Kultur ist einfach so schwach, dass sie sich vor allem fürchtet, was das gemütliche Wohlergehen beeinträchtigen könnte. Jetzt, da die Kultur sich endlich vom politischen Engagement befreit, verfällt sie ins andere Extrem, den Ästhetizismus. In beiden Fällen ist die Beschäftigung mit Kunst zutiefst unauthentisch, denn sie führt entweder zum Instrumentalismus oder zum Eskapismus. Bernhard öffnet völlig andere Wege. Wer den Mut aufbringt, der möge ihm folgen."[20]

Axers Inszenierung von „Am Ziel" dagegen kam bereits unter völlig veränderten Bedingungen zustande. Zu dieser Zeit war nämlich in der polnischen Theaterlandschaft bereits ein anderer Bernhard-Bewunderer aktiv, Krystian Lupa, der den österreichischen Schriftsteller als sein literarisches Alter Ego bezeichnete.[21] Im Jahre 1997 hatte Lupa auf seinem Konto:[22] die Adaptation des Romans „Kalkwerk" (1992, Stary Teatr [Altes Theater] in Krakau, Welturaufführung beim Theaterfestival Mitteleuropas „Mittelfest" im italienischen Cividale), die bald als Meisterwerk anerkannt wurde,[23] sowie Inszenierungen der Dramen „Immanuel Kant" (1996, Teatr Polski [Polnisches Theater] in Breslau, später für das Fernsehtheater aufgezeichnet) und „Ritter, Dene, Voss" (1996, Stary Teatr [Altes Theater] in Krakau)[24]. Lupas Arbeiten fanden Beachtung in Polen und Europa, was seine Bestätigung in zahlreichen Preisen für die Schauspieler und den Re-

19 Vgl. Sieradzki, Jacek: Świat w wymiarach teatru. In: Polityka 36, 1990, H. 43.

20 Majcherek, Janusz: ‚Teatr jest świństwem'. 1990, S. 38.

21 Vgl. Wakar, Jacek: Krystian Lupa wraca do domu. In: Dziennik 2006, Nr. 132.

22 In den folgenden Jahren brachte Lupa noch folgende Stücke auf polnische Bühnen: „Auslöschung" (2001, Dramatisches Theater [Teatr Dramatyczny] in Warschau), „Über allen Gipfeln ist Ruh" (2006, Dramatisches Theater in Warschau in Warschau), „Holzfällen" (2014, Polnisches Theater [Teatr Polski] in Breslau).

23 Vgl. Wakar, Jacek: Lupy spektakle zbójeckie. In: Dziennik 2009, H. 172.

24 Die Uraufführung von „Ritter, Dene, Voss" fand am 19. 08. 1986 im Berliner Schiller-Theater während der Salzburger Festspiele statt (Regie: Claus Peymann, Szenografie: Karl-Ernst Herrmann). Vgl. Wakar, Jacek: Potknięcie mistrza. In: Życie Warszawy 1996, H. 258.

gisseur, aber auch in Vorstellungen im Ausland fand.[25] Es ist also nicht verwunderlich, dass Axers Interpretation die Rezensenten geradezu dazu aufforderte, diese beiden Theaterpersönlichkeiten miteinander zu vergleichen. Malwina Głowacka versuchte eine Bewertung des Beitrags beider für die Popularisierung des Œuvres des österreichischen Autors vorzunehmen, indem sie ihr Verhältnis zur Intention des Autors oder, vielleicht genauer gesagt, zur Intention des Werks berücksichtigte:

> „Der Wert von Lupas Arbeiten, insbesondere von ‚Kalkwerk', steht außer Frage. Sie fügen sich in den Rahmen des von Lupa betriebenen Autorentheaters ein. Man kann aber die Behauptung riskieren, dass, obwohl es sich – über jeden Zweifel hinaus – um bedeutende Inszenierungen handelt, der Regisseur diese Texte auf seine eigene Weise liest, gewissermaßen gegen die Intentionen des Autors. Nicht selten vermenschlicht er marionettenhafte Figuren und bewirkt dadurch, dass sie wesentlich interessanter werden als ihre literarischen Vorbilder. Erwin Axer dagegen bleibt Bernhard treu, spielt dessen Stücke anweisungsgemäß und – wie ich mir vorstellen kann – so wie der Autor es gewünscht hätte. Bei Lupa erreichen die Emotionen den Zenit, Axers Inszenierungen weitaus viel kühler, asketisch, geradezu hörspielartig. Sie erlauben es, in den Text hineinzulauschen, der wie eine Melodie fließt. Hätte Bernhard sich nicht genau das gewünscht?"[26]

Auch viele andere Rezensenten verglichen damals die beiden polnischen Regisseure, die sich mit Bernhards Werk beschäftigten, um nur Maryla Zielińska oder Roman Pawłowski zu erwähnen. Zielińska exponierte die Unterschiedlichkeit der Erzeugung der Bühnenatmosphäre. Während Lupa diese bewusst verdichtet habe, um sie anschließend zu einer plötzlichen Entladung zu bringen, sei für Axer die Form der Gestaltung des Dialogs am wichtigsten gewesen. Der Text sei somit für Lupa ausschließlich eine der Materien des Theaters und keineswegs die wichtigste.[27] Pawłowski dagegen konzentrierte sich auf den Stil der Inszenierung: Axer habe Bernhard ernsthaft aufgeführt und nur sehr sparsam von den Mitteln des Theaters Gebrauch gemacht, Lupa dagegen exponiere die

25 Auszeichnungen für Lupas „Kalkwerk": Andrzej Hudziak erhielt 1992 den Aleksander-Zelwerowicz-Preis der Monatszeitschrift „Teatr" für die Rolle des Konrad in „Kalkwerk" und des Lassman in „Malte" (nach Rilke) sowie 1993 die Goldene Kutsche der Zeitung „Nowości" für den besten Schauspieler beim 3. Internationalen Theaterfestival „Kontakt" in Toruń, bei dem auch die Inszenierung den 2. Preis gewann; die Neuauflage erhielt verschiedene Auszeichnungen bis 2004, als sie beim vom Allgemeinen Theater [Teatr Powszechny] in Lodz veranstalteten 10. Gesamtpolnischen Festival der Angenehmen und Unangenehmen Künste den Titel der besten Aufführung erhielt, Andrzej Hudziak den des besten Schauspielers und „Kalkwerk" vom Preisgericht zum Ereignis des Festivals gekürt wurde. „Immanuel Kant" erhielt beim 6. Internationalen Theaterfestival Kontakt 1996 den 3. Preis und Lupa den Marek-Okopiński-Preis für den besten Regisseur. „Ritter, Dene, Voss" gewann den 3. Preis beim 7. Internationalen Theaterfestival Kontakt im Jahr 1997.

26 Głowacka, Malwina: Daleko od celu. In: Teatr 52, 1997, H. 11.

27 Vgl. Zielińska, Maryla: Nie akceptowana mroczność. In: Przekrój 52, 1997, H. 39.

Vagheit der Situation und der Personen, wobei er zugleich ihre tragische Farcehaftigkeit offenlege. Dies habe unterschiedliche Reaktionen des Publikums zur Folge gehabt.[28] In Axers Inszenierung vermissten die Rezensenten den immer stärker exponierten komödiantischen Ton von Bernhards Werken. Der Rezensent des Wochenmagazins „Polityka“ berief sich gar auf einen Ausschnitt aus einer Rezension von Hilde Spiel über die Uraufführung von „Am Ziel“ im Jahr 1981.[29] Maja Komorowskas Interpretation der Mutter wurde hingegen ausdrücklich wahrgenommen und die Schauspielerin gerne mit dem Komödianten Łomnicki verglichen.[30] Ihr Spiel weckte abwechselnd Erbarmen, Lachen oder Widerwillen.[31] Im Vergleich zu den ersten Reaktionen auf die Werke des österreichischen Autors erweiterten die polnischen Rezensenten auch die Liste der möglichen Bezüge um die Vertreter des psychologischen Dramas: August Strindberg, Anton Tschechow und den Regisseur Ingmar Bergmann.

Erwin Axer hat drei Dramen Bernhards auf die polnische Bühne gebracht. Der größten Beliebtheit erfreute sich der „Theatermacher“. Mit der Rolle des Bruscon, die zuerst von Tadeusz Łomnicki verkörpert wurde, setzten sich später unter anderem Igor Przegrodzki (1993, Fernsehtheater), Kazimierz Kaczor (2011, Teatr Powszechny im. Z. Hübnera [Allgemeines Theater Zygmunt Hübner] in Warschau) und Agnieszka Kwietniewska (2015, Stefan-Jaracz-Theater in Lodz) auseinander.

In den Achtziger- und frühen Neunzigerjahren nahmen sich auch andere polnische Regisseure der Werke Bernhards an: Bogdan Augustyniak und Marian Półtoranos. Ersterer realisierte für das Fernsehtheater das Stück „Vor dem Ruhestand“ (5.03.1984)[32], das das Thema des Nationalsozialismus und der Vergangenheitsbewältigung in Deutschland behandelt. Letzterer bereitete zusammen mit Gabriela Muskała, damals Studentin der Staatlichen Theater- und Filmhochschule in Lodz, für das Theater KO-KU in Kłodzko das Stück „Frau Gut“ auf der Grundlage von „Ein Fest für Boris“ vor (1990). Sie alle aber stellte Krystian Lupa in den Schatten.

28 Vgl. Pawłowski, Roman: Czekając na wakacje. In: Gazeta Wyborcza 146, 1996.

29 „„Am Ziel“", schrieb Hilde Spiel, „ist vor allem eine Komödie, heiter und selbstironisch, auch wenn ihre tief verborgenen Subtexte nicht außer Acht gelassen werden dürfen“. Der Rezensent kommentierte diese Worte in Bezug auf Axers Inszenierung: „Subtexte durchaus, aber es ist nicht sicher, ob das Warschauer Publikum es zulassen würde, Erwin Axers Interpretation als komödiantisch zu bezeichnen, und für eine heitere Stimmung würde es seine Einwilligung ganz sicher verwehren.“ (z-ca): U celu. In: Polityka 41, 1997, H. 28.

30 Vgl. Zielińska, Maryla: Nie akceptowana mroczność. 1997.

31 Vgl. Głowacka, Malwina: Daleko od celu. 1997.

32 Zu Bernhards Stück griffen danach u. a. Grzegorz Wiśniewski (7.10.2004, Teatr Wybrzeże [Theater Küste] in Danzig; 26.09.2010, Stefan-Jaracz-Theater in Lodz) und Michał Kotarski (4.09.2010, Teatr Studio im. S.I. Witkiewicza [Theater Studio Stanisław Ignacy Witkiewicz] in Warschau).

Der Künstler beabsichtigte nicht die Konfrontation mit Axer, sondern griff – nicht selten als einziger – zu anderen Texten Bernhards. Eine Ausnahme war für längere Zeit das Drama „Ritter, Den, Voss“, das er am Krakauer Stary Teatr [Altes Theater] inszenierte (19.10.1996) und das dem polnischen Publikum bereits bekannt war (5.10.1994, Fernsehtheater, Regie: Jacek Gąsiorowski).[33] Lupas Prosaadaptationen und Inszenierungen von Stücken Bernhards wurden bald zu den interessantesten Erscheinungen des polnischen und internationalen Theaters gerechnet, was zweifellos zu einem Anstieg der Popularität des österreichischen Schriftstellers beitrug. Zwar wurde ursprünglich die Adaptierung epischer Werke kritisch gesehen, da Bernhard schließlich auch Dramen verfasst hat,[34] doch heute ist das zu einer allgemein üblichen Praxis geworden. Viele Aufführungen Lupas wurden nicht nur aufgezeichnet, sondern auch sorgfältig dokumentiert. Sein Autorentheater (er tritt als Regisseur, Autor der Adaptation und Szenograf auf) forderte zum Nachdenken über den Zustand der Gegenwartskunst und der modernen Gesellschaft auf. Die Stücke auf der Grundlage von Werken Bernhards stellten zudem eine Selbstbetrachtung des Regisseurs über das eigene Schaffen dar.

Lupa äußerte sich zu Bernhards Werken wiederholt in der Presse und den Theaterprogrammen. Er sprach von der Faszination, die diese Literatur ausübt, legte Interpretationsansätze vor, benannte Kontexte, beschrieb den Prozess der Anfertigung von Adaptationen und der Kreierung der Figuren, wodurch er geradezu eine Anleitung für andere Regisseure vorlegte. Lupas Sprache, seine Vergleiche, die abgehackten Phrasen offenbaren nicht nur die Prozessualität der Aussage, sondern auch eine gewisse Verlegenheit gegenüber der Bereitschaft zum Erzählen im offiziellen Stil über eine außerordentlich intime Erfahrung.

Im Zuge der aufeinander folgenden Inszenierungen wurde Lupa zum anerkannten Bernhard-Spezialisten. Es nimmt nicht wunder, dass die Werke des Schriftstellers in Polen zusammen mit den Anmerkungen des Regisseurs gelesen werden und in der öffentlichen Vorstellung gar die Form seiner Inszenierungen

---

33 Eine weitere solche Aufführung war „Heldenplatz“ (27.03.2015, Lietuvos nacionalinis dramos teatras [Litauisches nationales Schauspieltheater] in Wilna. In Polen griffen zu diesem Stück: Piotr Szalsza (1998, Fernsehtheater), Janusz Kukuła (2006, Teatr Polskiego Radia [Theater des Polnischen Rundfunks]) und Grzegorz Wiśniewski (2017, Stefan-Jaracz-Theater in Lodz). Damals erfreute sich Bernhards Schaffen noch keiner breiteren Bekanntheit. Lupas Wilnaer Inszenierung überraschte nicht nur durch ihre Poetik, sondern auch die Art und Weise der Anpassung des Textes an die örtlichen Verhältnisse. Vgl. Kruk, Iga: Służące. In: Teatr 70, 2015, H. 6. <http://www.teatr-pismo.pl/przeglad/1153/sluzace/> (Zugriff am 15.02.2020). Für die Inszenierung wurde Lupa mit dem Goldenen Bühnenkreuz ausgezeichnet, das in Litauen dem besten Regisseur des Jahres verliehen wird. Daneben wurden mit den höchsten litauischen Theaterpreisen auch einige Schauspieler und Łukasz Twarkowski für die Lichtregie ausgezeichnet.

34 Vgl. Buras, Jacek St: Co nam dał Thomas Bernhard? 2019. S. 115.

annehmen. Der Verlag Wydawnictwo Literackie veröffentlichte Dramen Bernhards in einer von Lupa vorgenommenen Auswahl und einem von ihm verfassten Nachwort,[35] auf dem Umschlag der zweiten Ausgabe von „Kalkwerk" sind seine Skizzen zur Inszenierung von 1992 zu sehen,[36] und den Roman „Auslöschung" kündigt ein Interpretationshinweis des Regisseurs an: „Vorschlag für eine Reinigung, eine Rettung der Menschenwürde und Wahrheit durch Amputation des kranken geistigen Gewebes"[37].

Bernhards achtzigster Geburtstag bot die Gelegenheit zum Nachdenken über die Bedeutung seines Werks und die Möglichkeit, von seinen Erfahrungen Gebrauch zu machen. In der Zeitschrift „Krytyka Liberalna" machte Lupa damals auf die Haltung des Schriftstellers zu seinem Heimatland aufmerksam. Er postulierte die Nachahmung einer solchen Form von Konfrontation und die Aufnahme einer Diskussion mit den wichtigsten gesellschaftlichen Institutionen, vor allem aber die Einnahme einer kritischen Haltung gegenüber den in der Kultur gefestigten und verbreiteten Weltanschauungen und Verhaltensweisen, die häufig genug Ergebnis verschiedenartiger Verfälschungen und Simplifizierungen sind. Auf diese Weise sollten Bernhards Werke auf der Bühne nicht nur zu einem Spiegel werden, welcher der Gesellschaft ihre verschiedenen Unzulänglichkeiten aufzeigt, sondern auch zu einer Gewissensrechnung von Kulturschaffenden, die ihre Botschaft ausschließlich auf die Erzeugung angenehmer, vom Publikum akzeptierter Texte beschränken:

> „Noch immer haben wir nicht vollständig ergründet, was uns Bernhard hinterlassen hat. In Österreich werden seine Bücher als Pamphlete gegen den Austriazismus, das charakteristische Geschichtsverständnis der Österreicher oder ihr – von Bernhard immer wieder vehement in Frage gestelltes – Wertesystem gelesen. Wir können profitieren, indem wir uns für Bernhards Verhältnis zur Religion, insbesondere zum Katholizismus, und zu allem, was Kultur und Gesellschaftsphänomene berührt, interessieren. Wir können den Weg seines Fühlens und Erlebens des Schreibprozesses nachvollziehen. Danach fragen, welche Verlogenheiten in unsere Tradition, unseren literarischen Haltungen und Vorinstallationen stecken. Bernhards Schreiben vollzieht sich in einem endlosen Land, das den Menschen und seine Beziehung zum Mitmenschen betrifft, alle diese Missverständnisse, zu denen es zwischen dem Einzelnen und der Gesellschaft

35 Bernhard, Thomas: Dramaty. Übers. von Jacek St. Buras/Monika Muskała/Danuta Żmij-Zielińska. Auswahl und Nachwort Krystian Lupa. Kraków: Wydawnictwo Literackie 2001. Bd. 1–2.

36 Bernhard, Thomas: Kalkwerk. Übers. von Ernest Dyczek/Marek Feliks Nowak. Łódź: Officyna 2010.

37 Bernhard, Thomas: Wymazywanie. Rozpad. Übers. von Sława Lisiecka. Warszawa: W.A.B. 2004. Zum zitierten Satz nahm Lupa Stellung im Interview: Lupa, Krystian: Ekstrawagant (Gespräch mit Ewa Likowska). In: Polityka 50, 2006, H. 37.

kommt, das Unvermögen des Einzelnen zur Selbsterkenntnis, Probleme mit sich selbst.“[38]

Lupa unterstrich, dass Bernhard vor allem die Möglichkeit der Erfahrung einer objektiven Wahrheit in Frage stellte. Selbst wenn eine solche tatsächlich bestünde, dann wäre immer noch die Erfahrung ein vermittelter Prozess, den immer Personen vollziehen, die durch konkrete Umstände geprägt wurden, eine bestimmte Lebensgeschichte, Verhaltensweisen und Erkenniskonzepte besitzen. In Bernhards Bühnenstücken beobachten wir also nicht so sehr die Schaffung eines polyphonen Werks, denn bei vorherrschendem Monolog wäre das eine Art Paradoxon, sondern eher ein Zusammenprallen unterschiedlicher Sinngehalte. Allen Verständnisversuchen zum Trotz ist die Einnahme der Sichtweise des Sprechenden (der Figuren oder sogar des Autors) gleichwohl unmöglich, weshalb in der Situation der Begegnung, an der Grenze zweier Arten der Definition der Welt, sich verschiedene, häufig völlig andersartige Eindrücke und Gefühle eistellen.[39]

Möglicherweise hat sich Lupa auch aus diesem Grund bei seinen Inszenierungen und Adaptation nicht auf die Präsentation des Textes (bzw. der Stimme des Autors) beschränkt, sondern ihm die Rolle eines der Elemente des Spektakels zugewiesen, das hinsichtlich seines Aufbaus und seines Bezugs zum ursprünglichen Werk an eine musikalische Variation erinnert. Bernhards Text erschient in leicht veränderter Form. Dazu führte Lupa in einem Gespräch mit Michel Archimbaud näher aus:

> „Literatur verfügt über die Linie der Erzählung und ein Register, in dem die Wirklichkeit, von der die Rede ist, unmittelbar berührt wird. Sie hat auch weiße Regionen und dunkle, wohin die Berührung der Literatur nicht gelangt. Wenn ich feststelle, dass diese auf eine hinreichend reizvolle oder suggestive Weise bestehen, zur Berührung und Erschaffung einer Welt auf andere Weise anreizen, dann gehe ich das ganz einfach an. Ich bin fasziniert von der Erzeugung unterschiedlicher Werke durch die Methode der Variation.“[40]

Lupa bleibt dem magischen Prinzip *also ob* treu und fügt Szenen hinzu, die er als Apokryphe bezeichnet, unter Wahrung der Poetik und der Sensibilität des Autors. Er polemisiert also nicht so sehr mit dem aufzuführenden Werk, sondern versucht vielmehr, es durch die Übertragung in szenische Bilder theatralischer zu machen. Zu solchen Maßnahmen provoziert ihn sicherlich die literarische Gat-

38 Lupa, Krystian: Konstelacje Bernharda. In: Kultura Liberalna 3, 2011, H. 8.

39 Vgl. Okopień-Sławińska, Aleksandra: Relacje osobowe w literackiej komunikacji. In: Okopień-Sławińska, Aleksandra: Semantyka wypowiedzi poetyckiej. (Preliminaria), Kraków: Universitas 2001, S. 100–116.

40 Lupa, Krystian: Spektakle. In: Lupa, Krystian: Rozmowa, Entretien avec Michel Archibaud, Kraków/Paris: C & D/Centre National Theatre 1999, S. 36.

tung der gewählten Werke. Während Dramen häufig eine bestimmte theatralische Vision beinhalten, selbst bei extrem sparsamer Verwendung von Didaskalien, erlauben epische Werke derartige Eingriffe eher. Die Literaturwissenschaft unterstreicht jedoch das enorme theatralische Potenzial von Bernhards Romanen[41] und macht in ihnen geradezu fertige Szenenbeschreibungen aus. Lupa hingegen hat mehrfach deutlich gemacht, dass seine Bernhard-Adaptation immer die Wahl einer der möglichen Varianten bedeuten. Aus diesem Grund bezeichnete er „Auslöschung" als wahren *Turm zu Babel*, der viele mögliche Bühnenstücke in sich einschließt.[42]

Über die Adaptationsbemühungen und vor allem die Entstehung jener Apokryphen berichten uns von Lupa selbst veröffentlichte Notizen und Dokumente. In einem Brief an den Suhrkamp Verlag vom 6.07.1992 erläutert der Regisseur zwei solche Momente bei der sich gerade in Arbeit befindlichen Adaptation des Romans „Kalkwerk": die Szene mit den Polizisten und die berühmte, später oft analysierte Traumszene. Dabei hob er seine Treue gegenüber den aus dem Stück *herausinterpretierten* Intentionen des Autors hervor.[43]

Das bedeutet allerdings nicht, dass Lupa keine Veränderungen bei der Inszenierung der Dramen vorgenommen hätte. Als Beispiel mag das Stück „Immanuel Kant" dienen (Uraufführung am 15.04.1978, Württembergisches Staatstheater in Stuttgart, Regie: Claus Peymann). Lupa beschränkte hier den Ort der Handlung auf das Oberdeck (Einheit des Ortes), veränderte ein wenig das Finale (Kant geht nicht an Land, wo ihn die Irrenärzte und Krankenpfleger erwarten), legte die Hauptfigur etwas anders an[44] und fügte schließlich die Szenen mit dem jungen, erotisierten Repräsentanten der immer noch ihrer Stimme beraubten Gegenkultur bestehenden Unterdeckkommando hinzu. Sie sind es, die einen leicht abenteuerlichen Handlungsfaden einführen, befördern sie doch eine geheimnisvolle Ladung, aber das Mikrofon vermittelt dem Publikum ihre Worte nicht. Dank dieser Gruppe trifft klassische Musik auf Techno. Und noch eines: Der Papagei Friedrich ist nicht ausgestopft, sondern wird von Krzysztof Gracz verkörpert.

Im Theaterprogramm zum Stück veröffentlichte Lupa Notizen, die von der Auseinandersetzung mit dem aus dem Drama gewonnenen Sinngehalten be-

41 Jacek St. Buras sagte über „Kalkwerk": „Der ganze Roman ist gewissermaßen mehrstimmig gesetzt, er ist gewissermaßen ein getarntes Drama." Buras, Jacek St.: Co nam dał Thomas Bernhard? In: Dialog 64, 2019, H. 4, S. 116.

42 Lupa, Krystian: Konstelacje Bernharda. 2011.

43 Brief an den Suhrkamp Verlag vom 6.07.1992. In: Theaterprogramm. <http://www.e-teatr.pl/pl/programy/2013_12/56787/kalkwerk__teatr_stary_krakow_1992.pdf> (Zugriff am 26.02.2020).

44 Vgl. Kubikowski, Tomasz: Pływająca wyspa. In: Odra 36, 1996, H. 5.

richten. Unter dem Datum 6. Oktober 1995 (mit einer Fußnote vom 5. Januar 1996[45]) steht hier:

> „Ich weiß nicht, ob das Wühlen in diesem Drama ehrlich ist. Eher entstammt es der Angst vor der Unermesslichkeit des dümmlichen Geredes. Etwas muss es hier geben. Einen zweiten Pol, der diesem Tratsch Sinn verleiht und ihn darüber hinaus zur Theaterattraktion macht. In der Materie des Autors ist lediglich banale Kleinlichkeit zu erkennen, Resultate der Degradierung, der totalen Inflation der Vernunft, infantile Eitelkeit, ein Schrumpfen des Denkens auf verdummte – denn jeglichen Kontextes beraubter – Fragmente."[46]

Dieses Zitat klärt einiges über Lupas künstlerisches Vorgehen auf. Dem Regisseur schwebt die Suche nach theatralischer Attraktivität vor, aber vor allem das Bedürfnis nach Offenbarung des tieferen Sinnes eines Textes. Sich nicht auf werkgetreue Reproduktion beschränkend, sucht er in seiner Inszenierung die Intentionen des Autors zu rekonstruieren. Dank Lupas Arbeiten wurde die polnische Kritik immer häufiger auf die Komik in Bernhards Werken, die Mechanismen, ihrer Erzeugung, unwahre Wirklichkeit und Metadramatizität aufmerksam.

Lupas Regiearbeiten wirkten sich auf die Position Bernhards in der polnischen Kultur aus. Sie machten sein Werk bekannt, festigten die Ansicht, dass es sich hier um einen der wichtigsten Schriftsteller des 20. Jahrhunderts handelt, und trug sogar zu einer Art Mode bei. Dennoch blieb mehreren Stücken eine polnische Premiere versagt, obwohl sie ins Polnische übersetzt vorlagen. Dies waren: „Der Präsident" (1975), „Der deutsche Mittagstisch" (1978), „Der Schein trügt" (1983), „Claus Peymann verlässt Bochum" (1986).

Zu unterstreichen ist, dass die Regisseure heute nicht gerne zu Werken Bernhards greifen, denen Lupa schon seinen Stempel aufgedrückt hat. Sie sind in den Kanon des polnischen Theaters eingegangen und verbreiten nach wie vor eine Faszination, die so stark ist, dass eine Konfrontation mit ihnen unmöglich scheint. Aus diesem Grund versuchen die heutigen Regisseure, die sich an Werke Bernhards wagen, Regionen zu ergründen, in die Lupa nicht vorgedrungen ist, obwohl sie auch dort gerne nach von ihm entwickelten Lösungen greifen. Außerdem benutzen sie auch andere Medien (Igor Gorzkowski bereitete w 2017 das Stück „Holzfällen" für das Polnische Radio vor).

Als Beispiel mag „Der Ignorant und der Wahnsinnige" dienen. Das 1974 in der Zeitschrift „Dialog" veröffentlichte Stück diente als Grundlage für das Libretto

45 Die Fußnote lautet folgendermaßen: „Natürlich denke ich nicht so über Bernhards Text (warum hätte mich sonst an ihn machen sollen), das ist eher Ausdruck eines *schwierigen Moments*". Lupa, Krystian: ‚Immanuel Kant' Thomasa Bernharda – błąkające się myśli, Programm des Teatr Polski [Polnisches Theater] in Breslau, Uraufführung 13. Januar 1996, S. 11.

46 Ebd.

einer Kammeroper von Paweł Mykietyn in der Adaptation und unter der Regie von Krzysztof Warlikowski (4.05.2001, Teatr Wielki Opera Narodowa [Großes Theater Nationaloper] in Warschau). Indem er die Palimpsesthaftigkeit des Werks und seine Musikalität herausarbeitete, schuf Mykietin eine Art Variation, worin er an die Vorgehensweisen sowohl Lupas als auch Bernhards erinnerte. Die Oper erzählt nämlich von der Königin der Nacht aus Mozarts „Zauberflöte" und weist durchaus Abweichungen vom Original auf. Vor allem stieg die Bedeutung der Garderobiere Frau Vargo (Stanisława Celińska).

Das letzte Stück, das eine Premiere in Polen erlebte, war „Die Macht der Gewohnheit", ein Stück, das zum „Theater der psychischen Grausamkeit" gezählt wird.[47] Zum ersten Mal wurde es am 10. Februar 2012 auf der Bühne des Teatr Ateneum [Theater Athenäum] in Warschau vorgestellt. Regie führte Magdalena Miklasz, die Szenografie besorgte Ewa Woźniak und in der Rolle des Calibardi trat Krzysztof Gosztyła auf, der als Absolvent der Musikakademie tatsächlich Cello spielte. Die Rolle der Enkelin spielte die Gymnastin und Studentin der Staatlichen Theaterhochschule in Krakau Magdalena Koleśnik. Als Bühnenmusik fanden unter anderem die „Suiten für Violoncello" von Johann Sebastian Bach in der Interpretation von Pablo Casals Verwendung.

Wenig später tauchte das Stück auf dem Spielplan des Teatr Śląski [Schlesisches Theater] in Katowice auf (14.12.2012, Regie und Szenografie: Joanna Zdrada, Musik: Krzysztof Konieczny). Interessanterweise war die Diplominszenierung der Regisseurin ein anderes Stück von Bernhard gewesen: „Der Weltverbessere" (aufgeführt auch von Leszek Piskorz mit der Szenografie von Agata Duda-Gracz im Stary Teatr [Altes Theater] in Krakau, Premiere: 16.12.2000). In „Die Macht der Gewohnheit" machte die Regisseurin nicht so sehr auf die Unterschiede zwischen Konzert und Zirkusvorführung aufmerksam, auch wenn die Bühne als Arena arrangiert war, als vielmehr auf die psychologischen Aspekte des Stücks. Ihrer Auffassung zufolge entsteht die Tragikomödie des menschlichen Schicksals infolge einer Dissonanz zwischen unseren Träumen davon, wer wir sein wollen, und den Möglichkeiten ihrer Umsetzung.[48] In der Rolle des Caribaldi trat Jerzy Głybin auf, ihm zur Seite stand Agnieszka Radzikowska als Enkelin.

Ein Jahr später, am 1. Dezember 2013, wurde „Die Macht der Gewohnheit" im Teatr STU [Theater STU] in Krakau aufgeführt (Regie: Remigiusz Brzyk, Szenografie: Justyna Łagowska, Musik: Jacek Grudzień). Die Rolle des Caribaldi spielte Krzysztof Globisz und die Enkelin verkörperten zwei Jugendliche: Alicja Kowalczyk und Angelika Śmiałek. Schließlich versuchte sich auch André Hüb-

47 Baltyn-Karpińska, Hanna: Jutro Augsburg! In: Teatr 66, 2013, Nr. 1.
48 Zdrada, Joanna: Ćwiczenie. Tresura. Dyktatura? Kilka pytań do reżysera (Gespräch mit Anna Podsiadło). In: Bernhard, Thomas: Siła przyzwyczajenia, Programm des Teatr Śląski [Schlesisches Theater] in Katowice, 10.12.2012, S. 4.

ner-Ochodlo mit Schauspielern des Adam-Mickiewicz-Theaters in Częstochowa an dem Stück (14.07.2019, Teatr Atelier im. Agnieszki Osieckiej [Teatr Atelier Agnieszka Osiecka] in Sopot; 14.09.2019, Adam-Mickiewicz-Theater in Częstochowa).

Das polnische Theater wirkt seit über vierzig Jahren an der Erzeugung einer europäischen Mehrstimmigkeit über Thomas Bernhard mit. Seit fast dreißig Jahren tut dies Krystian Lupa. Der Regisseur bereitet neue Inszenierungen vor, zugleich aber behält er auch die alten in Erinnerung („Ritter, Dene, Voss" wurde im Teatr Stary [Altes Theater] noch 2019 in der ursprünglichen Besetzung gespielt[49]). Diese Inszenierungen werden auch im Ausland aufgeführt, unter anderem beim Festival Temporada Alta in Girona und dem Internationalen Theaterfestival in Avignon. 2016 wurden auf dem Festival d'Automne in Paris „Ritter, Dene, Voss" („ein außerordentlich wenig effektvolles Stück"[50]), „Holzfällen" (Schauspielhaus Graz während der Zeit der Intendanz von Anna Badora, 10.01.2014; der Regisseur wurde dafür mit dem Nestroy-Preis ausgezeichnet; 2014, Teatr Polski [Polnisches Theater] in Breslau) sowie das in Wilna vorbereitete Stück „Heldenplatz" vorgestellt. Interessanterweise brachten Lupas Inszenierungen die Rückkehr Bernhards auf die österreichischen Bühnen. Im Ausland produzierte er außerdem „Verstörung" (2013, Théâtre Vidy-Lausanne in Zusammenarbeit mit La Colline – Théâtre National, Lausanne), das auf dem Festival d'Automne in Paris uraufgeführt wurde.

Aus offensichtlichen Gründen konnte die polnische Rezeption nicht die natürlichen Verbindungen zwischen den Werken des österreichischen Schriftstellers respektieren. Die Chronologie der Entstehung wurde nicht eingehalten, aber das offenbarte wiederum andere Beziehungen. Genannt sei der Fall von „Die Macht der Gewohnheit" (1974), das in Bernhards Gesamtwerk eine Art Vorbereitung für den „Theatermacher" (1985) darstellt.

Neue Kontexte und leicht veränderte Aussagen waren auch den Übersetzungen und Adaptationen geschuldet.[51] Die Figur des Konrad in Lupas „Kalkwerk" (1992) nahm man als Gegenteil des romantischen Helden wahr,[52] und das Stück selbst, vor allem die darin auftauchenden Sätze auf Deutsch, wurden im Kon-

49 Ritter – Małgorzata Hajewska-Krzysztofik, Dene – Agnieszka Mandat, Voss – Piotr Skiba.

50 Winnicka, Bożena: Nadać życiu sens. In: Wiadomości Kulturalne 1996, H. 48.

51 Im Gespräch mit Tomasz Miłkowski wies Gosztyła auf etwas andere Konnotationen des Titels hin: „Nur in der polnischen Übersetzung klingt ‚Macht der Gewohnheit' so harmlos [im Polnischen lautet die Wendung wörtlich: ‚Kraft der Gewohnheit' – J.W.], denn das deutsche Wort die Macht bezeichnet etwas viel Größeres als Kraft, sondern auch Gewalt, Geltung, Herrschaft. Es geht also nicht so sehr um eine verzeihliche menschliche Marotte, sondern um den mächtigen Einfluss, den eingefahrene Verhaltensweisen auf uns ausüben." Miłkowski, Tomasz: W teatrze nie ma zmiłuj. In: Przegląd (Warszawa) 2012, H. 49. <http://www.e-teatr.pl/pl/artykuly/151735.html> (Zugriff am 05.02.2020).

52 Schorlemmer, Magia zbliżenia i tajemnica dystansu. 2007, S. 183.

text der deutsch-polnischen Beziehungen verstanden.[53] Die Inszenierungen der Werke Bernhards machten das polnische Publikum nicht nur mit dem Inhalt etwas anders aufgebauter Dramen vertraut, sondern schufen vor allem eine Gegenwart des Publikums, verankert in medialen Diskursen, die sich in die laufenden Auseinandersetzungen über die Rolle der katholischen Kirche in der polnischen Gesellschaft und das Verhältnis zu den Juden,[54] die Rolle des Künstlers und den Zustand der Familie,[55] kulturbildende, aber auch das Sozialgefüge verformende Mechanismen, Rechte und Pflichten verschiedener „Herrscher und Väter" einfügten. Anlässlich der Inszenierungen von „Die Macht der Gewohnheit" und „Der Theatermacher" tauchten schließlich Fragen über die Anleitung einer Schauspieltruppe, aber natürlich auch der Rezipienten auf. Angemerkt sei, dass zur Steigerung der Wirkung an den Stücken zahlreiche Polonisierungen und Textänderungen vorgenommen wurden. All dies bewirkte, dass viele Inszenierungen und Adaptation von Werken Thomas Bernhards auf Dauer in die Geschichte des polnischen Theaters eingegangen sind und die symbolische Vorstellung des Publikums und aller Akteure des Theaterbetriebs mitgeprägt haben. Den Regisseuren dagegen boten sie eine großartige Gelegenheit, Fragen nach dem Bühnenhandwerk, nach der Kunst und ihrer eigenen Rolle beim Prozess des Kunstschaffens zu stellen.

Literaturverzeichnis

Baltyn-Karpińska, Hanna: Jutro Augsburg! In: Teatr 66, 2013, Nr. 1.

Baniewicz, Elżbieta: Erwin Axer. Teatr słowa i myśli. Kraków: Wydawnictwo Literackie 2010.

Bernhard, Thomas: Dramaty. Übers. von Jacek St. Buras/Monika Muskała/Danuta Żmij-Zielińska. Auswahl und Nachwort Krystian Lupa. Kraków: Wydawnictwo Literackie 2001. Bd. 1–2.

Bernhard, Thomas: Kalkwerk. Übers. von Ernest Dyczek/Marek Feliks Nowak. Łódź: Officyna 2010.

Bernhard, Thomas: Wymazywanie. Rozpad. Übers. von Sława Lisiecka. Warszawa: W.A.B. 2004.

Buras, Jacek St.: Co nam dał Thomas Bernhard?. In: Dialog 64, 2019, H. 4.

Filler, Witold: Kurczę w kapeluszu. In: Express Wieczorny 1976, H. 260.

Głogowski, Krzysztof: Powtórka. In: Kierunki 1976, H. 51.

Głowacka, Malwina: Daleko od celu. In: Teatr 52, 1997, H. 11.

Honegger, Gitta: Thomas Bernhard. An Introduction. In: Performing Arts Journal 13, 1980, Nr. 1.

53 Vgl. Schorlemmer, Magia zbliżenia i tajemnica dystansu. 2007, S. 188.

54 Vgl. Schorlemmer, Magia zbliżenia i tajemnica dystansu. 2007, S. 195, 200–201.

55 Vgl. Lupa, Krystian: Burzyć święty spokój (Krystian Lupa w rozmowie z Piotrem Gruszczyńskim). In: Tygodnik Powszechny 57, 2001, H. 39.

Jaszcz [J.A. Szczepański]: Rozkosze koturnów i dzwoneczków. In: Perspektywy 1977, H. 3.
Kral, Andrzej Władysław: Kaleki świat Thomasa Bernharda. In: Teatr 31, 1976, H. 26.
Kruk, Iga: Służące. In: Teatr 70, 2015, H. 6. <http://www.teatr-pismo.pl/przeglad/1153/sluzace/> (Zugriff am 15.02.2020).
Kubikowski, Tomasz: Pływająca wyspa. In: Odra 36, 1996, H. 5.
Kydryński, Lucjan: Łomnicki, czyli błysk aktorskiego geniuszu. In: Przekrój 45, 1990, H. 27.
Lupa, Krystian: ‚Immanuel Kant' Thomasa Bernharda – błąkające się myśli, Programm des Teatr Polski [Polnisches Theater] in Breslau, Uraufführung 13. Januar 1996.
Lupa, Krystian: Burzyć święty spokój (Krystian Lupa w rozmowie z Piotrem Gruszczyńskim). In: Tygodnik Powszechny 57, 2001, H. 39.
Lupa, Krystian: Ekstrawagant (Gespräch mit Ewa Likowska). In: Polityka 50, 2006, H. 37.
Lupa, Krystian: Konstelacje Bernharda. In: Kultura Liberalna 3, 2011, H. 8.
Lupa, Krystian: Spektakle. In: Lupa, Krystian: Rozmowa, Entretien avec Michel Archibaud, Kraków/Paris: C & D/Centre National Theatre 1999.
Majcherek, Janusz: Teatr jest świństwem. In: Teatr 45, 1990, H. 8.
Miłkowski, Tomasz: W teatrze nie ma zmiłuj. In: Przegląd (Warszawa) 2012, H. 49.
Okopień-Sławińska, Aleksandra: Relacje osobowe w literackiej komunikacji. In: Okopień-Sławińska, Aleksandra: Semantyka wypowiedzi poetyckiej. (Preliminaria), Kraków: Universitas 2001.
Pawłowski, Roman: Czekając na wakacje. In: Gazeta Wyborcza 146, 1996.
Schorlemmer, Uta: Magia zbliżenia i tajemnica dystansu. Krystiana Lupy poszukiwania ‚nowych mitów' w teatrze. Übers. von Kalina Jabłecka-Mróz/Tomasz Jabłecki, Einführung Jerzy Łukosz, Kraków: Universtitas 2007.
Sieradzki, Jacek: Świat w wymiarach teatru. In: Polityka 36, 1990, H. 43.
Szydłowski, Roman: Święto Mai. In: Trybuna Ludu 1976, H. 281.
Wakar, Jacek: Krystian Lupa wraca do domu. In: Dziennik 2006, Nr. 132.
Wakar, Jacek: Lupy spektakle zbójeckie. In: Dziennik 2009, H. 172.
Wakar, Jacek: Potknięcie mistrza. In: Życie Warszawy 1996, H. 258.
Winnicka, Bożena: Erwin Axer wraca do Utzbach. In: Wiadomości Kulturalne 1990, H. 1/2.
Winnicka, Bożena: Nadać życiu sens. In: Wiadomości Kulturalne 1996, H. 48.
Zapaśnik, Janina: Inscenizacja sztuki Thomasa Bernharda ‚Święto Borysa' w reżyserii Erwina Axera w świetle krytyki austriackiej i RFN-owskiej. In: Literatura na Świecie 5, 1975, H. 8.
Zdrada, Joanna: Ćwiczenie. Tresura. Dyktatura? Kilka pytań do reżysera (Gespräch mit Anna Podsiadło). In: Bernhard, Thomas: Siła przyzwyczajenia, Programm des Teatr Śląski [Schlesisches Theater] in Katowice, 10.12. 2012.
(z-ca), „U celu". In: Polityka 41, 1997, H. 28.
Zielińska, Maryla: Nie akceptowana mroczność. In: Przekrój 52, 1997, H. 39.

Anna Kowalewska (Wrocław)

Die Geschichte von Kaspar wiederholt[1]

Peter Handkes Stück „Kaspar“, das im Jahr 1968 entstand und sofort vom Fachblatt „Theater heute“ zum Stück des Jahres ausgerufen war,[2] stellt die Geschichte von Kaspar dar, der dem Spracherwerb und dem Sozialisationsprozess ausgesetzt wird. Handke knüpft an Kaspar Hauser an, dessen Schicksalswende als eine Individualität aber nicht im Zentrum steht. Vielmehr wird die Aufmerksamkeit seiner Konstruktion als Theaterfigur und Vertreter der ununterbrochen manipulierten Gesellschaft geschenkt. Genau darauf konzentriert sich Barbara Wysocka, die die „Kaspar“-Aufführung im Wrocławski Teatr Współczesny 2009 inszenierte. Ihre Lesart, obwohl sie einige Stellen veränderte und andere hervorhob, folgt dem Text von Handke und dadurch wiederholt sich die Geschichte von Kaspar. Auf der Bühne realisierte Wysocka die Ideen von Handke mit großem Verständnis: sorgfältig, aber nicht blind. Der Zuschauer sieht, dass die Erfahrungen von Kaspar – als eine entmythologisierte Figur und als ein von unterschiedlichen Zwängen gehetztes Tier – nicht weit entfernt von seinem eigenen Leben in der modernen oppressiven Welt sind. Dadurch wird das Gefühl der Verantwortlichkeit vermittelt. Zahlreiche Wiederholungen, die sich nicht nur auf der textuellen Ebene, sondern auch in der Struktur und Medienverwendung in der Aufführung bemerken lassen, sorgen dafür, dass die Geschichte von Kaspar wiedererzählt werden kann.

Die ersten Wiederholungen sind schon auf der Ebene des Textes zu sehen und können in drei Hauptkategorien verteilt werden: intertextuelle Beziehungen, sprachliche Konstruktionen während der Belehrung und Kaspars Anfangssatz.

1 Der Beitrag ist eine gekürzte und in einigen Teilen neu bearbeitete Fassung eines Textes der Verfasserin. Vgl. Gręda, Anna: „Postdramatisch und performativ: Polnische Rezeptionsmodelle von Peter Handkes Dramen am Beispiel der Kaspar-Inszenierung in Regie von Barbara Wysocka im Wrocławski Teatr Współczesny“. In: „Zwischen Breslau und Wien. Zu schlesisch-österreichischen Kulturbeziehungen in Geschichte und Gegenwart.“ Hrsg. von Edward Białek/Krzysztof Huszcza. Dresden: Neisse-Verlag 2017, S. 163–196.

2 Vgl. Durzak, Manfred: Der Sündenfall der Sprache: Handkes „Kaspar“. In: Peter Handke und die deutsche Gegenwartsliteratur. Narziss auf Abwegen. Stuttgart: Kohlhammer 1982, S. 101.

Schon der Titel selbst bezieht sich auf die Tradition der Komödien, Wanderbühnen und Puppenspiele: Kaspar „war die Figur, die die interne Kommunikation der anderen Bühnenfiguren transzendieren, sich ans Publikum wenden und das Geschehen kommentieren konnte.“[3] Der Kaspar sowohl von Handke, als auch von Wysocka agiert genauso. Verwickelt in ein Netz, das aus Einsagern und seinen Doubles entsteht, gehört er zur Bühnenwelt: indem er auf der Bühne steht, gewinnt er Macht, obwohl sie nur scheinbar ist. Er spricht das Publikum an, kommentiert, was sich gerade abspielt und mit ihm geschieht, erkennt die Präsenz der Einsager und gleichzeitig versucht er, sich vor ihnen zu retten. Kaspar sollte doch als theatralische Figur wahrgenommen werden, weil er keine individuellen Züge zeigt. Er wird konstruiert: von den Autoren, Regisseuren, Einsagern, Zuschauern. Es wird ihm keine freie Hand zum Handeln gegeben. Er benimmt sich wie eine Marionette, die von den anderen gesteuert wird. Er erzählt keine persönlichen Geschichten: alles, was er sagt, ist mit allgemeinen Bildern und abgedroschenen Formeln vergleichbar. Kaspar wiederholt ständig, was die anderen ihm vorgestellt und beigebracht hatten. Es wird ihm kein freier Raum für eigenständiges Denken gelassen. Die Bühne wird zu einer Folter, einer Falle, seinem Gefängnis.

Der weitere intertextuelle Bezug ist das Gedicht von Ernst Jandl „16 Jahre“, das die Kommunikationsstörungen thematisiert, die durch den Sprachgebrauch verursacht werden. Der lyrische Sprecher hat Schwierigkeiten, sich sprachlich auszudrücken und sich mit der Umgebung zu verständigen. Der Junge kann seinen Weg sogar nicht finden. Er ist verloren und hilflos. Die Sprache, die ihn unterstützen und ihn in der feindlichen Wirklichkeit verorten sollte, leistet keine Hilfe mehr. Der Sechzehnjährige ist allein und kann die Welt nach den sprachlichen Mustern nicht in Ordnung bringen. Bekes bemerkt, dass „Jandl die Aufmerksamkeit des Rezipienten auf die sprachliche Konstitution des Textes selbst [lenkt] und damit eine Wirkung [erzielt], die […] ja durchaus zu den wirkungsästhetischen Postulaten Handkes zählt.“[4] Diesen Stand – der Verwirrung und der Unbeholfenheit – zeigt auch Wysocka in ihrer Aufführung, obwohl sie das Mottogedicht nicht direkt verwendet. Sie braucht das Gedicht nicht zu wiederholen, um das Publikum in die durch die Sprache verformte Welt einzuführen. Ihr Kaspar ist auch auf Gnade und Ungnade der Einsager ausgeliefert. Er folgt ihren Ratschlägen, Vorschlägen, Anweisungen, die so oft und so aufdringlich wiederholt werden, dass sie manchmal wie Befehle klingen, zum Beispiel in der Szene, wenn Kaspar die Bühne verlassen soll, denn „[e]s ist Pause“.[5] Interessant ist, dass alle seinen Bewegungen in diesem Moment nicht nur genau

3 Bekes, Peter: Peter Handke. Sprache als Folter. Paderborn: Schöningh 1984, S. 29.
4 Bekes, Peter Handke. 1984, S. 30.
5 Handke, Peter: Kaspar. In: Handke, Peter: Stücke 1. Frankfurt/M.: Suhrkamp 1972, S. 166.

wie in den Regieanweisungen gezeigt werden, sondern sie werden dem Publikum auch in Form der übertrieben komischen Kommandos mitgeteilt, und zwar auf Deutsch, was an die alten polnischen Filmkomödien wie beispielsweise „Jak rozpętałem drugą wojnę światową“ von Tadeusz Chmielewski erinnert.

Wysocka – nach Handke – führte auch Zitate ein, die Kaspars Verzweiflung und fortschreitenden Wahnsinn andeuten: „Warum fliegen da lauter so schwarze Würmer herum?“[6] (aus Ödön von Horváths Stück „Glaube Liebe Hoffnung“) und „Ziegen und Affen“[7] (aus Shakespeares „Othello“), die in der Atmosphäre der Verwirrung und Bewusstseinsstörung ausgesprochen wurden. Bekes zufolge verweisen diese Zitate „in Handkes Stück mithin auf Kaspars Bewusstseinstrübung. Gleichzeitig ist es aber auch der letzte sprachlich noch mögliche Protest gegen die Versklavung durch die Sprache.“[8] Es scheint, dass stures Wiederholen dieser Sätze Kaspar helfen könnte, seine Individualität zu retten. Auch sein Anfangssatz „Ich möcht ein solcher werden wie einmal ein andrer gewesen ist“,[9] der auf die Geschichte von Kaspar Hauser rekurriert, hilft ihm nicht und gewinnt keine Bedeutung, die seine Lage verändern könnte. Es ist unmöglich, weil Kaspar völlig von den Einsagern kontrolliert und manipuliert wird. Er ist nicht imstande, gegen die Ordnung der Sprache und die Macht der Einsager zu verstoßen. Seine Bemühungen sind vergeblich, was er selbst erkennt, wenn er feststellt: „Schon mit meinem ersten Satz bin ich in die Falle gegangen.“[10]

Die Falle der Sprache lässt sich vor allem in den sprachlichen Konstruktionen bemerken, die Kaspar vermittelt werden. Wysocka stellt diesen Prozess (unter theatralischen Umständen) als einen Unterricht dar, was zusammen mit der ununterbrochenen und strengen Kontrolle an die von Michel Foucault erforschten Techniken des Überwachens und Strafens anknüpft. Kaspar wird belehrt und fast abgefragt, obwohl man seinen Fortschritt nicht beurteilen kann, weil seine Aussagen keinen Sinn machen. Er ist imstande, die Beispiele syntaktisch zu wiederholen, aber er kann sie semantisch nicht bearbeiten. Seine Antworten beruhen nur auf Imitation. Der Einsager sagt: „Das Spielen ist n i c h t n u r ein Zeitvertreib, s o n d e r n es bereitet a u c h auf die Wirklichkeit vor.“[11] Kaspar wiederholt: „Die Sonnenblumen sind nicht nur ausgiebig sondern auch Sommer und Winter.“[12] Kaspar weiß schon, wie man Modellsätze konstruiert, aber er kann ihren Inhalt nicht begreifen und korrekt auf die Wirklichkeit beziehen. Foucault erklärt:

6 Handke, Kaspar. 1972, S. 152.
7 Ebd., S. 197–198.
8 Bekes, Peter Handke. 1984, S. 111.
9 Handke, Kaspar. 1972, S. 109.
10 Ebd., S. 194.
11 Ebd., S. 142.
12 Ebd., S. 142–143.

> „Die Prüfung ist ein normativer Blick, ein Überwachen, dass beurteilen, klassifizieren und bestrafen lässt. [...] Er verbindet die Zeremonie der Macht und die Form der Erfahrung, die Vorführung der Kraft und die Wahrheitsbestimmung."[13]

Kaspar wird beobachtet und die Einsager, wie Lehrer, steuern seine Entwicklung. Auf diese Weise übernehmen sie die Kontrolle über ihn, gestalten seine Welt und seine Weltwahrnehmung, üben ihre Macht aus und manifestieren ihre Überlegenheit.

Ähnlich sieht die Szene mit der Pressekonferenz aus, wo die Ergebnisse von Kaspars Sozialisationsprozess dargestellt werden. Die Einsager erzählen, wie „[b]eim In-Ordnung-Bringen man nicht so still und ordentlich wie später [ist]."[14] Sie erklären alles ruhig und sachlich und benehmen sich professionell, als ob sie die Experten für Ordnung wären. In dieser Szene sprechen sie das Publikum an und gleichen ihre Aussagen an einen mündlichen Text an, indem sie zum Beispiel hinzufügen: „Bitte stören Sie mich nicht", „Ich wollte sagen...", „Verzeihen" oder „Meine Damen und Herren."[15] Dadurch wird die Aufmerksamkeit auf die kommunikative Seite der Sprache gelenkt, die auch als ein Werkzeug zur Bildung von Dialogen dient. Die Zuschauer sind sich ständig dessen bewusst, dass sie einen theatralen Vorgang beobachten, aber jetzt können sie sich wie Teilnehmer einer Konferenz fühlen. Es entsteht eine neue Situation, die mit Rücksicht auf die Pause – als ob das Publikum die Aufführung nicht von der Wirklichkeit abgrenzen könnte – sie wieder unsicher werden lässt: In der Konferenz haben sie doch das Recht und könnten sie die Möglichkeit ergreifen, sich zu äußern, einige Fragen zu stellen oder zu beantworten, was den performativen Charakter der Situation betont. Es ist aber Kaspar, der vom Gerüst herabsteigt und sich entschließt, sich zu äußern. Zuerst erzählt er von seiner sprachlichen Entwicklung: wie er zwischen nichts differenzieren konnte und wie die Sprache die Ordnung in sein Leben brachte. „[Er] lernte alles was leer war mit Wörtern zu füllen."[16] Er zeigt sich als ein Triumph der sprachlichen Dressur, wenn er zugibt: „keiner darf den Drill vermissen",[17] was jedoch ironisch klingt, wenn er früher sagte: „Jeder muß frei sein."[18] Die Einsager hören ihm genau zu, zustimmend. Wenn er aber nervöser zu sprechen beginnt, auf den Stuhl steigt, schreit und wahnsinnig wird, beginnen die Einsager ihn zu ignorieren, als ob er ihren Erwartungen nicht mehr

13 Foucault, Michel: Nadzorować i karać. Narodziny więzienia. Übers. von Tadeusz Komendant. Warszawa: Aletheia 2009, S. 180 [Übersetzung – A.K.].
14 Handke, Kaspar. 1972, S. 173.
15 Kaspar. Regie von Barbara Wysocka. Wrocławski Teatr Współczesny, Wrocław. 14. März 2009.
16 Handke, Kaspar. 1972, S. 179.
17 Ebd., S. 180.
18 Ebd.

entsprechen würde. Dann bringen sie die Bühne in Ordnung, den Tisch und die Stühle für die Konferenz zurecht räumend.

Die sprachliche Erziehung scheint dadurch misslungen zu sein. Die Prüfung wird von Kaspar nicht bestanden. Er kann sich weder mit anderen verständigen noch sich völlig der Manipulation unterziehen. Man könnte sagen, dass Kaspar die Regeln der Sprachspiele beherrscht hat, aber tatsächlich weiß er sie nicht zu spielen: er hat keine Ahnung, wie er sich ausdrücken sollte oder wie die Welt durch die Sprache erkennbar ist. Die Kontrolle, die ihm von den Einsagern gesichert wurde, stellt sich als illusorisch heraus. Orientierungslosigkeit durchdringt seine Erfahrung. Er kann sogar nicht sicher sein, ob bestimmte Gegenstände existieren. Die Wahrheit, die aus der sprachlichen Erfahrung die Wirklichkeit durch Benennung ordnen sollte, ist von der Fiktion unmöglich zu unterscheiden. Deswegen rast Kaspar vor Verzweiflung und zusammen mit ihm wird auch das Publikum ratlos, das durch die ganze Aufführung mit sich wiederholenden sprachlichen Formeln konfrontiert und bedrängt wird. Das ist besonders bemerkenswert, weil diese Konstruktionen voraussehbar sind und die Zuschauer können sie ergänzen, bevor sie auf der Bühne ausgesprochen werden. Die Konfrontation mit der Sprache als arbiträr konstruiertes Werk, das aus Wiederholungen besteht, betont für die Zuschauer einen Aspekt, dass die Sprache keine Freiheit garantiert, weil sie mit abgedroschenen Formeln gespickt ist. Darum kann man merken, dass jeder sprachliche Akt ein Anzeichen der Gewalt ist und dass er zugleich die Geschichte über die mächtigen Manipulanten und ihre Opfer wiederholt.

Ein anderer Bereich, der verschiedene Wiederholungen aufweist, ist der Mediengebrauch, der sich audiovisuell realisiert, zum Beispiel in der Repetition der regelmäßig gespielten Musik aus der Spieldose oder beim Tanzen (mit einer repetitiven Choreografie) oder durch kurze Filme, die auf kleinen Fernsehern ausgestrahlt werden. Der Gebrauch von Medien ist ein Mittel, das als eine desillusionierende Strategie fungieren kann, die den Theatervorgang hervorhebt. Das lässt sich in der Szene beobachten, als Kaspar wie ein Kind auf dem Schoss eines Einsagers liegt. Beide sprechen mit den Sätzen aus den Regieanweisungen und nach jedem Satz fügen sie hinzu: „Weißt du?“[19] Dieses Gespräch spielt sich inmitten von Klängen einer Melodie aus der Spieldose ab, was die kindische Unbeholfenheit Kaspars noch unterstreicht. Der idyllische Charakter dieser Szene wird jedoch durch das Video gestört. Am Netz, das als Leinwand funktioniert, wird der Film über den anderen Einsager projiziert. Man kann nicht sicher sein, ob dieser Film fortlaufend ausgestrahlt wird oder früher gedreht wurde. Er zeigt das Gesicht des Einsagers, der Kaspar beobachtet und der mit der Diskokugel, die in der Ecke des Raumes hängt, spielt. Der Zuschauer sieht also

19 Wysocka, Kaspar. 2009.

ein doppeltes Bild vom Einsager und kann zugleich seine Gestik und Mimik mit dem gezeigten Film vergleichen.

Ein solcher Gebrauch von Medien exponiert die Theatralität, wo der Körper mit seiner Anwesenheit und die Möglichkeiten von seiner Reproduzierbarkeit in Frage gestellt werden. Das Video ist nicht bloß ein effektvolles Mittel, das die Aufführung interessanter machen sollte. Ihm wird eine viel wichtigere Funktion zugeschrieben, weil „[e]rst wo das Videobild in eine komplexe Beziehung zur Körperrealität tritt, beginnt eine eigene mediale Ästhetik des Theaters."[20] Der Zuschauer hat mit einem „realen" und einem „illusorischen" Bild des Einsagers zu tun. Einerseits gibt es einen Schauspieler, der als Leib (phänomenal und semiotisch) auf der Bühne ist und dessen Anwesenheit sich verifizieren lässt. Andererseits gibt es ein Abbild von ihm, das virtuell realisiert wird. Die Zusammensetzung des realen Körpers mit der technischen Verwendung der Medien zerstört die Illusion und spricht den Status des Körpers im Theater an. Das Video funktioniert zugleich als ein Kommentar zum Gespräch zwischen Kaspar und dem Einsager, der erklärt:

> „Das Stück ‚Kaspar' zeigt nicht, wie ES WIRKLICH IST oder WIRKLICH WAR mit Kaspar Hauser. Es zeigt, was MÖGLICH IST mit jemandem. Es zeigt, wie jemand durch Sprechen zum Sprechen gebracht werden kann."[21]

Der Zuschauer nimmt dann an einer Szene teil, in der die Wirklichkeit problematisch wird, denn es lässt sich nicht einschätzen, bis zu welchem Grade die dargestellte Geschichte wirklich oder möglich ist. Die Frage wird sogar komplizierter, wenn man das Video, das bereits ein Theater-im-Theater schafft, berücksichtigt. Auch die Verwendung von Mikrofonen, die ständig auf der Bühne präsent sind, „auf eigentümliche Weise betont [...] zugleich die authentische Präsenz und deren technologische Unterwanderung."[22] Der Zuschauer nimmt simultan zahlreiche und unterschiedliche Zeichen – manchmal im Überfluss – wahr, was den Eigenschaften des postdramatischen Theaters entspricht, und erlebt das Performative der Aufführung, denn Körperlichkeit, Räumlichkeit und Lautlichkeit, die durch die wiederholten Signale hervorgehoben werden, zur Ästhetik des Performativen gehören.

Kaspar hat viel gemeinsam mit dem gegenwärtigen Menschen: das Publikum kann sich selbst ohne größere Schwierigkeiten in sein Schicksal des ununterbrochenen Überwachen-Werdens und der Medienmanipulation finden, bei der die sprachliche Ordnung aufgezwungen und illusorisch ist. Das ist keine Geschichte über Kaspar Hauser. Wysocka wiederholt Handkes Vision, wofür

20 Lehmann, Hans-Thies: Postdramatisches Theater. Frankfurt/M.: Verlag der Autoren 1999, S. 416.

21 Handke, Kaspar. 1972, S. 103.

22 Lehmann, Postdramatisches Theater. 1999, S. 424.

Hauser nur eine Inspiration war. Zahlreiche Wiederholungen unterschiedlicher Art, die aus der sprachlichen und inhaltlichen Struktur des Stücks stammen, und theatralische Mittel, die dank der postdramatischen Ästhetik hervorgebracht werden, zeigen das Theater als einen Ereignis- und Erlebnisort. Wiederholung wird ein Muster, das die intermediale und auch intertextuelle Relation zwischen einem dramatischen Text und seiner Inszenierung bestimmt. Ausgewählte Elemente wiederholen sich in Wysockas Aufführung, um Kaspars Welterkenntnis den Zuschauern näher zu bringen und ihnen nochmal die Möglichkeit geben, wieder und wieder in die Falle der Sprache zu tappen.

Literaturverzeichnis

Bekes, Peter: Peter Handke. Sprache als Folter. Paderborn: Schöningh 1984.

Durzak, Manfred: Der Sündenfall der Sprache: Handkes ‚Kaspar'. In: Peter Handke und die deutsche Gegenwartsliteratur. Narziss auf Abwegen. Stuttgart: Kohlhammer 1982, S. 93–105.

Foucault, Michel: Nadzorować i karać. Narodziny więzienia. Übers. von Tadeusz Komendant. Warszawa: Aletheia 2009.

Gręda, Anna: Postdramatisch und performativ: Polnische Rezeptionsmodelle von Peter Handkes Dramen am Beispiel der Kaspar-Inszenierung in Regie von Barbara Wysocka im Wrocławski Teatr Współczesny. In: Zwischen Breslau und Wien. Zu schlesisch-österreichischen Kulturbeziehungen in Geschichte und Gegenwart. Hrsg. von Edward Białek/ Krzysztof Huszcza. Dresden: Neisse Verlag 2017, S. 163–196.

Handke, Peter: Kaspar. In: Peter Handke: Stücke 1. Frankfurt/M.: Suhrkamp 1972, S. 99–198.

Kaspar. Regie von Barbara Wysocka. Wrocławski Teatr Współczesny. Wrocław. 14. März 2009.

Lehmann, Hans-Thies: Postdramatisches Theater. Frankfurt/M.: Verlag der Autoren 1999.

Magdalena Idzi (Kraków)

Wiederholung der existenziellen Motive in Schimmelpfennigs „Trilogie der Tiere" als Spiel mit Sinn bzw. Unsinn des menschlichen Lebens. Eine rezeptionsästhetische Perspektive

Schimmelpfennigs „Trilogie der Tiere" besteht aus drei Dramen: „Besuch bei dem Vater", „Reich der Tiere" und „Ende und Anfang". Der Autor selbst räumt nur eine lockere Verbindung zwischen den Teilen dieser Trilogie ein[1]. Er vertritt den für bereits realisierte als auch für potenzielle Inszenierungen ausschlaggebenden Standpunkt, dass jeder Text als selbständiges Drama auf der Bühne aufgeführt werden kann. Jeder der drei Teile habe eine geschlossene Handlung, abgeschlossene Struktur und benötige keine Ergänzung oder müsse nicht mit den übrigen zwei Werken in einen Zusammenhang gebracht werden. Der laut dem Autor als vage zu verstehende Zusammenhalt der Dramen beeinträchtigt die Kohärenz und Geschlossenheit von keinem der zusammengehörenden Komponenten.[2] Dass viele Bühnenregisseure die Meinung Schimmelpfennigs bezüglich der Selbständigkeit von jedem einzelnen Stück der Trilogie wahrnehmen, kann aufgrund der zahlreichen Inszenierungen vor allem im deutschsprachigen Raum[3] zurecht vermutet werden. Die „Trilogie der Tiere" wurde darüber hinaus ins Spanische und Tschechische[4] übersetzt und ihre drei Teile auch außerhalb des deutschsprachigen Raumes, z. B. in Serbien, aufgeführt.[5]

1 Theater ist immer Eskalation. Roland Schimmelpfennig im Gespräch mit Uwe B. Carstensen und Friederike Emmerling. In: Trilogie der Tiere. Stücke. Hrsg. von Uwe B. Carstensen und Stefanie von Lieven. Frankfurt/M.: Fischer 2007, S. 229–243, hier S. 229.

2 Ebd.

3 Krösche, Kai: Lieber Roland Schimmelpfennig,... Das Reich der Tiere – Roland Schimmelpfennig inszeniert sein Stück am Wiener Akademietheater und der Kritiker schreibt ihm einen wütenden Brief. 2015. <https://www.nachtkritik.de/index.php?option=com_content&view=article&id=10628:2015-03-02-08-10-04&catid=38:die-nachtkritik&Itemid=40> (Zugriff am 22.07.2019).

4 Autor: Schimmelpfennig, Roland [Stichwort]. In: Theater in Deutschland – Theaterbibliothek. Übersetzungen. <http://www.goethe.de/kue/the/nds/nds/bib/deindex.htm?x_Autor=Schimmelpfennig%2C+Roland&z_Autor=%3D%2C%27%2C%27&Language=en> (Zugriff am 23.07.2019).

5 Roland Schimmelpfennig. Interview with Ksenija Krnajski. Plastic is seductive only when it's new. <https://www.narodnopozoriste.rs/en/the-animal-kingdom> (Zugriff am 23.07.2019).

Obwohl es möglich ist, einzelne Stücke aus dem Gesamtgefüge für eine Inszenierung herauszulösen, besteht aufgrund von der Kategorie der Wiederholung die Berechtigung, von einem Zyklus zu sprechen. Die einzelnen Dramen bilden einen Zusammenhang, auch wenn sie autonom wirkungsstark bleiben. Die im Titel der Erörterung generell als *existenziell* bezeichneten Motive wiederholen sich, obgleich sie in jedem Drama in einer unterschiedlichen Variante auftauchen. Sie sind ein für die gesamte Trilogie wichtiges Merkmal. Semantisch und symbolisch belastet, sind sie Träger von Bedeutungen, die größtenteils auf die Welt der Tiere verweisen.

Die Zielsetzung der vorliegenden Erörterung wurzelt in einer literaturwissenschaftlichen Perspektive. Aus diesem Grund scheint eine breitere Sicht legitim. Das präsentierte Vorgehen ist als interdisziplinär zu bezeichnen, wobei die philologische Sicht als primär erscheint und eine systematisierende Rolle spielt. Zur Schilderung der einzelnen Thesen werden Rezensionen und kritische Auseinandersetzungen mit den einzelnen theatralischen Aufführungen zitiert. In der Konsequenz stützt sich die verwendete Argumentation auf Beiträge, die in Bezug auf konkrete Inszenierungen entstanden sind. Mit dem Verfahren soll dem Leser die rezeptionsästhetische Sicht auf die drei Dramen näher gebracht werden.

Das Vorhaben besteht darin, die sich wiederholenden Motive als gemeinsame formale und inhaltliche Aspekte von den drei Werken zu thematisieren und hervorzuheben. Unter dem Begriff *existenziell* werden Fragen verstanden, in deren Zentrum der Mensch bzw. der Mensch als Tierart steht. Es wird vorausgesetzt, dass das menschliche Leben an sich als Gegenstand Schimmelpfennigs Dramen interpretiert werden kann. Die Motivation einzelner Figuren wird nicht transparent. Es lässt sich jeweils vermuten, von welchen Trieben sie geleitet werden, aber ob ihr Handeln generell einen tieferen Sinn aufweist, ist unklar. Aus dieser Perspektive scheint die Feststellung, dass es sich in der „Trilogie der Tiere" eher um Fragen als Antworten handelt, legitim. Der Mensch wird in den genannten Werken mehrmals unterschiedlichen Versuchungen und Proben ausgeliefert, woran er seine Schwächen zeigt und deshalb scheitert. Derartige Geschehen kommen wiederholt zustande und lassen den Zuschauer die Dramenfiguren in ihrer Einsamkeit und „Sinnlosigkeitsdrang" beobachten. Sie sind außer Stande, sich der Grundfragen ihrer Existenz bewusst zu werden. Sie reflektieren weder über ihr Verhalten noch ihre Intention. In der „Trilogie der Tiere" hallt jedoch die Größe der philosophisch-geisteswissenschaftlichen Grundfragen wider, wie „Hat das Leben überhaupt einen Sinn?" auch wenn auf die Kategorie eines objektiven Sinns laut der traditionell als aufklärerisch begriffenen Auffassung verzichtet wird. Zugleich wird der Mensch in ein Verhältnis zu seinem sozialen Umfeld gesetzt. Die Figuren behaupten sich auf einem egoistischen Weg, was den Zweifel am Menschen als moralischem Wesen aufkommen lässt. Weiter stellt sich die Frage nach der Natur und Legitimität einer bürgerlichen Gesellschaft und den von ihr gepriesenen Werten.

Als Schwerpunkt zu den folgenden Überlegungen dient der Begriff der Wiederholung. Die im Titel des vorliegenden Beitrags entworfene Fragestellung beruht auf der Annahme, dass jeder Teil der Trilogie sich auf die Mittel zur Herstellung impliziter Vernetzung bezieht.

Der erste Teil der Trilogie, „Besuch bei dem Vater“, beginnt folgendermaßen:

> „Peter erfährt am Totenbett seiner Mutter, dass sein vermeintlich toter Vater noch unter den Lebenden weilt. Auf der Suche nach sich selbst, stattet Peter seinem Vater einen Besuch ab. […] Heinrich verspielt schon beim ersten Treffen mit seinem Sohn jede Chance diesen näher kennenzulernen. Er redet auf seinen Sohn ein, bombardiert ihn mit Fragen, lässt ihn jedoch nicht zu Wort kommen und lenkt sich mit sinnlosen Beschäftigungen ab. Statt zu versuchen seinen Sohn kennenzulernen, macht er sich auf die Suche nach Schnaps und einem Fotoapparat.“[6]

Es entsteht eine erotische Spannung zwischen dem (neu) gefundenen Sohn und den Frauen, die das Haus seines Vaters, Heinrich, bewohnen. Die Handlung spitzt sich zu. Am Höhepunkt des Stückes „[…] schläft Peter mit seiner Halbschwester, Stiefschwester und Stiefmutter. […] Nachdem Heinrich seinen Sohn bei einem Schäferstündchen mit seiner Frau ertappt, jagt er Peter in die Flucht.“[7]

In „Besuch bei dem Vater“ nutzt und genießt die Hauptfigur alle Möglichkeiten einer schnellen körperlichen Befriedigung aus. Peter geht skrupellos vor, wenn er alle Frauen im Haus des Vaters erobert. Zum einen sieht er keine negativen Konsequenzen seiner Taten voraus, zum anderen denkt er nicht daran, jemandem Böses anzutun. Er handelt nur nach einem egoistischen Prinzip und braucht weder eine Motivation noch eine Begründung. Die weiblichen Figuren scheinen für ihn beliebig, sie scheinen austauschbar, geradezu wertlos. Er braucht nur ein *gutes Gefühl* und nutzt die emotionalen Defizite, die die Frauen zu haben scheinen, für sich schamlos aus. Sein *Nicht-Nachdenken* entspricht ja auch einer Haltung, die Welt um sich herum nur als einen *Spielraum* für sich selbst zu erleben und zu nutzen. Über sein Verhalten wird nur sporadisch reflektiert. Der Rezipient ist außer Stande, die Motive seines Handelns eindeutig zu entschlüsseln, weil sie allem Anschein nach selbst für die Hauptfigur ein Geheimnis darstellen. Anders ausgedrückt, bleibt hier die Kategorie des Sinnvollen nicht relevant, damit die Grundfragen nach der Bedeutung menschlicher Existenz beantwortet werden.

---

6 Aichinger, Sophia: Die Bedeutung von Verlust im Werk von Roland Schimmelpfennig. Wien 2011 [Diplomarbeit]. <https://docplayer.org/79521253-Diplomarbeit-titel-der-diplomarbeit-die-bedeutung-von-verlust-im-werk-von-roland-schimmelpfennig-verfasserin-sophia-aichin ger.html> (Zugriff am 25.07.2019).

7 Ebd.

Weiter kann das Leben Peters im „Reich der Tiere“ verfolgt werden. Das Geschehen

> „spielt fast ausschließlich in einem Theater, das von undurchsichtigen Machtstrukturen geprägt ist. Die Schauspieler befinden sich in einem beruflichen Überlebenskampf, bei dem sie eine ständige Kündigung befürchten müssen. Um seinen Arbeitsplatz zu sichern spielt Peter seine Kollegen gegen seinen Konkurrenten Frankie aus. Frankies Entlassung führt jedoch dazu, dass Peter am Ende des Stücks das Spiegelei spielen muss, die Rolle, von der er in seiner ersten Szene angeekelt behauptet hatte, dass er sie nie spielen würde. Peter droht nicht nur der ständige Verlust seines Arbeitsplatzes, sondern er hat auch intellektuell keinerlei Mitspracherecht. [...] Die einzelnen Figuren spielen mehrere Rollen. [...] Sowie die Schauspieler immer mehr unter ihrem Kostüm verschwinden, verlieren auch ihre dargestellten Rollen immer mehr an Eigenständigkeit. [...] Nach der Absetzung des ‚Reichs der Tiere‘ kommt der ‚Garten der Dinge‘ auf den Spielplan. In diesem Stück erzählen die als Lebensmittel verkleidete Schauspieler chorisch vom Interagieren der Lebensmittel.“[8]

Kai Krösche schreibt von einem „[...] Objekttheater mit Menschenmaterial. Bei den Vertragsverhandlungen erinnert sich die Intendanz nicht einmal mehr, dass die Schauspielerinnen und Schauspieler am Theater angestellt sind.“[9]

Das Geschehen in „Reich der Tiere“ oszilliert auch um den Drang zum Primitiven. An den sog. höheren Fragen, an einer geistigen Entwicklung ist die Hauptfigur nicht interessiert. Peters Lebenshaltung wirkt weiter ignorant, zynisch und auch expansiv aus, indem sich seine Aggression gegen seinen alten Freund und Berufskollegen, Frankie, richtet. Peter verrät den vertrauten Kameraden um einen eigenen Aufstieg zu realisieren. Das Verhalten der Hauptfigur ist weiterhin unmoralisch.

Der letzte Teil der „Trilogie der Tiere“, „Ende und Anfang“, stellt Peter desillusioniert dar.

> „[...] Während ihn die Vorbereitungen auf seine Schauspielarbeit im Reich der Tiere noch mit so etwas wie Stolz oder Selbstbewusstsein erfüllten, befindet sich Peter in ‚Ende und Anfang‘ im Personalaufenthaltsraum eines Forschungslabors. Er wartet dort auf eine Arbeit, die nichts mit dem zu tun hat, was er einmal war oder was er einmal versuchte zu sein. Des Weiteren sitzt er am Küchentisch in seiner Wohnung. Neben diversen Essenresten und Zigarettenkippen, stapelt sich überall verschimmeltes und verrostetes Geschirr. Zusätzlich wird er vom Geist seines verstorbenen Freunds Frankie heimgesucht. Dieser verbrannte Gast erinnert ihn ständig an sein persönliches und berufliches Scheitern und verhindert ein normales Sozialleben.“[10]

Seine erträumte Schauspielerkarriere liegt hinter ihm, ehe sie tatsächlich begonnen hat. Er muss einen anderen Beruf erlernen, der mit seine bisherigen

---

8 Ebd.
9 Krösche, Kai: Lieber Roland Schimmelpfennig,... 2015.
10 Aichinger, Die Bedeutung von Verlust im Werk von Roland Schimmelpfennig. 2011.

Erfahrungen nichts zu tun hat. Die Trilogie endet mit einem Eingeständnis Peters, dass er als Mensch und Schauspieler gescheitert ist.

Auch wenn nur instinktiv, tritt Peter gegen jeglichen Sinn der sittlichen Ordnung in der menschlich sozialen Sphäre auf. Sein Verhalten lässt sich als unmoralisch beurteilen. In seinem Handeln verstieß Peter gegen die Regeln des gesellschaftlichen und bürgerlichen Zusammenlebens von Menschen überhaupt. Über die Aufführung des „Besuch bei dem Vater“ Josefstadt stellt bereits 2008 Barbara Petsch fest, „[...] das neue bürgerliche Drama gefällt nicht allen Bürgern.[11]“ In ihrem kritischen Beitrag berichtet die Journalistin von den Protesten anlässlich der Inszenierung folgendermaßen:

> „Bei der Generalprobe von ‚Besuch bei dem Vater‘ soll es zu Missfallenskundgebungen gekommen sein. Bei der Premiere am Samstag blieben Plätze frei. Nach der Pause waren noch ein paar rote Samtpolster mehr verwaist. Die Josefstadt traut sich eben was.“[12]

Die Hauptfigur Schimmelpfennigs rebelliert im ersten Teil der Trilogie gegen den Vater, dessen Position im familiären Kreis an Bedeutung wegen einer im fortgeschrittenen Alter aufkommenden körperlichen und geistigen Schwäche verliert. Darüber hinaus hat der Vater als Vorbild gegenüber Peter versagt, wenn man bedenkt, dass Peter erst auf die Suche nach seinem Vater gehen muss. Die Suche führt also weder zur Entwicklung des Sohnes, noch zum Ausgleich der Verletzung durch den abwesenden Vater, noch zu einer sozialen Integration des Sohnes. Weiter ist auch wahrscheinlich beim Vater mit einem Defizit im Bereich der männlichen Potenz zu rechnen. Der potente und stärkere Sohn gewinnt, nimmt den Platz seines Vaters ein. So ein Kampf um die Macht, Geltung und Achtung bei dem weiblichen Geschlecht besteht angeblich nur in einer Welt der Tiere. Die Menschen möchten gerne menschlich bleiben und sich von den niedrigen Handlungsmotiven der Tiere abgehoben sehen. Die bürgerliche Gesellschaft ist doch Errungenschaft genug, um die niederen Instinkte verleugnen und unterdrücken zu können. Denkbar wäre demzufolge eine Diagnose, dass der Mensch als soziales Wesen eine Angst vor einem Rückfall in die vorzivilisierte Welt aufweist. Eine Struktur, in der der Stärkere gewinnt, wird offiziell abgelehnt und mit Menschlichkeit und Empathie ersetzt. Der Respekt und gesellschaftliche Fürsorge gehört nämlich vor allem den Schutzbedürftigen, also Schwächeren. Zugleich aber wird der *Erfolg* und die *Macht* Einzelner in der bürgerlichen Gesellschaft sehr wohl erhofft und geachtet. Die sozialen Ansprüche sind also logisch widersprüchlich und sinnlos. Man bemüht sich vergeblich, seine ideale Vorstellung von einer zivilisierten Gesellschaft zu verwirklichen. Zu diesem

11 Petsch, Barbara: ‚Besuch bei dem Vater‘: Das neue bürgerliche Drama gefällt nicht allen Bürgern. In: Die Presse vom 23.11.2008. <https://diepresse.com/home/kultur/news/432574/Besuch-bei-dem-Vater_Das-neue-buergerliche-Drama-gefaellt-nicht> (Zugriff am 26.07.2019).

12 Ebd.

Zweck zeigt sich der Kampf gegen sich selbst notwendig und eine Überwindung der wahren tierischen Natur unerlässlich. Es entsteht ein Widerspruch, eine Sinnlosigkeit, die in der Schimmelpfennigs Trilogie thematisiert wird. Kultur hat ihren Preis. Kultur scheint sich auf Kosten der Natur durchzusetzen.

Die Ereignisse aus Josefstadt drücken auf jeden Fall eine negative Beurteilung aus, die das theatralische Geschehen, wie die Kritikerin andeutet, als ordinär einschätzt. Es mag sein, dass das Stück als Feier des Primitiven empfunden wurde. Das im journalistischen Bericht belegte Missfallen zeugt anscheinend von einer sittlich bedingten Unzufriedenheit. Dies kann bei der Qualität der gegebenen Inszenierung liegen, jedoch die Einwände gegen den Text selbst, insbesondere im Fall von „Reich der Tiere", sind im Internet stark präsent und nicht zu übersehen. Die schon oben zitierte Rezension der Inszenierung durch Kai Krösche anlässlich der österreichischen Erstaufführung am Akademietheater in Wien 2015 unter Regie Schimmelpfennigs in personam wurde als ein Beschwerdebrief an den Autor gedacht. Die Kritik umfasst nicht nur die Probleme der konkreten Vorstellung, sondern greift auch die Form und Inhalt des dramatischen Geschehens an. Krösche setzt sich emotional mit dem Werk Schimmelpfennigs folgendermaßen auseinander:

> „[…] **Reale Ängste und Sorgen**
> Das sind leere, im Schreibkämmerlein erdachte Analogien für die ganz realen Ängste unzähliger Künstlerinnen und Künstler, die man, auch ohne in Naturalismus zu versinken, in so unendlich viel treffendere Worte und Dialoge fassen könnte, würde man diesen unzähligen Künstlerinnen und Künstlern einmal wirklich zuhören und nicht nur in der Kantine flüchtig ein paar Gesprächen am Nebentisch lauschen."[13]

Dank der oben angeführten globalen Sicht gewinnt der Leser und Zuschauer einen linear zeitlichen Überblick über das komplexe Geschehen und zum Teil über rezeptive Sicht der Kritik, was dann Verständnis von Feinheiten und Nuancen in den einzelnen Dramen erleichtert. Schon bei der ersten Begegnung mit den drei Texten ist eine chronologische Ordnung erkennbar. Peter wird in jedem Teil der Trilogie älter. Dass die Hauptfigur in die Jahre kommt, bedeutet jedoch nicht unbedingt eine lineare Entwicklung im Sinne einer Bildung oder Entfaltung eigener Persönlichkeit. Peter setzt ein Männlichkeitsbild rücksichtslos durch. Trotz einiger Momente, wenn er über sein Verhalten reflektieren möchte, bleiben die Motive seiner Handlung unklar und sind allem Anschein nach, auf die unbewussten Instinkte zurückzuführen. Peters Zeit, in der er im produktiven Alter biologisch und beruflich tätig ist, ist ein Vorgang, dessen Bedeutung unklar bleibt. Die Hauptfigur weist kein Engagement in das Entdecken des Sinns des Lebens auf, vielmehr unterliegt er gedankenlos seinen natürlichen Trieben. Die

13 Krösche, Kai: Lieber Roland Schimmelpfennig. 2015.

Annahme, dass Peter außer Stande ist, seiner eigenen Existenz einen Sinn zuzuschreiben, scheint begründet. Die sich aus der Trilogie ergebende Lebensgeschichte Peters kann einem Entwicklungsroman gegenüberstellt werden. Unter den Sachbegriffen der Literaturwissenschaft nimmt der erwähnte Romantyp eine vor allem für die Aufklärung prägende Rolle an. Die Epoche wird meist als die Zeit der Vernunft begriffen, wobei die Wendung zur Wissenschaft eine Abkehr von kirchlichen Dogmen bzw. Aberglauben bedeutet und den Menschen im Zentrum der öffentlichen Debatte stellt. Als literarischer Ausdruck dieser Denkweise kann par excellence der Entwicklungsroman bezeichnet werden. Seine sinnvolle Struktur, geordnete Komposition und logischer Verlauf der Handlung spiegelt sich in einem bestimmten Muster wider. Es zeigt „ […] die Entwicklung der zumeist jugendlichen Hauptfigur vor dem Hintergrund der dargestellten Welt.“[14] Es handelt sich um einen Prozess, aus dem sich Sinn ergibt. Der Protagonist versteht sein fehlerhaftes Vorgehen, zieht eine Lehre daraus und wird zu einem besseren Menschen. Seine mühsame Entwicklung lohnt sich, indem er bewusster und oft tugendhafter weiter leben kann. Abgesehen von der moralisierenden Funktion eines aufklärerischen Entwicklungsromans, ist seine Struktur vor allem mit dem Phänomen des Sinnvollen verknüpft. Der Weg der Hauptfigur zu einem besseren Sich hat einen Sinn und beruht auf einem tiefen Verständnis der Dinge. Als Paradebeispiel eines Entwicklungsromans gilt Goethes „Wilhelm Meisters Lehrjahre“, dessen Handlung sich in den aufklärerischen Diskurs um die wahre Natur des Menschen einschreibt.

> „[…] Wilhelm Meister durchläuft einen Prozess der Selbstfindung und Sozialisation, der ihn nicht nur von der falschen Hinwendung zum Theater befreit, sondern auch von einer pathologischen Disposition heilt, die sich in seinen Idolen ausdrückt, dem unglücklichen Tankred aus Torquato Tassos Epos ‚Das befreite Jerusalem‘ und dem tragischen Hamlet, aber auch in Figuren des Romans, in Mignon und dem Harfner Augustin. Sie alle verkörpern das Werther-Übel, ein ‚Mal du siecle‘: den abgründigen Weltverlust und -schmerz, das Versinken in die Innenwelten, die sich selbst untergrabende Melancholie. Heilung und Glück Wilhelm Meisters liegen darin, dass er, von Goethes Weltvertrauen geleitet, die Welt als ‚antwortendes Gegenbild‘ erfahren lernt. So bekommen wir hier einen Entwurf der geglückten Selbstverwirklichung in der Gesellschaft gezeigt.“[15]

Das Geschehen in Schimmelpfennigs „Trilogie der Tiere“ weist eine Gegen-Analogie mit dem Werk des Klassikers aus, sodass es als ein „Anti-Entwicklungsstück“ angesehen werden kann. Die Hauptfigur unterliegt einem Prozess des Älter-Werdens, ist jedoch außer Stande, einen Sinn in seinem Leben zu

14 Der Brockhaus, Literatur. Schriftsteller, Werke, Epochen, Sachbegriffe. Hrsg. von Eva Beate Bode. Gütersloh/München: Brockhaus 2010, S. 212.

15 Ebd.

entdecken und zu realisieren. Die Sinn-Kategorie scheint im Leben Peters keine große Rolle zu spielen. Die Figuren in der Trilogie Schimmelpfennigs suchen nach keinem Sinn,[16] ihr Handeln ist häufiger auf die Befriedigung eigener natürlichen Bedürfnisse eingestellt. Darüber hinaus, sehen die Figuren Schimmelpfennigs Tieren ähnlich aus und ihre Handlung ist weitgehend nur biologisch bedingt. Eine *tierische* Färbung der existenziellen Motive ist in allen drei Dramen präsent. Ausdrucksstark sind sowohl die Szenen beim Bluten der gejagten Ente im ersten Teil der Trilogie, als auch diese im letzten Teil, wenn Peter selbst zum Versuchskaninchen wird. Besonders berührend wirken jedoch die Didaskalien im zweiten Drama „Reich der Tiere". Schimmelpfennig gibt die Quelle am Anfang des Stücks an, die er als Bühnenhinweise zitiert. „Alle Fußnoten stammen aus Brehms Tierleben in Leipziger Jubiläumsausgabe von 1929 von Philipp Reclam, hrsg. von Carl W. Neumann."[17] Die Figuren sind in ein Spiel im Spiel involviert, wo sie als Schauspieler Tiere auf der Bühne verkörpern. Sie bereiten sich lange in der Garderobe auf ihren Auftritt vor, was mehrere Szenen im Drama ausmacht. Sie werden tatsächlich Tiere. Ihre realistischen Kostüme sind sorgfältig in einem naturwissenschaftlichen Stil in den Didaskalien beschrieben. Jeder Hinweis vom Autor ist in der Tat ein Schlagwort aus dem Tierlexikon der zwanziger Jahre.

Die im ganzen Werk zurückkehrenden Motive variieren in Form und Inhalt, was auch eine Unterordnung der Kategorie der Repetition nicht ausschließt. In seinem Essay „Differenz und Wiederholung" definiert Gilles Deleuze die komplexe Natur der Wiederholung als inhaltliches und formales Phänomen, das mit Qualität und Quantität zu verbinden wäre. Der Autor lässt zu, dass die Repetition unterschiedliche Varianten aufweisen könne.

> „[...] Niemals würde das Selbe aus sich heraustreten, um sich auf mehrere ‚Gleiche' in zyklischen Wechselfolgen zu verteilen, wenn es nicht die Differenz gäbe, die sich in diesen Zyklen verschiebt und in diesem Selben verkleidet, die Wiederholung imperativ macht".[18]

Im Fall von Schimmelpfennigs „Trilogie der Tiere" bleibt eine direkte Bezugnahme der drei Teile untereinander aus. Trotzdem stellt sich die Frage nach den die Komposition konstituierenden rhetorischen Mitteln und Faktoren. Peter wird älter, aber das Konzept, dass er auch klüger oder reifer wird, greift nicht. In keinem der drei Dramen ist er imstande, über seine Haltung logisch nachzudenken. In der Trilogie der Tiere wurden symptomatische Momente seines Lebens festgehalten. Es kann zwar von einem Ablauf die Rede sein, aber einen

16 Schimmelpfennig, Trilogie. 2007, S. 233.
17 Schimmelpfennig, Trilogie. 2007, S. 89.
18 Deleuze, Gilles: Differenz und Wiederholung. Übers. von Joseph Vogl. München: Fink 1992. <https://epdf.pub/differenz-und-wiederholung.html> (Zugriff am 01.08.2019).

Fortschritt gibt es nicht. Das Tierische begleitet sein Schicksal über die gesamte Trilogie. Peter möchte nur selten über sein Verhalten reflektieren und kommt in seinen Überlegungen zu keinem konkreten Schluss. Da er die eigene Handlungsweise nicht reflektiert, sieht er sein Leben als *schicksalhaft* an. Im zweiten Akt von „Besuch bei dem Vater“ vergleicht er sein Schicksal mit der Geschichte Adams aus dem Alten Testament.

> „[...] Es kann sein, dass ich mich in dem Gedanken an Adam und Eva verliere. Kurze Pause. Aber eher denke ich an mich. Ich fange an, mich von außen zu betrachten. Und ich beginne, mich zu hören. Ausgehend von Adam und Eva, wo bin ich dann, wo stehe ich- Oder ausgehend vom ersten Menschen, der gerade lernte aufrecht zu gehen, wo bin ich dann, jetzt, der wievielte, der ihm folgt, wer weiß das, wo er steht.“[19]

Obwohl Peter manchmal philosophisch gesinnt zu sein scheint, sich ab und zu Gedanken über die Motive seines Handelns macht, kann seine Lebenshaltung als vorwiegend unbewusst eingestuft werden. Statt seiner Existenz einen Sinn zu geben, eine reale Identität aufzubauen oder zuverlässige Verhältnisse und Beziehungen zu den Mitmenschen anzuknüpfen, nutzt er die Anderen als Mitteln zu den eigenen Zwecken. „In der Luft zwei Vögel, Habichte, mit braunem Gefieder, im Reich der Tiere höchst verhasste Räuber, selten zu zweit, meistens allein, kreisend über dem Feld, oder gegen den Wind in der Luft stehend auf der Jagd.“[20]

Schimmelpfennigs Dramen zeigen den Menschen im Zeichen einer sinn- oder richtungslosen Bewegung. Statt sich selbst zu verwirklichen, setzt sich Peter um jeden Preis durch. Denkbar wäre, dass der Autor darin zeigen will, wie sich das rücksichtslose Leben eines Individuums gegen es selbst richtet. Die Hauptfigur nutzt soziale Kontakte nur für sich aus und nicht um durch Kommunikation mit Anderen einen sinnvollen Weg suchen zu können. Vielleicht ist diese „Anti-Entwicklung“ bei Schimmelpfennig eine Negation der aufklärerischen Ideale. Der Tugenddiskurs der Epoche „[...] zielt also auf all das, was den Menschen zu einem guten Mitmenschen macht und ihn überhaupt ein soziales Wesen sein lässt.“[21] Ein Vergleich von Schimmelpfennigs Werk mit einem „Anti-Entwicklungsstück“ ist aufgrund der Kategorie des Sinnvollen legitim, wobei die Religion eine untergeordnete Rolle spielt. Es lässt sich nur vermuten, dass Peter nicht gläubig ist. Darüber hinaus, scheint der Autor die „klassische“ Entwicklung als eine Illusion der Aufklärung entlarven zu wollen, nach der die Menschen zum Besseren streben. Zweifelsohne sieht man in der Trilogie einen Gegenprozess. Es wird mit Sinn gespielt, indem die für die westliche Kultur immanente Kategorie

19 Schimmelpfennig, Trilogie. 2007, S. 48.
20 Schimmelpfennig, Trilogie. 2007, S. 170.
21 Willems, Gottfried: Geschichte der deutschen Literatur. Aufklärung. Wien/Köln/Weimar: Böhlau 2012, Bd. 2, S. 211.

des Sinnvollen und Logischen in Frage gestellt wird. Sie findet hier weder Anwendung noch Geltung. Die Ablehnung der aufklärerischen Ideale kann im Sinne des Abstrakten Theaters bedeuten, dass es überhaupt keinen Sinn gibt und das Handeln des Menschen sich im Sinnlosen erschöpft.

Im vorliegenden Beitrag wurden einige Aspekte berührt, unter denen es sich an Schimmelpfennigs Dramen anknüpfend über den Sinn der menschlichen Existenz diskutieren lässt. Voraussichtlich bringt die weitere Forschung mehr Aufschluss über die Kategorie des Sinnvollen bzw. des Sinnlosen in den Dramen Schimmelpfennigs.

Literaturverzeichnis

Aichinger, Sophia: Die Bedeutung von Verlust im Werk von Roland Schimmelpfennig. Wien 2011 [Diplomarbeit]. <https://docplayer.org/79521253-Diplomarbeit-titel-der-diplomarbeit-die-bedeutung-von-verlust-im-werk-von-roland-schimmelpfennig-verfasserin-sophia-aichinger.html> (Zugriff am 25.07.2019).

Roland Schimmelpfennig. Interview with Ksenija Krnajski. Plastic is seductive only when it's new. <https://www.narodnopozoriste.rs/en/the-animal-kingdom> (Zugriff am 23.07.2019).

Autor: Schimmelpfennig, Roland [Stichwort]. In: Theater in Deutschland – Theaterbibliothek. Übersetzungen. <http://www.goethe.de/kue/the/nds/nds/bib/deindex.htm?x_Autor=Schimmelpfennig%2C+Roland&z_Autor=%3D%2C%27%2C%27&Language=en> (Zugriff am 23.07.2019).

Deleuze, Gilles: Differenz und Wiederholung. Übers. von Joseph Vogl. München: Fink 1992. <https://epdf.pub/differenz-und-wiederholung.html> (Zugriff am 01.08.2019).

Der Brockhaus, Literatur. Schriftsteller, Werke, Epochen, Sachbegriffe. Hrsg. von Eva Beate Bode. Gütersloh/München: Brockhaus 2010.

Krösche, Kai: Lieber Roland Schimmelpfennig,... Das Reich der Tiere – Roland Schimmelpfennig inszeniert sein Stück am Wiener Akademietheater und der Kritiker schreibt ihm einen wütenden Brief. 2015. <https://www.nachtkritik.de/index.php?option=com_content&view=article&id=10628:2015-03-02-08-10-04&catid=38:die-nachtkritik&Itemid=40> (Zugriff am 22.07.2019).

Petsch, Barbara: ‚Besuch bei dem Vater': Das neue bürgerliche Drama gefällt nicht allen Bürgern. In: Die Presse vom 23.11.2008. <https://diepresse.com/home/kultur/news/432574/Besuch-bei-dem-Vater_Das-neue-buergerliche-Drama-gefaellt-nicht> (Zugriff am 26.07.2019).

Theater ist immer Eskalation. Roland Schimmelpfennig im Gespräch mit Uwe B. Carstensen und Friederike Emmerling. In: Trilogie der Tiere. Stücke. Hrsg. von Uwe B. Carstensen und Stefanie von Lieven. Frankfurt/M.: Fischer 2007, 229–243.

Willems, Gottfried: Geschichte der deutschen Literatur. Bd. 2 Aufklärung. Wien/Köln/Weimar: Böhlau 2012.

Elżbieta Hurnik (Częstochowa)

Rückkehr zu Herbert Berger

Einführung

Herbert Berger, österreichischer Schriftsteller und Journalist, geboren 1932, verstorben 1999, ist dem polnischen Leser kaum bekannt. Sein Name steht nicht in den Abhandlungen über die Entwicklung der österreichischen Literatur oder Lexika deutschsprachiger Autoren. Bergers Gesamtwerk setzt sich aus Bühnenstücken und Prosawerken zusammen, die in den Jahren 1961–1995 erschienen, darunter die Sammlung „Böse Stücke“ (1979), „Armer Adolf Kommunist“ (1993), „Die Frauen gehören den Siegern“ (1995).

Berger befindet sich an der Peripherie der großen Literatur; er gehört nicht zu den namhaften Vertretern der deutschsprachigen Literatur. Gleichwohl liegt der Grund, warum es sich heute lohnt, zum Schaffen dieses Schriftsteller zurückzukehren, in seinem Beitrag zu einer ständigen Um- und Neubewertungen unterliegenden Strömung der österreichischen Literatur, die sich durch eine unablässige, von den Autoren, aber auch der Literaturwissenschaft ständig fortentwickelte Reflexion über den Zustand der Gesellschaft, ihre historischen, politischen und kulturellen Kontexte sowie die Schuldigkeit der Literatur auszeichnet. Das Hauptmerkmal dieser Besinnung war die Enthüllung der österreichischen Geschichte der Vorkriegs-, Kriegs- und Nachkriegszeit, aber sie wird auch aus früheren Quellen gespeist – der kritischen Haltung der Wiener Moderne (Schriftsteller, Philosophen, Künstler) und ihrer Nachfolger gegenüber der Wirklichkeit. Kritizismus, Misstrauen, Kompromisslosigkeit bilden das Fundament des Schaffens zeitgenössischer Schriftsteller wie Thomas Bernhard, Elfriede Jelinek, Peter Turrini, die eine dem in seiner unheilvollen Geschichte verstrickten Österreich kritisch gegenüberstehende Literatur repräsentieren, wie Stefan H. Kaszyński schreibt, in einer Auseinandersetzung „um das Angesicht der Zeiten“,[1]

1 Kaszyński, Stefan H.: Krótka historia literatury austriackiej. Poznań: Wydawnictwo Naukowe Uniwersytetu im. Adama Mickiewicza w Poznaniu 2012, S. 331–351 (Kapitel: Literatura w sporze o oblicze czasów).

Schriftseller (Jelinek, Bernhard), die von der konservativen Fraktion der österreichischen öffentlichen Meinung zu den *Nestbeschmutzern* gerechnet wurden.[2]

Das Schaffen der kritischen Schriftsteller ist umschlossen von der vieldeutigen und geräumigen Formel *österreichische Abrechnung*, von der im Untertitel von Monika Muskałas Buch „Między ‚Placem Bohaterów' a ‚Rechnitz' [Zwischen ‚Heldenplatz' und ‚Rechnitz']" die Rede ist. In seinem Vorwort erinnert Janusz Margański in Bezug auf den Inhalt des Buches daran, dass die österreichischen Künstler (Aufsässige, Outsider, Vertriebene, Kritiker, Nestbeschmutzer) sich schon seit der Kriegszeit mit der Bewältigung der Vergangenheit auseinandersetzten, darunter auch mit dem Kapitel der NS-Zeit.[3] Die Ideologie des Nationalsozialismus fand ihren Nährboden in einer bestimmten sozialen Gruppe, was (neben Historikern, Soziologen, Politikwissenschaftlern) auch Schriftsteller und Literaturwissenschaftler belegen. Ewa Kuryluk stellt in ihrem Essay über die Hitlerzeit zwei Gesichter der Wiener Kultur und Gesellschaft dar: die Träger der damaligen Elite – Schriftsteller, Künstler, Gelehrte und ihre Mäzene – und auf der anderen Seite der Protonazismus der „kleinbürgerlichen Halbbildung".[4]

Die österreichische Vergangenheitsbewältigung (*österreichische Abrechnung*) ist ein Prozess, der seit Jahren andauert und nicht nur die Bezugnahme auf politische und soziale Gegebenheiten umfasst, sondern auch, vor allem in Literatur und Kunst, die Vielfalt der künstlerischen Lösungen, die der Wahrheitssuche in Geschichte und Gegenwart nach menschlichen Mentalitäten und Handlungsantrieben dienen. Davon zeugt auch das Schaffen der oben genannten (und anderer) Schriftsteller. Dies veranschaulichen deutlich die in dem erwähnten Buch zusammengetragenen Äußerungen wie etwa „Wybebeszanie" [Ausweidung] (über die österreichische Literatur und Kunst), „Mistyfikacje i błazenady" [Mystifikation und Narretei] (über Thomas Bernhard), Gespräche mit Schriftstellern.[5]

Die ausgewählten Werke Herbert Bergers aus der Sammlung „Böse Stücke", die im Zentrum meiner Überlegungen liegen, fügen sich ein in das literarische Abbild der österreichischen Nachkriegsgesellschaft. Dieser schmale Band (8 Stücke, 118 Seiten) wurde 1979 vom Literaturkreis der Autoren in Wiener Neustadt veröffentlicht. Die Dramen kamen (mit Ausnahme von einem) in den

2 Ganczar, Maciej: Historia literatury austriackiej. Warszawa: Wydawnictwo Naukowe PWN 2016, S. 302; Kaszyński, Krótka historia literatury austriackiej. 2012, S. 351; Kaszyński Stefan H.: Literatura austriacka. Od Moderny do Postmoderny. Poznań: Biblioteka Telgte 2016, S. 119–130 (Unterkapitel: Pisarze kalający własne gniazdo).

3 Margański, Janusz: Ekskurs i dyskurs (zamiast wstępu). In: Muskała, Monika: Między ‚Placem Bohaterów' a ‚Rechnitz'. Austriackie rozliczenia. Kraków: Korporacja Ha!art 2016, S. 12.

4 Kuryluk, Ewa: Wiedeńska Apokalipsa. Eseje o kulturze austriackiej XX wieku. Warszawa: Wydawnictwo W.A.B. 1999, S. 193.

5 Muskała, Monika: Między ‚Placem Bohaterów' a ‚Rechnitz'. 2016, S. 39–48, 109–124, 303–319.

Siebzigerjahren im Theater in der Josefstadt und im Ateliertheater in Wien zur Aufführung.[6] Eben diese Zeit – die Siebziger (und früher) – bilden den gesellschaftlichen Kontext für die vom Schriftsteller berührte Thematik. Die Handlung der Stücke spielt in Wien (wie aus den Dialogen hervorgeht, in denen entsprechende Toponyme auftauchen). Die handelnden Figuren sind sogenannte *kleine Leute*, die einen bestimmten sozialen Status, bestimmte Einstellungen, einen bestimmten intellektuellen Horizont repräsentieren.

Der zweite Kreis der Fragen, die Bergers Bühnenstücke in Gang setzen, betrifft den Humor und seine Funktionen im literarischen Werk. Humor tritt in unterschiedlichen Abarten und künstlerischen Umsetzungsformen je nach Kulturkreis, Tradition, philosophischem Hintergrund etc. auf und ist durch die Ansichten und Überzeugungen des Autors determiniert.[7] Herbert Berger wurde früh der Richtung des Wiener Humors zugerechnet, der in der Donaumetropole eine lange Tradition hat, angefangen von den ersten Wiener Volkskomödien des Biedermeier (Ferdinand Raimund, Johann Nepomuk Nestroy) und früher, in denen der Jargon der Wiener Vororte zu Gehör kommt. Das zeitgenössische Volksdrama hat seine Vertreter in Schriftstellern wie Wolfgang Bauer, Werner Schwab, Peter Turrini (nach dem Vorbild von Ödön von Horváth).[8] Bergers Humor bestimmen sowohl die sozialen und politischen Kontexte seines Schaffens als auch die individuelle künstlerische *Werkstatt* des Autors. Dieser Humor gewinnt – wie der Kommentator der Stücke (Peter Schuster) dargelegt hat – eine tiefere Bedeutung. Fügen wir sogleich hinzu: Er ist nicht Ausdruck einer gelassenen oder nachsichtigen Haltung gegenüber den Äußerungen der Lächerlichkeit (wie es der Lexikondefinition des Begriffs entspricht), sondern man kann ihn als makabren oder närrischen Humor bezeichnen, zugleich ist er aber umfassender als diese Zuweisungen vermuten lassen.

6 Berger, Herbert: Böse Stücke. Illustrationen von Andreas Berger. Wiener Neustadt: Januskopf Autorenreihe 1979. Informationen über die Premieren der Stücke: Peter Schuster [Umschlaginnenseite].

7 Abramowicz Maciej, Bertrand Denis: Przedmowa. In: Humor europejski. Hrsg. von Maciej Abramowicz/Denis Bertrand/Tomasz Stróżyński. Lublin: Wydawnictwo Uniwersytetu Marii Curie Skłodowskiej 1994, S. 9.

8 Kaszyński, Krótka historia literatury austriackiej. 2012, S. 55–56, 348. Vgl. auch: Białek, Edward: Prowokatorzy i obrońcy ludu. Formy zaangażowania w literaturze austriackiej drugiej połowy XX wieku. Wrocław: Wydawnictwo Uniwersytetu Wrocławskiego 2002.

Die Problematik der Stücke

Der Titel von Bergers Band ist vieldeutig: Das Epitheton *böse* lässt sich sowohl auf das in den Stücken dargestellte Milieu und die Figuren beziehen als auch – was auch als eine Art Provokation des Autors zu werten ist – auf die Distanz zum eigenen Werk, die vor allem durch den Humor zum Tragen kommt. Ich berücksichtige hier ausgewählte Einakter, welche die Handlungsweisen der Figuren, bedingt sowohl durch ihre individuellen Eigenschaften als auch gesellschaftliche Muster, offenbaren und die Rekonstruktion eines Ausschnitts der Wiener Gesellschaft an der Schwelle der Sechziger- und Siebzigerjahre ermöglichen.

Den Band eröffnet der Einakter „Kleider machen Leichen" (uraufgeführt 1970), der sich aus fünf Szenen zusammensetzt. Die handelnden Figuren sind fünf Personen und eine Leiche. Die Geschichte beginnt sehr einfach und erinnert an eine Serie von Witzen (wie sie wohl in vielen Sprach- und Kulturkreisen kursieren) über die Vertuschung des Todes eines Angehörigen, damit die Familie für ihn die Rente einstreichen kann. Die Didaskalien erfüllen ihre Funktion: Sie situieren das Geschehen in einem bestimmten Milieu. Am Anfang steht die Beschreibung eines typischen Interieurs im „altdeutschen Stil"[9]: In der Mitte steht ein schwerer Tisch auf einem Teppich (der sich noch als wichtige Requisite herausstellen wird), rundherum Stühle, vor den Fenstern hängen schwere Vorhänge, die das Tageslicht nicht durchlassen. Auf dem Sofa liegt die tote Frau Wirtz, neben ihr ein Gehstock. In der ersten Szene treten zwei Personen auf: die Betreuerin der alten Dame, Monika, und ihr Mann Kurt, von Beruf Friseur. Beide bedienen sich einer Umgangssprache voller Verkürzungen, idiomatischen Wendungen und Vulgarismen. „Die Alte hat's erwischt" (S. 6), stellt Monika fest und will sofort das Testament der Verstorbenen einsehen, ohne auf Kurts Vorschlag, doch erst den Arzt zu rufen und den Bestatter zu benachrichtigen, zu hören. Sie nimmt den am Hals der Toten hängenden Safeschlüssel und beide begeben sich ins Nachbarzimmer. Monika liest den Inhalt des Dokuments mit dem Ausruf „Der Krampen, der alte Krampen!" (S. 7) und Kurt fügt hinzu: „Fünf Jahr' putzt Du ihr den Dreck un dann hängt s' uns die Möbel an. Da kann man den Tandler noch zahlen, dass er s'wegführt." (S. 7) Den Ärger der Figuren erhöht noch die Vermachung eines erklecklichen Betrags (650 000 Schilling) auf dem Sparbuch für ein Kinderheim, für Kurt fallen nur 5000 Schilling ab. Beide fühlen sich also benachteiligt und schlecht behandelt. Monika kommt auf die Idee für den Betrug: Schließlich soll noch am selben Tag der Briefträger mit der Rente kommen. Also schlägt sie Kurt vor, sich als Hausherrin zu verkleiden, um das

9 Berger, Kleider machen Leichen. In: Berger, Böse Stücke. 1979, S. 6. Im Folgenden Seitenangabe nach dem Zitat im Fließtext.

Geld entgegenzunehmen. Dieser protestiert zunächst lautstark, aber der Betrag von 19 000 Schilling ist doch ein zu überzeugendes Argument. In der zweiten Szene tauchen also die benötigten, von dem Paar aus dem Nachbarzimmer herbeigeschafften Requisiten auf: Kleid, Perücke, Spiegel. Mit Monikas Hilfe verwandelt sich Kurt in Frau Wirtz, woraufhin er nicht ohne Probleme seine Rolle vor dem geschwätzigen Briefträger spielt, der sich noch dazu an Monika heranmacht (Kurt bezeichnet ihn ironisch als „Postkastlcasanova", S. 12). Das Gespräch zwischen den Dreien, die Abnahme der Rente und das Unterschreiben der Quittung sind voller Spannung, die sich sowohl aus dem Text als auch der szenischen Bewegung und Gestik ergibt. Nach dem Abgang des Briefträgers rollt das Paar die Leiche in den Teppich und bringt sie hinaus, um sie zum Laaer Berg am Südrand von Wien zu fahren und dort zu begraben. Die nächste Szene findet, wie aus dem Dialog hervorgeht, drei Monate später statt. Kurt spielt noch immer die Rolle der alten Dame, aber er ist fest entschlossen, das betrügerische Spiel aufzugeben. Schließlich unterliegt er aber doch Monikas Überredungen und Drohungen. Die nächste Szene zeigt die Folgen dieses Spiel: Kurt identifiziert sich so sehr mit Frau Wirtz, dass er nicht nur ihre Art sich zu kleiden, sondern auch ihre Angewohnheiten übernimmt. Stundenlang sitzt er am Fenster und unterhält sich mit den Nachbarinnen, was Monika mit Sorge erfüllt, die sich in Schrecken verwandelt, als sie merkt, dass Kurt die körperlichen Merkmale der Männlichkeit verloren hat. Als sie seinen Körper unter der Wäsche untersucht, ruft sie aus: „Das gibt's ja nicht! Kurti, verstell Dich nicht, mach' nicht solche Witz'! – Nein!! – Kurti!! Wo ist der Kurti?!", worauf Kurt entrüstet antwortet: „Wie kann man mit einer alten Frau nur so umgehen!?" (S. 17). Die sparsamen und knappen Dialoge mit ihren Ausrufen unterstreichen das Groteske der Szene. In der nächsten tauchen zwei Polizisten auf, die Monika verhaften, da sie unter Tatverdacht steht, den vor vierzehn Monaten spurlos verschwundenen Kurt umgebracht zu haben. Belastende Aussagen hat Frau Wirtz (also eigentlich Kurt) abgegeben, die behauptet, dass die mit dem Briefträger flirtende Monika den Mann loswerden wollte. Wie wir aus dem Bericht der Polizisten erfahren, lässt sich die zufällig auf dem Laaer Berg entdeckte Leiche nicht mehr genau identifizieren, aber die im Grab gefundene Frauenkleidung und der Teppich sprechen zu Monikas Ungunsten. Man geht also davon aus, dass der als Frau verkleidete Kurt das Opfer ist:

> „Keine schlechte Idee, weil wir hätten sicher auf eine Homosexuelleng'schicht' getippt. Nur, wenn Sie geglaubt haben, man merkt nicht, dass da ein Mann drinsteckt, dann sind S'schön deppert, weil jeder Medizinstudent im ersten Semester kann nach tausend Jahren noch sagen, dass das ein Mann war." (S. 21)

Diese Stelle führt die ganze Geschichte der Verwandlung an die Grenze des Absurden. Nach dem Auftritt der Polizisten sagt Kurt zu sich selbst: „Diese …

diese Hur! Der arme Kurti vermodert und sie macht sich ein herrliches Leben!" (S. 22). Das bis zum Ende geführte Spiel, das eigentlich aufhört, ein Spiel zu sein, und zum Sinn von Kurts Existenz wird, hat dessen Kräfte restlos erschöpft. Er fällt auf das Sofa und stirbt in genau der gleichen Pose wie die alte Dame in der ersten Szene.

In seiner Entstehungszeit konnte das Stück (um sich noch einmal auf Schuster zu berufen) als Spruch des Schicksals verstanden werden, als Zusammenstoß des irrealen mit der Realität. Aus der Sicht des heutigen literarischen Bewusstseins, das sich durch die seit Jahren währende Identitätsdebatte herauskristallisiert hat, offenbart dieser Einakter durch seine unwahrscheinlichen Ereignisse und Situationen einen zusätzlichen Sinn. Der Titel des Stücks ist sprechend: Schließlich sind es die Utensilien Perücke, Kleid, Strumpfhosen und Schminke, die bewirken, dass sich der Mann in eine Frau verwandelt, und am Schluss werden die Frauenkleider als Verkleidung eines Mannes betrachtet. Berger zeigt, wie leicht sich Menschen durch eingefahrene Muster, Verhaltensweisen, Denkstrukturen manipulieren lassen. Anfänglich wehrt sich Kurt verzweifelt gegen Monikas Überrundungen, sich in Frau Wirtz zu verwandeln, aber als er es doch tut, identifiziert er sich vollkommen, auch in körperlicher Hinsicht, und seine Persönlichkeit unterliegt einer Destruktion. Er vermag es nicht, sein eigenes Leben zu führen, gibt es auf, um sich an einem fremden Leben zu nähren. Frau Wirtz stirbt zweimal oder besser gesagt doppelt, denn es endet nicht nur ihre eigene Existenz, sondern auch eine scheinbare, verwandelte, von anderen *verwertete.*

Das Stück berührt also den Zustand des Menschen und seine Gefährdung. Der Humor ist mit der Schlüsselfrage der Identität verquickt.[10] In diesem Sinne fördert das Werk den hinter lächerlichen Aspekten verborgenen tragikomischen Aspekt der Existenz zutage. Aber es nimmt auch Merkmale der Satire an, die sich gegen eine auf karikaturartige Formen reduzierte Einstellung zum Leben und den Mitmenschen, Rücksichtslosigkeit, Habgier bis hin zur Annahme einer fremden Identität wendet. Das Schicksal zeigt sein hinterhältiges Antlitz. Der Gerechtigkeit wird genüge getan nicht deshalb, weil am Ende die Hauptschuldige ihre Strafe findet, sondern weil die Überzeugung von ihrer Schuld auf falschen Annahmen beruht. Damit haben wir es mit einer satirischen Negation, einer Deformierung realer Situationen, zu tun.[11]

Berger konzentriert das Augenmerk auf die Mittelschicht, die in den Nachkriegsjahren eine materielle Stabilisierung erfahren hat. Von ihrem Status zeugen die Beschreibungen des klischeehaften Innenraums, in dem alle benötigten

---

10 Auf die Zusammenhänge zwischen Humor und dem Problem der Identität verweisen die oben zitierten Autoren des „Vorworts" – Maciej Abramowicz und Denis Bertrand, S. 12.

11 Vgl. Satyra. In: Słownik terminów literackich. Hrsg. von Janusz Sławiński. Wrocław/Warszawa/Kraków/Gdańsk: Zakład Narodowy imienia Ossolińskich, Wydawnictwo 1976, S. 395. Vgl. auch: Sawecka, Halina: Humor i satyra. In: Humor europejski. 1994, S. 21–22.

Einrichtungsgegenstände und Vorrichtungen vorhanden sind, aber der zugleich keinen individuellen Geschmack aufweist, genau wie seine Bewohner, die ihrer Individualität, Ideale, höherer Bedürfnisse beraubt sind. Sie sind Menschen, die ihre alten Gewohnheiten und Vorurteile pflegen und sich von dem nähren, was gewöhnlich ist, aber auch ein bedrohliches Antlitz annehmen kann. Als Bergers Werke auf Polnisch erschienen, gab der Übersetzer Marek Ostrowski seinem Kommentar in dieser Publikation den Titel „Des Kleinbürgers Selbstporträt".[12] Aus heutiger Sicht mögen die Umstände, die den Hintergrund des Stücks bilden, anachronistisch erscheinen, aber das in bestimmten materiellen und sozialen Verhältnissen verankerte Modell der von den Figuren des Dramas repräsentierten Einstellungen und Verhaltensweisen ist nach wie vor Gegenstand des Interesses sowohl von Schriftstellern als auch der Literatur- und Kulturwissenschaft. Diese Frage verbindet sich mit einer Neudefinition der Kategorie des Bürgertums, der Darstellung ihres heutigen Gesichts und der neuen Formen des gesellschaftlichen Zusammenlebens.[13] Joanna Ławnikowska-Koper kommentiert die sich in der Gesellschaftsstruktur der zweiten Hälfte des 20. Jahrhunderts vollziehenden Veränderungen und verweist auf den Bedeutungsverlust der Begriffe Bürgertum und Kleinbürgertum sowie die Evolution der ihnen zugeordneten Attribute, also auch auf die sich in diesem Zusammenhang stellende Frage nach den gesellschaftlichen Kennzeichen der Bürgerlichkeit.[14] Bezug nehmend auf diese Diskurse und Umbewertungen lässt sich Bergers Stück heute als Teilnahme an der Abbildung einer bestimmten Gesellschaftsgruppe und Manifest einer kritischen Haltung dieser gegenüber begreifen.

In dem Stück „Wenn ein kleines Vogerl aus dem Nest fällt" (uraufgeführt 1970 im Theater in der Josefstadt) wird das Milieu, in dem sich die Handlung abspielt, auf noch deutlichere Weise porträtiert. In diesem Einakter treten vier Personen auf: das Ehepaar Resi und Hermann, ein junger Mann namens Wolfgang und ein Mädchen, das nur kurz und ohne ein Wort zu sagen auftritt. Im Titel (und im Text) sind Einflüsse des Wienerischen zu finden wie etwa die Diminutivbildung

12 Ostrowski, Marek: Drobnomieszczanina portret własny. In: Herbert Berger: Dziesięć sztuk scenicznych. Übers. von Krzysztof Grabczak/Marek Ostrowski. Kraków: Księgarnia Akademicka 2000, S. 7–18. Bergers Stück wurde in Polen auf der Bühne der Staatlichen Theaterhochschule Ludwik Solski in Krakau im Januar 1995 unter der Regie von Jerzy Stuhr aufgeführt. Im September 2001 fand die Premiere im Fernsehtheater statt, ebenfalls in der Inszenierung von Stuhr. Die Hauptrollen spielten Katarzyna Figura, Jerzy Stuhr, Jan Peszek.

13 Vgl. Antropologia kultury mieszczańskiej. Prace interdyscyplinarne. Hrsg. von Joanna Ławnikowska-Koper/Lucyna Rożek. Częstochowa: Wydawnictwo Akademii im. Jana Długosza w Częstochowie 2016.

14 Ławnikowska-Koper, Joanna: Granice mieszczańskiej (nie)przyzwoitości. Polska recepcja Gabriele Wohmann i jej aktualizacja w tomie prozatorskim ‚Dysforia. Przypadki mieszczan polskich' (2015) Marcina Kołodziejczyka. In: Transfer. Reception Studies 3, 2018, S. 244–245. <https://doi.org/10.16926/trs.2018.03.10>.

mit „rl“ (Vogerl) oder Kurzformen von Vornamen (Wolfi, Resi). In den Äußerungen der Figuren kommen bezeichnende Orte und Erscheinungen vor wie Stammersdorf, ein beliebtes Ausflugsziel der Wiener, und der dortige Heurigen, ohne den ihr Leben kaum vorstellbar wäre. Die Wohnung, in der die Handlung spielt, ist mit typischen Möbeln aus kaukasischem Nussbaum eingerichtet: das Kanapee, der Tisch in der Mitte, vier Stühle. In der ersten Szene serviert die Hausfrau die Jause mit typisch Wiener Gaumenfreuden: „[…] Resi bringt ein Tablett mit zwei Häferln Kaffee und Topfenstrudel“, auch ein Gugelhupf wird erwähnt.[15] Alle Realien, Namen von Gegenständen, Ortsbezeichnungen, die von Kosenamen wie „Schatziburli“ durchsetzte Sprache der Eheleute, erzeugen einen Eindruck von der berühmten Wiener „Gemütlichkeit“ und den Anschein, dass wir es mit einem normalen, traulichen älteren Ehepaar zu tun haben, dass seine Alltagsgewohnheiten pflegt. Aus den Gesprächen in der ersten Szene geht hervor, dass Hermann sich auf der Suche nach einer nicht näher bezeichneten Person in die Stadt begibt, wo er verschiedene dicht bevölkerte Orte aufsucht wie den Süd- oder den Westbahnhof. Bislang waren seine Bemühungen vergeblich, aber Resi drückt ihre Hoffnung auf eine Veränderung aus, indem sie sagt: „[…] Jetzt fallen bald die Vogerln aus dem Nest, die kleinen Vogerln“ (S. 28). In der zweiten Szene bringt Hermann den jungen Mann Wolfi nach Hause. Die beiden begrüßen ihn mit außergewöhnlicher Herzlichkeit und bieten ihm ein kleines Zimmer an. Wolfi bleibt zunächst reserviert, aber als er spürt, dass seine Anwesenheit in diesem Haus aus irgendwelchen Gründen notwendig ist, erlangt er nach und nach eine gewisse Überlegenheit über seine Gastgeber, zumal diese auf alle von dem jungen Mann gestellten Bedingungen eingehen und ihm sogar das Rauchen gestatten. „Besser ein Raucher als gar nix“ (S. 31), meint Resi. Der Enthusiasmus des Ehepaars über den Gewinn eines Mitbewohners ist sichtbar und drückt sich in übertriebenen Freudenbekunungen aus:

„RESI: Jessas! Wir wissen ja noch nicht einmal, wie Sie heißen!
WOLFI: Wolfgang Auer.
RESI: Wolferl, jessas, Wolferl! Na, also, da haben wir Sie gleich ins Herz g’schlossen, wenn S’ Wolferl heißen, gelt Hermann!“ (S. 32)

In der dritten Szene, die sich zwei Wochen später abspielt, bringt Hermann eine auf Wolfis Wusch erworbene Schreibmaschine nach Hause. Der junge Mann gewinnt immer mehr Macht über die Hausgenossen und wird arrogant: „Ich schreib Euch ab. Abschreiben tu ich Euch!“ (S. 36). In derselben Szene bemerken die Eheleute, wie ein junges Mädchen aus Wolfis Zimmer kommt – nur für eine Nacht, wie Wolfi versichert. Dennoch protestieren sie nicht, Resi versucht nur

15 Berger, Herbert: Wenn ein kleines Vogerl aus dem Nest fällt. In: Berger, Böse Stücke. 1979, S. 26. Im Folgenden Seitenangabe nach dem Zitat im Fließtext.

ständig den jungen Mann zum Essen zu bewegen, obwohl dieser sich dagegen wehrt. Die Kernszene ist ein dramatisch stark aufgeladenes Fragment, das die Position deutlich macht, die Wolfgang im Haus der Gastgeber gewinnt. Mit dem Ruf „Gemma, auf die Knie!“ zwingt er sie dazu, ihm zu huldigen, ganz in der Art der schlimmsten Vorbilder aus nicht allzu ferner Vergangenheit:

„WOLFI: Ich bin der Kaiser Wolf! Jubelts, Ihr Schaf! – Jubeln!
HERMANN und RESI: (*durcheinander*) Hoch! – Hoch! – Hoch!
WOLFI: Heil! Ich bin der Führer Awolf!
HERMANN und RESI: (*im Chor*) Heil! Heil! Heil!“ (S. 36)

Resi ruft noch „Erbarm’ Dich Wolfi, Wolfi, erbarm’ Dich …“ (S. 36), aber Wolfgangs Machtdemonstrationen enden nicht. Er zieht aus einem der Möbelstücke einen Bücherstoß mit Arztromanen hervor, steigt zurück auf den Tisch und liest einen längeren Ausschnitt vor, wobei er von dem Paar kategorisch verlangt, eine erotische Szene zu spielen. Das Finale dieser Szene tritt ein, als Resi weinend ihre Unterwäsche abstreift.

In der vierten Szene verhält Wolfi sich wieder ruhig. Allerdings protestiert er dagegen, dass Resi ihn mästen will wie eine Gans. Die fünfte Szene – die kürzeste – stützt sich nur auf eine gutes Dutzend Äußerungen. Sie zeigt den sorgfältig gedeckten Tisch, den elegant gekleideten Hermann in schwarzem Anzug, weißem Hemd und weißer Krawatte und die um den Tisch huschende Resi. Hermann öffnet eine Flasche Rotwein und schenkt ein. „Ich sag’ Dir’s Hermann, kann’s wer schöner haben als wir?“ (S. 40), fragt Resi ihren Mann, woraufhin dieser unter anderem feststellt: „Wir sind einfache Leut’, aber das ist Kultur“ (S. 40). Resi bringt die Vorspeisen und den Hauptgang – „nach Art des Hauses“ (S. 41), in Petersilbutter. Beide kosten vom Essen und führen den Abschlussdialog des Stücks:

„RESI: Ja, ja der Wolfi. – Weißt, alles könnt’ ich ihm verzeihen, aber daß er soviel g’raucht hat …
HERMANN: Also ich weiß nicht, – mich stört’s nicht.
RESI: Na ja, stören, nein, kann ich auch nicht sagen, daß’ mich tut. Aber ein bisserl verändert’s doch den Geschmack.“ (S. 41)

Der letzte Satz liefert die Erklärung für Hermanns Suche nach immer neuen Untermietern, um sie so zu mästen, dass sie als Hauptgericht auf den Tisch kommen können. Dieses makabre Ende krönt ein präzise aufgebautes Stück, in dem jedem einzelnen Fragment eine wichtige Funktion zukommt. Die Szene, in der Wolfi das Ehepaar auf sadistische Weise peinigt, findet ihr Gegengewicht in der letzten Szene, die das wahre Antlitz der scheinbar herzensguten Eheleute, die sich als Menschenfresser erweisen, offenbart. Dieser Einakter stellt eine beißende Satire auf die in den wenigen handelnden Figuren porträtierte Gesellschaft dar. Wolfgang besitzt keine gestandene Persönlichkeit und lässt sich an seinen

Gastgebern aus, wobei er sich Muster der NS-Zeit bedient. Das Ehepaar zeichnet sich durch das Fehlen jedweder Interessen, einen beschränkten Horizont, die Suche nach stärkeren Empfindungen in öffentlichkeitswirksamen Spektakeln (wie hier dem Besuch der Königin von England) und Trivialliteratur sucht. Zugleich pflegen sie ein Gefühl der Überlegenheit aufgrund ihrer Wiener Wurzeln, das sich offenbart, als Hermann zu Wolfi sagt: „Also, wir sind Wiener. Echte" (S. 33). Diese Äußerung wirkt im Kontext ironisch, aber das Wienertum ist wichtiger Bestandteil des karikaturartigen Porträts des Ehepaars.

Dem im Stück von Wolfgang repräsentierten Milieu wird die unrühmliche Vergangenheit unmittelbar zugschrieben, wovon die Nazisprache und -verhaltensweisen zeugen. Dieses Drama fügt sich wohl noch deutlicher als das vorher beschriebene in die Strömung der österreichischen Abrechnungsliteratur ein (das Ehepaar als Menschen ohne irgendwelche Symptome der Menschlichkeit). Das Kannibalismusmotiv potenziert die Kraft der Anklage der Nachkriegsgesellschaft, die sich durch versteckte Grausamkeit und niedrigste Instinkte auszeichnet, dabei aber den Anschein einer normalen Durchschnittsexistenz mit all ihren Ritualen und Gewohnheiten vermittelt. In einem weiteren Stück „Wenn der Pirol ruft" geht es um die gestörten zwischenmenschlichen Beziehungen, die sich im Verhältnisses eines Ehepaars zu seinen Nachbarn äußern. Der im Titel genannte Vogel taucht in einem Dialog auf, in dem die Ehepartner darüber streiten, ob sie aus dem Nachbargarten das an sie gerichtete Wort Arschloch vernehmen oder doch nur den Gesang eines Vogels:

„SIE: Da hat jemand gerufen.
ER: Nein. – Das war ein Pirol.
SIE: Niemals war das ein Pirol.
ER: Ich werde doch einen Pirol kennen!"[16]

Jeder hört also, was er hören möchte. Dies zeigt auch der weitere Handlungsverlauf, in dem es zur Eskalation negativer Handlungen kommt, die durch Hass auf den Mitmenschen begründet sind. Hass erscheint hier als die wesentliche Triebkraft für das Handeln scheinbar ruhiger, anständiger Bürger.

Schlussbemerkungen

Bei der heutigen Lektüre von Bergers Stücken sind die Zeit ihrer Entstehung oder eher ihrer Inszenierung sowie die bedeutungstragenden kulturellen und sozialen Kontexte zu berücksichtigen. Der Autor widmet sich Fragen, die in der Literatur der Siebzigerjahre und später, aber auch der sich um immer neue Aspekte be-

16 Berger, Herbert: Wo der Pirol ruft. In: Berger, Böse Stücke. 1979, S. 87.

reichernden literaturkritischen Reflexion präsent sind. Durch die Verwendung grotesker und absurder Bilder modelliert Berger Porträts der Bühnenfiguren und präsentiert einen kritischen Blick auf die Wirklichkeit. Die bewussten Übertreibungen verdeutlichen auch das Problem der Identität (und Identifikation). Der Autor bedient sich der kleinen, sparsamen dramaturgischen Form, er reduziert die Geschehnisse und die Zahl der handelnden Figuren und hält die Einheit des Ortes ein, wodurch seine Stücke inhaltlich so kondensiert sind (und auch dadurch von den handwerklichen Fähigkeiten ihres Autors zeugen). Die kräftige Zeichnung der Figuren und der schwarze (makabre) Humor sind die wichtigsten, wirkungsvollsten und überzeugendsten Mittel der Darstellung. Im Theatrum der Werke gibt es keine positiven Charaktere, niemand verfügt über ein irgendwie geartetes Wertesystem. Der Titel der Sammlung „Böse Stücke" macht dies unzweifelhaft deutlich.

Übersetzung von Peter Seraphim

Literaturverzeichnis

Abramowicz Maciej, Bertrand Denis: Przedmowa. In: Humor europejski. Hrsg. von Maciej Abramowicz/Denis Bertrand/Tomasz Stróżyński. Lublin: Wydawnictwo Uniwersytetu Marii Curie Skłodowskiej 1994.

Antropologia kultury mieszczańskiej. Prace interdyscyplinarne. Hrsg. von Joanna Ławnikowska-Koper/Lucyna Rożek. Częstochowa: Wydawnictwo Akademii im. Jana Długosza w Częstochowie 2016.

Berger, Herbert: Kleider machen Leichen. In: ders.: Böse Stücke. Wiener Neustadt: Januskopf Autorenreihe 1979.

Berger, Herbert: Wenn ein kleines Vogerl aus dem Nest fällt. In: ders.: Böse Stücke. Wiener Neustadt: Januskopf Autorenreihe 1979.

Berger, Herbert: Wo der Pirol ruft. In: ders.: Böse Stücke. Wiener Neustadt: Januskopf Autorenreihe 1979.

Białek, Edward: Prowokatorzy i obrońcy ludu. Formy zaangażowania w literaturze austriackiej drugiej połowy XX wieku. Wrocław: Wydawnictwo Uniwersytetu Wrocławskiego 2002.

Ganczar, Maciej: Historia literatury austriackiej. Warszawa: Wydawnictwo Naukowe PWN 2016.

Kaszyński Stefan H.: Literatura austriacka. Od Moderny do Postmoderny. Poznań: Biblioteka Telgte 2016.

Kaszyński, Stefan H.: Krótka historia literatury austriackiej. Poznań: Wydawnictwo Naukowe Uniwersytetu im. Adama Mickiewicza w Poznaniu 2012.

Kuryluk, Ewa: Wiedeńska Apokalipsa. Eseje o kulturze austriackiej XX wieku. Warszawa: Wydawnictwo W.A.B. 1999.

Ławnikowska-Koper, Joanna: Granice mieszczańskiej (nie)przyzwoitości. Polska recepcja Gabriele Wohmann i jej aktualizacja w tomie prozatorskim ‚Dysforia. Przypadki mieszczan polskich‘ (2015) Marcina Kołodziejczyka. In: Transfer. Reception Studies 3, 2018, S. 244–245. <https://doi.org/10.16926/trs.2018.03.10>.

Margański, Janusz: Ekskurs i dyskurs (zamiast wstępu). In: Muskała, Monika: Między ‚Placem Bohaterów‘ a ‚Rechnitz‘. Austriackie rozliczenia. Kraków: Korporacja Ha!art 2016.

Ostrowski Marek: Drobnomieszczanina portret własny. In: Herbert Berger: Dziesięć sztuk scenicznych. Übers. von Krzysztof Grabczak/Marek Ostrowski. Kraków: Księgarnia Akademicka 2000, S. 7–18.

Satyra. In: Słownik terminów literackich. Hrsg. von Janusz Sławiński. Wrocław/Warszawa/ Kraków/Gdańsk: Zakład Narodowy imienia Ossolińskich, Wydawnictwo 1976.

Sawecka, Halina: Humor i satyra. In: Humor europejski. Hrsg. von Maciej Abramowicz/ Denis Bertrand/Tomasz Stróżyński. Lublin: Wydawnictwo Uniwersytetu Marii Curie Skłodowskiej 1994.

Verzeichnis der AutorInnen

MICHA BRAUN, Dr. phil. – Theaterwissenschaftler und Wissenschaftsmanager an der Universität Leipzig. Forschungsgebiete: künstlerischen Praktiken der Wiederholung, des Erzählens und Erinnerns in Theater, Performance und Film des 20. und 21. Jahrhunderts sowie zu Medien der Aneignung von Vergangenheit. Sein Schwerpunkt liegt dabei auf Krisenerfahrungen und Bewältigungsstrategien in Mittel- und Osteuropa. Buchpublikationen u. a. „Die Praxis der/des Echo. Zum Theater des Widerhalls." Hrsg. mit V. Darian, J. Bindernagel und M. Kocur (Frankfurt/M. 2015); „Reenacting History – Theater & Geschichte." Hrsg. mit G. Heeg, L. Krüger und H. Schäfer (Berlin 2014); „In Figuren erzählen. Zu Geschichte und Erzählung bei Peter Greenaway" (Bielefeld 2012).

ANNA CHOLEWA-PURGAŁ, Dr. phil. – Literaturwissenschaftlerin an der Jan-Długosz-Universität Częstochowa. Ausgewählte Publikationen: „Therapy through Faërie. Therapeutic Properties of Fantasy Literature by the Inklings and by U. K. Le Guin" (Frankfurt/Main, New York 2017). Forschungsgebiete: Gesamtwerk der Inklings (besonders von J. R. R. Tolkien, C. S. Lewis, Charles Williams, Owen Barfield) und von U. K. Le Guin; Phantastik; das Märchenhafte und mythopœia in der zeitgenössischen Literatur; Therapie in Literatur und Kunst.

SEBASTIAN DUSZA, Dr. phil. – Dozent für Deutsche Sprachwissenschaft sowie Sprachgeschichte und DaF/DaZ, an der Pädagogischen Universität Krakau, Neuphilologisches Institut, Lehrstuhl für Deutsche Sprachwissenschaft, Krakau. Aktuelle Publikationen: „Sprachwissenschaftliche Dimensionen der Andersartigkeit und Fremdheit bei den abhängigen Hauptsätzen". In: „Sprachliche Dimensionen der Fremdheit und Andersartigkeit." Hrsg. von Iwona Wowro/Mariusz Jakosz/Renata Kozieł (Frankfurt/M. 2018); „Zur interaktionistisch-kommunikativen Rolle des Chores in Wolfgang Bauers Einakter Lukrezia". In: „Funktion und Bedeutung des Chors im zeitgenössischen Drama und Theater." Hrsg. von Paul Martin Langner/Joanna Gospodarczyk (Berlin 2019).

Marta Famula, Dr. phil. – wissenschaftliche Mitarbeiterin am Institut für Germanistik und Vergleichende Literaturwissenschaft an der Universität Paderborn. Forschungsinteressen: Dramentheorie, Ästhetik um 1800, Erzählen im 19. Jahrhundert und Gegenwartsliteratur. Aktuelle Publikationen: „Unverfügbares Verinnerlichen. Figuren der Einverleibung zwischen Eucharistie und Anthropophagie." Hrsg. mit Y. Al-Taie (Amsterdam 2020); „Jahrbuch Forum Vormärz Forschung 2020: Ästhetik und ästhetische Theorie im Vormärz." Hrsg. mit N. Eke (Bielefeld 2021).

Joanna Gospodarczyk, M.A. – Mitarbeiterin am Neuphilologischen Institut der Pädagogischen Universität in Krakau. Sie forscht über das zeitgenössische Drama in Deutschland, insbesondere die Rezeption von britischen Autoren im deutschen Theater. Mitherausgeberin des Sammelbandes „Zur Funktion und Bedeutung des Chors im zeitgenössischen Drama und Theater" (2019). Sie publizierte über Martin Crimp, Georg Heym, Janosch, Manfred Schlüter. Aktuelle Publikationen: „Die Rolle des Chores in zeitgenössischen Inszenierungen der ausgewählten Tragödien Aischylos". In: „Zur Funktion und Bedeutung des Chors im zeitgenössischen Drama und Theater." Hrsg. von Paul Martin Langner/ Joanna Gospodarczyk (Frankfurt/M. 2019); „Wenn die Antwort der Mensch ist, was ist dann die Frage? Martin Crimps Alles Weitere kennen Sie aus dem Kino als Adaptation der Phoinikerinnen von Euripides". In: „Germanistische Herausforderungen und Forschungsperspektiven." Hrsg. von Gabriela Jelitto-Piechulik/ Felicja Księżyk (Opole 2017).

Carola Hilmes, Dr. phil. habil. – außerplanmäßige Professorin an der Goethe-Universität Frankfurt/M. u. Mitglied im Cornelia Goethe Centrum für Geschlechterforschung. Forschungsschwerpunkte: Schriftstellerinnen der Romantik, Gender Studies, Theorie und Geschichte der Autobiographie, Reiseliteratur und deutschsprachige Gegenwartsliteratur. Aktuelle Publikationen: „Christa Wolf-Handbuch. Leben, Werk, Wirkung." Hrsg. mit Ilse Nagelschmidt (Stuttgart 2016); „Schriftstellerinnen." Hrsg. von KLG Extrakt, 3 Bde. (München 2018, 2019 u. 2020); „Anna Seghers-Handbuch. Leben, Werk, Wirkung." Hrsg. mit Ilse Nagelschmidt (Stuttgart 2020).

Elżbieta Hurnik, Prof. Dr. habil. – Professorin für polnische Literatur an der Jan-Długosz-Universität Częstochowa. Ihr Forschungsschwerpunkt liegt auf der polnischen Literatur des 20. Jahrhunderts, der Literatur der Region Częstochowa sowie der Literatur und Kultur der Wiener Moderne und ihrer Querverbindungen zur polnischen Kultur. Autorin folgender Monographien: „Natura w salonie mody. O międzywojennej liryce Marii Pawlikowskiej-Jasnorzewskiej" (Warszawa 1995); „Maria Pawlikowska-Jasnorzewska (zarys monograficzny)"

(Katowice 1999, ²2012); „W kręgu wiedeńskiej moderny. Z zagadnień polsko-austriackich powinowactw literacko-kulturowych“ (Częstochowa 2000); „W Cekanii i gdzie indziej. Studia i szkice o literaturze i kulturze austriackiej i polskiej“ (Częstochowa 2011). Zahlreiche wissenschaftliche und populärwissenschaftliche Artikel zur polnischen und österreichischen Literatur, Mitredakteurin einiger Bände in der Schriftenreihe „Prace Naukowe AJD“ („Historia i Teoria Literatury“), mehrerer Sammelbände zur Literatur der Zwischenkriegszeit und zum kulturellen Leben in Częstochowa.

Magdalena Maria Idzi, M.A. – wissenschaftliche Mitarbeiterin und Doktorandin an der Pädagogischen Universität Krakau, beeidigte und öffentlich bestellte Übersetzerin für polnische Sprache beim Präsidenten des Oberlandesgerichts Dresden. Mitglieder der Georg-Büchner-Gesellschaft, Marburg. Forschungsschwerpunkte: dramatische Texte sowohl älterer als auch zeitgenössischer Autoren. Aktuelle Publikation: „Chor im Peter Weiss ‚Marat/Sade‘ Drama.“ In: „Zur Funktion und Bedeutung des Chors im zeitgenössischen Drama und Theater.“ Hrsg. Paul Martin Langner/Joanna Gospodarczyk (Berlin 2019).

Anna Kowalewska, M.A. – Doktorandin an der Philologischen Fakultät der Breslauer Universität am Lehrstuhl für Literaturdidaktik. Gründerin und Leiterin der studentischen Theatergruppe Dingsbums. Erasmus-Stipendiatin an der Karl-Franzens-Universität in Graz. Forschungsschwerpunkte: Zeitgenössisches österreichisches Drama, Adaptation, Postdramatisches Theater. Aktuelle Publikationen: Anna Gręda: „Postdramatisch und performativ: Polnische Rezeptionsmodelle von Peter Handkes Dramen am Beispiel der ‚Kaspar‘-Inszenierung in Regie von Barbara Wysocka im Wrocławski Teatr Współczesny.“ In: „Zwischen Breslau und Wien. Zu schlesisch-österreichischen Kulturbeziehungen in Geschichte und Gegenwart.“ Hrsg. von Edward Białek/ Krzysztof Huszcza (Wrocław 2017); „Foucault und Bärfuss: Sex, Macht und Kontrolle.“ In: „Vom Gipfel der Alpen… Schweizer Drama und Theater im 20. und 21. Jahrhundert.“ Hrsg. von Karolina Sidowska/Monika Wąsik (Berlin 2019).

Paul Martin Langner, Prof. Dr. habil. – Lehrstuhlinhaber für die Geschichte der deutschen Literatur an der Pädagogischen Universität Krakau; Präsident der Friedrich-Hebbel-Gesellschaft e.V. (Wesselburen), Forschungsgebiete: Literaturhistorische Areastudies, narrative und performative Strukturen mittelalterlicher Texte, Strukturen des modernen Dramas und Studien zu ausgewählten Autoren der jüngeren Vergangenheit sowie zu Friedrich und Christine Hebbel. Aktuelle Publikationen: „Annäherung ans Fremde durch sprachliche Bilder. Die Region Polen und ihre Ritter in Dichtungen des Hochmittelalters“ (Berlin 2018);

„‚Das Wissen um unseren Tod macht uns ruhelos…‘ Gemeinschaft, Macht und Tod in dem Theaterstück ‚Die Ritter der Tafelrunde‘ von Christoph Hein." In: „Inseln der Hoffnung – Literarische Utopien in der Gegenwart." Hrsg. Hans-Christian Stillmark/ Sarah Pützer (Berlin 2018).

Julia Lind, Dr. phil. – wissenschaftliche Mitarbeiterin des Bereichs Theaterwissenschaft an der Johannes Gutenberg-Universität Mainz. Ihre Forschungsgebiete sind DDR-Dramatik sowie Kinder- und Jugendtheater. Ausgewählte Publikationen: „Alfred Matusche und Lothar Trolle. Grenzgänger des DDR-Theaters" (Bielefeld 2018); „‚Kinder brauchen keine Unterhaltung, sondern Poesie‘. Die Kindermärchen von Peter Hacks diskutiert am Beispiel ‚Die Kinder‘." In: „Hacks Jahrbuch." Hrsg. von Kai Köhler (2019).

Anna Majkiewicz, Dr. habil. – Univ.-Professorin am Institut für Literaturwissenschaft der Jan-Długosz-Universität Częstochowa. Zahlreiche Publikationen zur Komparatistik, insbesondere reception studies, zur deutschen und österreichischen Gegenwartsliteratur mit dem Fokus auf die Intertextualität, Identitätsproblematik, Gedächtnis, sowie zur kulturellen Kontextualisierung des deutsch-polnischen Literaturübersetzens. Monographien: „‚Właściwie jestem nieprzetłumaczalna…‘ O prozie Elfriede Jelinek w polskim przekładzie" (Katowice 2016); „Styl, kontekst kulturowy, gender" (Katowice 2011); „Intertekstualność – implikacje dla teorii przekładu. Wczesna proza Elfriede Jelinek" (Warszawa 2008); „Proza Güntera Grassa – interpretacja a przekład" (Katowice 2002). Mitherausgeberin von Sammelbänden, zuletzt: „Literarisierung der Gesellschaft im Wandel. Koordinaten der Gegenwartsprosa." Hrsg. mit Joanna Ławnikowska-Koper (V&R unipress 2020). Mitbegründerin und Mitherausgeberin (mit Joanna Ławnikowska-Koper) der wissenschaftlichen Zeitschrift „Transfer. Reception Studies".

Agata Mirecka, Dr. phil. – Literaturwissenschaftlerin an der Pädagogischen Universität Krakau; Studium der Deutschen Philologie in Krakau, Wien und Brünn; vereidigte Dolmetscherin am polnischen Justizministerium; Gutachterin für die Deutschlehrbücher am polnischen Bildungsministerium; Projekte, Forschungen und Publikationen zur gegenwärtigen, deutschsprachigen Literatur und Literaturtheorie. Aktuelle Publikationen: „Die Funktion des Chores in dem gegenwärtigen deutschen und polnischen Drama: Roland Schimmelpfennig ‚Die vier Himmelsrichtungen‘ und Andrzej Stasiuk ‚Noc‘." In: „Slawisch-deutsche Begegnungen in Literatur." Hrsg. von Aleksandra Bednarowska/Beata Kołodziejczyk-Mróz/Piotr Majcher (Verlag Dr. Kovač 2020); „Gegen den Zynismus der Gewohnheit immun bleiben. Ein Versuch über das Engagement im Roman ‚GRM. Brainfuck‘ von Sibylle Berg." In: „Literarisierung der Gesellschaft im

Wandel. Koordinaten der Gegenwartsprosa." Hrsg. von Joanna Ławnikowska-Koper/Anna Majkiewicz (V&R unipress 2020). Mitherausgeberin mit Natalia Fuhry: „Zwischen Harmonie und Konflikt. Paarbeziehungen im europäischen Theater des 20. und 21. Jahrhunderts" (Peter Lang 2020).

Hans Christian Stillmark, Dr. phil. – Theoretischen und medialen Fragestellungen zu Drama und Theater; Theorie der Störung in literarischen Bezügen. Veröffentlichungen zu u. a.: Kleist, Hebbel, Kafka, Brecht, Müller, Braun, Förster, Wagner, Hilbig und Sarah Kirsch. Aktuelle Publikationen: „Inseln der Hoffnung. Literarische Utopien in der Gegenwart." Hrsg. mit Sarah Pützer (Berlin 2018); „Von den Schwierigkeiten ein Mann zu sein. Wolfgang Hilbigs Leben und Schreiben." In: DİYALOG. Zeitschrift für Interkulturelle Germanistik 6, 2018, H. 1, S. 32–44; „Peter Weiss erinnernd – Ansichten und Einsichten." Hrsg. von Hans-Christian Stillmark (Berlin 2020).

Joanna Warońska, Dr. habil. – Univ.-Professorin am Institut für Literaturwissenschaft der Jan Długosz Universität Częstochowa. Aktuelle Publikationen: „Maßgeschneiderte Komödie. Skamandriten im Theater" (2019). Autorin vieler Beiträge in Sammelbänden und Zeitschriften, darunter in „Ruch Literacki" [Literarische Bewegung], „Poznańskie Studia Polonistyczne" [Posener polonistische Studien], „Annales Universitatis Paedagogicae Cracoviensis. Studia de Cultura." Sie beschäftigt sich mit Drama, Theatralik und Spektakularität des 20. Jahrhunderts sowie mit Literatur und Kultur der Częstochowa-Region. In den Jahren 2014–2018 Leiterin des NCN-Projekts (Sonata 5) „Komödie nach Skamandriten" (Dezember 2013/09/D/HS2/02773).

Monika Wąsik-Linder, Dr. phil. – wissenschaftliche Mitarbeiterin am Lehrstuhl für Kulturforschung an der Universität Łódź. Forschungsgebiete: Theatralität und Politik, Volkstheater sowie migrantisches Theater. Aktuelle Buchpublikation: „‚Futro z czcigodnej padliny…'. Volksstück od Nestroya do Fassbindera" (Łódź 2016); „Teatry dla masowej publiczności." Hrsg. mit Piotr Olkusz (Warszawa 2017); „Vom Gipfel der Alpen… Schweizer Drama und Theater im 20. und 21. Jahrhundert." Hrsg. mit Karolina Sidowska (Frankfurt/M. 2019).